QINGHUA
HUIZHI WENKU

聚学术精粹·汇天下智慧

中国的低生育率与两孩政策效应

| 陈卫 ⊙ 著

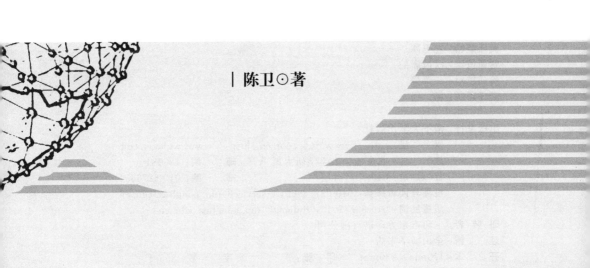

清华大学出版社
北　京

内 容 简 介

本书利用人口普查、人口抽样调查和生育率抽样调查数据,系统考察了中国的生育率转变、低生育率演进过程及低生育率模式特征,探讨了全面两孩政策的人口学及社会经济效应。本研究的诸多数据和结论对认识中国的生育率变化特征和趋势、把握人口发展规律和挑战,以及应对低生育率和人口老龄化的政策,具有重要的理论和实际意义。本书将为人口学、社会学、经济学、管理学等领域的学者和相关政府部门的政策制定者提供有益参考。

图书在版编目(CIP)数据

中国的低生育率与两孩政策效应/陈卫著.—北京:清华大学出版社,2021.6
(清华汇智文库)
ISBN 978-7-302-58253-3

Ⅰ.①中…　Ⅱ.①陈…　Ⅲ.①计划生育－人口政策－研究－中国
Ⅳ.①C924.21

中国版本图书馆 CIP 数据核字(2021)第 095645 号

责任编辑:左玉冰
封面设计:汉风唐韵
责任校对:王荣静
责任印制:杨　艳

出版发行:清华大学出版社
　　　　网　　　址:http://www.tup.com.cn,http://www.wqbook.com
　　　　地　　　址:北京清华大学学研大厦 A 座　邮　　编:100084
　　　　社 总 机:010-62770175　　　邮　　购:010-62786544
　　　　投稿与读者服务:010-62776969,c-service@tup.tsinghua.edu.cn
　　　　质量反馈:010-62772015,zhiliang@tup.tsinghua.edu.cn
印 装 者:三河市东方印刷有限公司
经　　销:全国新华书店
开　　本:170mm×230mm　印　张:25　　字　　数:355 千字
版　　次:2021 年 6 月第 1 版　　　印　　次:2021 年 6 月第 1 次印刷
定　　价:159.00 元

产品编号:090849-01

陈卫，中国人民大学人口与发展研究中心教授，博士生导师。中国人民大学法学博士(1996)、澳大利亚国立大学社会学博士(2004)、美国哈佛大学哈佛燕京学社访问学者(2018—2019)。从事社会统计学、人口统计学和人口资源环境经济学方面的教学与研究。在生育与生育政策、人口统计预测等领域著述丰富；参与国家调整完善生育政策研究，为实施全面两孩政策的决策提供了重要的咨询参考；获多项省部级及以上科研奖励，出版发表著作和论文百余部/篇。

前言
Foreword

中国走过了波澜壮阔、辉煌曲折的人口转变道路,经历了人类历史上罕见的快速生育率下降过程。西方学者称中国的生育率转变是人类历史上最重大的事件之一。

生育率是人口变化的主要决定因素。生育水平直接决定人口再生产和人口发展趋势、决定人口规模的大小和增长速度。由于人口过多、过快增长阻碍了社会经济发展、构成了对资源环境的巨大压力,中国自 20 世纪 70 年代实行了严格控制人口增长的计划生育政策,其首要任务就是降低生育水平、减少出生人口数量。在计划生育政策和社会经济发展的推动下,在一代人时间里,中国的生育率实现了由高水平到低水平的历史性转变,人口增长模式得到根本改变。生育率下降创造的"人口红利"在改革开放的制度创新中显著促进了中国经济的高速发展。

进入 21 世纪以来,中国的人口趋势出现了重大的转折性变化。社会变迁和长期的低生育率使人口发展的内在动力和外部条件发生了根本改变。为了能够更好地遵循人口发展规律、优化人口结构、促进人口长期均衡发展及社会经济的可持续和协调发展,中国政府不断进行生育政策的调整与优化,先后实行"单独两孩"和"全面两孩"生育政策。从此,中国人口发展战略由"一孩政策"下的缩减型取向转向"两孩政策"下的人口稳定化和长期均衡发展取向。

在上述背景下,本研究回顾近 70 年来中国的生育率转变过程,特别是进入低生育率以后的演进趋势和特征,阐明低生育率的决定因素和动力机制。本研究还在反事实视角下探讨了在不实行计划生育政策的条件下中国生育率的演变趋势。针对两孩政策效应,本研究考察了两孩政策前后二孩生育率的变化,进一步分析了二孩生育的人群特征和影响因素。在此基础上,探讨了两孩政策的长期人口影响和社会经济效应。

本研究得到国家社会科学基金重大项目"全面两孩政策的实施效应研究"和教育部人文社科基地重大项目"低生育率的中国模式"的支持。项目的支持促使本人系统梳理对中国低生育率相关问题的长期思考和碎片化积累,并将研究成果在国际学术会议上展示与交流,探讨、形成与国际学者的合作研究计划。本研究在文献整理、数据分析和报告撰写过程中也得到同事和硕博同学的帮助,她们分别是靳永爱、段媛媛、张凤飞、董浩月、任亚琴、李薇薇、孙韵楚,在此表示衷心感谢。另外,在撰写、成书和出版过程中,得到了清华大学出版社的大力支持和帮助,特别是左玉冰老师认真负责、一丝不苟的编辑工作,一并深表谢意。热忱欢迎广大读者对本研究的缺陷予以批评、指正。

目录
C ontents

第一章
绪　论

中国因人口和经济快速变化而创造的奇迹,在世界上受到了广泛而日益增长的关注。从经济发展阶段、人口规模之巨的角度看,中国的人口转变称得上是人类历史上具有里程碑意义的重大事件。中国的人口转变给传统人口转变理论带来了挑战,而且在发展中国家开辟了一条快速成功的道路。中国的人口转变及持续的低生育率不仅对中国的人口与发展,而且对世界的人口趋势和发展格局都产生了深远的影响。在中国人口、经济和社会发生重大转折的时候,中国的生育政策也发生了重大转变,2016年开始实行全面两孩生育政策。

"一孩政策"时代的终结和"两孩政策"时代的开启,是我国人口与计划生育发展史上一个里程碑式的转折。从人口学理论上讲,"一孩政策"(和"一孩半政策")是一种人口缩减取向的政策,而"两孩政策"则是一种人口稳定化和均衡发展取向的政策。这种稳定、均衡发展取向的政策,无论对于代际均衡、家庭福祉,还是对于社会和谐、经济发展,都具有非常重要的意义。

本研究的目的在于系统梳理中国生育率转变过程及低生育率进程,分析低生育率演进的特征,考察全面两孩政策对生育率的影响。同时通过生育率变化对人口规模和结构的长期影响,对全面两孩生育政策实施的社会经济效应进行预估性研究。全面两孩政策的影响将是广泛而深远的,对其实施效应的前瞻性研究充满了挑战。

一、研究目的与意义

20 世纪 70 年代之前,中国的生育率与其他发展中国家类似,处于总和生育率(TFR)为 6 左右的很高的水平;70 年代中国生育率出现了第一次转变,在短期内生育率持续大幅度下降,降幅超过一半,创造了被称为人口转变的"中国模式"。90 年代以来,中国的生育率出现了第二次转变,生育率降到了更替水平(2.1)以下,并持续走低。随着生育率的持续转变,中国的生育模式也发生了深刻的变化。与此同时,生育的性别选择性依然强烈。中国低生育水平下的生育模式与其他低生育率国家有着鲜明的差别。虽然对中国生育率转变和低生育率相关的研究浩如烟海,但是对自新中国成立以来生育率转变历程及进入 21 世纪以后持续的低生育率进程,仍然缺少系统梳理和全方位考察。特别是对于中国的低生育率进程和水平,近 20 年来一直存在争论。同时,最新的全国生育率调查也提供了考察近期中国低生育率趋势,尤其是全面两孩政策带来影响的绝好的数据。本研究的目的之一是对近 70 年来的中国生育率转变和低生育率进程进行系统考察和分析,利用多种不同系统的数据和多种不同方法、模型估计分析中国的低生育水平和低生育率演进特征。同时,我国的生育率下降和低生育率由生育政策和经济社会发展共同决定,前期由计划生育政策主导,而后期主要由经济社会发展所决定。那么如果不实行计划生育政策,中国的生育率将有可能呈现怎样的趋势。本研究还通过人类发展指数(HDI)这项指标,分别基于世界模式和东方模式对在无计划生育政策影响的下的总和生育率进行反事实预测,来分析我国计划生育政策的长期效应。

研究中国生育率转变及低生育率模式,不仅对于未来国家人口发展的战略抉择有着直接的意义,而且也将对世界人口规律及发展趋势的认识提供有益的启示。根据联合国的世界人口展望数据,在 1975—2000 年间,除中国外的发展中地区的总和生育率要比整个发展中地区高 0.6~0.7 个百分点,人口增长率要高出 0.27~0.33 个百分点。显然,中国的生育率下降对发展中地区和世界的人口发展趋势产生了重要的影响。而一项美国人口学者的研究表明,如果没有中国的计划生育政策,到 2060 年世界人口将可能多增加 10 亿(Goodkind,2017)。那么据此说中国对全球人口的影响是惊人的也不为过。

中国的生育率下降和低生育率演进与其他低生育率国家有类似之处,但也存在很大的不同。考察中国低生育率模式,分析低生育率演进特征,不仅对于认识中国生育率变动的未来趋势有重要意义,而且有利于补充、丰富现有的生育率转变与低生育率理论。同时,对于探讨低生育率陷阱理论及其对中国的适用性,可以提供有益的启示。

从单独两孩政策到全面两孩政策的实施,政策的实施效果以及与此相关的生育和人口发展趋势问题受到了广泛的关注和讨论。在网络上最多出现的往往是笼统的政策效果遇冷或者政策失效的言论,而学者们在期刊上发表的对政策遇冷的分析也往往缺少清晰统一的概念界定和方法使用。全面两孩政策的实施效应涉及人口与社会经济的方方面面。如何全面、客观、科学地探讨实施效应,避免产生片面或不客观的认识在学术和实践上都具有重大意义。

因此本研究的另一个主要目的是在考察中国低生育率演进特征的基础上,探讨全面两孩政策对生育率的影响和未来生育率变动趋势,以及对人口规模和人口结构的长期影响。通过人口规模和人口结构的变化进一步探讨对社会经济发展的可能影响。本研究根据全面两孩政策下的人口变化趋势和政策的人口社会经济效应,讨论其政策含义,提出有关生育和家庭发展的支持政策体系,对进一步调整完善生育政策、应对陷入极低生育率的风险,也具有重要的参考价值和现实意义。

二、研究内容和方法

　　本研究的目的是系统梳理近 70 年来中国生育率转变过程和低生育率进程,分析中国低生育率模式特征,考察全面两孩政策下生育率的最新变动趋势及两孩政策的人口影响,进一步探讨对社会经济发展的影响,并提出相关的政策建议。根据这一总体目的,本研究的内容安排分为十八章。

　　第一章为绪论,阐明本研究的目的和意义、研究内容和方法,说明本研究的创新和存在的不足。

　　第二章为中国生育率转变趋势,结合不同时期的经济社会政治变化和计划生育政策演变,分析了中国生育率转变趋势及各阶段演进特征。本章研究使用的数据包括中国统计年鉴提供的人口数据、历次人口普查数据、历次生育率调查数据、联合国人口司的世界人口展望数据、美国人口咨询局的世界人口数据表。研究方法使用各种人口学指标进行描述分析和对比分析。

　　第三章为中国 2000—2010 年的低生育水平估计,利用多种数据和多种方法估计分析进入 21 世纪以来中国达到的低生育水平。这一章包含三部分内容。首先是估计 2000—2009 年历年的生育率,利用人口普查数据、教育统计数据和户籍统计数据,使用队列分析、回归分析、存活率推算法等方法估计生育水平。接着是估计 2010 年的生育水平,利用 2010 年人口普查中两种生育率数据,使用 Brass 生育率间接估计方法估计生育水平。最后是估计 2000—2010 年的平均生育率,作为对以上两部分中估计结果的验证。利用 2000 年和 2010 年人口普查数据,使用基于广义稳定人口模型的估计方法,包括变量 r 法(variable r method)和整合法,进行估计。

　　第四章为中国 2006—2017 年的生育率趋势,利用 2017 年全国生育率调查数据计算分析了 2006 年以来生育率变化趋势和水平。2017 年全国生育率调查是国家卫生和计划生育委员会组织的生育率调查,旨在摸清和了解当前中国的生育行为、生育意愿、生养服务环境等,以便服务于全面两孩政策实施及生育政策的继续调整完善。本章主要使用该调查中的妇女怀孕生育史数据,通过时期和队列生育率指标,及递进生育率和内在生育率指标,系统估计和分析近期的生育率趋势和全面两孩政策的影响。

第五章为中国的生育率低在何处,利用不同数据来源对比分析了中国低生育率进程,为把握低生育水平及低生育率进程特征提供启示。可以用于反映中国低生育率进程和水平的数据包括国家统计局的人口调查数据和国家卫生和计划生育委员会的生育调查数据,从这些调查数据中可以直接获得生育率水平和变化趋势;还有公安部的户籍统计数据,从其分年龄人口数中可以推估生育率水平与趋势。这些不同来源的数据各有优缺点,也能反映出共同的趋势。在无法评估和确认哪种数据最可靠的情况下,同时利用这些数据进行对比分析,也可以判断中国低生育率的水平和进程特征,并揭示这些数据反映的低生育率进程差异之所在。使用方法是利用生育率和初婚率各指标及婚育年龄指标进行描述分析和对比分析。

第六章为生育率结构转变,对生育的孩次、年龄、间隔和性别结构的变化进行了分析,并通过国际比较反映出中国的低生育率结构特征。使用数据来源于中国历次人口普查和抽样调查、历次生育率调查,以及欧盟人口数据库和人类生育率数据库。使用各生育率指标、平均婚育年龄指标和出生性别比指标进行描述分析和对比分析,揭示中国生育率变化和低生育率模式的人口学特征。

第七章为数量效应与进度效应,考察了中国生育率转变和低生育率进程中"数量效应"和"进度效应"这两种生育率水平变化驱动力的结构变化。生育率的任何变动都由这两种驱动力决定,因此生育率的上升或下降都可以分解为这两种驱动力造成的上升量或下降量。传统的时期总和生育率指标混杂着这两种驱动力的作用,经常不能反映实际生育水平。鉴于去进度效应生育率(TFR')所含假设导致的缺陷,我们使用内在生育率反映和预计生育水平。使用数据包括生育率调查、人口普查和抽样调查。

　　第八章为生育率的中间变量,探讨了生育率的直接影响因素,即婚姻、避孕、人工流产和哺乳对近期中国生育率的影响。1978 年 Bongarrts 提出中间变量生育模型,用以估计生育水平或分解生育率的中间变量影响因素。2015 年 Bongaarts 在原模型的基础上进行了多项修订。本章研究使用 Bongaarts 改进后的新中间变量生育模型估计和分析近年中国的生育水平和变化趋势,以及通过模型的各中间变量分解,分析各中间变量的影响程度。

　　第九章为反事实下的生育率趋势,目的是估计如果不实行计划生育政策,中国的生育率将有可能呈现怎样的趋势。中国的生育率下降和低生育率由生育政策和经济社会发展共同决定,前期由计划生育政策主导,而后期主要由经济社会发展所决定。本研究通过人类发展指数和生育率构建模型,分别基于世界模式和东方模式对在无计划生育政策影响下的总和生育率进行反事实预测,探讨中国计划生育政策的长期效应。

　　第十章为两孩政策与二孩生育率,考察了在全面两孩政策实施背景下,中国二孩生育率变化及二孩生育的人群特征。中国的生育政策是低生育模式中最重要的制度性特征。原国家卫计委的 2017 年生育调查数据为考察这一制度性特征提供了数据,也就是全面两孩政策对中国生育率的影响。在第三章中已经利用该调查数据对中国的近期生育率变化进行了分析,本章着重对二孩生育率进行考察。除了在总体上分析全面两孩政策对二孩生育率趋势与水平的影响,还考察了二孩生育的主要人群特征,使用离散 Logit 模型探讨全面两孩政策下影响二孩生育率的因素。

　　第十一章预测估计两孩政策下的人口变化趋势。根据全面两孩政策以及未来经济社会发展对生育率的影响,设计高中低不同的生育率方案,对 21 世纪我国人口规模和人口结构的变化趋势进行预测。低生育率方案是维持原有政策不变方案,而中高方案都是两孩政策下的生育率趋势假设。通过比较中高方案与低方案的结果差异,可以估计两孩政策产生的人口效应。

　　第十二章为劳动力供给,是在第十一章的劳动力人口供给预测基础上,结合劳动参与率、人力资本变化的影响,进一步估计有效劳动力供给情况。通过创建含人力资本的有效劳动力供给模型,将劳动力数量、结构和质量相结合,利用人口预测数据、劳动参与率预测数据、人力资本指数预测数据,对未来劳动力供给状况进行更准确估计。

第十三章为人口老龄化,依据全面两孩政策背景下中国人口老龄化和老年人口规模变化趋势,探讨中国人口老龄化和老年人口规模的未来演进过程和特征。通过模拟揭示生育率下降与老龄化的关系,不同生育率水平下老年人口不同生命阶段的家庭结构、亲属数量和结构。同时关注不断增强的老年人口异质性。

第十四章为两孩政策对妇幼卫生服务需求的影响,利用全面两孩政策对出生人口变动的预测,根据目前的医疗卫生资源状况,结合孕产妇的数量和年龄结构,以及产前检查和孕期保健的比例、类型和标准,床位、医生和护士匹配程度的标准,测算全面两孩政策对儿科、妇产科等医疗卫生服务需求的影响。

第十五章探讨两孩政策对学前和学龄人口及师资需求的影响。全面两孩政策带来出生人口的增长,出生堆积将导致近年内的儿童照料、学前和小学教育需求相继增长,这种影响将主要表现在对设施或场所及师资的需求。本章根据对全面两孩政策带来的人口变化,通过入园率、入学率、师生比和教育经费指数等指标测算对与教育相关的需求的影响。

第十六章为两孩政策对卫生费用的影响,是在中国人口老龄化与全面两孩政策放开的大背景下,考察分析人口规模和人口结构的变化会对我国的卫生总费用产生的影响。并通过因素分解法分析中国当前的卫生支出影响因素,以及在全面两孩政策背景下卫生支出的发展趋势和因素分解。这些因素包括人口规模、人口结构和健康改善等方面。

第十七章为发达国家鼓励生育政策及其效果,梳理目前发达国家鼓励生育的政策,将政策分为显性政策和隐性政策两类,以瑞典、法国、德国和日本为代表,并结合来宾斯坦的成本-效用理论分析显性政策和隐性政策的效果及作用机制,提出适当的政策建议。

第十八章为总结与结论,对本研究内容进行概括,总结本研究的结论,提出有关政策建议。

三、创新与不足

本研究创新性表现在以下几个方面。

（1）在估计生育水平时，使用多数据、多方法进行比较分析的视角具有一定新意。以往的研究中一般都依靠单一来源数据或一种方法估计生育水平，也依靠某种假设进行数据评估和调整。由于可以用来估计生育水平的数据来源有多种，各种数据都有各自的优缺点，相互之间存在一些差异，虽然反映生育率的总体趋势上基本一致，但是反映出的生育水平存在较大差异。以往的学者们对各种数据的质量有不同的评估，对可靠的数量也存在争论，实际上我们现在还无法对哪种数据最可靠、最有利用价值达成一致意见。如果只依赖一种数据，无法充分判断估计的可靠性。因此利用多种数据来求同存异，使用多种方法而殊途同归，是一种科学的分析视角。同时，利用多种数据、使用多种方法也是科学研究中相互检验应该采取的方法。

（2）在分析低生育模式时，将生育率的人口学结构特征和驱动力结构特征相结合是一个新颖的视角。生育率的孩次、年龄、间隔、性别等结构性特征，实际上是生育率的静态特征；而将生育率变动分解为"数量效应"和"进度效应"的驱动力结构性特征，可以说是生育率的动态特征，即在生育率的变动中，这两种驱动力单独和联合发生作用而导致生育率变动的。另外，就这两种效应的分解分析在以往的生育率研究中也少见。一些研究估计了中国20世纪90年代生育率下降中的进度效应，但是因去进度效应生育率指标的缺陷有可能高估或低估这种效应。本研究对几十年生育率转变及低生育率进程中的这两种效应进行估计，并使用能更准确预测生育水平的内在生育率指标，所揭示出的这两种效应的变化趋势和特征，对于理解和认识中国低生育率进程具有新的贡献。

（3）因使用 2017 年全国生育调查数据，对近 10 年来的生育率趋势进行了细致分析，探讨了全面两孩政策对生育率的影响，考察了全面两孩政策下生育二孩的人群特征和二孩生育的影响因素。特别是辨析了当前生育二孩人群与全面两孩政策实施前生育二孩的人群的特征及差异，一方面得出了二孩生育率影响因素的方向性转变；另一方面从二孩生育的人群特征指出二孩生育率提升的短期效应。然后结合女性初婚率和初育率的大幅度下降，提出中国可能进入了一场婚姻革命，也将长期削弱两孩政策发挥作用。中国面临陷入极低生育率的巨大风险。这些分析内容和结论都具有创新性。

（4）在探讨两孩政策带来的人口变化对劳动力供给的影响时，提出和估计了有效劳动力供给状况。在探讨两孩政策对劳动力的影响时，不仅要考察劳动年龄人口的变化趋势，而且还要考虑劳动参与率和劳动力质量（人力资本）的影响。1990 年以来的人口普查表明，两性劳动参与率，特别是年轻人口的劳动参与率不断下降。然而随着高校扩招，两性受教育程度普遍大幅度提高，在很大程度上是可以弥补劳动参与率下降带来的影响的。本研究建立含人力资本的有效劳动力供给模型，将劳动力数量、结构和质量相结合，对未来劳动力供给状况进行准确估计，具有一定的创新。

（5）两孩政策对中国的老龄化影响极小，因此本研究在探讨未来老龄化趋势时侧重其演变规律和异质性特征。未来老年人口的增长变化过程反映的是过去不同时期里不同生育率水平下的出生人口队列的移动过程。中国过去 70 年里生育率在总体下降的趋势下表现出巨大的波动，往往相邻队列规模差异巨大。在低生育率进程中，队列规模波动已经大大减小，但是仍然明显。生育率变化的波动幅度将基本上决定几十年后老年人口队列规模的波动幅度。而且随着时间的推进，死亡率的下降，特别是中老年死亡率的下降，队列损耗大幅度下降。不仅对老龄化进程和老年人口规模增长有重要作用，而且对波浪式发展进程也有推动作用。同时，在老年转变过程中，随着具有不同婚姻、职业、教育、收入、健康等特征的队列进入老年年龄，队列移动又将进一步改变老年人口的构成，不断增长的老年人口具有不断增强的异质性。根据数据和预测的可行性，我们对老年人口的健康状况、受教育程度和家庭结构进行了预测分析,揭示了不同老年队列在健康和教育上的异质性大幅度增强,以及在不同生育水平下老年人口不同生命阶段上的家庭结构、亲属数量和结构的巨大差异。

(6) 在政策建议方面,本研究提出政策体系构建,着重构建强有力的促进婚姻和生育的家庭发展支持政策体系。其既具有系统性,又具体针对性和指向性,为决策和政策制定提供了有益的参考。

本研究也存在一些不足。

(1) 在生育率的估计中,虽然使用了不同来源的数据,也认识到各种数据具有各自的优缺点,但是没有对它们的质量进行进一步评估。部分原因是曾经有研究通过实地调查和访谈了解了户籍统计数据和教育统计数据的登记过程和特点,但是对近年来的情况有没有变化需要进一步了解。

(2) 利用2017年全国生育调查数据分析近期生育率变化,特别是考察全面两孩政策对生育率的影响,时间比较短暂,调查时间只是在全面两孩政策实施一年半时,长期堆积的生育势能如何释放还没有充分展现。堆积生育势能的妇女的生育意愿及其实现程度、其生育意愿和生育行为的关系,都无法进行充分考察。另外,2017年生育调查反映出的女性初婚率和初育率的大幅度下降,是一个重大的、值得特别关注的变化趋势,很有必要进行更深入细致的分析,包括人群特征和影响因素分析,并通过访谈调研了解不同代际的婚育观念,以及社会环境、生活方式等的影响,以利于解释这一重大转变和判断未来趋势。

(3) 人口变动对社会经济的影响具有复杂性和长期性,本研究没有就两孩政策导致的人口变动对经济发展的影响进行探讨。人口变动对经济的影响尤其需要长期的考察。人口变动的一个重要特征在于其具有较长的周期性、滞后性。不同的阶段其影响的作用机制、深度、广度都有着不同的特征,对经济影响模拟的数据和模型要求较高,需要进一步探讨。人口经济系统模拟的一般均衡模型(CGE)可以模拟经济活动变动及政策变动的经济效应,近年来有广泛应用,但是需要找到符合中国实际的参数。模块的设置也有待进一步完善,主要是未能将人口变量内生化。这都有待于基于人口经济关系复杂性的更为细致的模型设置和数据来源。

第二章
中国生育率转变趋势

从比较历史的角度看,中国的计划生育和经济改革是两项人类历史上的伟大创举,创造了经济起飞和人口转变的"中国模式"。西方学者称中国的生育率转变是人类历史上最重大的事件之一(Harrell 等,2011)。而中国的生育率转变之所以可以称作生育率革命,是因为这种最迅速的生育率转变发生在世界上人口最多的、经济落后的国家,对世界人口发展的影响也比任何其他国家都大(Feeney,1994)。中国的生育率转变和低生育水平不仅显著改变了中国人口的发展趋势和格局,与此相关的人口红利也对中国经济几十年的高速增长作出了重要贡献。

从新中国成立之初到 20 世纪 70 年代初,中国妇女的生育水平与其他发展中国家类似,总和生育率高达 6 个孩子左右,而如今已远远低于更替水平。根据联合国提供的数据,图 2-1 展示了中国与发展中地区总和生育率的变化。在 20 世纪五六十年代,中国与其他发展中地区相似,生育率水平很高,而自70 年代开始,中国生育率出现迅速下降,总和生育率从 1965—1970 年的 6 下降到 1980—1985 年的 2.5 和 1990—1995 年的 2 以下。其他发展中地区的生育率也在下降,但非常缓慢,而到目前,最高的非洲为 4.72,最低的拉丁美洲为 2.14,都大大高于中国的水平。自 20 世纪 90 年代后期以来,中国的生育率持续处于低迷趋势。本章描述和分析中国的生育率转变过程和趋势。

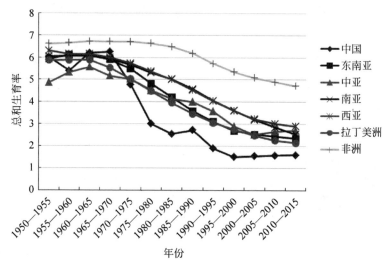

图 2-1　中国与发展中地区生育率下降对比

资料来源：United Nations. 2019. World Population Prospects：The 2019 Revision.

一、高生育率体系

　　历史人口学家认为，旧中国的生育率并非是毫无节制的，甚至中国妇女的已婚生育率要低于转变前欧洲妇女的已婚生育率（Zhao，1997）。而由于婚姻模式的差异，中国全体妇女的生育率与欧洲类似，甚至更高。20 世纪前期的一些调查显示，中国已婚妇女的生育水平平均为 6～7 个孩子。中国 1982 年的 1‰生育率调查显示，1945—1949 年妇女的总和生育率平均为 5.1（因生育率回推导致较高年龄妇女删截而可能低估）。旧中国的人口再生产显然是高生育、高死亡的模式。旧中国的高生育率体系一直延续到新中国初期。

　　图 2-2 和图 2-3 展示了 1949—2019 年中国人口的出生率、死亡率和自然

增长率与 1949—2017 年中国的总和生育率。1949 年中国的出生率高达 36‰，总和生育率为 6.14。到 1969 年，出生率仍然高达 34.11‰，总和生育率为 5.67。在这一时期，除了三年困难时期期间出生率和生育率出现大幅度下降，绝大多数年份的出生率高达 35‰～38‰，总和生育率高达 5.5～6.5。实际上在这一时期，我国的出生和生育水平没有什么变化，可以说处于稳定的高水平；但是由于死亡率的大幅度下降，我国人口出现了快速增长。死亡率由 1949 年的 20‰下降到 1965 年的 9.5‰，平均预期寿命提高了 20 岁。人口自然增长率在 1962—1969 年高达 26‰以上，年出生人口规模达到 2 500 万～3 000 万，年人口增量达到 1 800 万～2 100 万。

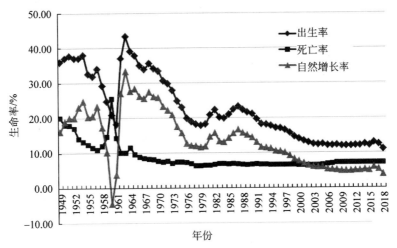

图 2-2 1949—2019 年中国人口的出生率、死亡率和自然增长率

资料来源：历年中国人口（与就业）统计年鉴。

在 20 世纪 50 年代初，中华人民共和国成立后的正常和稳定的社会环境中，工农业生产迅速发展，生活水平和医疗条件显著改善，出现了第一个生育高峰（图 2-4），人口也开始迅速增长。那时，中国照搬苏联的计划经济模式和人口政策。为了保护妇女和儿童的健康，在 1950 年和 1952 年政府颁布文件和法令禁止人工流产。这实际上起到了鼓励生育的作用。但是 1953 年新中国的第一次人口普查，统计出总人口达到 5.94 亿，大大超出预期。中国政府开始意识到人口过快增长对经济发展和生活水平提高的影响，同时一些群众

图 2-3　1949—2017 年中国的总和生育率

资料来源：1949—1988 年数据来自全国千分之一和千分之二生育率调查，
1989 年及以后的数据来自历次人口普查和人口抽样调查。

因生育太多子女提出节育的要求。中国在 1954—1958 年间出现了第一次计划生育运动，颁布了一些文件和措施宣传、鼓励节育，放宽对人工流产的限制。但是由于后来不利的政治环境，这场计划生育运动没有开展实质性的计划生育活动和工作。

"大跃进"和三年困难时期之后，中国出现了长达 10 多年的规模更大的第二个生育高峰（图 2-4）。中国政府于 1962 年重新考虑人口控制问题，并在城市地区推行计划生育，1962—1966 年的第二次计划生育运动显著影响了城市地区的生育率，甚至对一些较为发达的农村沿海地区的生育率也产生了影响。1964 年城市地区的总和生育率降到了 4.4，1965 年降到了 4 以下，以后再进一步下降。然而在"文化大革命"的政治运动中，计划生育活动和其他的社会经济活动都被中断了，20 世纪 60 年代后期全国的生育率维持在 6 左右的水平，平均年出生人口在 2 700 万，人口增量在 2 000 万。到 20 世纪 70 年代初，包括人均粮食在内的诸多经济指标低于 60 年代中期甚至 50 年代中期的水平（翟振武，1999），而同时人口又在迅速增长。于是在 20 世纪 70 年代初，中国政府下决心恢复计划生育工作，出现了第三次计划生育运动。与前

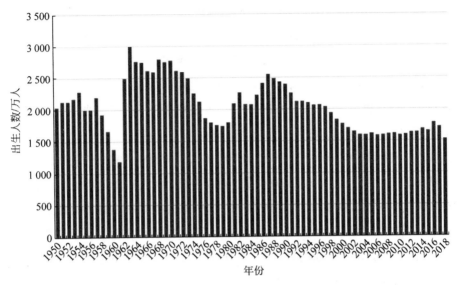

图 2-4 1949—2018 年中国的出生人口规模

资料来源：根据历年中国人口(与就业)统计年鉴中的出生率和总人口推算。

二次不同,这次是在全国范围内持续地、强有力地推行。

二、第一次生育率转变

　　尽管 20 世纪五六十年代出现过短暂的计划生育运动,但是总体上计划生育思想和工作都在逐步酝酿、不断讨论和逐步形成过程中,并最终在 70 年代初促成政府降低生育水平、控制人口增长的坚强决心和广泛行动。实际上,历史上中国妇女的生育行为也是有节制的,以及 20 世纪五六十年代以来不断宣传、推广和形成的节育思想,为 70 年代以来全国性的大规模计划生育运动创造了条件。1971 年国务院发布文件,新中国第一次明确号召在全国城乡普遍实行计划生育;1973 年进一步提出了"晚、稀、少"的计划生育政策,国务院及各级政府都成立了计划生育领导组织机构。计划生育及避孕、节育的宣传和服务得到广泛开展。20世纪70年代中国实现了人类历史上的生育率转变奇迹,妇女的总和生育率在短短数年下降了一半多。

1970年中国的出生率为33.43‰,总和生育率为5.75;到1979年分别下降到17.82‰和2.80(图2-2和图2-3)。出生率几乎下降了一半,而总和生育率降幅超过一半,出现了生育低谷(图2-4)。自然增长率从1970年的25.83‰下降到1979年的11.61‰;年出生人口规模由1970年的近2 800万下降到1979年的近1 700万,减少了1 000多万;年人口增量从约2 100万下降到约1 100万。在整个20世纪70年代,中国的生育率是在持续地、呈直线式地下降。对于中国20世纪70年代的生育率转变,西方学者曾经这样描述:除了饥荒、瘟疫和战争期间外,在人类历史上还没有出现过像中国如此迅速的生育率下降(Freedman,1995)。

中国的生育率转变既符合一般的人口转变规律,又有鲜明的中国特色。在生育率转变之前,中国的死亡率也发生了迅速的转变。人们的生育决策已经受到死亡率下降的影响。同时,新中国20年的社会变化与经济发展已经为生育率转变创造了一定的社会条件。在城市20世纪60年代和农村20世纪70年代推行计划生育之前,教育程度较高的妇女已经对婚内生育加以控制,生育率的自发转变趋势在这些人群中已经开始(Lavely and Freedman,1990)。在已经出现生育率转变的一定社会条件下,可以促使生育率早日转变或大大加速转变。因此,我国生育率能迅速下降就是因为我国出现了一个人口转变的良好社会环境,在家庭和个人出现自发限制生育的意愿时,我国人口政策就能因势利导,利用计划生育能大大加快生育率下降的速度(邬沧萍,1986)。

我国生育率转变的社会条件和社会环境在于社会制度和社会组织。中华人民共和国成立后社会的改造,诸如宗教家族制度、妇女地位低下等有利于多育的文化制度和观念被削弱和消灭。同时社会主义的思想革命和对党的拥戴,使集体主义和响应号召成为惯常行为。由于20世纪70年代"晚、稀、少"的计划生育政策是基本符合人民群众意愿的,因而得到了广泛响应。

进入 20 世纪 80 年代,我国实行改革开放,经济模式和社会生活发生了重大变革。我国的计划生育政策被确定为基本国策,同时,计划生育政策也进行了调整与完善。我国的生育率转变进入了徘徊、波动阶段。

三、生育率的波动

1980 年我国妇女总和生育率达到 2.32,接近更替水平。20 世纪 80 年代我国平均的总和生育率为 2.44,各年在 2.1～2.8 之间波动,没有出现趋势性的下降(图 2-3)。尽管从中央到各级政府对计划生育的重视程度、计划生育政策的内容规定和计划生育政策的执行力度等方面讲,20 世纪 80 年代都要比 70 年代更高、更严,但是生育率下降没有延续以前的趋势,而是进入了徘徊、波动期。

80 年代中国生育率的波动与徘徊实际上是计划生育政策变化、经济改革、年龄结构及婚姻生育的进度效应等因素共同作用的结果。1980 年 9 月,在全国人大第三次会议上,国务院提出采取有效措施在全国推行"一孩政策"(除了人口稀少的边缘及少数民族地区),以实现在 2000 年将人口控制在 12 亿的目标。中央发出了公开信,要求党员、共青团员和国家干部带头执行这一政策。20 世纪 80 年代初,政府通过行政手段及其他一系列强有力的措施来推行这一政策。在农村地区,"一孩政策"明显低于群众的生育意愿,而经济改革削弱了集体和行政管理机制,同时家庭的经济生产功能又得以强化,因而计划生育工作出现了波折。1984 年中央提出"要把计划生育政策建立在合情合理、群众拥护、干部好做工作的基础上",对"一孩政策"进行了适当的调整,实行了我们通常所说的"一孩半政策"。

从人口学因素讲,1980 年新《中华人民共和国婚姻法》的颁布实施,使过去按照行政管理规定要求的晚婚年龄失去了约束力,导致婚育年龄提前,产生了婚育堆积。"在妇女们推迟生育的年份中,生育率被压低了;而在生育提前的年份中,生育率被提高了"(Bongaarts and Feeney,1998)。20 世纪 70 年代初婚年龄的不断推迟对总和生育率的下降作出了重要贡献,而 80 年代的婚姻堆积又导致总和生育率的回升。另外,年龄结构的惯性影响(20 世纪 60 年代生育高峰人群进入婚育年龄)也助长了 20 世纪 80 年代出生率和生育率的回升和波动。20 世纪 80 年代后期,出生率上升到 22‰~23‰(图 2-2),总和生育率为 2.4~2.5(图 2-3),出现了第三个生育高峰,年平均出生人口规模上升到 2 400 万~2 500 万(图 2-4)。

虽然中国在 20 世纪 80 年代生育率的徘徊有着经济、政策及人口效应,但是也符合人口转变的一般规律。日本、韩国、新加坡的生育率转变经历表明,在穿越更替水平"瓶颈"时,各国都经历了一段时间的生育率徘徊;在更替水平上出现波动和相对稳定几年甚至十几年后,生育率才进一步降到更替水平以下。西方国家也有类似的经历,只是在时间上要比东方国家更短。中国在 20 世纪 90 年代实现了第二次生育率转变,生育率降到了更替水平以下。

四、第二次生育率转变

出于对生育率波动和回升的担忧,20 世纪 90 年代初中国政府重申了计划生育的重要性,要求强化政策执行,同时要稳定现行政策。1990 年人口普查得到总人口 11.3 亿,比预计的多出 1 000 万,同时也表明在 1982—1990 年间每年有 100 万的出生漏报(冯立天等,1999)。面对严峻的人口形势,中共中央、国务院在 1991 年 5 月发布了《中共中央、国务院关于加强计划生育工作严格控制人口增长的决定》,要求党政第一把手必须亲自抓计划生育工作,并且要负总责,同时把做好计划生育工作和完成人口计划作为考核各级党委、政府及其领导干部政绩的一项重要指标。各省根据中央的决定,结合实际情况,制定或完善了相应的计划生育条例。1991年开始,中央每年召开人口与计划生育座谈会(1997年更名为人口资源环境工作座谈会),专题部署人口和计划生育工作。由于计划生育政策的强化执行,在20世纪90年代初期我国的生育率出现了大幅度下降,并最终下降到更替水平以下,生育率转变实现了质的飞跃。

20世纪90年代中国的计划生育政策保持连续、稳定,但是计划生育工作进行了许多改革,表现在90年代前期计划生育的"三为主""三结合"工作模式和后期的计划生育优质服务。生育指标配额逐步被取消,人们的生育意愿有了重大转变。另外,20世纪90年代我国经济高速发展,生活方式发生了很大改变,使得低生育率得以持续、稳定。外生性低生育率逐步向内生性低生育率转变(李建民,2004)。

1990年我国的出生率为21.06‰,总和生育率为2.31;到2000年出生率下降到14.03‰,总和生育率降到1.5(2000年人口普查的总和生育率为1.22)(图2-2和图2-3)。人口自然增长率于1998年降到了10‰以下,这是历史性的突破。相应地,年出生人口规模由2 400万下降到1 800万。到20世纪90年代末,中国实现了人口再生产类型向"低出生(生育)、低死亡、低增长"的历史性转变。

从出生率的变化看,20世纪90年代中国生育率在持续走低。原国家人口计生委和国家统计局的各种生育率调查、人口抽样调查和人口普查都显示了一致的生育率下降过程,而且从这些调查计算得到的总和生育率越来越低。这表明我国生育率的确有了明显的下降,已低于更替水平,但同时人们担心由于调查数据质量出现恶化,存在出生漏报、瞒报现象,使得生育率可能被低估。于是对中国第二次生育率转变的真实过程缺少了准确数据的支持,学者们在强调中国生育率已大大低于更替水平时,对生育率有多低无法达成一致意见。对第二次生育率转变的研究实际上集中在了对真实生育水平的估计。

1990年人口普查得到我国的总和生育率为2.31,而2000年人口普查的总和生育率低达1.22。尽管20世纪90年代我国生育率出现了进一步大幅度下降,但是降到明显低于我国政策生育率的水平似乎不太可能。于是不同学者根据 2000 年人口普查数据、普查的漏报情况以及其他数据,重新估计了 2000 年的生育率,估计结果显示我国的总和生育率为 1.6～1.8(于学军, 2002)。

国家统计局以历年公布的出生人数为基础,推算了 20 世纪 90 年代以来的总和生育率。结果表明,总和生育率从 20 世纪 90 年代初的 2.2 左右稳步下降到 90 年代末的 1.7 左右(崔红艳,2008)。还有研究以历年全国小学生在学人数数据为基础,利用队列分析、存活倒推和回归拟合等方法,重构了 2000 年人口普查低年龄组的年龄性别结构,估算出 20 世纪 90 年代我国总和生育率水平(翟振武、陈卫,2007;陈卫,2009)。结果显示,我国生育率自 1992 年达到并低于更替水平,并且持续走低,2000 年总和生育率在 1.7～1.8 之间。

生育率低于更替水平意味着人口增长的方向将发生改变。随着年龄结构带来的人口惯性增长的减弱和消退,人口增长将逐渐转变为零增长,而后负增长。因此,稳定低生育水平,选择和把握低生育水平的"度",将是未来人口与计划生育工作的一项中心工作。

五、持续的低生育率

2000 年以来,我国的生育率延续了 20 世纪 90 年代的下降趋势。2010 年人口普查得到的总和生育率比 2000 年人口普查更低,低达 1.18。而 2015 年 1‰人口抽样调查得到的结果更进一步下降到 1.05。国家统计局公布的出生率,也从 2000 年的 14.03‰下降到 2010 年的 11.90‰,但是轻微上升到 2015 年的 12.07‰(国家统计局公布的出生率所隐含的生育率水平要明显高于人口普查的结果)。而人口自然增长率在 2009 年降到了 5‰以下,年人口增量比 20 世纪 90 年代末又减少约 250 万。实际上这些数据表明,我国自 2000 年以来保持着持续的低生育率。根据美国人口咨询局 2010 年和 2015 年的世界人口数据表,发达国家平均的总和生育率都是 1.7,欧洲平均的总和生育率从 1.6 降为 1.4,对中国总和生育率的估计值则分别是 1.5 和 1.7。

2000 年以来,我国政府在继续坚持稳定现行生育政策的同时,积极推进计划生育工作思路和工作方法的转变。2000 年 3 月,党中央、国务院作出《中共中央、国务院关于加强人口与计划生育工作稳定低生育水平的决定》,指出人口过多仍然是我国的首要问题,人口问题是社会主义初级阶段长期面临的重大问题。在实现人口再生产类型的历史性转变以后,人口与计划生育工作的主要任务将转向稳定低生育水平、提高出生人口素质。2001 年 12 月,第九届全国人大常委会第二十五次会议审议通过了《中华人民共和国人口与计划生育法》,2002 年 9 月正式实施,计划生育基本国策有了国家基本法律的保障,人口和计划生育工作全面进入依法管理、优质服务的阶段。2003 年 3 月,国家计划生育委员会更名为国家人口和计划生育委员会,增加了开展人口发展战略研究、制订人口发展规划、促进生殖健康产业发展等职能。各级人口计生部门也顺利实现了更名,增强了综合协调能力。特别是从党的十六大到十七大,党中央提出了树立和落实科学发展观、建设社会主义新农村、构建社会主义和谐社会等一系列重大战略思想,为认识和解决人口问题提供了新的思路和视角。2006 年 12 月中共中央、国务院作出《中共中央、国务院关于全面加强人口和计划生育工作统筹解决人口问题的决定》,明确提出我国人口和计划生育工作进入稳定低生育水平、统筹解决人口问题、促进人的全面发展的新阶段。国家人口发展战略制定之后,保持适度的低生育率,逐步调整人口结构,成为人口和计划生育工作的一项重要工作。

进入 21 世纪以来,中国的人口趋势出现了重大的转折性变化,人口发展的内在动力和外部条件已经发生了根本改变。为了能够更好地遵循人口发展规律、满足群众的生育意愿,优化人口结构、促进人口长期均衡发展及社会经济的可持续和协调发展,我国政府不断进行生育政策的调整完善,2013 年以来先后实行"单独两孩"和"全面两孩"生育政策。2015 年 12 月发布的《中共中央、国务院关于实施全面两孩政策改革完善计划生育服务管理的决定》

具有历史性意义,标志着以独生子女政策为主的限制性计划生育政策的终结,将对中国的生育率和人口发展趋势产生深远的影响。不过,从国际经验看,中国的生育率将长期继续处于低水平状态。中国人口增长的长期趋势不会改变。实际上,随着人口结构的变化、生育间隔限制的逐步取消和计划生育政策的不断调整完善,我国的政策生育率将逐步提高。同时,20世纪90年代以来由于少生和推迟生育所累积的生育势能,以及年龄结构带来的出生高峰,将对低生育水平带来重要影响。从对全国一些地区的生育率调查情况看,政策内生育率和政策外生育率都出现回升趋势,同时生育的性别选择性依然强烈。

纵观我国的人口转变历程,我国在社会生产力尚不发达的情况下,用了不到30年的时间,完成了人口再生产类型的历史性转变,进入低生育水平国家行列。从上述不同阶段对我国生育率转变的分析看出,我国生育率转变从量变到质变,遵循人类生育率转变的一般规律,同时又具有鲜明的中国特色。中国的计划生育政策是人类历史上的创举,要解决中国人口问题要靠中国人自己的智慧,走中国特色的道路(于学军,2008)。但是随着中国的计划生育由严格限制性的政策走向逐渐自主性的政策,促使生育率逐渐上升到1.8,以及未来进一步恢复至更替水平的目标,将成为我国实施人口长期均衡发展战略的重大挑战。

六、小　　结

西方学者认为在中国20世纪70年代发生广泛的生育率下降之前,生育率的自发转变趋势已经在教育程度较高的妇女中出现。实际上历史人口学家的研究表明,中国在前转变时期的高生育率也不是无节制的,已婚生育率甚至低于转变前的欧洲妇女的已婚生育率。

中国的生育率转变过程可以区分为两次生育率转变。第一次生育率转变发生在20世纪70年代,生育率降幅超过一半,由总和生育率接近6下降到3以下。这一生育率快速转变被称为人类控制生育的奇迹的人口转变的"中国模式"。第二次生育率转变发生在20世纪90年代,中国的生育率在整个80年代处于更替水平之上波动后于90年代前期下降到更替水平以下,然后持续走低。

在经济继续快速发展、城市化迅速推进、就业和生活方式不断变化的背景下,中国生育率仍将持续保持低水平。全面两孩政策的实施乃至取消任何生育限制,都不会改变低生育率的趋势。低生育率国家的经验表明,生育率降到更替水平以下后,不会稳定在某种水平,而是出现波动或更加低迷的趋势。低生育率的不同程度,将会导致十分不同的未来人口发展趋势。基于中国新时期人口发展的复杂性和人口问题的长期性,国家人口发展战略和《国家人口发展规划(2016—2030年)》制订的总和生育率为1.8的目标,是一个符合国家长期、稳定、可持续发展需要的低生育率水平的选择。

中国所经历的生育率迅速而重大的转变,在人类历史上是从未有过的。伟大的实践创造出伟大的模式。中国特色的计划生育和人口转变为世界人口转变的理论与实践作出了重大贡献。正因为如此,中国的人口转变在世界上受到了比任何一个国家都更多的关注,必将在人类发展历史上留下波澜壮阔的一页。

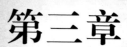

第三章
中国 2000—2010 年的低生育水平估计

中国的生育率在 20 世纪 90 年代初达到更替水平以后，进一步出现大幅度下降，然后一直处于低迷状态。从 1992 年生育率调查和 20 世纪 90 年代人口变动抽样调查结果看，20 世纪 90 年代前半期生育率就下降到 1.7，然后进一步下降到后期的 1.5，甚至更低。2000 年和 2010 年的人口普查更是达到了低达 1.22 和 1.18 的水平。从 20 世纪 90 年代初期降到更替水平以下，学者们就开始估计和争论中国的低生育率水平，争论一直没有停止，也没有达成共识。虽然在计划生育政策的长期影响与经济社会巨大变化和飞速发展趋势下，中国的生育意愿发生了深刻转变，但是不容置疑的是 20 世纪 90 年代以来，中国的人口普查、人口抽样调查和生育率调查，数据质量都出现不同程度的下滑，普遍出现出生人口和低年龄人口的漏报瞒报。在 20 世纪 80 年代，中国的人口普查和生育率调查质量曾经被西方学者赞誉，数据质量之高是世界少有的（Coale，1989）。然而随着社会变迁，特别是流动人口增长，对人口普查和抽样调查获得准确信息构成冲击，在低年龄人口出现漏报的同时，在其他年龄组也出现漏报或重报现象，使人们再也不能弄清调查所揭示的实际情况。

在世界上除了缺乏人口统计数据的国家外，可能只有中国的生育率成为长期争论不休、估计不尽的"谜团"。虽然人们认识到中国的生育水平已长期地大大低于更替水平，但是在这种共识的背后，学者们对生育率的估计存在很大差异。有学者极端地认为目前的生育率就是如普查得到的那么低,也有学者极端地估计接近 1.8;有认为在 1.5~1.6 之间的,也有估计在 1.6~1.7 之间的。当然也有学者认为在 1.5 以下或者略高于普查的结果。不同的估计结果既与使用不同数据和方法有关,也有不同的认识和思维逻辑的原因。

尽可能准确估计中国当前的生育率具有非常重要的意义。如果说生育率的高低构成生育政策调整的事实基础,亦即生育政策的调整完善、人口发展战略的制定等都需要以生育水平的高低和人口形势的判断为基础,那么对于已经实施"全面两孩"生育政策的当下,生育率的高低就成为估计和判断"全面两孩"政策的效果和影响的基础。在生育意愿稳定的条件下,如果目前的生育水平还较高,那么"全面两孩"政策的影响就较小,反之可能就会较大。

生育率的高低与趋势对于中国是否跌入了"低生育率陷阱"的争论也至关重要。如果从国家统计局的人口普查和抽样调查的结果看,20 世纪 90 年代中期以来,中国的生育率就一直低于 1.5,已经有 20 多年处于如此低下的生育率,显然符合"低生育率陷阱"的标准。但是否认普查和抽样调查数据中存在的严重漏报现象,认为中国早已深深陷入了"低生育率陷阱",也是不科学的。中国是否长期以来生育率低于 1.5?这当然需要认真、严谨地分析才能得到答案。生育率的高低本来是个简单的问题,而数据质量却给这一问题蒙上了重重难以拨开的迷雾。本部分首先对现有研究进行评述,然后基于 2000 年和 2010 年的普查数据,使用队列分析、回归分析、存活率推算法和人口学模型等方法,对中国 2000—2010 年的生育率进行进一步估计。

一、2000—2010 年间生育率估计

对中国低生育水平的估计和争论,因学者们使用不同的数据和方法,结论不尽一致,甚至存在很大分歧。概括起来,有三类不同的研究。

第一类研究是直接利用普查数据进行的估计，或多或少隐含着普查数据可信、准确的假设。这类研究得到的结果是最低的，总和生育率不超过1.5。例如，郭志刚(2011)利用各次人口普查数据，通过"打靶"对1990—2010年我国的生育水平进行了估计。研究表明，中国生育率在20世纪90年代初有急剧下降，1996—2003年的总和生育率仅为1.4，近年来略有回升，也仅为1.5左右。而郝娟、邱长溶(2011)根据历年统计年鉴，直接采用普查和抽样调查数据进行计算，得出2000—2010年我国的总和生育率一直没有超过政策生育率1.47，在1.22～1.47之间波动，处于1.5以下的很低生育率水平。朱勤(2012)以2010年0～9岁人口数作为靶标，反复模拟推算，重建我国2000—2010年的生育水平；推算得到2001—2010年历年总和生育率在1.3～1.5之间，平均的总和生育率为1.48；认为基于2000年普查漏报而导致的对我国生育水平低估的情况并不存在，并且我国处于1.5以下的低生育水平的情况已经存在了至少10年。

第二类研究在利用普查数据估计生育水平时，对普查数据质量质疑，并进行调整估计。这类研究中，不同学者的调整和估计存在较大差别。崔红艳、许岚、李睿(2013)对2010年普查的数据质量进行了全面评估，也对2000—2010年的生育水平进行了估计。他们通过比较普查长短表出生人数和总人口的抽样比，得到登记的出生人口偏低的结论，由此推算的2010年总和生育率应为1.42；又根据历年人口变动抽样调查公布的出生人数和2010年人口普查的出生数据，测算漏报人数，得到调整后的2010年总和生育率为1.5；而直接根据历年人口变动抽样调查推算得到我国2000—2010年的生育水平应该在1.50～1.64之间。王金营、戈艳霞(2013)基于各次人口普查数据的对比，通过对2010年普查少年儿童人口进行漏报回填，并且考虑育龄妇女重报和抽样偏误等问题等，对数据进行调整，得到2001—2010年的总和生育率的估计值为1.5～1.6左右。如果考虑到2010年普查更高的漏报影响，2001—2010年期间我国妇女总和生育率最高值可能会达到1.75，而低值应该在1.45左右。李汉东、李流(2012)以2000年人口普查分城乡、分性别、分年龄的人口数据作为基期数据，以Leslie矩阵的离散动态人口预测模型作为基本模型,分别调整其中各项参数以对 2000—2010 年间的生育水平进行估算。结果发现,官方公布的数据存在内部不一致,自相矛盾。其结论认为,21 世纪头 10 年我国的平均总和生育率为 1.57 左右。

第三类研究中,针对人口普查和抽样调查数据存在的问题,利用教育数据、公安数据等其他系统收集统计的数据,校对、调整普查数据,进而估计生育水平。杨凡和赵梦晗(2013)对普查数据、教育数据和公安数据的特点进行了分析。她们认为可以从"五普"数据的问题中预见到"六普"数据问题的端倪,因为 10 年以来,导致瞒报、漏报的原因都没有出现任何缓解的迹象。2010年第六次人口普查的低年龄组也很可能面临漏报问题。对教育数据的分析发现,教育数据质量具有稳定性、准确性等特点,数据质量总体较高,但是要用以估计当前生育率可能在时效性方面存在一些局限。而公安数据虽然在个别年龄组上的质量存在着差别,但总体来说近些年的数据质量较好。于是她们使用教育数据和公安数据的结合、根据公安数据直接计算和根据公安数据登记率计算三种方法,估算得到 2000 年以来我国的总和生育率的下限大概处于 1.5～1.63。她们根据公安数据中不完整的 5 岁组登记人口数所计算的2007 年生育水平就已经达到了 1.55,生育水平不可能更低了。根据其结论,2000 年以来我国生育水平处于 1.6～1.7 左右。

由于利用别的来源的数据对普查数据的调整和对生育水平的估计往往明显高于基于普查数据的结果,有的学者也提出了怀疑的观点。张广宇和原新(2004)认为没有足够证据证明中国的普查和抽样调查存在大规模的出生漏报,他们认为出生漏报情况有可能被高估,而计算出的低生育率可能是因为实际生育水平确实已大大降低所致。郭志刚(2010)也指出,我国的出生漏报以及低生育率被严重高估;研究者们应该更多地相信普查等由实地调查得到的数据,不要过分依赖主观判断。他认为以往人口估计和预测严重失误,高估了生育水平、人口增长等而低估了人口老龄化程度(郭志刚,2011)。蔡泳(2009)、郭志刚(2010)对教育数据的质量也提出了质疑,主要是教育数据可能存在的基于"两免一补"政策,利益相关者为了多获得资金而虚报、多报人数的问题。教育统计本身也不再纯净,不能作为估计生育水平的"黄金"标准。

在低生育率条件下，中国人口学者对生育水平的估计，充分展示了各种人口分析技术的应用。去进度效应总和生育率和内在总和生育率（ITFR）旨在克服总和生育率受生育推迟、间隔延长等进度效应的影响，试图反映更真实的生育水平。母子匹配或生育史重构法，一般是将人口普查中母亲的信息（曾生育孩子数量、生育年龄）与子女信息（年龄、孩次）进行匹配，以期获得更为准确的出生人口数、不同孩次人口数以及育龄妇女生育年龄。利用得到的数据既可以计算总和生育率，又可以计算分孩次总和生育率以及平均生育年龄。人口模拟预测法（"打靶"）在估计以往生育水平时所用的人口模拟预测不同于一般的人口预测，它不是对未来人口的估计，而是利用人口预测的方法，在已知比较远的过去的人口数和比较近的过去的人口数的前提下，测算总和生育率、死亡水平等参数。这一过程就像是"打靶"。例如，在"五普"和"六普"之间的10年里要有怎样的生育水平，才能使人口总数由"五普"的数字攀升到"六普"的数字。还有学者使用回归分析、存活率倒推等方法。这种方法遵循总和生育率的一般计算过程，在求得出生人数、育龄妇女数和生育模式的前提下，方可得到总和生育率，主要使用多种来源数据进行生育水平估计，以调整当前数据中的漏报、估计难以得到的数据。

基于以往众多的研究，本章将利用各种来自不同统计系统的数据，进一步估计、对比和综合判断2000—2010年中国的生育率水平与趋势。同时，利用一些人口模型对生育率进行间接估计，以助于对2000—2010年中国生育率态势的评判。

（一）数据与方法

估计生育水平需要估算出生人口和育龄妇女人口。育龄妇女人口的估算比较简单，相应的数据质量也不存在很多争论。出生人口是估计生育水平的关键，而且用来评估的各种数据较多，对于数据质量也存在很大争论。我们使用了2000年人口普查数据、2010年人口普查数据、2000—2010年教育数据、2010年公安数据和2001—2009年人口变动调查数据。人口普查数据、教育数据和公安数据都用来估计 2000—2010 年出生人数,估算育龄妇女人数主要使用普查数据。人口变动调查数据用来计算出生人数的年龄分布。通过分年龄的出生人数和分年龄育龄妇女人数,可以得到分年龄生育率和总和生育率。

使用的方法有队列分析、回归分析、布拉斯劳杰特转换(Brass logit transformation)和按照存活率的推算。队列分析用来对比各种来源的数据,评估普查数据中的漏报情况。回归分析用来估计和推算普查低年龄人口。布拉斯劳杰特转换是为了获得两次普查之间各年的生命表,以便使用生命表存活率推算估计生育率所需要的各种人口,包括各年的育龄妇女、普查低年龄人口及相对应的各年的出生人口。各种方法的具体应用在书中使用到这些方法时,会进行进一步说明。研究的总体思路是:利用不同来源的数据与普查数据进行对比,考察普查数据在低年龄人口中的漏报情况;然后基于2010 年普查和 2000 年普查在低年龄人口上的漏报程度相同的假设,利用各种来源的数据调整和推算 2010 年低年龄人口。最后,利用各种估计的 2010年低年龄人口回推出出生人口,计算分年龄出生人口和分年龄育龄妇女人口,从而得到分年龄生育率和总和生育率。

(二)2000 年以来生育水平的估计

对生育水平的估计分为三步。第一步是估计出生人口,并分解为分年龄妇女的出生人口;第二步是估算分年龄育龄妇女人口;第三步就是计算分年龄生育率和总和生育率。第一步是关键,也较为复杂。我们将 2000 年普查0~10 岁人口与其他各种来源数据的同队列人口进行对比,通过调查时点的统一调整,利用生命表存活率,推算出与 2000 年普查 0~10 岁年龄相同时的人口,然后对普查数据和其他来源的数据进行回归拟合。利用这些回归方程和 2010 年普查的 0~10 岁人口,推算出各种不同的 2010 年 0~10 岁的估计值,最后利用这些估计值回推出各种不同的出生人口估计值。

1. 对 2010 年普查 0~10 岁人口的估计

对 2010 年普查 0~10 岁人口的估计是基于对 2000 年普查 0~10 岁人口

的估计及漏报率相同的假设。表 3-1 展示了 2000 年普查 0～10 岁人口及其他不同数据来源的同队列人口。2000 年人口普查的 0～10 岁人口（第 2 列），与 2010 年人口普查的 10～20 岁人口（第 4 列）、2000—2010 年教育数据中 10 岁人口（第 5 列）和 2010 年公安数据中 10～20 岁人口（第 6 列）进行对比，除了最后一个队列，同一队列各种来源的数据都大于 2000 年普查数据，说明 2000 年人口普查低年龄组人口存在很大程度的漏报。图 3-1 为队列人口存活比，低年龄人口的漏报程度大于高年龄人口。

表 3-1　各种数据来源的同队列人口　　　　　　　　万人

年龄 （1）	2000 年普查数据 （2）	年龄 （3）	2010 年普查数据 （4）	教育数据 （5）	公安数据 （6）
0	1 379	10	1 445	1 636	1 479
1	1 150	11	1 394	1 614	1 443
2	1 401	12	1 540	1 692	1 546
3	1 445	13	1 523	1 737	1 562
4	1 522	14	1 589	1 791	1 635
5	1 693	15	1 802	1 849	1 744
6	1 647	16	1 879	1 878	1 743
7	1 791	17	2 078	1 968	1 850
8	1 875	18	2 076	2 049	1 924
9	2 008	19	2 154	2 204	2 057
10	2 621	20	2 803	2 479	2 549

资料来源：国家统计局，《中国 2000 年人口普查资料》，中国统计出版社，2002 年；《中国 2010 年人口普查资料》，中国统计出版社，2012 年；2000—2010 年教育数据来自历年《中国教育统计年鉴》；2010 年公安数据来自公安部。

由于各种来源的数据存在不同的调查或统计时点，为了进一步推算，需要把各种数据按照统一的时点进行调整。2000 年和 2010 年人口普查时点为 11 月 1 日，教育数据的统计时点为 9 月 1 日，而 2010 年的公安数据的统计时点为 12 月 31 日。需要把教育数据和公安数据都按照普查时点进行调整计算。在以往的研究中，学者们的普遍做法为按照出生人口在月份之间的均匀分布这一假设进行计算。而通过观察 2000 年和 2010 年人口普查的出生人口的月份分布，发现出生人口的月份分布并不均匀，主要表现为 11—12 月和其

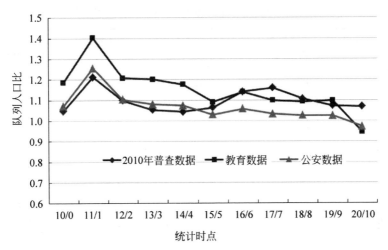

图 3-1　队列人口存活比

资料来源：同表 3-1。

他月份的差异。11 月和 12 月的出生人口都各占全年出生人口的 10％以上，而其他月份的出生人口占全年出生人口的比例一般都在 6％～9％之间。按照 2010 年人口普查的结果，9—10 月份出生人口合计占 13％，11—12 月出生人口合计占 24％。因此，在将教育数据按照普查时点调整时使用如下公式：

$$P'_x = P_x - 0.13P_x + 0.13P_{x-1}$$

其中，P'_x 为已调整的 x 岁人口，P_x 为未调整的 x 岁人口。

而将公安数据按照普查时点调整时使用如下公式：

$$P'_x = P_x - 0.24P_x + 0.24P_{x+1}$$

其中，P'_x 为已调整的 x 岁人口，P_x 为未调整的 x 岁人口。

在将各种数据进行统一时点调整后，再回推至相同年龄时的人口。

表 3-2 将 2010 年人口普查的 10～20 岁人口、2000—2010 年教育数据中 10 岁人口和 2010 年公安数据中 10～20 岁人口都通过生命表存活率，回推至 0～10 岁人口。图 3-2 是回推计算所用的生命表存活率。表 3-2 的结果表明，按照教育数据推算的人口所反映的漏报程度最高（漏报率为 15.8％），而按照公安数据推算的人口所反映的漏报程度最低（漏报率为 7.4％），按照 2010 年普查 10～20 岁人口数据推算所反映的漏报程度居中（漏报率为 10.0％）。

表 3-2　通过存活率回推至 2000 年 0～10 岁人口　　　　　万人

年龄	2000 年普查数据	2010 年普查数据	教育数据	公安数据
0	1 379	1 466	1 658	1 512
1	1 150	1 402	1 627	1 444
2	1 401	1 548	1 690	1 579
3	1 445	1 529	1 738	1 573
4	1 522	1 595	1 791	1 659
5	1 693	1 809	1 848	1 777
6	1 647	1 886	1 881	1 749
7	1 791	2 085	1 963	1 883
8	1 875	2 083	2 046	1 949
9	2 008	2 163	2 192	2 098
10	2 621	2 814	2 453	2 678

资料来源：作者计算的结果。

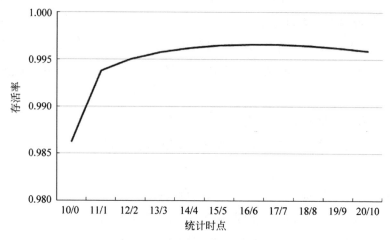

图 3-2　各队列生命表存活率

资料来源：根据国家统计局公布的 2000 年和 2010 年的生命表预期寿命，
通过 Brass 劳杰特转换估计获得。

　　我们假设 2010 年普查 0～10 岁的漏报率与 2000 年普查 0～10 岁的漏报率相同，也就是说分别使用上面的 3 个不同的漏报率来估算 2010 年普查 0～10 岁的人口，然后再分别利用生命表存活率回推出出生人口。假设 2010 年普查 0～10 岁的漏报年龄模式与 2000 年普查的漏报年龄模式相同,但是考虑到 2010 年普查 0～10 岁人口年龄结构和 2000 年普查 0～10 岁人口年龄结构不同,我们不直接使用 2000 年 0～10 岁各年龄人口漏报率对 2010 年 0～10 岁各年龄人口进行调整,而是先建立表 3-2 中各种来源的数据对 2000 年普查数据的线性回归方程,然后利用这些回归方程,代入 2010 年普查 0～10 岁各年龄人口,得到根据各种来源数据调整的 2010 年 0～10 岁各年龄人口。

图 3-3、图 3-4 和图 3-5 分别为 2010 年普查数据和 2000 年普查数据的回归拟合,教育数据和 2000 年普查数据的回归拟合和公安数据和 2000 年普查数据的回归拟合。回归方程的确定系数(R^2)都在 0.96 以上。利用图中显示的回归方程,代入 2010 年普查 0～10 岁各年龄人口,即可得到根据各种来源数据调整的 2010 年 0～10 岁各年龄人口。然后,再利用生命表存活率(图 3-6),将各年龄人口回推至出生人口,如表 3-3 所示。表 3-3 中还显示了直接利用 2010 年普查 0～10 岁人口回推的出生人口和国家统计局公布的 2000—2010 年的出生人口。

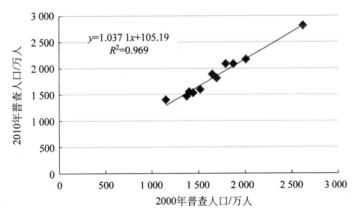

图 3-3　2010 年普查数据和 2000 年普查数据的回归拟合

资料来源:表 3-2 及作者计算的结果。

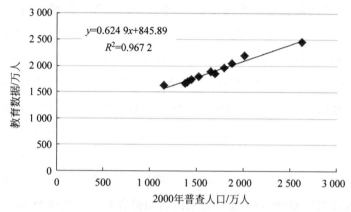

图 3-4　教育数据和 2000 年普查数据的回归拟合

资料来源：表 3-2 及作者计算的结果。

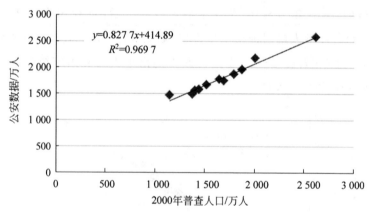

图 3-5　公安数据和 2000 年普查数据的回归拟合

资料来源：表 3-2 及作者计算的结果。

2. 出生人数

表 3-3 的结果显示，按照 2010 年普查 0～10 岁人口推算的出生人口是最低的，而按教育数据推算的出生人口是最高的。按照公安数据和按照 2010 年普查 10～20 岁人口推算的出生人口非常接近，在图 3-7 中两条线几乎重合。除了国家统计局公布的出生人口外，其他各种估计的出生人口的变化趋势是

表 3-3　2000—2010 年按各种数据估计的出生人数

万人

推算方式	2000年	2001年	2002年	2003年	2004年	2005年	2006年	2007年	2008年	2009年	2010年
按2010年普查 0~10 岁人口推算	1 492	1 470	1 410	1 385	1 526	1 518	1 567	1 569	1 605	1 607	1 403
按2010年普查 10~20 岁人口推算	1 656	1 633	1 570	1 544	1 691	1 682	1 733	1 735	1 773	1 774	1 563
按教育数据推算	1 805	1 792	1 753	1 737	1 825	1 820	1 850	1 851	1 872	1 872	1 738
按公安数据推算	1 663	1 645	1 595	1 574	1 691	1 684	1 724	1 725	1 755	1 756	1 584
按公布的出生人数计算	1 771	1 702	1 647	1 599	1 593	1 617	1 585	1 595	1 608	1 591	1 592

资料来源：作者计算的结果。

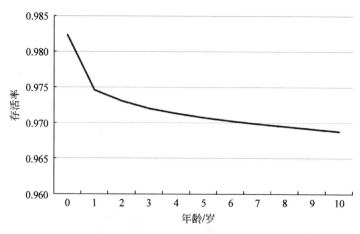

图 3-6　出生至各年龄的生命表存活率

资料来源：根据国家统计局公布的 2000 年和 2010 年的生命表预期寿命，
通过 Brass 劳杰特转换估计获得。

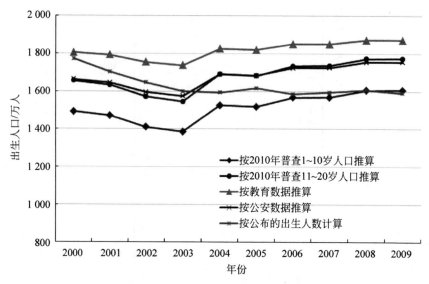

图 3-7　2000—2010 年按各种数据估计的出生人数

资料来源：作者计算的结果。

一致的。出生人口在 2000—2003 年经历了下降，2003 年以后出现上升，除了 2004 年比 2003 年有较明显的上升外，2004 年以后的变化较为平稳，略有上升。值得注意的是,国家统计局公布的出生人口在前期明显高于按照 2010 年普查 0~10 岁人口推算的出生人口,而后期则几乎一致。这说明,国家统计局在调整出生人口时,以往存在调整过高的可能,而近期则降低了调整值。国家统计局公布的出生人口在前期接近按照教育数据调整的出生人口,而近期大大低于按照教育数据调整的出生人口,也低于按照公安数据和 2010 年普查 10~20 岁人口调整的出生人口。

需要指出的是,近年来出生人口的上升正是我国正在经历的第四次出生高峰的反映。显然,与以往的出生高峰相比,现在的出生高峰要低弱得多。但是出生高峰不会在 2010 年结束,2010 年出生人数突降不是真实的变化趋势。由于本研究采用线性回归拟合的方法估计出生人口,那么结果就必然会与 2010 年普查低年龄人口变化相一致。也就是说,因为 2010 年普查的 0 岁人口和 1~4 岁人口相比有了突然的下降,所以通过线性回归拟合估算的出生人口也必然出现这种下降。因此,2010 年出生人口的估计值是不可靠的。从国家统计局公布的出生人口看,2010 年没有出现下降,而是继续保持近年来的趋势。

3. 育龄妇女人数

估计生育率还需有育龄妇女人数。我们只进行了一种方案的估算。一方面,按照 2000 年人口普查数据推算 2001—2010 年各年的分年龄育龄妇女人数。在推算前,我们利用教育数据对 2000 年普查低年龄人口进行了调整,然后按照调整的 2000 年年龄结构,利用生命表存活率估算未来各年的分年龄育龄妇女人数。另一方面,按照 2010 年人口普查数据,利用生命表存活率倒推 2000—2009 年各年的分年龄育龄妇女人数。将上述两种推算过程得到的育龄妇女人数计算平均数,作为最终育龄妇女人数的估计。

推算育龄妇女人数所使用的两次普查之间的各年生命表是通过布拉斯劳杰特转换计算得到的。国家统计局公布了 2000 年和 2010 年的平均预期寿命,但是没有公布生命表,我们利用布拉斯劳杰特转换计算了各年的生命表。英国人口学家布拉斯提出两张不同生命表的存活概率 l_x,进行劳杰特转换之后,存在一种近似线性的关系,这样就可以由一张生命表推导出另一张生命表。通过对 1982 年、1990 年和 2000 年生命表存活概率进行劳杰特转换,并进行线性回归拟合,发现死亡水平在不断下降,但是死亡模式基本稳定。因此,我们假设 2000—2010 年的死亡模式不变,而死亡水平不断下降。2000 年和 2010 年的死亡水平来自国家统计局公布的平均预期寿命。也就是说,根据已知的平均预期寿命和布拉斯劳杰特转换,可以计算出 2000—2010 年各年的生命表。总人口以及男性和女性的生命表都是这样计算出来的。

根据计算得到的各年生命表,取得各年的女性分年龄存活率,然后利用 2000 年和 2010 年普查的年龄结构推算得到各年的分年龄育龄妇女人数,如表 3-4 所示。可以看出,育龄妇女总量在不断上升,但是其年龄结构在发生变化。总体上,育龄妇女年龄结构呈现"老龄化"趋势。

4. 生育率

计算分年龄生育率和总和生育率,还需要把每年的总出生人口分解为育龄妇女分年龄的出生人口。我们收集了 2000 年和 2010 年普查及两次普查之间的年度人口变动抽样调查的育龄妇女的分年龄出生人口,得到表 3-5 所示的出生人口的年龄分布。为了使结果更稳定,我们使用了 5 岁组的年龄分布。出生人口的年龄分布在 10 年间也呈现"老龄化"趋势,30 岁以上的生育比例在持续上升。

按照表 3-5 中每年的出生人口年龄分布和表 3-3 中每年的总出生人口,就可以得到每年的育龄妇女分年龄出生人口。结合表 3-4 的分年龄育龄妇女人口就可以算出各年的分年龄生育率和总和生育率。

表 3-6 展示了按照各种不同来源数据估计的 2000—2010 年历年的分年龄生育率和总和生育率。图 3-8 显示了 2000—2009 年生育率变化趋势。我国生育率在 2000—2003 年经历了下降,2004 年出现明显上升,然后保持平稳的态势。生育率的水平在不同的数据之间存在明显差异,但是生育率的变化趋势基本是一致的(除了按照国家统计局公布的出生人口推算的生育率)。按照教育数据推算的生育率最高,2000 年为 1.7,2001—2003 年降到 1.7 及以下,

万人

表 3-4 2000—2010 年分年龄育龄妇女人数

年龄	2000 年	2001 年	2002 年	2003 年	2004 年	2005 年	2006 年	2007 年	2008 年	2009 年	2010 年
15～19	5 033	5 205	5 358	5 581	5 856	6 175	6 087	5 793	5 555	5 183	4 728
20～24	4 731	4 669	4 899	4 925	4 950	5 017	5 189	5 343	5 566	5 841	6 160
25～29	5 776	5 553	5 225	5 003	4 833	4 712	4 651	4 881	4 908	4 933	5 000
30～34	6 190	6 215	6 360	6 178	6 070	5 750	5 529	5 203	4 983	4 814	4 695
35～39	5 282	5 908	5 955	5 947	5 998	6 156	6 182	6 327	6 147	6 042	5 725
40～44	3 918	3 628	3 715	4 232	4 765	5 244	5 867	5 915	5 910	5 962	6 120
45～49	4 171	4 296	4 362	4 349	4 069	3 876	3 591	3 679	4 194	4 724	5 200
合计	35 100	35 475	35 874	36 215	36 542	36 931	37 097	37 142	37 262	37 499	37 628

资料来源：根据 2000 年和 2010 年人口普查分年龄人口数据推算得到的结果。

表 3-5 2000—2010 年出生人口的年龄分布

年龄	2000 年	2001 年	2002 年	2003 年	2004 年	2005 年	2006 年	2007 年	2008 年	2009 年	2010 年
15～19	0.022	0.008	0.009	0.018	0.020	0.026	0.019	0.014	0.018	0.021	0.023
20～24	0.407	0.317	0.343	0.380	0.369	0.384	0.343	0.309	0.313	0.330	0.330
25～29	0.396	0.452	0.400	0.373	0.368	0.331	0.331	0.338	0.320	0.319	0.327
30～34	0.140	0.177	0.196	0.180	0.187	0.189	0.194	0.190	0.180	0.175	0.174
35～39	0.025	0.037	0.043	0.040	0.046	0.056	0.081	0.098	0.098	0.092	0.088
40～44	0.004	0.005	0.005	0.005	0.006	0.009	0.022	0.032	0.045	0.037	0.036
45～49	0.002	0.001	0.001	0.002	0.001	0.002	0.007	0.016	0.023	0.023	0.018
合计	1.000	1.000	1.000	1.000	1.000	1.000	1.000	1.000	1.000	1.000	1.000

资料来源：国家统计局，《中国 2000 年人口普查资料》，中国统计出版社，2002 年；《中国 2010 年人口普查资料》，中国统计出版社，2012 年；2001—2009 年人口变动调查数据来自历年《中国人口与就业统计年鉴》。

表3-6 2000—2010年分年龄生育率和总和生育率

推算方式	2000年	2001年	2002年	2003年	2004年	2005年	2006年	2007年	2008年	2009年	2010年
按2010年普查0~10岁人口推算											
15~19	0.007	0.002	0.002	0.005	0.005	0.006	0.005	0.004	0.005	0.007	0.007
20~24	0.129	0.100	0.099	0.107	0.114	0.116	0.104	0.091	0.090	0.091	0.075
25~29	0.102	0.120	0.108	0.103	0.116	0.107	0.112	0.109	0.105	0.104	0.092
30~34	0.034	0.042	0.044	0.040	0.047	0.050	0.055	0.057	0.058	0.059	0.052
35~39	0.007	0.009	0.010	0.009	0.012	0.014	0.021	0.024	0.026	0.025	0.022
40~44	0.002	0.002	0.002	0.002	0.002	0.003	0.006	0.009	0.012	0.010	0.008
45~49	0.001	0.001	0.000	0.001	0.001	0.001	0.003	0.007	0.009	0.008	0.005
总和生育率	1.407	1.380	1.328	1.335	1.485	1.486	1.527	1.505	1.528	1.514	1.308
按2010年普查10~20岁人口推算											
15~19	0.007	0.003	0.003	0.005	0.006	0.007	0.006	0.004	0.006	0.007	0.008
20~24	0.143	0.111	0.110	0.119	0.126	0.129	0.115	0.101	0.100	0.100	0.084
25~29	0.114	0.133	0.121	0.115	0.129	0.118	0.123	0.120	0.116	0.115	0.102
30~34	0.038	0.047	0.048	0.045	0.052	0.055	0.061	0.064	0.064	0.065	0.058
35~39	0.008	0.010	0.012	0.010	0.013	0.016	0.023	0.027	0.028	0.027	0.024
40~44	0.002	0.002	0.002	0.002	0.002	0.003	0.007	0.009	0.014	0.011	0.009
45~49	0.001	0.001	0.000	0.001	0.001	0.001	0.004	0.008	0.010	0.009	0.006
总和生育率	1.562	1.534	1.480	1.489	1.646	1.647	1.689	1.665	1.687	1.671	1.456
按教育数据推算											
15~19	0.008	0.003	0.003	0.006	0.006	0.008	0.006	0.005	0.006	0.008	0.008
20~24	0.156	0.122	0.123	0.134	0.136	0.139	0.122	0.107	0.105	0.106	0.093
25~29	0.124	0.146	0.135	0.130	0.139	0.128	0.132	0.128	0.122	0.121	0.114

续表

推算方式	2000年	2001年	2002年	2003年	2004年	2005年	2006年	2007年	2008年	2009年	2010年
按教育数据推算											
30~34	0.041	0.051	0.054	0.051	0.056	0.060	0.065	0.068	0.068	0.068	0.064
35~39	0.009	0.011	0.013	0.012	0.014	0.017	0.024	0.029	0.030	0.029	0.027
40~44	0.002	0.003	0.003	0.002	0.003	0.003	0.007	0.010	0.015	0.012	0.010
45~49	0.001	0.001	0.000	0.001	0.001	0.001	0.004	0.008	0.010	0.009	0.006
总和生育率	1.703	1.682	1.652	1.675	1.777	1.781	1.802	1.775	1.782	1.764	1.620
按公安数据推算											
15~19	0.007	0.003	0.003	0.005	0.006	0.007	0.006	0.004	0.006	0.007	0.008
20~24	0.143	0.112	0.112	0.121	0.126	0.129	0.114	0.100	0.099	0.099	0.085
25~29	0.114	0.134	0.122	0.117	0.129	0.118	0.123	0.120	0.114	0.114	0.104
30~34	0.038	0.047	0.049	0.046	0.052	0.055	0.061	0.063	0.064	0.064	0.059
35~39	0.008	0.010	0.012	0.011	0.013	0.016	0.023	0.027	0.028	0.027	0.025
40~44	0.002	0.002	0.002	0.002	0.002	0.003	0.007	0.009	0.014	0.011	0.009
45~49	0.001	0.001	0.000	0.001	0.001	0.001	0.004	0.008	0.010	0.009	0.006
总和生育率	1.569	1.545	1.503	1.517	1.646	1.648	1.680	1.655	1.670	1.654	1.476
按国家统计局公布的出生人数计算											
15~19	0.008	0.003	0.003	0.005	0.006	0.007	0.005	0.004	0.005	0.006	0.008
20~24	0.153	0.116	0.115	0.123	0.119	0.124	0.105	0.092	0.091	0.090	0.085
25~29	0.122	0.139	0.126	0.119	0.121	0.114	0.113	0.111	0.105	0.103	0.104
30~34	0.040	0.049	0.051	0.047	0.049	0.053	0.056	0.058	0.058	0.058	0.059
35~39	0.009	0.011	0.012	0.011	0.012	0.015	0.021	0.025	0.026	0.024	0.025
40~44	0.002	0.002	0.002	0.002	0.002	0.003	0.006	0.009	0.012	0.010	0.010
45~49	0.001	0.001	0.000	0.001	0.001	0.001	0.003	0.007	0.009	0.008	0.006
总和生育率	1.671	1.598	1.551	1.542	1.550	1.583	1.544	1.530	1.531	1.499	1.483

资料来源：作者计算的结果。

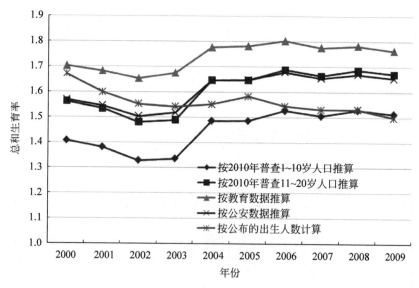

图 3-8　2000—2009 年按各种来源数据估计的总和生育率

资料来源：作者计算的结果。

2004—2009 年维持在 1.8 及以下。按照 2010 年普查 10～20 岁人口和按照公安数据推算的生育率十分接近，在 2000 年为 1.56，随后下降到 1.5 以下，2004—2009 年基本上保持在 1.64～1.69 之间。按照国家统计局公布的出生人口推算的生育率在 2000 年接近按照教育数据推算的生育率，但是在 2004—2009 年则大大低于按照教育数据推算的生育率，也低于按照公安数据和 2010 年普查 10～20 岁人口推算的生育率，而与按照 2010 年普查 0～10 岁人口推算的生育率接近，为 1.5～1.55。将这些估计值综合起来进行判断，2000 年代后期我国的生育率接近 1.7。

但是，本研究的一个重要假设是 2010 年人口普查低年龄人口漏报率和 2000 年普查的低年龄漏报率相同。国家统计局公布的这两次人口普查漏报率存在很大差异，2010 年普查的净漏报率仅为 0.12%。如果 2010 年普查的低年龄人口漏报率也低于 2000 年普查，那么估计的生育率也应该会更低。这也是很有可能的，因为如果 2010 年人口普查的净漏报率 0.12% 是准确的，那么如果 2010 年人口普查低年龄组人口的漏报率与 2000 年普查相同，则意味着

2010年普查高年龄组人口的重报率将会很高。但是如果按照马建堂说的,2010年普查人口重报问题得到了很好的排查,那么2010年普查低年龄组人口的漏报就会比2000年普查低得多。如果这一假设成立,那么21世纪00年代后期的生育水平在1.6或1.5都是有可能的。从2010年普查为保证质量而采取的措施看,登记方法在原来2000年普查"常住地登记"的基础上,采取"见人就登"的方法,按照户籍地和现住地的情况进行两头登记,尽量避免出现漏报。因此,即使怀疑在总体上2010年普查数据的质量是否好于2000年普查数据的质量,那么可以认为2010年普查的低年龄组人口漏报情况应该要低于2000年普查。

最后需要指出,除了按照国家统计局公布的出生人数推算的生育率,其他各种估计值都出现2010年生育率的突然下降。这当然是由2010年的出生人口突降所致。如前所述,因为出生人口估计值是通过回归拟合计算的,那么这就与2010年普查低年龄人口的年龄结构直接相关。2010年普查的0岁人口比1岁人口突然减少了187万,这必然导致估计的出生人口也大幅度下降。2010年普查1~4岁人口都是变化平稳、缓慢上升的,而到了0岁却出现突降。即使不考虑人口惯性带来的出生高峰,在中国经济发展、社会环境和生育政策等各方面都没有发生剧烈波动的情况下,出生人数的剧烈下降也不太可能。因此,2010年的生育率突降是不可能的,而是应该继续保持前几年的趋势,平稳变化。

二、2010年生育率估计

上文对2010年的生育率并没有进行很好的估计。实际上,"六普"数据公布后学界对生育水平的估计和争论,都是对2000年以来生育水平的研究,并没有对2010年的生育水平进行具体的估计。因数据的原因,对2010年的生育水平的估计非常困难。下面使用一种比较简单但是经典的生育率间接估计方法,对2010年中国的生育水平进行估计。

（一）数据与方法

如上所述,以往的研究对生育水平估计所使用的数据往往有两类。一类是普查数据,即利用普查数据本身,无论是普查的低年龄组人口数据,还是利用后一次普查高年龄组人口数据对前一次普查的低年龄组数据进行调整,对两次普查间的生育水平进行估计。另一类是别的来源的数据,主要是教育数据和公安数据。使用这些数据的学者认为,无论是国家统计局的人口普查和抽样调查数据,还是国家人口计生委的生育率调查数据或生育统计数据,都是"系统内"的数据,存在一致性的误差,这些数据之间的比较、调整,不能克服"系统内"数据误差的缺陷。尽管具有很强的内部一致性,但是很难得到使人信服的估计。因此,他们就寻求别的来源的数据,跳出"系统内",走向别的系统,例如教育系统或公安系统,通过不同系统的数据之间的对比,来调整"系统内"的结果。

在各系统的人口登记都完整、准确的条件下,各系统的登记结果应该很一致。但是实际结果却有很大差别。比如较低年龄的同队列人口,在人口普查中应该是最完整、规模最大的,而教育系统登记的小学生在校人数或公安系统的户籍统计数据应该略小。老年组人口数也应该是人口普查的规模最大,但实际上户籍统计数据反而更大。因此,不同系统的数据似乎都存在自身的一些缺陷。从理论上讲,用别的系统的数据来对比、调整人口系统的数据是合理的,但是由于别的系统的数据也存在缺陷,这样的比较、调整又是不够科学的。于是,有的研究试图证明别的来源的数据更准确、存在的缺陷更少。他们的理论分析和从局部地区的调查中获得的证据,都表明教育数据或公安数据的准确性更高,因而可以使用这些数据对人口系统的数据进行调整。

我们将回到"系统内",只使用人口普查数据,进行 2010 年生育率的估计。以往使用普查数据的研究,往往使用普查数据中的低年龄人口结构数据。本研究使用普查中获得的生育方面的数据,包括妇女的曾生子女数信息和 2010 年的时期生育率信息。而普查中的妇女曾生子女数信息对于估计时期生育率很有参考价值,但是在研究中很少被使用。

中国 1982 年至 2010 年的四次人口普查都可以获得这两种生育方面的数据,它们实际上就是我们所说的队列生育率和时期生育率。队列生育率就是曾生子女数,国家统计局出版的普查数据汇编中提供了妇女按年龄的曾生子女数和平均曾生子女数。时期生育率就是普查前一年的生育状况,普查数据汇编中也提供了妇女分年龄的生育人数和分年龄生育率。各年龄的平均曾生子女数是各年龄队列妇女从生育期开始至普查时间为止的生育经历,对于生育期已经结束的妇女,就是她们的终身生育率。对于时期生育率,如果由低年龄往高年龄累加,就得到各年龄的累计生育率,并最终得到总和生育率。总和生育率是一个假定队列的终身生育率,也就是这个假定队列如果按照普查前一年的分年龄生育率度过一生的话所实现的终身生育率。各个年龄的平均曾生子女数和累计生育率,在形式上非常类似,可以通过相互对比,进行一致性检验。

如果生育率(包括生育水平和生育模式)长期稳定不变,那么妇女各个年龄的平均曾生子女数和相应年龄的累计生育率,或终身生育率和总和生育率,应该完全相等。即使生育率下降,这两项指标在较年轻年龄组上也应该比较一致。一般情况下,曾生子女数在低年龄组申报会比较准确,在高年龄组因孩子死亡或离家等原因可能会有漏报。而普查前一年的生育状况,可能会因申报的时间间隔而发生错漏,或像在中国会出现普遍漏报。对比曾生子女数和时期生育率,可以提供对时期生育率的一种检验。一般来说,对比 35 岁或 30 岁以下妇女的平均曾生子女数和时期生育率,可以检验进而调整时期生育率水平。

英国人口学家 William Brass 在 20 世纪 60 年代提出了一种用 P/F 比值来调整、估计时期生育率的方法,即利用曾生子女数中所反映的生育水平,来调整时期生育率(Brass W. 和 Coale A. J.,1968)。该方法思路非常简单,逻辑非常清晰,理解和应用起来非常容易。概括起来,妇女各年龄的平均曾生子女数[$P(i)$]和与此相匹配的各年龄的累计生育率[$F(i)$]进行逐一计算比值,然后计算各年轻年龄组妇女的比值的平均数,最后以该平均数乘以时期生育率,得到调整的总和生育率。尽管只使用年轻年龄组妇女的比值进行调整,但是计算各个年龄组妇女的比值,观察这些比值随年龄的变化趋势,往往可以揭示数据中存在的问题或可以反映某种生育率变化趋势。例如,如果高年龄组的 P/F 比值发生明显下降,则表明在高年龄组存在曾生子女数的漏报,这种情况是经常发生的。如果随着年龄上升出现了 P/F 比值的一致性的下降趋势,则表明过去一二十年里,生育率在不断下降。

以 $P(i)$ 代表妇女各年龄平均曾生子女数($i=1,2,\cdots,7$,分别对应 $15\sim$ 19、20~24、$\cdots$、45~49 岁年龄组),以 $F(i)$ 代表与 $P(i)$ 相匹配的妇女各年龄的累计生育率。我们通常由低年龄组向高年龄组进行生育率累加得到的各年龄累计生育率,并不与 $P(i)$ 相匹配。因为各年龄组的累计生育率是对应于年龄组末尾的值,而各年龄组的平均曾生子女数并不对应于年龄组末尾。因此,需要把各年龄组累计生育率进行调整,使之与 $P(i)$ 相匹配。Brass 提出了如下的调整方法:如果以 $\phi(i)$ 代表各年龄组的累计生育率,那么由 $\phi(i)$ 调整为 $F(i)$ 使用如下的公式,即 $F(i)=\phi(i-1)+a(i)f(i)+b(i)f(i+1)+c(i)$ $\phi(7)$,其中 $f(i)$ 为分年龄生育率,而 a、b、c 为调整系数,它们是根据 Coale-Trussell 生育模型通过线性回归拟合的系数,用于相邻年龄组的生育率内插计算,从而将 $\phi(i)$ 调整为 $F(i)$。表 3-7 展示了各年龄组的 a、b、c 系数值。

表 3-7　由 $\phi(i)$ 调整为 $F(i)$ 使用的系数

i	年龄组	a	b	c
1	15~19	2.147	-0.244	0.003 4
2	20~24	2.838	-0.758	0.016 2
3	25~29	2.760	-0.594	0.013 3
4	30~34	2.949	-0.566	0.002 5
5	35~39	3.029	-0.823	0.000 6
6	40~44	3.419	-2.966	$-0.000 1$
7	45~49	3.535	-0.007	$-0.000 2$

注:这套系数适用于普查中按照妇女生育孩子时的年龄划分的出生人数计算的分年龄生育率。六普数据汇编中提供的分年龄生育率就是这种性质的数据。还有一套系数适用于按照妇女在普查前 1 年的期末年龄划分的出生人数计算的分年龄生育率。

资料来源:United Nations, Social Affairs, National Research Council, et al(1983). Manual X: Indirect Techniques for Demographic Estimation (pp. 27-64). New York:Department of Economic and Social Affairs, ST/ESA/SER. A/81.

（二）对 2010 年中国总和生育率的估计

中国 1982 年以来的历次人口普查和 1‰人口抽样调查（小普查）都提供了妇女的曾生子女数和普查前 1 年出生人数的数据，如表 3-8 展示的 2000—2010 年两次人口普查和一次小普查的数据。即使考察、对比这两类数据，也可以发现某些问题。例如，对于任何年龄组，都应该是曾生子女数大于出生人数，因为出生人数只是普查前 1 年的出生人数，而曾生子女数却是普查前多年来累积的出生人数。理论上有可能存在这两者相等的情况，但实际上应该是曾生子女数大于出生人数，而绝对不可能出现曾生子女数小于出生人数的情况。但是在 2000 年普查中，15～19 岁年龄组的曾生子女数就小于出生人数；而 2005 年小普查中，这两者几乎相等。前者显然存在错误，后者也不一定是合理的，说明 15～19 岁妇女曾生子女数数据存在问题。在 1982—2010 年的历次普查和小普查中，除了 1982 年和 2010 年普查，其他各次普查和小普查都存在这样的问题。但是其他年龄组的问题就很难判别了。一般可以借助模型生育表进行模拟，检查实际的数据与模型模拟产生的数据有什么差别，再判别和分析有可能存在什么问题。

表 3-8　2000—2010 年妇女各年龄的曾生子女数和出生人数

年龄组	2000 年		2005 年		2010 年	
	曾生子女数	出生人数	曾生子女数	出生人数	曾生子女数	出生人数
15～19	24 321	26 626	4 271	4 209	54 942	27 474
20～24	1 266 045	481 919	164 787	61 889	1 514 471	393 426
25～29	5 399 789	468 568	529 128	53 367	3 938 366	390 225
30～34	8 927 373	165 965	1 007 643	30 521	5 775 399	207 233
35～39	9 475 226	30 407	1 396 376	9 157	8 358 273	105 550
40～44	7 829 280	5 749	1 415 364	1 447	9 930 802	43 617
45～49	9 675 351	2 720	1 192 174	451	9 258 278	22 535

资料来源：国家统计局，《中国 2000 年人口普查资料》，中国统计出版社，2002 年；《中国 2005 年 1‰人口抽样调查资料》，中国统计出版社，2007 年；《中国 2010 年人口普查资料》，中国统计出版社，2012 年。

横向对比妇女各年龄的平均曾生子女数,如表 3-9 所示,除了 15~19 岁在 3 个年份和 20~24 岁在两个年份上呈现上升外,其他年龄组的平均产生子女数都表现出下降趋势。纵向对比,即同队列比较,除了 2005 年 40~44 岁的平均曾生子女数到 2010 年 45~49 岁的平均曾生子女数出现下降,或者 2000 年 35~39 岁的平均曾生子女数到 2010 年 45~49 岁的平均曾生子女数出现下降外,其他任何同队列的平均曾生子女数随着年龄上升而出现上升,这在逻辑上是完全合理、必然的,而出现下降的情况则是不合理和不可能的。基于上述所分析的在年龄组两端,即最低年龄组和最高年龄组上存在的一些数据不合理或错误问题,在生育率的间接估计中,往往排除年龄组两端的数据,以使估计结果更可能具有一致性和合理性。

表 3-9   2000—2010 年妇女各年龄的平均曾生子女数

年龄组	2000 年	2005 年	2010 年
15~19	0.005 4	0.006 2	0.012 5
20~24	0.306 1	0.307 0	0.259 6
25~29	1.024 6	0.926 6	0.844 0
30~34	1.524 5	1.371 2	1.292 8
35~39	1.849 3	1.665 6	1.523 5
40~44	2.047 0	1.905 2	1.687 1
45~49	2.356 3	2.085 2	1.836 6

资料来源:同表 3-2。

利用表 3-8 和表 3-9 中的数据以及 Brass 的 P/F 比值估计方法,得到了表 3-10 所示的结果。表 3-10 实际上呈现了 P/F 比值的主要计算过程。P/F 比值在 15~19 岁年龄组出现了不可能的异常情况,而在最高年龄组又出现明显上升,但是在其他年龄组则表现出比较稳定一致的结果。

表 3-10 P/F 比值的计算结果

i	年龄组	$P(i)$	$f(i)$	$\phi(i)$	$F(i)$	P/F 比值
1	15~19	0.012 5	0.005 9	0.029 6	−0.000 2	
2	20~24	0.259 6	0.069 5	0.377 0	0.182 2	1.425 2

续表

i	年龄组	$P(i)$	$f(i)$	$\phi(i)$	$F(i)$	P/F 比值
3	25～29	0.844 0	0.084 1	0.797 3	0.597 5	1.412 6
4	30～34	1.292 8	0.045 8	1.026 5	0.924 9	1.397 8
5	35～39	1.523 5	0.018 7	1.120 1	1.077 7	1.413 6
6	40～44	1.687 1	0.007 5	1.157 6	1.131 8	1.490 7
7	45～49	1.836 6	0.004 7	1.181 0	1.173 9	1.564 5

资料来源：根据表 3-2 和表 3-3 的数据计算。

　　如上所述，从 P/F 比值的结果看，在 20～24 岁年龄组至 35～39 岁年龄组上非常一致，而最后两个年龄组有明显上升。最后两个年龄组的上升反映了 20 世纪 90 年代中国的生育率下降。如前所述，如果随着年龄组由低到高出现 P/F 比值不断上升的趋势，那么说明在过去的一二十年里，生育率经历了不断下降过程，使得 $P(i)$ 与 $F(i)$ 比值趋势越来越不一致，而在这种情况下再用 $P(i)$ 值所反映的生育水平来调整时期生育率，就会有较大风险，甚至南辕北辙。但从表 3-10 中 20～24 岁年龄组至 35～39 岁年龄组上 P/F 比值的一致性可以看出，在过去 15 年里，中国的生育水平没有出现太大变化，一直是比较平稳的。这也是符合该方法使用的假设条件的。那么，对 2010 年时期生育率的调整系数就可以取 20～24 岁年龄组至 35～39 岁年龄组的 P/F 比值的平均数，即 1.412 3。这个数值表明，2010 年的时期生育率的漏报率高达 40％以上，因此用该系数乘以 2010 年普查得到的总和生育率（1.18），就得到调整的 2010 年总和生育率 1.66。巧合的是，这样一个估计值与上文中使用普查数据和公安数据对 2000 年以来的生育水平趋势的估计比较一致。因为这两者在使用的数据和方法上是很不相同的，得到这么一致的结果是否只是偶然的巧合，值得进一步思考和探讨。

三、普查间平均生育率估计

在上文中对生育率的估计,都需要使用生育数据。首先对生育数据中存在的漏报程度进行估计,然后调整生育数据,从而作出对生育率的估计。下面将使用另一种间接估计方法,即广义稳定人口模型,对普查间的平均生育率进行估计。这一方法绕开了生育数据,而只是使用两次人口普查的年龄分布数据,就可以估计普查间生育率。

(一) 数据与方法

本研究使用基于广义稳定人口模型而发展出来的两种生育率估计方法,这两种方法可以统称为变量 r 法。在 20 世纪 80 年代初,Preston 和 Coale(1982)以及 Preston(1983)将稳定人口理论进行扩展,形成了广义稳定人口模型,将基于稳定人口模型的人口估计方法由应用于稳定、封闭的人口,推广应用到非稳定、开放(任何状态下)的人口,大大推进了其应用前景和价值。他们以及其他学者的一些应用案例显示了较好的、令人满意的结果。这些方法应用于中国数据的研究还很少,值得进行探索。接下来,我们首先对这些方法进行详细介绍,然后使用这些方法对中国 1982—2010 年各普查间的生育水平进行估计。尽管这些方法的细节可以查阅原文,但是为方便理解起见,我们还是在此做一详细介绍。

根据 Preston 和 Coale 等,对于任何一个人口,当 $x > y$,各年龄人口(Na)之间有如下关系:

$$N(x,t) = N(y,t)e^{-\int_y^x r(a,t)da} \frac{l_x}{l_y} \tag{3-1}$$

其中，x 和 y 为年龄，t 为时间标示，$r(a)$ 为各年龄人口增长率，$\dfrac{l_x}{l_y}$ 为从年龄 y 到 x 岁的存活概率。为了简便起见，将公式中的时间标示 t 省略。同时，如果 y 为 0 岁，则 $N(0)=B$，即出生人数，那么式(3-1)变为

$$N(x)=Be^{-\int_0^x r(a)da}p(x) \tag{3-2}$$

其中，$p(x)$ 为从出生到 x 岁的存活概率。如果式(3-2)两边都除以总人口 N：

$$\frac{N(x)}{N}=\frac{B}{N}e^{-\int_0^x r(a)da}p(x) \tag{3-3}$$

$\dfrac{N(x)}{N}$ 实际上为年龄结构，用 $c(a)$ 表示；$\dfrac{B}{N}$ 为出生率，用 b 表示，则

$$c(a)=be^{-\int_0^a r(x)dx}p(a) \tag{3-4}$$

实际上，式(3-4)就是稳定人口年龄结构方程的扩展，亦即如果各年龄人口增长率相同，那么式(3-4)就变成 $c(a)=be^{-ra}p(a)$，这就是著名的稳定人口特征方程。其他的稳定人口特征方程也都可以进行类似的扩展，从而将基于稳定人口模型进行估计的方法推广到任何状态的人口中。

基于式(3-2)和式(3-4)，Preston 和 Coale 推导出了两种估计生育率的方法。一种是利用两次人口普查年龄分布数据和 Brass 劳杰特转换，估计普查间的出生率和分年龄死亡率，即式(3-4)中的 b 和 $p(a)$。虽然他们并没有进一步将估计的出生率转化为总和生育率，但是我们可以很容易地将出生率转化为出生人数，然后根据两次普查的生育年龄结构和育龄妇女年龄分布数据，计算出分年龄生育率和总和生育率。另一种便是利用两次人口普查年龄分布数据和妇女的生育年龄结构数据，直接估计净再生产率和总和生育率。本研究将利用这两种方法分别估计中国各次普查间的生育水平。尽管这两种方法都是基于两次普查的分年龄人口增长率，可以统称为变量 r 法，但是根据 Preston，我们称前一种方法为整合法，后一种方法为变量 r 法。

根据整合法，式(3-4)也可以重新组织如下：

$$\frac{1}{p(a)}=\frac{be^{-\int_0^a r(x)dx}}{c(a)} \tag{3-5}$$

　　根据 Brass 提出的劳杰特转换,任何两个生命表中的死亡概率或存活概率的劳杰特转换,可以形成一种近似的线性关系,即

$$\ln \frac{q(a)}{p(a)} = \alpha + \beta \ln \frac{q_s(a)}{p_s(a)} \tag{3-6}$$

其中,$q_s(a)$ 和 $p_s(a)$ 为来自"标准"生命表中的死亡概率函数和存活概率函数;α 为死亡水平参数;β 为死亡模式参数。对于"标准"生命表,我们往往选择死亡模式相似的模型生命表,这样就可以忽略 β,即假设 $\beta=1$。于是,式(3-6)就可以转换为

$$\frac{1}{p(a)} = e^{\alpha} \frac{q_s(a)}{p_s(a)} + 1 \tag{3-7}$$

将式(3-5)和式(3-7)合并,即

$$\frac{b \, e^{-\int_0^a r(x)dx}}{c(a)} = e^{\alpha} \frac{q_s(a)}{p_s(a)} + 1 \tag{3-8}$$

如果用 k 表示 e^{α},则式(3-8)可以转换为

$$\frac{e^{-\int_0^a r(x)dx}}{c(a)} = \frac{1}{b} + \frac{k}{b} \frac{q_s(a)}{p_s(a)} \tag{3-9}$$

　　式(3-9)就是基于年龄结构数据和"标准"生命表对出生率和死亡率进行估计的计算公式。以 $\dfrac{e^{-\int_0^a r(x)dx}}{c(a)}$ 作为因变量(Y)、$\dfrac{q_s(a)}{p_s(a)}$ 作为自变量(X),进行线性回归,那么回归线截距的倒数就是出生率,回归线斜率乘以出生率就是死亡"水平"的估计。我们将使用该方法估计得到出生率,进一步推算总和生育率。该方法估计得到的生命表也将用于后一种方法,即变量 r 法对总和生育率估计时所需的存活概率。

　　那么,变量 r 法又是如何估计生育率的呢?变量 r 法是通过估计净再生产率(NRR),进而可以估计总和生育率。根据净再生产率的定义计算公式:

$$\text{NRR} = \int_{\alpha}^{\beta} m(a) p(a) da \tag{3-10}$$

其中,$m(a)$ 为分年龄生育率。又 $m(a) = \dfrac{B(a)}{N(a)}$,将其分母中的 $N(a)$ 替换为

式(3-2)，然后再代入式(3-10)中，则：$NRR = \int_\alpha^\beta \frac{B(a)}{B} e^{\int_0^a r(x)\mathrm{d}x} \mathrm{d}a$。 如果用

$v(a)$表示育龄妇女生育的年龄结构$\frac{B(a)}{B}$，则

$$NRR = \int_\alpha^\beta v(a) e^{\int_0^a r(x)\mathrm{d}x} \mathrm{d}a \qquad (3\text{-}11)$$

式(3-11)表明，不同于传统的 NRR 计算方法，这里的计算方法不再需要分年龄生育率和分年龄死亡率，而只需要分年龄的人口增长率和生育的年龄结构。

计算了 NRR 后，由它导出粗再生产率(GRR)和总和生育率，可以通过下面的公式进行：$GRR = NRR / p(\bar{m})$ 和 $TFR = GRR(1 + SRB)$，其中 $p(\bar{m})$ 为存活到平均生育年龄的概率，SRB 为出生性别比。那么合并起来，TFR 的估计公式就是：

$$TFR = \frac{NRR(1 + SRB)}{p(\bar{m})} \qquad (3\text{-}12)$$

式(3-12)表明，除了净再生产率外，出生性别比和存活概率都对总和生育率产生影响。中国偏高的出生性别比将对总和生育率有提升作用。

（二）普查间生育水平的估计

基于广义稳定人口模型的生育率估计，使用的是两次人口普查的年龄性别分布数据。我们在使用的 1982—2010 年四次人口普查的年龄性别分布数据中，都加入了军队人口的年龄性别分布数据。不过，计算结果表明加不加入军队人口对估计结果的影响极小，甚至可以忽略。

利用整合法对中国 2000—2010 年普查间生育率估计的过程展示在表 3-11 中。这种方法需要对男女两性分别计算。表 3-11 展示的是基于 2000 年和 2010 年普查的男性人口年龄分布数据，对普查间男性人口出生率和死亡率的估计。对普查间女性人口出生率和死亡率估计的过程完全相同，不再列出。

表 3-11　2000—2010 年男性人口

年龄 (1)	2000年分年龄人口/人 $N(a)_{2000}$ (2)	2010年分年龄人口/人 $N(a)_{2010}$ (3)	分年龄人口生存人年数 $N(a)$ (4)	分年龄人口增长率 $r(a)$ (5)	累计增长率 $\int_0^a r(x)\mathrm{d}x$ (6)	年度化的分年龄人口比例 $c(a)$ (7)	累计增长率的负指数值与年龄结构之比 $\dfrac{\mathrm{e}^{-\int_0^a r(x)\mathrm{d}x}}{c(a)}$ (8)	死亡概率与存活概率之比 $\dfrac{q_s(a)}{p_s(a)}$ (9)
0	37 648 694	41 062 566	39 330 940	0.003 87	0.000 0	0.012 5	76.452 5	0.054 2
5	48 303 208	38 464 665	43 197 364	−0.022 8	0.008 7	0.014 4	74.430 0	0.061 1
10	65 344 739	40 267 277	51 798 193	−0.048 4	−0.014 1	0.015 9	86.015 6	0.065 3
15	53 686 859	52 151 487	52 915 461	−0.002 9	−0.062 5	0.016 6	83.571 5	0.071 1
20	48 659 026	64 999 573	56 435 575	0.029 0	−0.065 4	0.017 0	70.417 3	0.078 7
25	60 657 818	51 305 390	55 851 157	−0.016 7	−0.036 5	0.017 2	75.981 6	0.086 6
30	65 539 595	49 782 658	57 300 500	−0.027 5	−0.053 2	0.017 6	85.284 4	0.096 3
35	56 271 164	60 515 080	58 367 410	0.007 3	−0.080 7	0.016 8	85.995 5	0.109 7
40	42 288 791	63 661 239	52 248 499	0.040 9	−0.073 4	0.015 3	76.782 5	0.129 4
45	43 967 965	53 812 914	48 724 786	0.020 2	−0.032 5	0.012 9	82.261 2	0.160 1
50	32 818 233	40 376 977	36 467 137	0.020 7	−0.012 3	0.010 4	92.516 0	0.212 2
55	24 068 942	41 090 065	31 824 459	0.053 5	0.008 4	0.008 7	84.296 3	0.303 2
60	21 676 235	29 835 670	25 539 084	0.031 9	0.061 9	0.006 8	92.323 3	0.474 8
65	17 549 348	20 748 471	19 104 288	0.016 7	0.093 8	0.005 1	113.379 6	0.791 9
70	12 436 154	16 403 453	14 328 380	0.027 7	0.110 6	0.003 6	141.037 7	1.477 6
75	7 175 811	11 278 859	9 073 238	0.045 2	0.138 3	0.002 0	195.064 3	3.064 0
80	3 203 868	5 917 502	4 422 801	0.061 4	0.183 5	0.001 0	301.336 7	
85+	1 342 707	2 857 250	2 005 561	0.075 5	0.244 9			

资料来源：国家统计局，《中国 2000 年人口普查资料》，中国统计出版社，2002；《中国 2010 年人口普查资料》，中国统计出版社，2012。

首先,计算两次普查间各年龄人口增长率:

$$r(x) = \frac{\ln \dfrac{N_{t+h}(x)}{N_t(t)}}{h} \tag{3-13}$$

其中,h 为两次普查的间隔年数。$r(x)$ 的值列于表 3-11 中第 5 列,并在 0 至 a 的年龄上求和得到第 6 列。

然后,计算普查间各年龄人口的生存人年数:

$$N(a) = \frac{N_{t+h}(a) - N_t(a)}{r(a)h} \tag{3-14}$$

其值列于表 3-11 中第 4 列,并计算年度化的各年龄人口比例 $c(a)$:

$$c(a) = \frac{N(a) + N(a-5)}{10 \sum_0^\infty N(a)} \tag{3-15}$$

其值列于表 3-11 中第 7 列。由此得到因变量值 $\dfrac{e^{-\int_0^a r(x)\mathrm{d}x}}{c(a)}$,列于表 3-11 中

第 8 列。接着,从所选择的"标准"生命表中计算 $\dfrac{q_s(a)}{p_s(a)}$,得到自变量值,列于表 3-11 中第 9 列。本研究没有选择模型生命表作为"标准"生命表,而是选择了基于 1982 年人口普查数据计算的生命表(中国人民大学人口研究所信息处理室,1987)。这主要是由于 1982 年我国人口普查数据的质量非常高,使用 1982 年人口普查的生命表能够更好地代表中国的死亡模式,可以使得估计结果更为准确。

对于上述过程计算出的因变量和自变量进行线性回归拟合,采用稳健回归(robust regression)方法。回归拟合时使用 10~14 岁至 75~79 岁年龄组的值(年龄组两端的数据更可能有漏报、错报)。回归线截距的倒数便得到普查间出生率的估计。根据表 3-11 中数据拟合的男性回归方程为:$Y = 75.365\,3 + 45.939\,8X$,即 $b = \dfrac{1}{75.365\,3} = 0.013\,269$。同样方法拟合的女性回归方程为:$Y = 76.414\,9 + 44.203\,2X$,即 $b = \dfrac{1}{76.414\,9} = 0.013\,086$。将男性和女性的出生率分别乘以各自的总人口(男性总人口即为表 3-11 第 4 列的合

计值），得到男性和女性的出生人口，合计的出生人口为 1 688 万人，由此估计的 2000—2010 年普查间的平均出生率为 13.18‰。

我们估计的出生率或出生人数能反映多高的生育率呢？为了估计总和生育率，需要把总的出生人数分解为育龄妇女分年龄的出生人数，然后除以分年龄育龄妇女人数，就得到分年龄生育率和总和生育率。我们利用两次普查平均的育龄妇女分年龄出生人数结构，分解估计的总出生人数，然后利用两次普查平均的育龄妇女分年龄人数，就计算得到了各普查间的分年龄生育率和总和生育率。结果表明，2000—2010 年的平均总和生育率为 1.56。我们用同样的方法估计了 1982—1990 年和 1990—2000 年普查间的出生率、出生人数和总和生育率，结果显示在表 3-12 中。我们估计的 1982—1990 年和 1990—2000 年普查间的总和生育率分别是 2.63 和 1.68。

将我们估计的出生率和出生人数与国家统计局公布的结果对比（表 3-12），1982—1990 年间和 2000—2010 年间的估计值与国家统计局的公布值比较接近，而 1990—2000 年间的估计值与国家统计局的公布值有较大差异。我们估计的 1982—1990 年间和 2000—2010 年间的出生率只比国家统计局公布的出生率高约 0.7 个千分点，而估计的 1990—2000 年间的出生率要比国家统计局公布的出生率低两个多千分点。如果换算成出生人数，那么我们估计的 1982—1990 年间的平均出生人数比公布的平均出生人数高出约 80 万人，估计的 2000—2010 年间的平均出生人数比公布的平均出生人数高出约 60 万人，但是我们估计的 1990—2000 年间的平均出生人数要比公布的平均出生人数少 287 万人。

表 3-12　1982—2010 年各普查间生育估计值与国家统计局公布结果的对比

指　标	1982—1990 年	1990—2000 年	2000—2010 年
估计的出生率/‰	22.33	15.08	13.18
公布的出生率/‰	21.58	17.25	12.50
估计的出生人数/万人	2 377.88	1 780.01	1 687.71
公布的出生人数/万人	2 308.77	2 067.08	1 627.16
估计的总和生育率	2.63	1.68	1.56

资料来源：作者的计算结果。

上述通过整合法对中国生育率的估计与已有的许多研究是一致的,也与我们对中国生育水平的判断是一致的。下面我们使用变量 r 法再对各普查间的生育水平进行估计,也可以检验这两种方法的结果是否一致。表 3-13 展示了变量 r 法的计算过程。

表 3-13　2000—2010 年普查间的净再生产率估计

年龄组	2000—2010 年出生人数的年龄分布	2000 年分年龄人口 /人	2010 年分年龄人口 /人	分年龄人口增长率	累计增长率	累计增长率的指数值	净再生产率
	$v(a)$	$N(a)_{2000}$	$N(a)_{2010}$	$r(a)$	$\int_0^a r(x)\,\mathrm{d}x$	$e^{\int_0^a r(x)\,\mathrm{d}x}$	$v(a)e^{\int_0^a r(x)\,\mathrm{d}x}$
(1)	(2)	(4)	(5)	(6)	(7)	(8)	(9)
0～4		31 329 680	34 470 044	0.009 6			
5～9		41 849 379	32 416 884	−0.025 5	−0.016 1	0.984 0	
10～14		60 051 894	34 641 185	−0.055 0	−0.217 5	0.804 5	
15～19	0.018 4	50 170 752	47 987 193	−0.004 4	−0.366 1	0.693 4	0.012 8
20～24	0.348 1	46 666 004	63 426 563	0.030 7	−0.300 6	0.740 4	0.257 7
25～29	0.360 0	57 404 984	50 195 097	−0.013 4	−0.257 4	0.773 1	0.278 3
30～34	0.180 6	61 972 390	47 637 178	−0.026 3	−0.356 7	0.700 0	0.126 4
35～39	0.064 5	53 021 514	57 650 515	0.008 4	−0.401 0	0.669 3	0.043 2
40～44	0.019 2	39 007 731	61 153 229	0.045 0	−0.268 0	0.764 7	0.014 7
45～49	0.009 2	41 588 890	51 824 489	0.022 0	−0.100 8	0.904 1	0.008 3
合计	1.000 0						0.741 4

资料来源:国家统计局,《中国 2000 年人口普查资料》,中国统计出版社,2002;《中国 2010 年人口普查资料》,中国统计出版社,2012。

首先,利用式(3-13)计算 2000—2010 年女性分年龄人口增长率,其值显示在表 3-13 中的第 6 列。然后,在年龄 0 至 a 岁上对分年龄人口增长率进行累加(第 7 列),并计算其指数值(第 8 列)。接着计算 2000—2010 年出生人数的年龄分布(第 2 列)。最后计算净再生产率 NRR(第 9 列)。利用式(3-12)便可以由净再生产率进一步估计总和生育率。估计结果表明,2000—2010 年的平均总和生育率为 1.68。这一估计结果要比整合法的估计结果高出 0.12。在低生育水平下,0.12 应该是不小的差别。我们用变量 r 法又估计了 1982—

1990 年和 1990—2000 年普查间的总和生育率,结果显示在表 3-14 中。我们估计的 1982—1990 年和 1990—2000 年我国人口普查间的总和生育率分别是 2.60 和 1.61。与整合法的结果相比,1982—1990 年的总和生育率几乎没有差别(相差 0.03),而 1990—2000 年的总和生育率也只是略低(相差 0.07)。这两种方法的结果相比,各次普查间的差别在逐渐增大。

表 3-14　1982—2010 年各普查间生育率估计值

指　　标	1982—1990 年	1990—2000 年	2000—2010 年
净再生产率(NRR)	1.151 5	0.708 5	0.741 4
出生性别比(SRB)	1.098 8	1.140 8	1.174 0
存活概率$[p(\overline{m})]$	0.928 6	0.944 4	0.958 2
总和生育率(TFR)	2.602 7	1.606 0	1.682 1

注：各普查间的出生性别比即为两次普查的出生性别比的平均值；存活概率来自整合法估计的生命表中女性 $p(25)$ 值。

资料来源：作者的计算结果。

传统方法计算净再生产率需要分年龄生育率和死亡率数据,而变量 r 法绕开了这些数据,使用人口年龄分布和生育的年龄分布数据就可以估计净再生产率。对于在中国人口普查中生育和死亡数据质量严重下降的情况下,变量 r 法是简便有效估计生育率的方法。因为它所需的人口年龄分布数据和生育的年龄结构数据,不仅容易获得,而且准确性要明显优于生育和死亡数据。当然,它的有效性取决于两次普查的年龄分布数据的准确性。不过,它是通过普查间的分年龄人口增长率进行估计的,因此实际上重要的是两次普查年龄分布数据的相对准确性。也就是说,即使两次普查的年龄分布数据都存在漏报或重报,如果漏报或重报的程度一致就不会影响估计结果的准确性。这一点对于利用中国人口普查数据来说便具有很大的优越性。另外,它所需的生育年龄结构数据,实际上是生育的年龄模式,对估计的准确性也影响较小。

Cai Yong(2008)和赵梦晗(2015)曾经使用变量 r 法分别对 1990—2000 年和 2000—2010 年普查间的生育率进行了估计。本研究对这两个普查间的生育率估计与他们的结果是基本相同的。Cai Yong 在他的研究中证实 2000 年人口普查相比于 1990 年人口普查,人口漏报的模式没有变化,数据的质量也没有下降。他指出由于变量 r 法提供了一种简便而稳健的估计,因而 20 世纪 90 年代中国的平均生育率就在 1.6 左右。赵梦晗使用未调整和调整的普查数据对生育率的三种估计都表明 21 世纪 00 年代的平均生育率与 Cai Yong 估计的 20 世纪 90 年代的平均生育率相比有了提高。本研究使用加入了军队人口的普查数据进行的估计也是如此。

本研究对 3 个普查间生育率估计的结果表明,中国的生育率在 20 世纪 90 年代的确有大幅度下降,降至大大低于更替水平。但是变量 r 法估计的 21 世纪 00 年代生育率又出现上升(这里是指年代均值),感觉与实际情况不太符合。从 2010 年普查 20 岁以下的人口数看,10～19 岁人口数的平均值达到 1 748 万人,1～9 岁人口数的平均值为 1 474 万人。从公安部门获得的 2015 年户籍统计数据表明,15～24 岁(1991—2000 年出生)人口数的平均值为 1 710 万人,5～14 岁(2001—2010 年出生)人口数的平均值为 1 560 万人。虽然户籍数据和普查数据存在差异,但是都表明 20 世纪 90 年代的平均出生人数明显大于 21 世纪 00 年代的平均出生人数;而变量 r 法估计的结果则是 21 世纪 00 年代的平均生育率高于 20 世纪 90 年代的平均生育率。生育模式的变化不足以产生这种逆向的差异,那么很可能是普查数据完整性不同造成的。国家统计局公布的 1990 年、2000 年和 2010 年人口普查的漏登率分别为 0.06%、1.81% 和 0.12%。显然,3 次人口普查数据的完整性是不一致的,2000 年人口普查的漏登率明显高于前后的人口普查。这种情况有可能导致 20 世纪 90 年代的生育率被低估,而 21 世纪 00 年代的生育率被高估,因为 1990—2000 年的人口增长率被低估了,而 2000—2010 年的人口增长率被高估了。当然从理论上讲,如果 2010 年普查中过多重报,也会导致相同的后果。但是重报超过漏报的可能性应该是不存在的。

因此,且不论估计的生育水平高低,就 3 次人口普查间的生育率变化趋势而言,整合法估计的结果更为合理、可信。虽然普查数据和户籍数据中更细致的单岁年龄组的人口数变化趋势都显示,1990—2010 年的年度出生人数都呈现出先下降后上升的趋势。1990—2003 年出生人数不断下降,而 2003—2010 年出生人数又不断上升。但是就年度平均而言,20 世纪 90 年代的出生人数还是明显大于 21 世纪 00 年代的出生人数。显然 20 世纪 90 年代的平均生育率要高于 21 世纪 00 年代的平均生育率。无论怎样,对 2000—2010 年中国平均生育率的估计应该在 1.6 左右。

四、小　　结

2000 年和 2010 年人口普查都得到当年中国的总和生育率为 1.2 左右,可谓是世界上最低的生育率。但是两次普查的漏报率相差巨大,2010 年普查的漏报率只是 2000 年普查漏报率的 1/15。中国是否深陷"低生育率陷阱"?本研究的回答是否定的。我们首先利用各种来自不同统计系统的数据,估计、对比中国 2000—2010 年的生育率水平与趋势;然后使用人口间接估计方法,对 2010 年的生育率和普查间的平均生育率进行了估计,以助于对中国近期生育率水平与趋势的综合判断。

通过普查数据、教育数据和公安数据的对比、调整,使用回归分析、存活率推算等方法,我们估算了不同套 2010 年 0～10 岁人口数,进而推算出相应年份的出生人口数,估计出了不同水平的生育率及变化趋势。综合判断,在 2000—2010 年的 10 年里,前期的生育率低至 1.5,而近年来的生育率有所回升,接近 1.7。由于数据和方法的原因,2010 年的生育率没有得到合理的估计。接着,本研究使用人口间接估计方法,使用 2010 年人口普查的生育数据,估计了 2010 年的生育率。

我们使用普查中的曾生子女数和普查前 1 年的生育状况数据,应用 Brass 提出的生育率间接估计 P/F 比值方法,对中国 2010 年总和生育率进行了估计,得到的估计值为 1.66。而 P/F 比值为 1.4 表明,2010 年普查的时期生育率(1.18)隐含着 40% 的漏报。同时,P/F 比值在 20～24 岁至 35～39 岁年龄组上保持着平稳一致的值,也表明在过去的 15 年里,中国的生育水平一直变化平稳,没有出现进一步的下降趋势。虽然 Brass 提出的这种 P/F 比值方法被应用于非洲国家及生育率较高的国家,但是中国生育率在过去 10 多年里较为平稳,也满足该方法的适用条件。

上述的两项估计,都是基于对普查中的生育率的漏报的估计,进而得出调整的生育率水平。为了进一步检验上述估计的合理性,本研究使用另一种间接估计方法,即广义稳定人口模型,对普查间的平均生育率进行估计。这一方法绕开了生育数据,而只是使用两次人口普查的年龄分布数据,就可以估计普查间生育率。本研究使用的两种基于广义稳定人口模型的生育率估计方法,得到的结果虽然存在差别,但是对于 2000—2010 年的平均总和生育率的估计在 1.6 左右。

本研究进行的上述三项生育率估计,结合在一起可以对中国 2000—2010 年的生育水平与趋势作出合理的判断。在这 10 年中,中国的生育率变化平稳,存在轻微上升趋势,这 10 年的平均生育率在 1.6 左右,不低于 1.5,而 2010 年的总和生育率不低于 1.6。本研究的生育率估计和判断,与翟振武等于 2015 年发表的一项基于户籍统计数据的生育率估计存在很高的一致性。他们的研究表明直接从户籍统计的分年龄人口数据估计的 2006—2010 年的总和生育率都在 1.6 以上,特别是 2008 2010 年的出生人数都在 1 700 万以上,相应的总和生育率都为 1.66。所以,总的结论就是中国 21 世纪 00 年代后期的总和生育率不会低于 1.5,但也不会高于 1.7。

本研究在利用各种不同来源的数据对人口普查数据进行检验和调整时,暗含了其他数据具有更准确的优势。由于这些不同数据的特征、优势和缺陷,已有研究已经进行了详细的考察和说明,这里没有进一步说明。另外,在生育率估计中也假设了 2010 年普查与 2000 年普查在低年龄人口上具有相同的漏报程度。这些假设可能会使生育率有较高估计的倾向。

对于生育率的间接估计模型,利用 P/F 比值方法对中国 2010 年生育率的估计,存在两种可能性会影响估计结果的准确性。一种可能性是数据的质量。因为这种方法是通过曾生子女数和普查前 1 年的生育状况数据的匹配进行的估计,那么曾生子女数和普查前 1 年生育状况数据的准确性就会直接影响估计结果的准确性。基于与 1990 年和 2000 年普查的对比,中国 2010 年普查中,曾生子女数的准确性要高于普查前 1 年生育状况数据。另一种可能性是 P/F 比值方法中使用的 a、b、c 调整系数的问题。因为它们是根据 Coale-Trussell 生育模型拟合的系数,如果中国的生育模式很不同,那么,这些系数用于中国就不一定适合。

广义稳定人口模型将需要以稳定人口为假设条件的人口估计方法拓展到在任何条件下都可以使用的方法。而且基于广义稳定人口模型发展而来的生育率估计方法,不需要生育率数据,而只使用人口普查的年龄分布数据。只要年龄分布数据准确,或者虽然不准确,但是两次普查的年龄分布数据存在一致的缺陷,估计结果就不会受到影响。因而广义稳定人口模型在人口估计或数据质量评估方面,具有很大的应用潜力和价值。我们有理由相信基于广义稳定人口模型的人口估计,可能比其他需要更多限制性条件的方法的估计值更为稳健和准确。

很多研究表明,中国的低生育率主要是由经济发展所决定的,计划生育政策的作用在不断消退,甚至有的学者认为其已经基本不起作用了。根据世界各国生育率与经济发展的一般关系,在中国目前的经济发展程度上,生育率在 1.6 左右也是偏低的。如果我国目前的总和生育率不低于 1.6,那么很可能说明多数夫妇都在生育二孩,在此基础上实施全面二孩政策,它的效果将可能是有限的。虽然中国生育率的变化会经历一些波动,但是低生育率的总体趋势将不会改变。

另外,实施全面二孩政策之后,中国的人口普查和抽样调查数据质量也有可能得到进一步改善。根据 2005 年全国 1‰ 人口抽样调查数据计算,1990 年以来 35 岁及以上妇女违反生育政策进行生育的比例达到 19%,其中绝大多数是二孩超生。在实施全面二孩政策之后,现有在原生育政策条件下二孩超生的将成为合法,同时新政策下生育二孩的也不需要再瞒报。我们期待着以后的人口普查和抽样调查的数据质量会得到明显改善,从而能够直接提供对中国生育率的准确估计。

第四章
中国 2006—2017 年的生育率趋势

前一部分利用多种数据和方法对中国 2000—2010 年的生育率进行的估计,表明中国处在低生育水平,生育率在 1.6 左右。不可否认,中国持续的低生育率主要是经济社会发展的结果,同时生育政策的不断调整和人口惯性的作用也影响着中国低生育率的演进。2017 年原国家卫计委进行了一次全国生育状况调查,为我们考察和分析中国近期的生育水平提供了最新的数据。第三章中对中国低生育率的估计主要是基于间接的手段,因为数据并非直接调查的生育率数据,方法也是各种间接估计的模型。而 2017 年的全国生育调查为计算和分析生育率提供了最直接的妇女生育行为的数据,可以不依靠间接估计方法来分析生育水平与趋势。同时,2017 年的生育调查数据也可以和第三章中的间接估计进行互相检验,以判断是否存在一致性、是否能够得到相互支持。

由原国家卫生计生委组织的 2017 年全国生育状况抽样调查,调查覆盖 31 个省(区、市)和新疆生产建设兵团,涉及 2 737 个县(市、区)的 6 078 个乡(镇、街道),共 12 500 个村(居)级样本点。调查采用分层三阶段与规模成比例的概率抽样(PPS)方法,最终有效样本量为 249 946 名妇女。调查结束后,在全国 12 500 个样本点中抽选出 64 个样本点(5‰)进行事后质量抽查,同时随机抽取了 2 833 名调查对象进行电话复查。质量抽查对关键问题的核查结果显示,出生日期、婚姻状况、生育数量的一致比例分别为 96.6%、98.0% 和 96.3%。电话复查与调查中回答结果的对比显示,生育子女数量一致的比例为 98.9%,表明调查获取的生育信息具有较高的准确性。在对样本结构进行事后加权过程中,分别以公安部户籍人口登记信息、2015 年 1% 人口抽样调查数据、2000 年和 2010 年人口普查数据对样本年龄构成、婚姻状况和户口性质进行了加权调整,以保证高质量的数据能够用来估计和推断全国的生育水平。

此次调查目标总体为 2017 年 7 月 1 日零时住中国大陆的 15～60 岁中国籍女性人口,样本年龄范围的设定使得 2006—2016 年的生育状况变化得以全面反映。该调查内容涵盖生育行为、生育意愿、避孕方法及生育养育服务等。本研究主要使用生育行为部分的数据,即每个妇女的"怀孕史"信息,包括妇女每次怀孕结束年月、怀孕结果等。

本部分研究使用总和生育率、递进生育率、内在生育率和队列生育率这四种生育率指标,来估计和对比分析中国近年来的生育水平与变化趋势。总和生育率由于所需数据较少、计算简单,成为测量生育水平最常用的指标。当婚育模式长期稳定不变时,总和生育率能够反映真实的队列生育水平。而在各种时期因素的干扰下,会出现分孩次总和生育率超过 1 的现象,这时将其作为终身生育率难以解释;即使真实队列生育水平不变,总和生育率也往往会产生较大波动,有时被压低,有时被抬高,过去几十年里中国的生育率变化中有很多事例可以说明这一点,比如 1983 年左右中国人口学界对总和生育率的讨论(郭志刚,2002)。随着中国社会经济的发展,尤其是近年来生育政策的不断调整完善,育龄女性婚育模式短期内发生较大变化,时期总和生育率指标的有效性可能会存在一定问题。

鉴于总和生育率的缺陷,学者们又提出了其他生育率指标,以便能更好、更准确地度量生育水平。Bongaarts 和 Feeney(1998)建立了去进度效应总和生育率指标,目的在于去除平均生育年龄的变化对时期总和生育率的影响。该指标在中国生育水平研究中被广泛应用(郝娟、邱长溶,2012;郭志刚,2000a,2000b,2004)。但正如这些研究者自己所注意到的,TFR′建立的前提假设即后续队列都按照相同的程度推迟或提前生育在现实中几乎是无法满

足的,且其对平均生育年龄变化的敏感度较高会导致估计结果不稳定。而在
TFR' 提出之前,Feeney(1983,1987)和马瀛通等(1986)分别以不同的思路创
立了递进生育率指标,在常规生育率指标控制育龄妇女年龄结构的基础上进
一步控制了育龄妇女孩次结构。法国学者 Rallu 和 Toulemon(1994)则提出
了孩次别、年龄别、间隔别总和生育率,而 McDonald 和 Kippen(2007)进一步
分析该指标内涵,并最终构建内在生育率指标。递进生育率和内在生育率均
应用递进比和概率论原理分别计算产次生育率,每一产的产次递进比不可能
大于1,避免了时期年龄别堆积现象。同时由于递进生育率能够控制育龄妇
女的年龄和孩次结构,内在生育率能够控制育龄妇女的年龄、孩次结构和孩
次间隔,所以在测量和分析时期生育水平上均优于常规的总和生育率。但是
递进生育率和内在生育率对数据要求较高且计算方法较为复杂,应用于中国
生育率研究尚较少。事实上,以上时期生育率指标的目的均为估计实际的生
育水平,而队列终身生育率则直接反映了该队列实际的生育水平。尽管队列
生育率只有等某个队列度过生育期后进行计算才更有意义,具有一定程度的
"滞后性",但它为检验当时的时期生育率提供了基础性参考。

总和生育率和队列生育率的计算方法为大家所熟知,而递进生育率和内
在生育率的计算方法更为复杂,需要使用孩次递进概率和生命表技术进行计
算。具体的计算方法参考有关文献(Feeney,1983;Feeney and Yu,1987;
Rallu and Toulemon,1994;McDonald and Kippen,2007)。

一、时期生育率变化趋势

(一)总和生育率

根据对 2017 年全国生育状况调查数据的计算,在社会经济发展、生育政

策不断调整完善,以及人口惯性的影响下,2006—2017 年我国妇女总和生育率呈现出一种波动之中的上升趋势。计算结果表明 2006—2017 年的总和生育率在 1.41~1.78 之间波动,总和生育率均值为 1.65(表 4-1)。由于受到奥运会、生肖和生育政策调整的影响,总和生育率在 2008 年(奥运年)、2012 年(龙年)和 2016—2017 年(全面两孩政策)超过 1.7,而在 2015 年(羊年)出现最低值 1.41。单独两孩和全面两孩政策的影响反映在 2014 年和 2016 年的生育水平与之前年份相比有明显提升。

表 4-1 2006—2017 年中国分孩次总和生育率

年份	总和生育率	一孩总和生育率	二孩总和生育率	多孩总和生育率
2006	1.625	0.899	0.581	0.144
2007	1.691	0.924	0.619	0.148
2008	1.714	0.939	0.617	0.158
2009	1.677	0.904	0.614	0.159
2010	1.637	0.892	0.591	0.154
2011	1.613	0.882	0.574	0.157
2012	1.781	0.955	0.658	0.167
2013	1.554	0.807	0.593	0.154
2014	1.670	0.809	0.697	0.163
2015	1.410	0.616	0.642	0.152
2016	1.770	0.668	0.943	0.159
2017	1.719	0.540	1.013	0.166

注: 由于调查时点为 2017 年 7 月 1 日,计算 2017 年生育率时假设调查时点前的出生占全年出生的 1/2。本章中的所有图表均由 2017 年全国生育调查原始数据计算得到,不再注明资料来源。

分孩次生育率可以进一步揭示我国近年来生育率变化的特点。第一个特点是一孩总和生育率自 2012 年以来出现大幅度下降(表 4-1)。实际上一孩生育率的下降在 2012 年之前就开始了,2012 年的龙年效应暂时延缓了这种下降趋势。一孩生育率下降幅度之大、水平之低是历史上从来没有出现过的。一孩生育率的下降很大程度上是妇女的结婚生育年龄均显著推迟的结果。2006—2017 年妇女平均初婚年龄从 23.6 岁上升到 26.5 岁,平均初育年龄由 24.3 岁上升到 27.3 岁,都推迟了 3 年。而且 2012 年以来的推迟幅度明显大于之前年份。第二个特点是二孩生育率呈现与一孩生育率相反的趋势,

尤其是近几年出现大幅度上升,2015 年开始超过一孩生育率,2017 年甚至高
于 1。这反映了二孩出生堆积的现象,显然是生育政策调整发挥作用的结果。
图 4-1 显示,2012 年之前妇女平均二孩生育年龄是在下降的,2012 年之后出
现上升,2015 年后上升幅度很大。前期的生育年龄下降与生育间隔限制的陆
续取消有关,而后期的生育年龄会上升反映了两孩政策带来的较高年龄妇女
生育二孩的堆积效应。在 2016 年和 2017 年一孩生育水平较低的情况下总和
生育率仍有较大幅度回升,原因就在于二孩总和生育率提高产生的对总和生
育率的提升效应,这也表明了全面两孩政策效应非常显著。

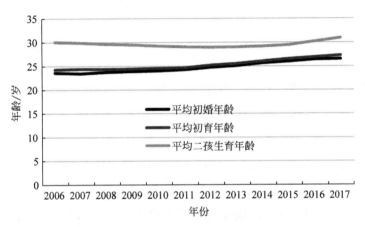

图 4-1　2006—2017 年中国妇女平均婚育年龄

(二)递进总和生育率

2006—2017 年总和生育率受时期因素影响而存在很大波动,甚至会影响
对生育水平与趋势的判断。对年龄和孩次同时进行控制的递进生育率,可以
一定程度削弱时期因素的影响。因为生育过程实际上是严格的递进事件,即
只有未曾生育的妇女才能生育一孩,只有生育一孩且尚未生育二孩的妇女才
能生育二孩,以此类推。孩次递进概率是后一孩次生育与前一孩次生育之
比,某一孩次的递进总和生育率在很大程度上可以消除进度效应或堆积效
应。表 4-2 为 2006—2017 年中国分孩次递进总和生育率。

表 4-2　2006—2017 年中国分孩次递进总和生育率

年份	递进总和生育率	一孩递进总和生育率	二孩递进总和生育率	多孩递进总和生育率
2006	1.645	0.965	0.554	0.127
2007	1.689	0.967	0.576	0.146
2008	1.701	0.967	0.574	0.160
2009	1.687	0.969	0.563	0.155
2010	1.662	0.964	0.547	0.151
2011	1.632	0.951	0.532	0.149
2012	1.745	0.970	0.590	0.185
2013	1.612	0.956	0.523	0.134
2014	1.688	0.958	0.580	0.150
2015	1.525	0.926	0.495	0.103
2016	1.726	0.932	0.658	0.137
2017	1.690	0.902	0.667	0.121

可以看到,控制了孩次结构之后,递进总和生育率结果与常规总和生育率存在差异。除 2008 年、2012 年、2016 年和 2017 年外,递进总和生育率均高于总和生育率。这是由于 2008 年和 2012 年存在一孩生育高峰,而 2016 年和 2017 存在二孩生育高峰,从递进角度计算则一定程度上平缓了时期生育的堆积。在所有年份中一孩总和递进生育率均高于一孩总和生育率,且一孩递进总和生育率随年份变化的相对幅度在各个孩次中都是最小的,在所有年份均高于 0.9,表明即使一孩生育年龄推迟导致某些年份的一孩总和生育率较低,但当前绝大多数育龄妇女仍然会至少生育一个孩子(图 4-2)。二孩总和递进生育率低于二孩总和生育率,尤其是在生肖效应和政策效应明显的年份差异更大,表明生育堆积是导致这些年份的二孩总和生育率较高的主要原因(图 4-3)。三孩及以上的生育率也类似,除了 2008 年和 2012 年外,三孩及以上递进总和生育率也都低于总和生育率(图 4-4)。

总之,从递进生育率的趋势看,中国的一孩生育率并没有下降多少,90% 以上的妇女都将生育一个孩子。近几年不断下降的一孩总和生育率主要是进度效应的反映,并非实际一孩生育水平如此大幅度地下降。而二孩的递进生育率表明,虽然生育二孩的妇女没有常规生育率所反映的那么多,但是基

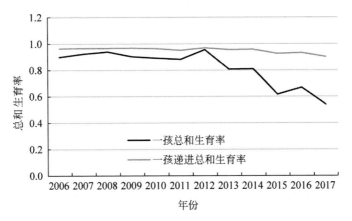

图 4-2　2006—2017 年中国一孩总和生育率和一孩递进总和生育率

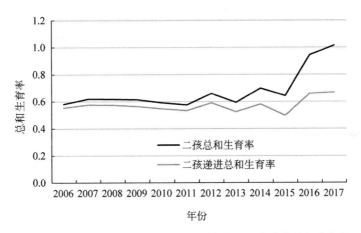

图 4-3　2006—2017 年中国二孩总和生育率和二孩递进总和生育率

本上有 60% 的妇女会生育二个孩子。三孩及以上递进生育率表明,生育多孩的妇女在 15% 左右,近年来出现明显下降。也就是说近年来二三孩总和生育率的上升更大程度上反映的是二三孩生育的堆积效应,而非二三孩生育水平的上升达到了二三孩总和生育率所反映的那么高的水平。

（三）内在总和生育率

总和生育率中所包含的"进度效应"除上述的年龄结构和孩次结构外,还

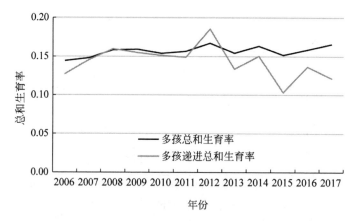

图 4-4　2006—2017 年中国三孩及以上总和生育率和三孩及以上递进总和生育率

包含了孩次间隔,在孩次递进生育率的基础上进一步控制孩次间隔,可得年龄—孩次—间隔别总和生育率,也称为内在总和生育率。内在总和生育率是能够反映不受人口结构影响的真实生育水平的时期生育率指标,能更准确预测生育水平。表 4-3 为 2007—2016 年中国分孩次内在总和生育率。

表 4-3　2007—2016 年中国分孩次内在总和生育率

年份	内在总和 生育率	一孩内在 总和生育	二孩内在 总和生育	多孩内在 总和生育
2007	1.760	0.967	0.627	0.165
2008	1.784	0.967	0.640	0.177
2009	1.771	0.969	0.624	0.179
2010	1.744	0.964	0.608	0.172
2011	1.697	0.951	0.582	0.163
2012	1.824	0.970	0.656	0.198
2013	1.657	0.956	0.564	0.137
2014	1.743	0.958	0.631	0.154
2015	1.582	0.926	0.547	0.109
2016	1.806	0.932	0.732	0.142

　　在控制了年龄结构、孩次结构、间隔结构之后,内在总和生育率的结果在所有年份均高于总和生育率和递进总和生育率,表明 2007—2016 年来实际的生育水平要高于总和生育率所反映的水平。由于一孩生育的递进间隔就是

妇女生育第一孩的年龄,因此递进孩次的年龄别、间隔别分布等同于一孩递进的年龄别分布,一孩年龄别间隔别的递进生育率也与一孩年龄别的递进生育率相等,在此不再重复叙述。而在控制了孩次间隔之后,二孩、三孩+内在总和生育率在所有年份均大于相应孩次递进总和生育率;二孩内在生育率在2012年之前大于二孩总和生育率,2012年及之后则小于二孩总和生育率;三孩+内在生育率在2013年之前大于三孩+总和生育率,2013年及之后则小于三孩+总和生育率(图4-5、图4-6),这一差异产生的原因则是由于内在生育率进一步控制了孩次间隔。孩次间隔缩小,将抬高总和生育率,所以在进一步控制孩次间隔后,出现了2012年、2013年以后二孩、三孩+内在生育率低于总和生育率的情况。

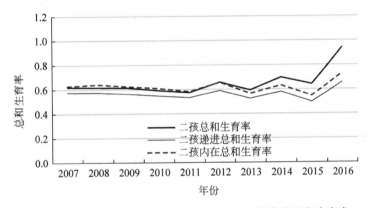

图4-5　2007—2016年中国二孩总和生育率、二孩递进总和生育率、

二孩内在生育率

通过对比二孩总和生育率、二孩递进总和生育率和二孩内在总和生育率,可以看出因2007—2016年来生育间隔的变化,二孩递进总和生育率对二孩生育水平存在一定程度低估,而二孩总和生育率在2012年前低估二孩生育水平,之后又高估二孩生育水平。三孩及以上生育率的情况也大致如此。这种情况与2007—2016年间在生育政策不断调整的背景下,孩次间隔变化趋势和生育堆积有很大关系。总之,类似于二孩递进总和生育率,二孩内在总和生育率的变化进一步表明近年来二孩总和生育率的大幅度上升是生育堆积

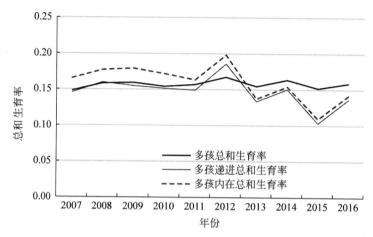

图 4-6　2007—2016 年中国三孩及以上总和生育率、三孩及以上递进总和
生育率、三孩及以上内在生育率

效应的反映,但其对实际二孩生育水平的估计要高于二孩递进总和生育率。三孩及以上生育率也基本如此。

二、队列生育率的变化

　　2017 年全国生育状况调查还询问了各年龄妇女的曾生子女数,可以考察不同队列妇女的终身生育水平(图 4-7)。队列生育率完全不受生育的进度效应的影响,变化较为稳定,可以为评估时期生育率提供基础性参考。从基本上完成生育期的 45～49 岁妇女看,平均生育子女数为 1.7～1.8。50～53 岁妇女基本上平均生育 1.9 个孩子左右,而 54 岁及以上的妇女都生育 2 个以上孩子。2017 年 45～49 岁的妇女正是在 20 世纪 90 年代初进入婚育年龄,在严格的生育政策限制下,那时我国的时期生育率出现大幅度下降,生育率降到更替水平以下。从国家统计局的年度调查看,那时的总和生育率降到了

1.5,甚至更低。但是这些妇女的终身生育子女数大大高于时期生育率所反映的水平。即使看 35～44 岁妇女的平均生育子女数,也高达 1.6～1.7,她们都是在 20 世纪 90 年代后期和 21 世纪 00 年代前期进入婚育年龄的。这段时期的国家统计局年度调查得到的总和生育率更低,一些年份达到了低于 1.3 的极低生育率,但是她们的实际生育水平明显高多了。

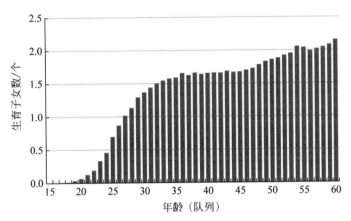

图 4-7　中国各队列妇女平均累积或终身生育子女数

三、小　　结

基于 2017 年全国生育状况调查数据,本部分估计了中国 2006—2017 年的生育水平与趋势。无论从历年的时期生育率还是从 35 岁以上妇女的队列生育率看,中国近期的生育率基本上处于 1.6 以上,全面两孩政策又进一步显著提升了生育水平。

本部分使用总和生育率、递进总和生育率和内在总和生育率考察了中国 2006—2017 年的生育水平。这 3 个指标虽然都是时期生育率指标,但是是在逐步对影响生育率的进度效应加以消除,从而不断接近对实际生育水平的测量。2006—2016 年总和生育率的均值为 1.65,递进总和生育率的均值为

1.67,而内在总和生育率的均值为1.74。内在总和生育率是比总和生育率和递进总和生育率更好的测量生育水平的时期生育率指标。它也表明如果当前的妇女生育行为(年龄－孩次－间隔模式)长期保持不变(至少35年),最终的总和生育率就是内在总和生育率。因此,内在总和生育率与总和生育率的差值就是对隐藏在现有妇女人口结构中的进度效应的测量。

近年来一孩总和生育率的大幅度下降并不表明一孩生育水平真实地有如此明显下降,而主要是反映了妇女婚育年龄推迟的进度效应,一孩总和生育率降到了0.6左右,而一孩内在总和生育率仍然高达0.9以上。婚育年龄的显著推迟与城镇化的快速推进,特别是20世纪90年代末以来高等教育扩张带来的女性受教育程度大幅度提高有很大关系。同时,近年来二孩总和生育率的大幅度上升也不表明二孩生育水平真的达到了这么高的水平,有很大程度是全面二孩政策带来的生育堆积效应。二孩总和生育率升到了0.9以上,而二孩内在总和生育率在0.7左右。多孩的内在总和生育率也低于多孩总和生育率。

值得提出的是,使用2017年全国生育状况调查数据估计的生育水平与已有使用户籍统计数据和间接估计方法得到的结果存在惊人的一致。使用不同来源的数据和不同的方法,却得到了相同的结果,这是不是只是一种巧合,值得进一步思考。另外,无论是时期生育率还是队列生育率都表明,在"一孩政策"年代里,多数夫妇实际上都生育了两个孩子。本研究也表明,时期分析和队列分析相结合更有利于把握中国生育水平的变化趋势。

第五章

中国的生育率低在何处

前述的研究中提到,自从中国进入低生育率以来,尤其是第六次人口普查以来,有大量研究对中国低生育率的趋势、进程和特征进行了探讨,也有很多研究对中国低生育水平进行了很多争论和估计。从国家统计局 2000 年以来的人口普查和 1‰人口抽样调查数据看,中国不仅处于极低生育率,而且一直在持续走低。在世界上人口规模足够大的国家中,中国已经成为生育率最低的国家。而且 2016 年开始实行的全面二孩政策也收效甚微。这些结论和观点被相当多的学者所接受和认同。那么,中国的低生育率趋势和进程到底是怎样的? 20 多年来一直在持续下降吗? 中国低生育率的演进特征预示着怎样的未来趋势呢? 弄清楚这些问题,非常重要,也非常困难。本部分的目的是希望通过对来自不同系统的多种数据的比较分析,提供一些对这些问题的观察与思考。使用的数据来自国家统计局 2000 年以来的历次人口普查和人口抽样调查,国家卫计委的 2017 年全国生育状况调查,以及公安部的 2017 年户籍统计。不同系统的数据共同反映了中国低生育率进程的重要特征和规律,但也存在着一些较大的差异。不同系统的多种数据比较分析有利于提供回答这些研究问题的有益启示。但实际上,即使在现有的丰富数据条件下,因数据的差异性,要完全回答这些研究问题也似乎不太可能。

一、中国低生育率的趋势与进程

图 5-1 提供了国家统计局自 2000 年以来的人口普查和抽样调查数据中的总和生育率,以及国家卫计委的 2017 年生育调查数据中计算的总和生育率。国家统计局来源的总和生育率并非国家统计局直接公布的总和生育率,而是根据国家统计局公布的历次人口普查和人口抽样调查数据中的分年龄生育率加总起来得到的。国家卫计委来源的总和生育率则是根据 2017 年生育调查原始数据中的女性怀孕生育史部分数据推算出来的。2017 年生育调查收集了 15～60 岁女性的详细的怀孕生育史数据,可以完整推算 2006—2017 年历年的生育率。考虑到中国女性在 40 岁以后的生育率很低,再进一步往前推算至 2000 年也是基本没有问题的。

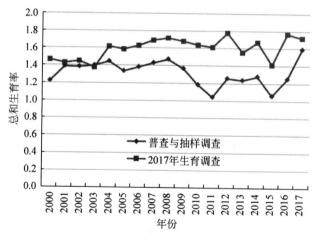

图 5-1　2000—2017 年总和生育率趋势

资料来源:人口普查和抽样调查数据来自国家统计局人口和就业统计司《中国人口和就业统计年鉴》(2001—2018 年),北京:中国统计出版社。

2017 年生育调查数据为调查原始个案数据计算的结果。

20 世纪 90 年代中国生育率的大幅度下降早已是明确的事实,不需要再讨论。但是从国家统计局公布的 20 世纪 90 年代历年的出生人数估算,平均的总和生育率为 1.8 左右。国家统计局的人口普查和人口抽样调查得到的总和生育率除了 20 世纪 90 年代初外,都大大低于 1.8。显然国家统计局公布的出生人数所隐含的生育率要明显高于调查获得的生育率。很多研究通过估计普查数据中的出生人口或低年龄组人口的漏报率而调整估计生育率(崔红艳等,2013;王金营,戈艳霞,2013;杨凡,2013;赵梦晗,2015)。由于对漏报率的估计需要很多假设和别的来源的数据,在第四章中我们避开了这一充满争论的问题,只利用两次人口普查的年龄分布数据,使用广义稳定人口模型,估计了普查间的平均生育率。既不需要对普查数据中的漏报率进行估计,不利用任何普查生育数据,也不需要假设普查数据完整准确,而只需要假设两次普查的漏报、重报或错报等误差水平和模式相同或接近就可以。况且一些研究认为人口普查数据虽然有漏报,但是基本上是可信的(郭志刚,2013;郭志刚,2017;郭志刚,田思钰,2017)。在这种情况下,使用广义稳定人口模型就更没有问题。

估计的结果表明,20 世纪 90 年代的平均总和生育率为 1.68,平均的出生人口数要比国家统计局公布的平均出生人口数低近 300 万人。对 1982—1990 年间的估计表明,其间的平均总和生育率为 2.63,与当时的生育率调查结果非常一致,平均出生人口数也与公布的结果一致。20 世纪 80 年代的人口普查和生育调查被西方学者赞誉为数据质量异常高的调查(Coale,1989)。这也进一步说明了广义稳定人口模型的估计是较为可靠的。另外,根据 2017 年生育调查推算的 20 世纪 90 年代的生育率均值为 1.62,与广义稳定人口的估计值也较为接近。所以,据此可以认为,对 20 世纪 90 年代后期的生育率,那时政府部门和学者们的估计可能是偏高的。而从广义稳定人口模型和 2017 年生育调查数据推测,20 世纪 90 年代末期的生育率在 1.5 左右。因此,这就再次证明在 20 世纪 90 年代,我国的生育率从高于更替水平降到了大大低于更替水平。这是 20 世纪 90 年代计划生育工作强化、女性初婚年龄推迟和 20 世纪 70 年代生育低谷的出生队列进入婚育年龄等因素共同作用的结果。

进入21世纪以来,最初几年延续着持续的生育率低迷趋势,而2003年以后随着20世纪80年代出生高峰人群进入婚育年龄,生育率出现上升趋势。无论从2010年人口普查和2015年小普查的分年龄人口数据,还是从2017年生育调查数据,都可以看出这种生育率上升趋势是明显的。但是在人口普查和人口抽样调查中得到的生育率则看不出明显的上升趋势。从图4-1看出,在2001—2009年间,人口抽样调查的生育率处于1.4左右,2010年以后大约在1.2(2017年除外)。2005—2016年间两条曲线之间存在0.25~0.52的巨大差异。同样,我们也使用广义稳定人口模型估计了2000—2010年间的平均生育率,结果为1.56。估计得出的平均出生人数也与国家统计局公布的接近。同时,2017年生育调查数据推算的2000—2010年生育率均值为1.57,而据2017年户籍统计数据估算的2000—2010年生育率均值为1.58。非常巧合,这3个数值高度一致。

但是,生育率的上升趋势并没有持续很久,而是在2008年达到高峰后,便转为下降,2008—2012年期间是缓慢下降,而2012年后本应继续下降的趋势出现了强烈波动。这种强烈波动是由生育政策调整和生育的属相偏好造成的。2014年和2016年因生育政策调整出现生育率的明显上升,而2012年和2015年因属相偏好出现龙年生育率上升,而羊年生育率下降。无论是人口变动抽样调查,还是2017年生育调查,都揭示了同样的波动特征。

总之,中国的低生育率呈现出一种波浪式的进程。虽然经济社会发展、教育扩张、城镇化等因素是我国低生育率趋势的主导力量,但是仍体现出一种人口学的规律性变化。这种规律性变化表现为生育政策变化和人口惯性的影响结果。我国生育率在20世纪90年代大幅度下降至很低水平,并于1997—2003年稳定在很低水平,然后上升并出现强烈波动。预计波动过后,生育率将继续下降,并且很大程度上会存在陷入极低生育率的风险。

二、中国低生育率进程的特征

（一）一孩生育率

低生育率国家的经历表明，婚姻的波动和变化对低生育率变化起着决定性作用（Jones，2007；Frejka et al.，2010；Yoo & Sobotka，2018）。中国 20 多年来低生育率的演进也体现着女性初婚模式变化的影响。根据 1990—2017 年间，人口普查和人口抽样调查数据计算的中国女性的平均初婚年龄提高了 3.5 岁，而 2017 年生育调查计算的平均初婚年龄提高了 4 岁（图 5-2）。不过，这种变化具有阶段性，即从 20 世纪 90 年代开始女性平均初婚年龄在不断推迟，而到 21 世纪 00 年代初期出现下降，后期又开始缓慢上升，2010 年后加速上升。2010 年以后的推迟是新中国成立以来最为显著的，对生育率变化趋势产生了重大影响。

初婚年龄推迟的直接后果是女性一孩生育率的降低。尽管 20 世纪 90 年代女性平均初婚年龄提高了约 1.3 岁，但是 20 世纪 90 年代人口抽样调查数据计算的一孩生育率一直很高，很多年份都超过 1，显得不尽合理；而 2017 年生育调查数据计算的一孩生育率却有明显下降，降到了 0.9 以下。21 世纪 00 年代女性平均初婚年龄变化出现停滞，相应地，一孩生育率也基本未变。从图 5-3 看到，无论是人口抽样调查数据还是 2017 年生育调查数据计算的一孩生育率都比较稳定，同时 2017 年生育调查数据计算的一孩生育率要明显低于人口抽样调查数据。2010 年以后出现反转，2017 年生育调查数据计算的一孩生育率要高于人口普查和人口抽样调查数据，尤其是 2000—2012 年相差很大。但是从图 5-2 中的平均初婚年龄差异看，似乎不支持两者的一孩生育率有如此巨大的差异。

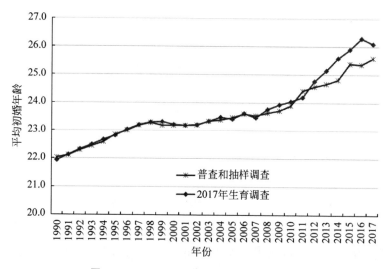

图 5-2　1990—2017 年女性平均初婚年龄

资料来源：人口普查和抽样调查数据来自国家统计局人口和就业统计司
《中国人口和就业统计年鉴》(1991—2018 年),北京：中国统计出版社。
2017 年生育调查数据为调查原始个案数据计算的结果。

　　2012 年以来,无论是人口抽样调查还是 2017 年生育调查都反映出一孩生育率的大幅度下降,2013—2017 年两者的一孩生育率很接近,人口抽样调查得到的一孩生育率略低(图 5-3)。图 5-2 中 2010—2017 年平均初婚年龄的大幅度上升也能支持一孩生育率大幅度下降的趋势。令人不解的是,2017 年生育调查得到的平均初婚年龄上升幅度要明显大于人口抽样调查的结果,但是 2017 年生育调查得到的一孩生育率也高于人口抽样调查数据。不过,如果忽略 2012 年的生育高峰,2017 年生育调查数据反映出的是 2008 年以来一孩生育率的持续下降。这与平均初婚年龄的持续上升是一致的,而人口普查和人口抽样调查数据没有表现出如此一致的趋势。图 5-3 中尽管表现出两条曲线在总体趋势上的一致性,但是人口普查和人口抽样调查数据的结果波动性更大,并由 2009 年之前的高于生育调查数据转为之后的低于生育调查数据。

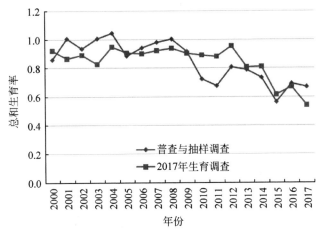

图 5-3　2000—2017 年一孩总和生育率

资料来源：同图 5-1。

（二）二孩及多孩生育率

有研究认为，我国生育率持续走低，一个重要的因素是妇女在不断推迟结婚年龄，2000 年以来低生育率进程的主要特征是一孩生育率的下降（郭志刚，2013；郭志刚，2017；郭志刚和田思钰，2017）。在第四章中无论从年度人口变动抽样调查还是 2017 年生育调查数据看，都支持这一结论。但是如果对比这两类调查的结果，则发现人口抽样调查得到的生育率之低，不是低在一孩生育率上，而是低在二孩生育率上。从图 5-4 中看出，两条二孩生育率曲线的差异几乎是在不断扩大的，从最初几年的 0.1 上升到 0.2～0.3，而 2016 年则达到 0.45。这样的生育率差异可以说是巨大的。由于几乎所有的夫妇都会生一孩，而且一孩生育不受生育政策的任何限制，因此，两种数据来源的一孩生育率差别很小是理所当然的，因为政策性瞒报漏报的影响几乎不存在，只会受到初婚年龄推迟的影响而出现变化。但是二孩生育率不同，因生育政策的限制、性别偏好等因素影响，调查中的瞒报漏报现象可能会比较突出。三孩及以上生育率更是如此。虽然三孩及以上生育数量很小，但是两种数据

中国的低生育率与两孩政策效应

来源的相对差异更大,几乎在所有年份上 2017 年生育调查数据是人口普查和抽样调查数据的 2 倍以上(图 5-5)。很偶然,2002 年两种数据来源的多孩生育率是完全相等的。另外,还可以观察到,在人口普查年份,多孩生育率与一孩、二孩生育率呈现相反的趋势;而在 2017 年生育调查数据中没有发生这种现象。

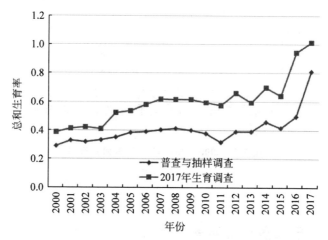

图 5-4　2000—2017 年中国二孩总和生育率

资料来源:同图 5-1。

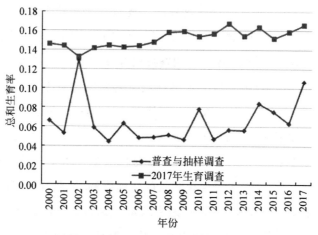

图 5-5　2000—2017 年中国三孩及以上生育率

资料来源:同图 5-1。

由于两种数据来源的生育率差异主要是二孩生育率的差别,我们计算了各孩次生育率差异对总差异的贡献。结果就是二孩生育率差异的贡献超过2/3,而多孩生育率差异的贡献也超过30%。由于人口普查、人口抽样调查与生育调查的差异不在一孩生育率,而在二孩及多孩生育率,所以并不能得出生育率低的主要原因不是出生漏报的结论,但也不能得出就是漏报的结论。因为到目前为止我们没有办法证明哪种数据来源更可靠。

所以,假如2017年的生育调查数据是准确的,那么晚婚导致的一孩生育率下降不是生育率低迷的主要因素,二孩(以及多孩)生育率中的瞒报漏报才是生育率很低的关键因素。而假如人口普查和人口抽样调查的数据是准确的,那么生育率被高估的原因也不是对晚婚因素的忽略,而是二孩(以及多孩)生育率高报的结果。虽然现在谁也不知道哪种调查数据质量更好、更可靠,但是,如前所述,来自户籍统计的数据表明,户籍统计的年龄结构数据所隐含的2000—2017年的生育率与2017年生育调查数据推算的结果高度一致。虽然我们也无法证明户籍统计数据是否准确可靠,但是相比于别的调查系统,应该有更多的理由认为年轻人群户籍统计数据是比较准确可靠的,因为他们一方面受死亡率影响极小;另一方面也有更小的可能性存在因人口流动或入学上学等因素造成的户籍系统中的漏报重报问题。

(三)另外几点观察

对人口普查和人口抽样调查进一步仔细观察,以及与2017年生育调查数据对比,还可以发现几个问题。

第一个问题是平均初婚年龄和初育年龄的趋势不一致(图5-6)。2017年生育调查数据显示,2000—2010年平均初婚年龄提高了0.8年,而平均初育年龄只提高了0.1年。2000—2005年平均初婚年龄有微小的提高,而平均初育年龄却有微小的下降。这种看似不一致的趋势是由于初婚初育间隔的变化造成的。2000—2010年初婚初育间隔是不断下降的,所以它抵消了初婚年龄上升对初育年龄推迟的作用。2010—2015年平均初婚年龄和初育年龄都出现明显上升,平均初婚年龄提高了1.86年,而平均初育年龄提高了1.96年。这期间初婚初育间隔又是在拉长的,从而导致平均初育年龄提高幅度大于平均初婚年龄。

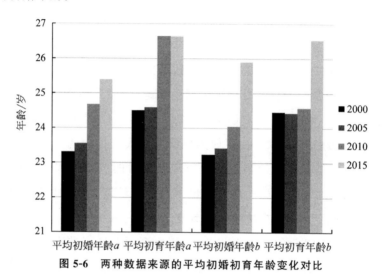

图5-6 两种数据来源的平均初婚初育年龄变化对比

注:平均初婚年龄 a 和平均初育年龄 a 是人口普查和小普查数据计算的结果;
平均初婚年龄 b 和平均初育年龄 b 为2017年生育调查数据计算的结果。
资料来源:同图5-1。

人口普查和小普查的数据在2000—2005年间与2017年生育调查数据类似,平均初婚年龄的推迟并没有产生相同的平均初育年龄的推迟,说明初婚初育间隔是在缩短的。但是后面的两个阶段出现了与2017年生育调查数据的结果相反的趋势。2005—2010年,平均初婚年龄提高了1.12年,而平均初育年龄提高了2.06年,说明初婚初育间隔是在延长的;但是2010—2015年间,平均初婚年龄提高了0.72年,平均初育年龄没有任何提高,甚至有微小的下降,这又说明初婚初育间隔是在缩短的。两种来源的数据表现出的这种相反的趋势,哪个更合理或准确,有待进一步检验。但是从经验判断,2017年生育调查数据的结果似乎更加合理。这或许可以利用人口普查或小普查原始数据进行进一步的计算和检验。

第二个问题是生育的属相偏好不完全一致。从2017年生育调查数据中可以看到非常明显的属相偏好。2000年、2012年是龙年,生育率上升;而

2003 年、2015 年是羊年,生育率下降。图 5-1 显示,2012 年(1.78)和 2016 年
(1.77)的生育率是最高的,而 2003 年(1.38)和 2015 年(1.41)是最低的。人
口普查和人口抽样调查数据中看到的在最初几年的属相偏好中,与预期是完
全相反的,2000 年龙年生育率下降,2003 年羊年生育率没有下降。但是在
2012 龙年和 2015 年羊年上,两种数据来源表现出一致的生育率属相偏好,只
是 2012 年的生育率明显低于 2010 年前的生育率。另外,2015 年和 2011 年
的生育率是最低的,甚至 2011 年更低,也是值得怀疑的,有待于进一步考察
分析。

　　生育的属相偏好在新加坡和中国台湾长期以来都存在(Goodkind,1991
和 1996)。从 20 世纪 70 年代以来,在龙年年份这些地区的生育率出现高峰,
而在虎年年份出现低谷(图 5-7)。文化的相似性导致龙年的生育堆积现象,
但是又在避免生育的属相上存在差异(中国内地是羊年,新加坡和中国台湾
却是虎年)。日本也存在避免生育的属相,但是它将 12 生肖与五行相结合,在
火马年(1966 年)出现生育低谷(下一次生育低谷应出现在 2026 年)。中国大
陆、新加坡和中国台湾的生育属相偏好的影响表现为每 12 年一个周期,而日
本却是每 60 年一个周期。另外,可以观察到,生育的属相偏好是在生育率达
到低水平后才显现出来的,而不存在于高生育率时代。也许生育的属相偏好
一直存在,但是在高生育率时代选择的可行性不高。当生育率达到并低于更
替水平,人们生育的子女数只有 1～2 个,经济发展、技术进步、生活方式的重
大变化以及对孩子质量的追求和对孩子未来成功的希冀,都在促使个体层面
生育的属相偏好的实现,从而在宏观层面呈现出来。

　　第三个问题是二孩政策效应的变化不一致。图 5-1 显示,2017 年生育调
查数据反映出二孩政策的明显效应,2014 年生育率上升,2016 年又更大幅度
上升,2017 年生育率仅有微小下降但仍然较高。人口抽样调查数据也反映了
一定的二孩政策效应,但是不仅幅度大大低于生育调查数据,而且出现了令
人费解的现象。一个是 2016 年(1.25)的生育率接近 2014 年(1.28),考虑到
因属相偏好导致的 2015 年生育可能部分推迟到 2016 年,表明全面二孩政策
放开的第一年,生育率回升不及单独二孩政策放开的第一年。全面二孩政策

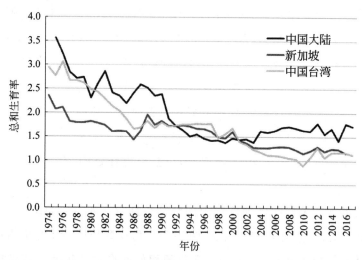

图 5-7　1974—2016 年中国大陆、新加坡和中国台湾的总和生育率

资料来源：中国大陆数据来自 1988 年全国千分之二生育节育抽样调查（国家计划生育委员会《全国生育节育抽样调查全国数据卷》，北京：中国人口出版社，1990 年）和 2017 年全国生育调查（根据原始数据计算）。新加坡和中国台湾数据来自世界银行数据库（https://data.worldbank.org）。

放开的第二年，2017 年，生育率又猛增到 1.58，这是国家统计局系统 1994 年以来生育率的最高值。可是国家统计局公布的 2017 年出生人数（1 723 万）又低于 2016 年的出生人数（1 786 万），而生育率却是 2017 年的明显更高，这是不可能的，让人无法理解。出生人数和生育率之间的明显冲突说明其中必有一个是有问题的。

三、中国的极低生育率风险

在前面生育率趋势的分析中，我们提出 2003 年以来生育率出现上升，这种上升持续到 2008 年，随后又转向下降。而生育率的继续下降因生育的属相偏好和生育政策调整出现的强烈波动,被暂时打断了。但是生育率的下降趋势很快会得以继续,并存在陷入极低生育率的巨大风险。主要原因是 2012 年以来女性初婚率的持续大幅度下降,并由此导致一孩生育率的相同的大幅度下降(图 5-8)。中国在 20 世纪 70 年代也出现过女性初婚率和初育率的大幅度下降,那是在"晚、稀、少"计划生育政策的干预下发生的,而随着 20 世纪 80 年婚姻法对最低婚龄的修改,产生了 20 世纪 80 年代初婚年龄的下降,以及初婚初育的堆积,导致初婚率和初育率上升,出现总和初婚率和总和一孩生育率多年都高于 1 的现象。不同的是,近年来女性初婚率和初育率的下降是在计划生育政策不断调整完善而限制越来越宽松、决策越来越自主的情况下发生的。也就是说 21 世纪 10 年代中国女性初婚率和初育率下降完全是一种内生性的趋势,而 20 世纪 70 年代的下降主要是外生性的变化。同时,目前的女性初婚率和初育率都已经低于 20 世纪 70 年代的最低水平。

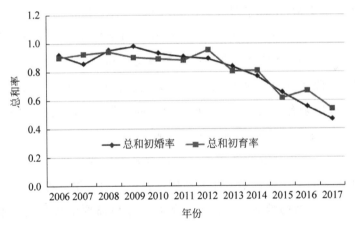

图 5-8　2006—2017 年中国总和初婚率和总和初育率

资料来源:根据 2017 年全国生育调查原始数据计算。

前文中的一些研究认为中国低生育率进程的主要特征是女性晚婚晚育导致一孩生育率的下降。实际上自新中国成立以来,女性初婚年龄一直在缓慢持续地提高(Coale,1989;韦艳等,2013),但是 21 世纪 10 年代相比于以往任何年代,变化都更为迅猛。在 2007 年,长期从事亚洲婚姻研究的世界著名人口学家 Gavin Jones(2007)曾经提出"中国是婚姻转变理论的最大挑战者。

如果比较 2000 年女性 30 岁未婚的比例，泰国、中国台湾地区以及新加坡和马来西亚的华人都在 20%～30%，但是中国大陆不到 2%。这一比例在曼谷高达 33%，而上海只有 3%。这是一种惊人的差异。"实际上正是在这一论断之后的 10 多年来，中国女性的初婚模式发生了显著改变，而近年来的变化更加迅速。2017 年生育调查数据显示，中国女性平均初婚年龄近 10 年提高了 3 岁，上升到近 27 岁；总和初婚率降到了令人惊讶的低水平，由 0.9 以上下降到了 0.6 以下。这是一种革命性的变化。尽管并不一定表明中国女性在放弃婚姻，但是至少说明她们在明显广泛地推迟结婚，也许最终也会有不少女性放弃婚姻。

因初婚率和初育率下降导致的对总和生育率的抑制效应在总体上造成全面二孩政策效应远不及预期。实际上，如果只看二孩生育率，2017 年生育调查数据显示，从单独二孩政策以后二孩生育率出现上升，到全面二孩政策后二孩生育率突增，出现了很大的出生堆积。2016 年和 2017 年的二孩生育率达到了对应于我国在 20 世纪五六十年代时每个妇女生育 6 个孩子的高生育率情况下的二孩生育率水平。从这个意义上讲，二孩政策的效果是显著的。但是，与此完全相反的是，2012 年以来，我国的一孩生育率出现大幅度下降，达到了前所未有的低水平。一孩生育率的下降很大程度上抵消了二孩政策带来的二孩生育率上升，从而造成二孩政策的效果不十分突出。

关键是，一孩生育率和二孩生育率这两者相反的趋势将很快失去均衡。二孩政策带来的二孩生育率上升主要是过去被限制的生育势能的释放，这种释放只是一种短暂的效应。二孩政策的长期效应需要依赖新进入婚育年龄的人群。而初婚率和初育率的大幅度下降正是新进入婚育年龄人群的婚育行为的表现。同时还要看到，在 2017 年后的 15 年左右，新进入婚育年龄的人群正是 1995—2005 年间我国生育率最低迷时期出生的人群，她们的规模将持续缩小。

与西方国家和日本进行比较，它们经历与我国近年来初婚年龄提高和总和初婚率下降相同的幅度时，大约经历了二三十年的时间（Sardon，1993）。可见，中国的变化更为迅速。而且根据发达国家的经历，女性平均初婚年龄一直在上升,目前多数已经超过 30 岁,总和初婚率也一直维持在低水平。如果以此为借鉴,那么中国女性的平均初婚年龄还有很大的上升空间,总和初婚率也很有可能维持在低水平。加之未来 10 多年进入婚育年龄的群体规模将持续大幅度缩小。其结果必然由初婚率、初育率的下降和低迷导致二孩生育率的下降和更加低迷。由此预计,未来 10 多年中国存在陷入极低生育率的巨大风险。

四、小　　结

本书通过多种数据的比较分析,考察了中国 20 多年来的低生育率趋势、进程及特征,探讨了中国存在跌入极低生育率的风险。中国的低生育率趋势表现为波浪式的进程,即 20 世纪 90 年代的大幅度下降,然后在 2000 年前后的约 10 年间保持低迷态势,以及 2003 年以来出现上升趋势。2017 年生育调查数据显示近 10 年来的上升趋势是明显的,但是人口普查和人口抽样调查数据只显示有轻微的上升,甚至谈不上是上升。这种上升趋势进入 21 世纪 10 年代后又转为下降。在这一过程中,因生育的属相偏好和生育政策调整,21 世纪 10 年代的生育率变化形成强烈的波动,暂时打断了生育率的继续下降趋势,但是预计生育率下降趋势将很快得以继续。尽管经济社会发展决定着我国生育率的变化趋势,过去 20 多年来低生育率的进程也反映出一种人口惯性驱使下的周期性规律波动。

将国家统计局的人口普查、人口抽样调查数据和国家卫计委的 2017 年生育调查数据进行比较,我们发现虽然晚婚晚育导致的一孩生育率下降是中国低生育率进程的一个重要特点,但是两种数据来源中存在的二孩及多孩生育率差异则是更为重要的特征。2000 年以来在两种数据来源的生育率总差异中,二孩及以上生育率差异的贡献高达 98%。实际上,在 1990—2003 年间,两种来源的数据在反映生育率趋势上高度一致,生育水平也比较接近。但是2003年以后,两者反映的生育率趋势和水平都有很大差异。总和生育率的差距由0.2扩大到0.5,多数年份在0.2～0.4。我们无法判断哪种数据更准确可靠,但是观察到的一些差异和现象可以提供一点启示。

　　一个是我们使用广义稳定人口模型,只是利用人口普查的年龄结构数据,便可以较为准确地估计普查间的平均生育率。广义稳定人口模型不需要依赖完整准确的普查数据,即使普查数据存在漏报、重报或错报都没有关系,关键是漏报、重报或错报的程度和模式要保持一致或者变化不是太大。对1982—1990年普查间的生育率估计表明,与20世纪80年代的生育率调查结果几乎完全一致。但是对1990—2000年的生育率估计表明,20世纪90年代我国的生育率要明显低于当时政府部门和学者们认为的水平。而2000—2010年的生育率估计又表明,与国家统计局公布的出生人数基本一致,要明显高于人口普查和人口抽样调查直接获得的生育率,而且与2017年生育调查计算的2000—2010年的平均生育率几乎完全一致。另一个是我们又参考了2017年公安部的户籍统计数据,利用其分年龄人口数据推算了2000年以来的生育率,发现与2017年生育调查数据得到的生育率高度一致。虽然户籍统计数据的完整性和可靠性也不确定,但是由于身份证号码的唯一性和终身性,户籍统计中年轻人群受到死亡、流动或入学上学等因素影响而出现漏报、重报的可能性应该是较小的。另外,还有一些现象,比如平均初婚年龄和平均初育年龄变化的不一致,微弱的甚至相反的生育的属相偏好,以及全面二孩政策实施的前两年里出生人数与生育率高低之间的矛盾,都一定程度反映出人口普查和人口抽样调查数据中可能存在的问题。

　　最后,需要强调的是国家统计局和国家卫计委两种来源的数据在2012年以来一孩生育率的大幅度下降趋势上存在高度一致。从女性的平均初婚年龄推迟和总和初婚率的下降看,中国也许正在经历历史上没有过的婚姻转变,可以称得上是一场婚姻革命。中国到目前为止仍然是普婚社会,西方学者曾经认为中国是对婚姻转变理论的最大挑战。但是从近年来的重大变化趋势看,虽然中国的婚姻革命开始较晚,但很可能会以更快的速度推进。这一婚姻革命对中国的低生育率趋势将起决定性作用。根据发达国家和日本的经历,中国女性的平均初婚年龄还有较大的上升空间,总和初婚率也可能持续维持在低水平。而且未来 10 多年新进入婚育年龄的人群规模将持续缩小,其必然导致生育率更大幅度下降。即使生育政策进一步放宽,一孩生育率的长期低迷也将从根本上削弱和消弭政策效应的基础。因此,可以说中国正面临着陷入极低生育率的巨大风险。在设计和制定生育和家庭支持政策时,很有必要把婚姻促进也纳入进来。构建和实施强有力的婚姻和生育促进的制度和政策体系已经刻不容缓。

第六章
生育率的结构转变

生育率水平的变化必然伴随生育率结构的改变。随着生育率的持续转变，中国的生育模式也发生了深刻的变化，无论是生育率的孩次结构和年龄结构都发生了很大的变化，妇女生育的年龄和孩次都更加集中。

一、生育率的孩次结构

中国生育水平的迅速下降，首先表现在高孩次生育率的下降。图6-1显示了分孩次生育率的下降过程。在第一次生育率转变过程中，多孩生育率占总和生育率的比重从2/3下降到1/4，一孩生育率由不到1/5上升到接近一半。第二次生育率转变过程中，多孩生育率比重继续大幅度下降，到2010年仅占6.6%，而一孩生育率比重上升到61.3%。2000年以来，虽然整体生育水平变化不大，但是一孩生育率进一步下降，而二三孩生育率有所上升。

值得注意的是，近年来二孩政策的实施对中国生育率趋势产生了很大影响。整体上生育率的轻微上升趋势掩盖了一孩生育率和二孩生育率变化的巨大差异。一孩生育率出现持续下降,而二孩生育率出现大幅度上升。2010—2017 年一孩生育率占比持续下降,而二孩生育率占比不断上升,三孩及以上占比很低且比较稳定。同时,二孩生育率超过一孩生育率。2017 年人口抽样调查数据显示,总和生育率达到 1.58,而一孩生育率降到 0.7 以下,二孩总和生育率上升到 0.8 以上。中国 1974 年总和生育率高达 4.2 时的二孩总和生育率与 2017 年的二孩总和生育率相同。可见,二孩政策对提升二孩生育率具有很大作用。

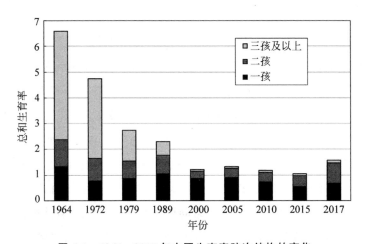

图 6-1　1964—2017 年中国生育率孩次结构的变化

数据来源:1989 年前为 1982 年全国千分之一生育率调查数据,1989 年及以后为
人口普查和人口抽样调查数据。

与发达国家相比,中国生育率孩次结构的突出特点是一孩生育率比重大大高于它们,而发达国家不生孩子的比例和生育两个及以上孩子的比例都明显高于中国。根据人类生育率数据库(https://www.humanfertility.org),主要发达国家 1970 年出生队列女性的终身未育率达到 10%～20%;日本最高,达到 27%;中国台湾也高达 15.7%。而中国大陆 2015 年小普查数据显示,40 岁女性的未育率仅 4.6%,尽管与以前相比有较大提高,但仍然大大低于发达国家。从 20 世纪 90 年代以来到 21 世纪 00 年代中期,我国女性生育率中一孩占比在 0.6～0.7,二孩占比在 0.23～0.32。发达国家生育率中一孩占比多数在 0.5 以下,二孩占比为 0.35 左右。不过,进入 21 世纪 10 年代以

来,我国生育率的孩次结构又发生了显著变化。随着一孩生育率的下降、二孩生育率的上升,生育率孩次结构已经与发达国家类似。但是随着二孩政策带来的二孩生育堆积的消散,生育率孩次结构将进一步怎样变化值得关注。

二、生育率的年龄结构

中国生育率孩次结构转变在生育率年龄模式上的反映就是在20世纪70年代较高年龄妇女的生育率的大幅度下降,然后是较低年龄的生育率的下降;而20世纪90年代生育率年龄模式的进一步转变表现在较低年龄,尤其是峰值年龄的生育率下降,生育率的年龄模式由"早、宽、高"类型转变为"晚、窄、低"类型。进入2000年以后,生育率的年龄结构变化不大。与2000年相比,2010年生育率的年龄模式变得更"低"。2000年妇女生育高峰年龄为24岁,其生育率为145.7‰,2010年生育峰值年龄仍为24岁,但其峰值生育率降至99.1‰。但是,高年龄的生育率却有所提高,从图6-2中看到,2010年28岁以后妇女的分年龄生育率均高于2000年的相应水平。可见,2000—2010年在生育水平没有变化的情况下,生育率的年龄模式发生了一定的变化。近年来在生育年龄继续推迟和二孩政策的影响下,峰值生育年龄继续提高,较高年龄的生育率也明显提高。2017年的峰值生育年龄推迟到27岁,峰值生育率达到114.5‰。2017年30~40岁的生育率是2010年的1.5~2.0倍。

不过,与发达国家相比,中国妇女生育推迟程度还不及它们,中国生育高峰年龄组在2006年前为20~24岁,而2006年以来逐渐转变到25~29岁。而目前多数发达国家生育高峰年龄组在30~34岁,它们的生育率年龄分布更接近正态分布。

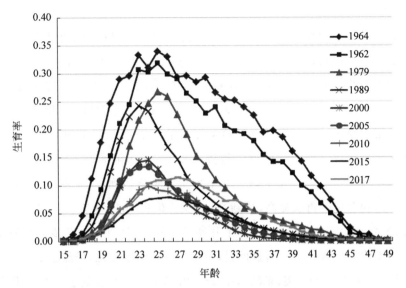

图 6-2　1964—2017 年中国生育率年龄模式的变化

数据来源：同图 6-1。

三、婚育年龄与生育间隔

中国生育模式变化的另一个重要方面是妇女婚育年龄的推迟和生育间隔的延长。新中国成立以来中国妇女的平均初婚年龄一直在逐渐提高,20 世纪 70 年代在"晚、稀、少"政策的引导下,妇女实行晚婚晚育,平均初婚年龄从之前的 21 岁提高到 23 岁,但是 20 世纪 80 年代平均初婚年龄又下降了 1 岁,基本上稳定在 22 岁。20 世纪 90 年代以来,平均初婚年龄出现了持续推迟趋势。六普的结果显示,妇女的平均初婚年龄由 2000 年的 23.17 岁上升到 2010 年的 23.89 岁。根据 2017 年全国生育调查数据,2006—2016 年来妇女平均初婚年龄又提高了近 3 岁,由 2006 年的 23.6 岁上升到 2016 年的 26.3

岁(贺丹等,2018)。

　　妇女的平均初育年龄变化与初婚年龄类似。在推行计划生育政策之前,中国妇女的平均初育年龄一般在 22～23 岁(图 6-3)。20 世纪 70 年代以来,在计划生育政策的引导下,初婚和初育年龄不断推迟。1970—1980 年,平均初育年龄由 22.8 岁推迟到 25.3 岁,推迟了 2.5 年。但是在 20 世纪 80 年代,由于政策的变化导致平均初育年龄又提前了 1.7 年。20 世纪 90 年代以来,出现了平均初育年龄持续推迟的趋势,1990—2000 年推迟了近 1 年,2000—2005 年基本稳定,2005 年中国妇女平均初育年龄达到 24.6 岁,2010 年中国妇女平均初育年龄再次提高,达到 25.7 岁。根据 2017 年人口抽样调查数据计算,妇女平均初育年龄比 2010 年升高了 1 岁多,达到 26.77 岁。尽管中国妇女的平均初育年龄有了明显推迟,但是与发达国家相比,仍然较低。中国妇女的平均初育年龄与北美、东欧国家(25～27 岁)接近,但要低于西欧、北欧国家(28～31 岁)。

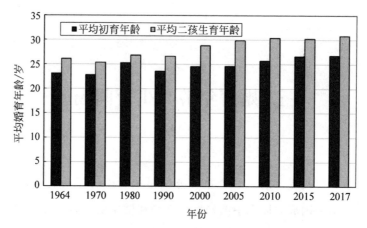

图 6-3　1964—2017 年中国妇女的平均生育年龄

数据来源:同图 6-1。

　　中国妇女平均二孩生育年龄的变化趋势与平均初育年龄的趋势基本一致。从 1970—2017 年,平均二孩生育年龄由 25.3 岁延迟到 30.37 岁,提高了 5 年,提高幅度大于平均初育年龄(平均初育年龄提高了近 3 年)。2010 年以来平均二孩生育年龄基本稳定,到 2017 年,中国妇女平均二孩生育年龄达到

30.77 岁。尽管中国妇女的平均初育年龄低于西欧、北欧国家,但是平均二孩生育年龄和它们(30～33 岁)接近。由此可见,中国妇女二孩生育间隔要长于它们。中国妇女平均二孩生育间隔在 2000 年超过 4 年,2005 年超过 5 年。随着计划生育政策中对生育间隔限制的逐步取消,平均二孩生育间隔出现下降。2010 年略有下降至 4.6 年,2017 年为 4.0 年。而西欧、北欧国家,平均二孩生育间隔为 2～3 年。

四、出生性别比转变

中国生育模式转变的一个受到广泛和高度关注的特征是生育的性别结构变化。自 20 世纪 80 年代中期以来中国出生性别比持续升高、偏高,这是任何一个人口大国的发展历程中前所未有的。中国出生性别比升高、偏高趋势是第二次生育率转变的一个重要特征,是伴随着生育率下降到更替水平及以下并且持续走低而出现的。

出生性别比的正常范围一般是 103～107。20 世纪 80 年代中期,中国的出生性别比开始升高、偏高,从 1982 年的 107.6 上升到 1990 年的 111.3、2000 年的 116.9,以及 2005 年的 120.5,2010 年达到 121.2,大大超出正常范围的上限值(图 6-4)。在早期,出生性别比升高、偏高主要发生在农村,20 世纪 90 年代以来,城市地区的出生性别比也出现升高、偏高趋势。农村户籍人口、城市户籍人口和流动人口的出生性别比都普遍偏高,2010 年城市、镇、农村出生性别比分别为 118.3、122.8 和 122.1。

中国出生性别比高的另一个特点是不同孩次出生性别比差异很大,主要表现为第二及以上孩次的出生性别比的严重升高、偏高,而且孩次越高,出生婴儿性别比越偏高。第六次人口普查显示,2010 年一孩出生性别比为 113.7,二孩出生性别比为 130.3,三孩出生性别比则高达 161.6。在二、三孩出生性

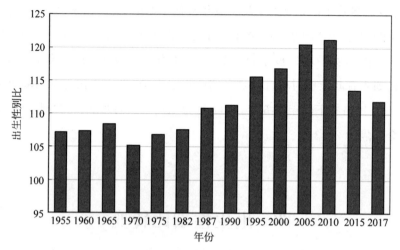

图 6-4 中国的出生性别比，1955—2017 年

数据来源：同图 5-1。

别比大幅度偏高的同时，一孩出生性别比也明显偏高。正是对生育第一孩的性别的选择，才促使中国出生性别比的进一步升高和生育率的进一步下降。中国传统文化中的"男孩偏好"根深蒂固，这是生育性别选择的根本原因，而性别选择技术的可得性是直接的原因，同时女婴的漏报也是一个重要的因素。有研究表明，20 世纪 90 年代出生性别比偏高部分中，女婴漏报占接近一半的比例。

不过，2010 年以后，中国出生性别比的上升趋势得到逆转，连续多年处于不断下降之中。2015 年和 2017 年分别下降到 113.5 和 111.9。在世界各国生育率转变过程中，一些亚洲国家经历了和正在经历出生性别比转变，这是亚洲人口转变独有的特征。韩国的经历表明，随着经济发展、社会的全面现代化，出生性别比偏高的文化经济基础终将削弱和瓦解。中国多年来出生性别比的连续下降也正是这一趋势的反映。

五、小　　结

生育结构,即生育表现在孩次、年龄、间隔和性别等方面的结构性特征,总是与生育水平相伴而变的。在生育率快速转变和持续低生育率背景下,中国妇女的生育结构也发生了巨大、深刻的变化。从 20 世纪 60 年代到 21 世纪 00 年代,妇女生育的年龄日趋集中,生育年龄的四分位距由 10 年下降到 6 年;多孩生育率比重由 2/3 下降到不足 5%,而一孩生育率由占 1/5 上升到近 70%;一二孩生育间隔由 2～3 年延长到了 5 年以上。与此同时,自 20 世纪 80 年代中期以来,生育的性别选择性不断增强。

进入 21 世纪 10 年代以后,随着生育因周期性影响而出现轻微回升,特别是二孩政策实施以来二孩生育率的大幅度提升,生育的年龄模式发生了较大变化,2017 年的生育年龄的四分位距又增加到 8 年,30～40 岁女性生育率是 2010 年时的 1.6～2.2 倍。因近年来一孩生育率下降和二孩生育率上升,生育的孩次结构也发生重大变化,出现了二孩生育率超过一孩生育率的现象。生育间隔也有所缩短。生育的性别结构出现重大转变,出生性别比连续多年出现下降。

中国低水平下的生育结构与其他低生育率国家有着鲜明的差别。也就是说相同的生育率水平具有不同的生育率结构。欧美国家不生孩子的比例和生育两个及以上孩子的比例都明显高于中国。另外,非婚生育在欧美国家占很大比重,甚至一些国家已经超过一半。这方面因中国没有数据,没有涉及。欧美国家的峰值生育年龄和平均初育年龄明显晚于中国,但是中国的生育间隔更长,因而中国的二孩平均生育年龄与它们类似。当然生育的性别结构转变则是中国(亚洲)独特的生育结构特征。

第七章
生育的数量效应与进度效应

生育水平实际上是生育行为和人口结构相结合产生的结果。这两者之一或它们共同变化，都会导致时期生育水平的变化。根据 Bongaarts 和 Feeney（1998），生育率包含数量和进度两部分，即使生育数量不变，而当生育进度发生变化时，总和生育率（TFR）就会下降或上升。针对总和生育率的缺陷，他们提出了去进度效应总和生育率（TFR′）。通过进度效应对 TFR 影响的调整，将原本未能体现在 TFR 中的提前或推迟的数量进行还原，从而获得更接近终身生育水平的时期生育率指标。郭志刚（2000a、2000b、2002、2004a和2004b）利用 TFR′ 分析了我国 20 世纪 90 年代以来的生育率变化，结果表明该指标作为估计的确比 TFR 指标更接近于实际队列的终身生育率。20 世纪 90 年代中后期我国生育率调查得到的总和生育率为 1.3～1.4，而 TFR′ 指标却达到 1.7。郭志刚认为可以用 TFR′ 来替代 TFR 原来所承担的终身生育估计的功能，而 TFR 还可以继续承担描述时期生育水平的功能，TFR′ 与 TFR 之差可以作为生育推延对当前生育水平影响的估计。

从郭志刚计算的 TFR′ 看出，我国极低的生育水平在很大程度上反映的是生育的进度效应。一些学者提出 TFR′ 也存在缺陷，不能准确预测生育水平；如果同时控制年龄、孩次和生育间隔来计算生育率，将能更准确预测生育水平（McDonald and Kippen 2007；Ni Bhrolchain 2011）。法国学者 Rallu 和

Toulemon 于 1994 年提出孩次别、年龄别、间隔别总和生育率（PADTFR），将总和生育率中所包含的"进度效应"——年龄结构、孩次结构与孩次间间隔同时进行分解和控制。2007 年起，澳大利亚学者 McDonald 和 Kippen（2007；2009）撰写了多篇文章进一步挖掘该指标内涵，构建内在总和生育率，并运用这一方法来分析澳大利亚的生育率转变。本章研究将运用这一方法进一步考察我国的生育率转变和低生育率，将我国生育率转变在不同时期的生育数量效应和生育进度效应进行分解。

所用数据为 1988 年中国 2‰人口生育率抽样调查、2000 年第五次人口普查数据 1‰抽样、2008 年 1‰人口变动情况抽样调查，以及 2017 年全国生育调查原始数据。1988 年生育率调查数据中 15 岁以上的妇女样本量共 657 250 人；2000 年第五次人口普查抽样数据中 15 岁以上妇女样本量共 425 839 人；2008 年 1‰人口变动情况抽样调查数据中，15 岁以上妇女样本量共 404 827 人；2017 年生育调查数据中 15 岁及以上妇女样本量共 249 946 人。这几份数据基本上可以满足计算内在总和生育率的需要。本章中的所有图表数据均为根据三份数据的计算与整理，每个图表不再一一具体说明数据来源。

主要方法就是计算总和生育率和内在总和生育率（ITFR）。如在第三章中所介绍的，与 TFR 一样，ITFR 也运用了假定队列的概念，利用时期生命表的方法，通过将年龄、孩次、间隔别递进概率应用于队列人口，获得时期实际生育行为所对应的内在生育数量，能够对时期生育率进行更好的估计。对于该方法的详细介绍参见有关文献（Rallu and Toulemon 1994；McDonald and Kippen 2007）。

一、时期生育水平的转变

图 7-1 显示了 1970 年至 2016 年各年的总和生育率与内在总和生育率，表 7-1 和表 7-2 显示了各年份 TFR 与 ITFR 之间的总差异和孩次别差异。需

要说明,图 7-1 中 2007 年以后的生育率是基于 2017 年生育调查数据计算的,比之前使用人口抽样调查数据计算的生育率有明显提高。这种跳跃式的提升是数据差异导致的,并非反映了实际情况,尽管这一时期的生育率确实是在上升的,但不可能会发生如此大的跳跃。

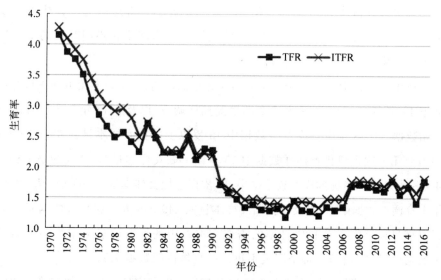

图 7-1　总和生育率与内在总和生育率,1970—2016 年

表 7-1　1971—2008 年总和生育率与内在总和生育率的总差异及各孩次差异

年份	总差异	孩次别差异				
		1	2	3	4	5+
1971	0.120 0	0.052 2	0.077 9	0.024 2	−0.059 1	0.027 5
1972	0.219 8	0.156 2	0.043 2	0.062 6	−0.011 7	−0.028 3
1973	0.153 4	0.201 8	−0.016 5	0.027 0	−0.011 4	−0.046 4
1974	0.239 1	0.190 3	0.055 3	0.040 8	0.023 4	−0.069 6
1975	0.364 2	0.227 9	0.180 8	0.029 2	0.033 5	−0.106 5
1976	0.334 9	0.239 9	0.169 6	0.032 8	−0.016 6	−0.090 0
1977	0.356 4	0.230 5	0.198 6	0.051 4	−0.021 1	−0.103 0
1978	0.428 6	0.225 9	0.262 9	0.054 5	−0.022 4	−0.092 2
1979	0.396 7	0.134 1	0.236 9	0.058 6	0.000 8	−0.033 6

续表

年份	总差异	孩次别差异				
		1	2	3	4	5+
1980	0.384 4	0.072 5	0.266 2	0.081 7	0.029 2	−0.065 3
1981	0.243 1	−0.008 4	0.275 2	0.064 1	−0.019 3	−0.068 5
1982	0.018 7	−0.311 8	0.231 5	0.109 1	0.025 8	−0.035 8
1983	0.078 5	−0.237 4	0.241 7	0.078 6	0.027 3	−0.031 7
1984	0.017 8	−0.115 1	0.134 8	0.026 1	0.003 4	−0.031 4
1985	0.018 8	−0.064 6	0.062 9	0.020 7	0.018 9	−0.019 0
1986	0.077 1	−0.032 3	0.073 3	0.029 2	0.022 6	−0.015 7
1987	0.113 2	−0.117 8	0.098 7	0.046 2	0.075 1	0.011 1
1988	0.089 1	−0.035 9	0.111 2	0.007 1	0.011 2	−0.004 5
1989	−0.070 6	−0.152 7	−0.055 9	0.044 7	0.057 5	0.035 8
1990	−0.081 2	−0.139 6	−0.043 5	0.033 4	0.044 6	0.023 8
1991	0.035 5	0.046 3	0.023 3	−0.024 7	−0.009 0	−0.000 5
1992	0.077 3	0.057 4	0.063 8	−0.027 3	−0.013 9	−0.002 7
1993	0.111 3	0.059 9	0.073 2	0.002 7	−0.016 6	−0.007 8
1994	0.125 1	0.111 2	0.059 4	−0.024 5	−0.015 9	−0.005 2
1995	0.095 0	0.055 9	0.068 7	−0.013 6	−0.010 2	−0.005 8
1996	0.154 5	0.089 1	0.085 0	−0.002 8	−0.011 0	−0.005 7
1997	0.111 4	0.065 0	0.072 7	−0.011 0	−0.010 8	−0.004 4
1998	0.089 6	0.019 8	0.086 8	−0.005 0	−0.008 4	−0.003 5
1999	0.160 0	0.092 7	0.085 4	−0.008 7	−0.006 6	−0.002 8
2000	−0.016 0	−0.091 6	0.084 2	−0.001 5	−0.005 1	−0.001 9
2001	0.146 5	0.048 9	0.098 5	−0.011 2	0.007 6	0.002 7
2002	0.151 4	0.046 3	0.102 6	0.000 2	0.002 0	0.000 3
2003	0.139 8	0.077 3	0.056 2	−0.000 6	0.006 8	0.000 1
2004	0.133 5	0.033 8	0.080 2	0.010 6	0.007 1	0.001 7
2005	0.185 5	0.055 0	0.115 1	0.010 8	0.004 0	0.000 5
2006	0.131 6	0.034 2	0.064 3	0.027 5	0.005 0	0.000 6
2007	0.061 6	0.013 8	0.031 9	0.012 9	0.003 1	−0.000 1
2008	0.063 7	0.019 8	0.024 3	0.020 7	−0.000 1	−0.000 9

注：差异是计算为 ITFR-TFR。

表 7-2　2007—2016 年总和生育率与内在总和生育率的总差异及各孩次差异

年份	总差异	孩次别差异		
		1	2	3+
2007	0.069 0	0.043 6	0.008 2	0.017 2
2008	0.070 2	0.027 9	0.023 6	0.018 6
2009	0.094 8	0.064 8	0.010 3	0.019 8
2010	0.107 5	0.072 4	0.017 4	0.017 7
2011	0.084 0	0.069 1	0.008 2	0.006 7
2012	0.042 7	0.014 4	−0.002 8	0.031 0
2013	0.103 0	0.148 9	−0.028 6	−0.017 3
2014	0.073 1	0.148 2	−0.065 7	−0.009 4
2015	0.172 5	0.309 6	−0.094 6	−0.042 5
2016	0.036 2	0.263 7	−0.210 9	−0.016 6

注：差异是计算为 ITFR-TFR。因高孩次的样本量偏小，计算结果的稳定性较差，故将三孩及以上合并。

从 40 多年来 TFR 的变化趋势看，对中国生育率转变过程进行总结，可以分为四个阶段：第一阶段，1970 年至 1979 年，生育率迅速下降；第二阶段，1980 年至 1989 年，生育率起伏波动；第三阶段，1990 年至 2003 年，生育率下降到更替水平以下并持续下降，保持低迷态势；第四阶段，2004 年至 2016 年，生育率出现回升趋势。

总体而言，若依据 ITFR 的变动趋势，对中国 20 世纪 70 年代以来的生育率转变过程进行阶段性划分，结果与 TFR 的结果基本一致。从 ITFR 的数值进行判断，从 1990 年起，中国育龄妇女的生育水平一直处于更替水平以下，且 20 世纪 90 年代初期，生育水平确实经历了大幅度的下降，自 1994 年起生育水平一直处于小于 1.5 的很低水平上，与郭志刚（2000）利用不同数据计算的多指标分析结果比较一致。而近年来有明显上升但存在较大波动。

第一阶段，ITFR 与 TFR 之间存在着明显的差异，前者均大于后者，且二者的差异呈现逐年增加的趋势。分孩次看，1970 年至 1979 年间，第一孩、第二孩和第三孩的 ITFR 基本上都大于相同孩次的 TFR；一孩间的差异，在 1973 年至 1978 年间较大，而二孩的差异自 1977 年起扩大趋势非常明显。说明在 20 世纪 70 年代生育率下降期间,一孩的生育行为改变在 20 世纪 70 年代中期最为明显,而到了转变的中后期,一孩生育行为的调整幅度逐渐趋缓,但是二孩生育的推迟则愈发明显。可以看出,20 世纪 70 年代生育的推迟在各个孩次上的发生时间并不一致,且推迟的幅度也不存在明显的相关。

第二阶段,ITFR 与 TFR 均表现出明显的波动,两者之间的差异并不大,但是孩次间的差异明显,例如,1983 年 ITFR 与 TFR 仅相差 0.078 5,一孩的 ITFR 比 TFR 低 0.237 4,而二孩的差异方向则完全相反,ITFR 比 TFR 高 0.242 7,说明 1982 年一孩有明显的生育堆积现象,而二孩则出现了生育的推迟;自 1984 年起,ITFR 与 TFR 的一孩、二孩别率间的差异有一定程度的波动。实际上,整个 20 世纪 80 年代前半期明显存在一孩的堆积和二孩的推迟,已经有很多研究证实,农村改革和新婚姻法对一孩的堆积起了很大作用,但由于二孩的平均生育年龄在这段时期内并没有明显的下降,20 岁至 30 岁的育龄旺盛期妇女间隔 3 年以下生育二孩的概率显著下降,反而间隔时间 3 年及以上的生育概率出现了上升,导致了二孩的生育不但没有出现堆积,反而出现了推迟。我们认为,可能是由于"一孩化"的生育政策对此产生了较大影响。

第三阶段,ITFR 与 TFR 在 1990 年大幅下降至更替水平以下,且下降趋势一直持续到 1999 年;2000 年 TFR 接近 1.5,以后一直围绕在 1.3 的水平上下波动。除 2000 年以外,ITFR 曲线一直位于 TFR 曲线之上。分孩次看,各年一孩和二孩的 ITFR 都略高于 TFR,说明这期间一孩、二孩存在小幅度的生育推迟。虽然郭志刚(2000)的研究表明我国 20 世纪 90 年代生育水平的下降主要由于受到婚育年龄的大幅推迟的影响,我们利用 2000 年人口普查 1‰抽样数据计算的结果也显示 90 年代期间,各孩次的平均生育年龄都有大幅度的推迟,故据此而估计的 TFR′ 大大高于 TFR,但是 ITFR 要低于 TFR′,说明 90 年代生育水平的下降,一方面是由于婚育年龄推迟而导致生育"推迟",另一方面也是婚育模式的变化使得一些"推迟"的生育"消失"了。需要说明,21 世纪 00 年代前期的生育水平变动趋势和 20 世纪 90 年代中后期的趋势基本上是一样的,三孩及以上的 ITFR 与 TFR 基本不存在显著的差异,而在 20 世纪 90 年代后期以来,第一、二孩的差异表现比较一致。

第四阶段,ITFR 与 TFR 均出现上升趋势,但是存在很大波动。这一阶段与第二阶段(20 世纪 80 年代)有些类似,但是时期因素干扰引起的波动性更大。整体上 ITFR 只是略高于 TFR,但是孩次差异明显。一孩生育率在 2012 年之前差异很小,而 2012 年之后差异不断扩大,即不断增强的进度效应持续压低一孩总和生育率。而二孩生育率则出现相反的趋势,从单独二孩政策到全面二孩政策的实施,二孩生育率大幅度提升,但是从 ITFR 看这种生育堆积效应又高估了二孩生育率水平。三孩及以上生育率与二孩类似,也存在高估,只是生育率本身很低,影响很小。

二、生育行为的结构转变

ITFR 能够提供更详细的有关生育率转变的结构信息。我们在转变过程的三个阶段中各选取 1 年——1975 年、1983 年、1994 年,对生育水平的年龄、孩次、间隔变化进行深入分析。选取这 3 个年份进行比较分析的原因在于:首先,其分别处于三个转变阶段的中前期,部分保留了生育率转变各阶段开始时期的特征;其二,这 3 个年份的生育行为结构差异显著,同时具有所处转变阶段的特征,能够比较全面地表现出生育率转变过程中出现的变化和趋势。第四阶段的生育率受到很多时期影响的干扰,波动性较大,特别是二孩政策实施对二孩生育率产生了很大影响,因此选取 2007 年、2012 年和 2016 年 3 年对生育水平的年龄、孩次、间隔变化进行分析。这里着重分析二孩的生育率转变情况。一孩的内在生育率只有年龄一个维度,可供深入分析的内容相对较少;而三孩及以上的生育因数量很少,可能存在偶然波动不利于趋势性分析。

图 7-2、图 7-3、图 7-4 显示的分别是 1975 年、1983 年和 1994 年育龄妇女

分年龄、间隔生育二孩的概率,图形清楚地显示出这期间生育结构的变化。1975年,26岁妇女生育二孩的概率最高为0.26,17岁至26岁的妇女间隔两年生育二孩的概率普遍较高,而27岁及以上的妇女,更多地在间隔3年及以上生育二孩;1982—1983年,二孩出生概率的峰值有所提前,为23岁,但最大值已经下降到0.20,不过,17岁至28岁年龄组的妇女,间隔1年生育二孩的概率均高于1975年;到1994年,二孩出生概率的年龄分布集中在22岁至24岁之间,而且数值大幅度下降。

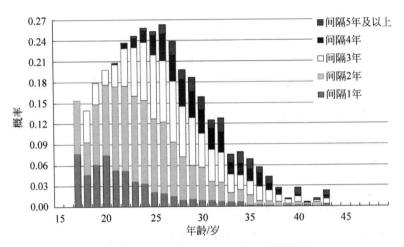

图7-2 1975年年龄别、间隔别二孩概率分布

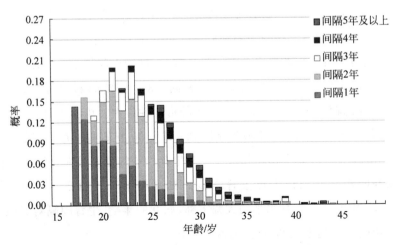

图7-3 1983年年龄别、间隔别二孩概率分布

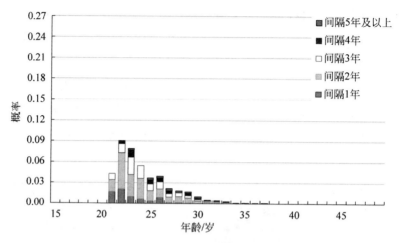

图 7-4 1994 年年龄别、间隔别二孩概率分布

总体来看,从 20 世纪 70 年代到 20 世纪 90 年代,二孩的年龄别、间隔别生育结构经历了如下所述的转变过程:各年龄妇女生育二孩的概率显著下降,尤其是 80 年代以后 35 岁以上的妇女二孩生育几乎消失;二孩的生育高峰在 70 年代期间从 23 岁左右持续推迟到 26 岁左右,80 年代初则开始提前,到 1986 年峰值为 23 岁左右,从 1987 年起直到 90 年代末,二孩生育高峰的年龄已推迟到 30 岁以后;各年龄妇女间隔 3 年以上生育二孩的概率下降明显早于且快于间隔 2 年以下的二孩生育概率。

图 7-5、图 7-6、图 7-7 显示的分别是 1975 年、1983 年、1994 年 23 岁、26 岁和 30 岁的妇女,生育二孩的间隔别概率分布。在 1975 年,对 3 个年龄的妇女来说,间隔对生育二孩的概率具有明显影响,不过均以间隔 3 年生育二孩的概率最高,间隔 1 年生育二孩的概率基本相同。3 个年龄的妇女间隔别生育结构之间差异比较明显,以 23 岁生育二孩的可能性最大。相较于 1975 年,1983 年 23 岁妇女生育二孩的概率有所下降,26 岁和 30 岁妇女生育二孩的概率大幅下降;另外,23 岁妇女仍在间隔 3 年时生育二孩的概率最大,但 26 岁和 30 岁妇女在间隔 3 年及以上再生育二孩的概率略小于间隔 2 年的概率。到 1994 年时,由于二孩生育水平的大幅下降,妇女的年龄、生育间隔对二孩生育概率的影响已经远不及 20 世纪七八十年代。

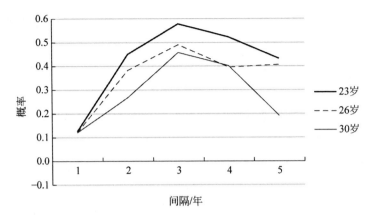

图 7-5　1975 年 23 岁、26 岁、30 岁妇女间隔别二孩概率分布

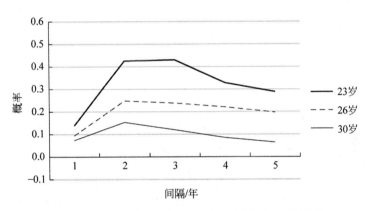

图 7-6　1983 年 23 岁、26 岁、30 岁妇女间隔别二孩概率分布

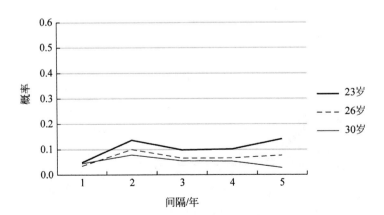

图 7-7　1994 年 23 岁、26 岁、30 岁中国妇女间隔别二孩概率分布

综上,通过对内在总和生育率指标中的二孩及以上各孩次的年龄别、间隔别概率分布的分析,可以获得 1971 年至 2008 年各年年龄别、间隔别生育的详细分布状况,直观表现转变过程中两方面因素的变动情况。总体来看,年龄显著影响二孩的生育概率,且在不同时期各个年龄的妇女生育二孩的概率差异极大,在生育水平迅速下降时,年龄间的差异很大,但当生育水平下降到较低水平后,年龄间的差异并不明显;另外,间隔对各个年龄妇女生育二孩的概率影响非常明显,不同年龄妇女生育二孩的间隔别概率差异很大,且该结构上的差异在生育率转变的不同时期也是截然不同的。

图 7-8、图 7-9 和图 7-10 分别是 2007 年、2012 年和 2016 年妇女分年龄、间隔生育第二孩的概率。可以看到,2007 年 19～30 女性年龄别生育二孩的概率差异较小,平均值为 0.08,30 岁以后二孩生育概率逐步降低,31～35 岁二孩生育概率平均值仅为 0.03,而 35 岁以上女性生育二孩的概率几乎为零;2012 年 19～30 女性生育二孩的概率平均值提升至 0.11,且提升在 19～25 岁表现更为明显,30 岁之后二孩生育概率与 2007 相比变化不大;2016 年 19～30 岁女性生育二孩的概率平均值进一步提升至 0.17,30 岁之后的生育二孩概率较 2007 年和 2012 年有明显提升,31～35 岁二孩生育概率平均值高达 0.08,35 岁以后仍存在一定的概率生育二孩。总的来说,二孩生育概率逐年提升,相比于 2006 年,2012 年女性生育二孩概率有小幅提升,且在 19～25 岁较为明显,而全面两孩政策的放开使得 2016 年妇女二孩生育概率大幅提高,尤其是 30 岁以上妇女提升较为明显。

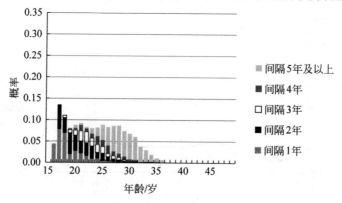

图 7-8　2007 年中国年龄别、间隔别二孩概率分布

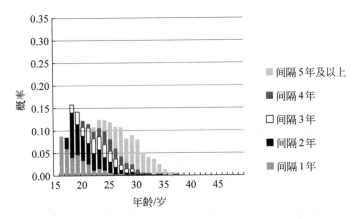

图 7-9　2012 年中国年龄别、间隔别二孩概率分布

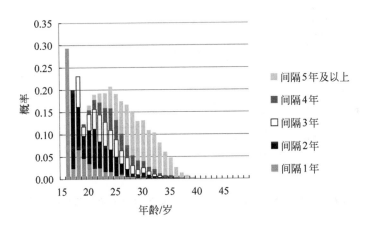

图 7-10　2016 年中国年龄别、间隔别二孩概率分布

注：低年龄的生育二孩概率因生育一孩的基数较少，导致其不稳定，出现过高的值。

在所有 3 个年份中，不同年龄妇女在生育间隔上均存在显著差异，19～24 岁女性多以 2 年间隔生育二孩，而 25 岁及以上的女性则更多地在间隔 3 年及以上生育二孩。3 个年份间妇女间隔 3 年及以上生育二孩的概率的提高明显早于且快于间隔 2 年及以下的二孩生育概率。

图 7-11、图 7-12 和图 7-13 显示了 2007 年、2012 年、2016 年 23 岁、26 岁、30 岁、35 岁女性生育第二孩的间隔别概率分布。总的来讲，在所取的 4 个年龄中，女性年龄越小，其间隔 3 年及以下生育二孩的概率越大；间隔 4 年生育

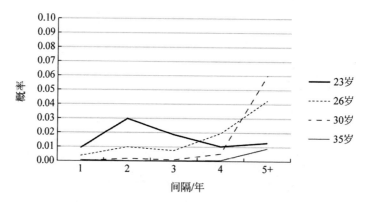

图 7-11　2007 年 23 岁、26 岁、30 岁、35 岁女性间隔别二孩概率分布

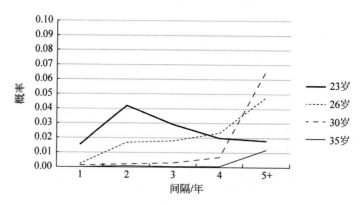

图 7-12　2012 年 23 岁、26 岁、30 岁、35 岁女性间隔别二孩概率分布

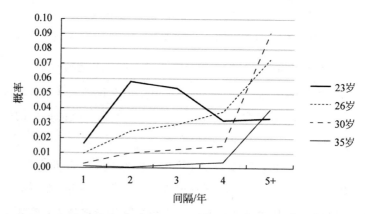

图 7-13　2016 年 23 岁、26 岁、30 岁、35 岁女性间隔别二孩概率分布

二孩的概率在 26 岁和 23 岁较高；间隔 5 年以上生育二孩的概率在 30 岁和 26 岁较高。2007 年和 2012 年 35 岁间隔 5 年及以上生育二孩的概率都低于其他 3 个年龄，而到了 2016 年则超过了 23 岁妇女的生育二孩概率，说明全面二孩政策对高年龄高间隔生育二孩的概率有明显提升，当然对其他年龄的高间隔生育二孩概率也有明显提升。由于二孩生育水平的大幅提升，妇女的年龄、生育间隔对二孩生育概率的影响逐步增大。

三、生育率变动的分解

如前所述，时期生育率变动受两方面因素共同影响，其一为进度效应，其二为数量效应。Bongaarts 提出的 TFR′ 或其他任何对时期生育率指标的调整，旨在获得时期生育变动中的数量效应，从而比较准确地把握生育水平的真实变化，而不会受到进度效应的搅扰，导致在生育率发生波动时对数量变动估计的失准。而 ITFR 的构成方法，为准确测量两种效应提供了有效途径。

TFR 的变动由生育的数量效应和进度效应共同导致。因 ITFR 代表的是生育数量，因此 ITFR 的变化就是数量效应的变化。而 ITFR 和 TFR 的差异就反映了进度效应。我们计算 t 至 $t+1$ 年的 ITFR 差异，它表示的是 t 至 $t+1$ 年生育率变化的数量效应。计算 $t+1$ 年的 TFR 与 ITFR 的差异，它表示的是 t 至 $t+1$ 年生育率变化的进度效应。结果展示在图 7-14 中。

在过去的 40 多年间，除了个别年份外，生育的进度效应始终在压低时期生育率。如果计算年代平均值，那么在 20 世纪 70 年代、80 年代和 90 年代，无论是生育的数量效应还是进度效应，都促进生育率下降。而 21 世纪初到 21 世纪 10 年代，数量效应出现逆转，变为促进生育率上升，但是进度效应仍然在压低生育率，只是进度效应对生育率的降低作用要大于数量效应对生育率的提升作用。在 20 世纪 70 年代，我国生育率发生前所未有的巨幅下降，在

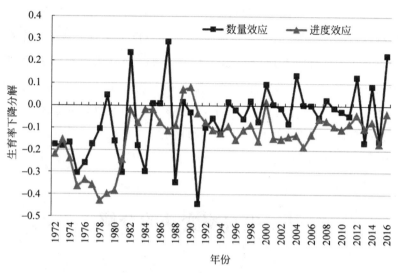

图7-14　中国生育率转变和低生育率中的数量效应和进度效应

这一生育率下降中,年均数量效应使生育率下降0.165,进度效应下降0.312,数量效应占1/4(34.6%)进度效应占2/3(65.4%)。到20世纪80年代,生育率处于波动之中,生育率下降很少。年均数量效应使生育率下降0.073,进度效应下降0.097,数量效应占比超过40%(42.8%),而进度效应不足60%(57.2%)。而到20世纪90年代,数量效应(50.1%)和进度效应(49.9%)几乎各占一半,数量效应和进度效应使生育率下降0.088。可见,从20世纪70年代到90年代,中国生育率下降中,数量效应在逐渐增强,而进度效应在不断下降,但是两种都对生育率下降起到重要作用。2000年以来,中国生育率变化的这两种效应发生了改变,进度效应继续使生育率下降,但是数量效应在使生育率上升。不过,这时的数量效应比较弱,生育率变化由进度效应主导。21世纪00年代,数量效应引起年均生育率上升0.0098,但是进度效应又导致年均生育率下降0.11。21世纪10年代,数量效应引起年均生育率上升0.0049,但是进度效应又导致年均生育率下降0.088。

上述年代上的趋势掩盖了年份之间的波动,有的年份差距巨大。20世纪70年代,在1979年前,数量效应和进度效应都促使生育率下降,而且进度效应要大大超过数量效应。20世纪70年代实行"晚、稀、少"计划生育政策,女性的平均初婚年龄显著提高,总和初婚率明显下降,产生了很强的生育率下降的进度效应。20 世纪 80 年代因婚姻法修改、农村经济改革等的冲击,生育率下降的进度效应大大削弱,同时也有一半的年份里数量效应在促使生育率上升。20 世纪 90 年代随着计划生育工作的进一步加强,初期生育率下降的数量效应明显,后期进度效应更为明显。而 2000 年以来,生育率持续低迷的主要原因是进度效应,数量效应已经很低。在各种时期因素干扰下,虽然进度效应始终是在压低生育率,但是数量效应和 20 世纪 80 年代一样出现明显波动。在生育的生肖偏好、二孩政策等影响因素下生育率上升的年份,都是数量效应促使生育率上升。实际上自 2000 年以来中国女性的婚姻推迟进一步加强,尤其是 2006—2016 年平均初婚年龄上升了 3 岁,总和初婚率大幅度下降,存在很强的使生育率下降的进度效应。然而在一些重大事件的影响下,总体上生育率没有下降,反而有所回升。总之,20 世纪 70 年代以来,除了个别年份外,进度效应始终是中国生育率下降和持续低生育率的重要因素,而数量效应在不同时期和不同的因素影响下起到有时候抑制、有时候又提升生育率的作用。

四、小 结

本章在内在总和生育率的视角下,对 20 世纪 70 年代以来中国生育率转变和低生育率趋势中的数量效应和进度效应做了考察,主要结论如下。

第一,总的生育水平及各孩次的生育水平变动。

20 世纪 70 年代初,妇女普遍生育三孩及以上,随后各年龄、各孩次的生育水平都处在迅速下降中,尤以三孩及以上较高孩次的生育水平下降最多;从年龄分布看,25 岁以下的低龄妇女第一、二孩生育率的下降非常显著,这期间存在低孩次生育年龄的推迟和间隔的延长,而较高孩次的生育率下降普遍发生在各个年龄。到 20 世纪 80 年代,生育率下降的结构发生了明显变化,与 70 年代相比,25 岁以下低龄妇女一孩生育水平的下降趋势已经基本停止,且在 80 年代初出现小幅回升,最终稳定的一孩生育水平甚至高于 70 年代相同年龄段妇女的平均水平;在这期间,生育水平的下降几乎全部来自 25 岁以上妇女各孩次生育率的降低,不过仍以三孩及以上高孩次的下降为主。20 世纪 90 年代初,各个孩次都出现了大幅度的下降,随后 90 年代以来各年的年龄、孩次、间隔的生育模式相对生育率转变的第一、二阶段都要稳定,变动较小。进入 21 世纪 10 年代以来,在重大事件,特别是二孩政策的影响下,各年的年龄、孩次、间隔的生育模式发生了较大变化。年龄较大的二孩生育率大幅度上升,而较年轻女性的一孩生育率明显下降。

第二,生育间隔的影响。

在 20 世纪 70 年代生育水平较高的时期,妇女普遍生育二孩,间隔对妇女生育二孩的影响显著,表现为不同间隔下的二孩生育概率有明显的高低之分,且其影响并不是线性的,而是随着间隔的延长,年龄别生育二孩的概率起初会增加,但当间隔超过某一值(一般情况下为 3 年)后,生育水平随之下降。但随着生育水平的下降,尤其是到 20 世纪 90 年代以后二孩的生育水平普遍下降,间隔对各个年龄的妇女生育二孩的概率不再有显著影响。近年来因二孩政策导致年龄较大女性二孩生育率上升,提高了较大间隔的二孩生育率。

第三,时期总和生育率对真实生育数量估计的偏离。

研究发现,在 20 世纪 70 年代生育水平处于迅速下降的过程中,总和生育率对时期生育行为内在生育水平的估计有较大程度的偏离。主要表现在第一孩、第二孩、第三孩生育水平的低估。20 世纪 80 年代,虽然从总和率指标的绝对值上看,TFR 与 ITFR 差异不大,但实际上孩次结构发生了重大改变:整个 80 年代,TFR 对一孩生育水平都存在高估,但对第二孩、第三孩生育水平有不同程度的低估。20 世纪 90 年代,尽管生育率相对稳定在低水平上,但仍有所下降,生育行为还是存在明显变动,导致整个期间的 TFR 对第一、二孩生育水平存在小幅度低估。进入 21 世纪 10 年代以来,因诸多时期因素干扰,导致 TFR 对一孩生育率明显低估,而二孩生育率又存在高估的趋势。

第四,时期生育水平变动中的数量效应。

20世纪70年代,ITFR指标持续表现出下降的趋势,与之相对应,各年数量效应的作用方向也是降低生育水平,尤以1975年、1976年的下降程度最大。20世纪80年代,数量效应的大小和作用方向也表现出强烈的波动性,个别年份变动异常剧烈,如1986年和1987年。20世纪90年代初,生育数量经历了一次明显下降,随后的下降幅度很小,相邻时期间生育行为的变动较为平缓。近年来生育率虽有上升趋势,但是数量效应存在强烈波动,比如2015年和2016年。

在方法上,ITFR对进度效应的计算是建立在时期真实生育行为的基础上,相比TFR′更能够准确地调整进度效应从而获得更加准确的生育数量,并且,在应用于中国生育率转变过程的分析中也得到了验证。

第五,时期生育水平变动中的进度效应。

ITFR包含两种不同含义的"进度效应":其一,相邻两个时期总和生育率的差异,减去相邻两个时期内在总和生育的差异,所得的生育数量变动即为这两个时期相比,生育推迟或提前的数量。其二,时期ITFR与TFR之差,即为TFR在估计终身生育水平时所存在的进度效应。本书认为,第二种含义的"进度效应"对于理解生育率转变过程具有更现实的意义。

20世纪70年代婚姻生育年龄都大大推迟,进度效应在0.2~0.4,说明结婚和生育年龄的推迟降低了真实的生育水平,而非暂时性地推迟生育的数量;20世纪80年代,进度效应较小,TFR对时期生育水平的估计受进度效应的影响不大;20世纪90年代以来,生育的进度结构变动相对较小,进度效应基本维持在0.1~0.2。进入21世纪10年代以来,生育率变动的进度效应大致在0.1左右。

最后需要指出的是,我们可以进一步探索内在总和生育率对妇女的人口结构的控制,增加对别的人口结构甚至社会经济结构的控制。比如,性别选择是我国低生育水平的一个重要影响因素,可以考虑对性别结构的控制,还可以考虑对居住地、受教育程度等的社会经济结构的控制。这样做虽然具有重要的理论意义,但是具体实施将变得异常困难。

第八章
生育率的中间变量

生育率变化受到经济社会因素和生育政策的影响，但是它们并非直接影响生育行为，而是通过一系列直接制约生育率的"中间变量"而发生作用的。这些中间变量架起了两者之间的桥梁，从间接影响因素到直接影响因素，再到生育行为，构成了逻辑严谨、理论充分的生育率分析框架。这一生育率中间变量分析框架最初于 1956 年由美国人口学家 Davis 和 Blake 提出，然后于 1978 年由美国人口学家 Bongaarts 加以简化。Davis 和 Blake 提出的对生育产生直接影响的有 11 个中间变量，而 Bongaarts 简化为 4 个中间变量，将结婚比例、避孕、流产与产后不孕概率确定为影响生育水平的直接决定因素，而其他的社会、经济、文化、环境等因素通过这四项直接决定因素而间接产生影响，并构建了著名的 Bongaarts 中间变量生育模型（Bongaarts，1978），该模型在估计生育水平、差异和趋势，以及剖析各个中间变量对生育率的作用等方面得到了广泛的应用。

本章将利用 2017 年全国生育状况调查数据和 Bongaarts 生育模型再次估计调查前 5 年的生育率，同时考察各个中间变量对生育率的影响。Bongaarts 当初提出的中间变量生育模型，随着时间的推移，已经不适用于当下的生育环境与生育状况。2015 年，Bongaarts 对模型进行了多项修订，也证实改进后的新模型更加稳健（Bongaarts，2015）。本章利用 Bongaarts 的新生育模型估计中国 2012—2016 年的生育水平,分析各个生育率中间变量的影响。

以往研究中,也有学者尝试用 Bongaarts 中间变量生育模型估计生育水平(秦芳芳,1983;高尔生等,1989;康晓平等,1989;刘隆健,1990;胡英等,1991),或者进行影响因素分析(杨成刚和张笑秋,2011),但这些研究多集中在 20 世纪八九十年代左右,且更多是基于调查数据分析地区生育水平。目前对于 Bongaarts 模型的使用大多还是基于旧模型。Bongaarts 在 2015 年提出新模型的改进方法,并使用各国人口与健康调查(DHS)数据对 36 个发展中国家进行估计分析,验证新模型的稳定性(Bongaarts,2015)。另外,Krishna 和 Akash(2019)用新模型研究了 1997—2011 年间印度各地区生育转变的影响因素;Seifadin(2020)通过新模型分别用 2005 年、2011 年和 2016 年 DHS 的截面数据估计了埃塞俄比亚的生育水平。在中国还没有学者将 Bongaarts 新模型用于中国生育率的估计研究中,这一方面是因为新模型问世不久,还没有引起推广关注;而另一方面是由于 Bongaarts 新模型对数据有极高的要求,能满足要求的数据很少。本研究首次将 Bongaarts 新模型在中国尝试使用,通过 2017 年全国生育状况抽样调查数据,估计调查前 5 年即 2012—2016 年的总和生育率,并考察各中间变量的影响。

一、中间变量生育模型及其改进

1978 年,Bongaarts 提出的中间变量生育模型主要通过婚姻指数、避孕指数、人工流产指数和产后不孕指数来影响生育水平。若消除了婚姻对生育的影响,会得到总和已婚妇女生育率 TM,若进一步消除避孕和人工流产的抑制作用,生育率可进一步上升为总和自然已婚妇女生育率 TN,若消除哺乳期和产后禁欲的影响,生育率将达到总和生殖率 TF。如果以上四个因素同时起作用,就可以根据模型估计出实际总和生育率的近似结果。每个指数的取值在 0~1 之间,指数越小,对生育的抑制作用越大;相反,指数越大,对生育的抑制作用就越小。

下面简要叙述 Bongaarts 生育明显的具体改进(Bongaarts,2015)。

对婚姻指数的改进:Bongaarts 在原模型中假定性行为和生育行为只发生在稳定的婚姻关系之内,原模型的婚姻指数衡量的是育龄妇女的结婚比例对生育的影响。但如今,在第二次人口转变的背景下,一些低生育国家出现长期同居代替结婚的现象,即使在中国,对婚前同居等婚外性行为包容度也大大高于从前。特别是对低年龄组来说,虽然平均初婚年龄在推迟,但婚前同居比例却在逐渐增大,忽略正式婚姻之外的性行为将导致模型的不精确。于是,Bongaarts 将未婚中采取避孕措施、怀孕、产后不孕的育龄妇女同已婚育龄妇女一样,都视为面临怀孕风险的群体,而不论其婚姻状况如何。因此,新模型在对婚姻指数的计算中,除了保留原模型中的已婚育龄妇女比例 $m(a)$,还在此基础上加入了婚外性行为妇女的比例 $ex(a)$,婚姻指数也重新命名为性暴露指数 $C_m^*(a)$。

$$C_m^*(a) = m(a) + ex(a)$$

对避孕指数的改进:新模型中,避孕指数在 4 个中间变量中改动最大,Bongaarts 对避孕指数包含的每一个指标都重新作出假设,分别对生育调节系数 r、避孕普及率 u、避孕效率 e 进行调整,并加入产后不孕与避孕之间的重叠率 o 这一新指标。最终,新模型中对避孕指数的计算公式如下:

$$C_c^*(a) = 1 - r^*(a)(u^*(a) - o(a))e^*(a)$$

(1)改进后的生育调节系数 $r^*(a)$。由于育龄期的妇女不是时刻都具有生育能力,需要考虑丧失生育能力的妇女的影响,原模型中,Bongaarts 利用不同国家年龄别已婚妇女自然生育率以及年龄别有生育能力妇女比例数据进行估算,将经验参数 r 确定为 1.08。新模型中,Bongaarts 用一个新的方法来估计 r,在研究中引入一个新的变量 $f_{nc}(a)$,定义为在没有人工流产和产后不孕的情况下所有历险育龄妇女的年龄别生育率,这一指标可以通过改进后的婚姻指数、产后不孕指数和流产指数计算出来,具体计算方法如下

（Bongaarts,2015）：

$$f_{nc}(a) = \frac{f(a)}{C_m^*(a)C_i^*(a)C_a^*(a)} = f_f^*(a)C_c^*(a)$$

$$= f_f^*(a)\big[1 - r^*(a)(u^*(a) - o(a))e^*(a)\big]$$

通过第一个等式,可以计算出 $f_{nc}(a)$,之后将 $f_{nc}(a)$ 作为因变量, $(u^*(a) - o(a))e^*(a)$ 作为自变量,分年龄进行 OLS(普通最小二乘方)回归,回归结果的截距为所有国家年龄别生殖力 $f_f^*(a)$ 的平均值,用 $\bar{f}_f(a)$ 表示,而斜率指所有国家 $(u^*(a) - o(a))e^*(a)$ 的单位增长对 $f_{nc}(a)$ 的平均影响,用 $S(a)$ 表示,并可以通过以下公式得到 $r^*(a)$：

$$r^*(a) = S(a)/\bar{f}_f(a)$$

Bongaarts 在研究中用 DHS 数据对 36 个国家进行回归之后,通过 5 岁年龄组计算得出 $f_f^*(a)$ 和 $r^*(a)$,结果如表 8-1 所示。

表 8-1　Bongaarts 对 $r^*(a)$ 和 $f_f^*(a)$ 的估计结果

变　　量	15～19 岁	20～24 岁	25～29 岁	30～34 岁	35～39 岁	40～44 岁	45～49 岁
$\bar{f}_f(a)$	679	631	588	514	380	192	60
$S(a)$	−416	−516	−586	−546	−409	−224	−88
$r^*(a)=S(a)/\bar{f}_f(a)$	0.62	0.81	0.99	1.08	1.14	1.26	1.62

资料来源：Bongaarts,2015。

（2）改进后的避孕普及率 $u^*(a)$。不同年龄妇女对避孕药具的使用偏好和使用频率不同,原模型中的避孕指数是根据 15 周岁至 49 周岁所有已婚妇女普遍采用避孕措施的比例得出的,并没有考虑到育龄妇女年龄结构造成的影响,而这一指数又与育龄妇女的年龄结构息息相关。因此,在新模型中Bongaarts 提出,计算避孕指数需要分年龄计算所有使用避孕方法的妇女占所有具有生育风险妇女的比例,这一改进提高了对避孕普及率的计算精度。

（3）改进后的避孕效率 $e^*(a)$。原模型中的 e 表示已婚妇女对各种避孕方法的平均使用效率,虽然考虑到不同避孕方法的组合对平均避孕效率的影响,但没有考虑到平均避孕效果的年龄差异。改进后的模型同时考虑了年龄结构和避孕方法对平均避孕效率的影响。因而新模型中,需要在年龄别的基础上,将使用各种避孕方法的育龄妇女人数占避孕育龄妇女总人数的比例作为权数,计算不同避孕方法使用效率的加权平均数。

(4)加入了产后不孕与避孕之间的重叠率 $o(a)$。每个妇女在生产之后都会经历一段时间的产后不孕期,这主要是由于哺乳期不孕等生理因素以及个别地区有着产后禁欲等文化因素所导致。随着时代的发展,产后禁欲的习俗渐渐淡化,产后不孕期的长短则主要由妇女的哺乳时间来决定。特别是对于推崇母乳喂养的国家或大力推广避孕药具的计划生育国家,妇女往往会在产后哺乳期内采取避孕手段,忽略这种产后不孕期与避孕药具使用之间的重叠将导致模型结果的偏差。因此,新模型在计算避孕指数时,要排除这种重叠因素。

对流产指数的修改:在原模型中,流产指数是根据避孕普及程度估计的,并假设每次流产将阻碍 0.4 个孩子出生。Bongaarts 和 Westoff(2000)在后来的研究中重新考虑这个指标,认为每次人工流产所避免的生育数目是与流产相关的平均生育时间和与活产相关的平均生育时间之比,前者的估计值大约为 14 个月,后者的估计值约为 18.5 个月,还要加上平均产后不孕间隔 i。因此,每次人工流产避免的出生人数的修正公式为

$$b^* = \frac{14}{18.5 + i(a)}$$

在实际中,流产数据的不足或质量不高往往成为计算流产指数的障碍。根据 Sedgh 等人对流产的相关研究,发现流产率随年龄变化呈"倒 U 形"曲线,流产率的最高值出现在 20～29 岁(Sedgh 等,2012)。Bongaarts 在研究中假定所有国家的流产率都遵循这种"倒 U 形"规律,并在此基础上进一步假定这种形状与年龄别生育率变化相同。根据这一简化假设,各年龄段的年龄别流产率与年龄别生育率之比始终等于总和流产率与总和生育率之比,计算公式可简化为

$$C_a^* \approx \frac{\text{TFR}}{\text{TFR} + b^* \text{TAR}}$$

（5）对产后不孕指数的假设。一个有生殖能力的妇女并不能时时刻刻都具有因性交而受孕的可能性，妇女在怀孕期间以及产后的一段时间是不能受孕的。产后不孕的时间不仅取决于妇女恢复排卵以及恢复性生活的时间，还取决于产后哺乳时间。Bongaarts（1982）提出了一个根据哺乳时间推算产后不孕时间的经验公式：

$$i = 1.753\exp(0.139\,6L - 0.001\,872L^2)$$

其中，i 为因产后哺乳或禁欲等原因引起的产后不孕的期间长度，L 为平均哺乳时间，都以月为单位。在不同国家和地区，由于文化环境和哺乳习惯的差异，哺乳时间的长短决定了该国家和地区的平均产后不孕时间的长短，也间接决定了产后不孕指数的大小。在理论上，产后不孕的时间间隔应受到年龄结构的影响，但实际上，随着年龄的增长，产后不孕间隔仅略有增加，Bongaarts 在研究中假设所有年龄的产后不孕时间均相等（Bongaarts，2015）。

对总和生殖力 TF^* 的改进：在 Bongaarts 原模型中，TF 统一设定为 15.3，这被认为一个妇女在不受任何生育控制的前提下一生所能生育的最多的孩子数，可视作一个妇女的生育极限。改进之后，不再统一使用 15.3 的固定标准，而是按年龄估计生殖力 $f_f^*(a)$，其加总可作为该国育龄妇女当年的总和生殖力 TF^*，这也意味着不同的国家和地区在不同的年份的总和生殖力将不再固定不变。

改进后的 Bongaarts 新中间变量生育模型分为年龄别版和综合版，年龄别模型中每一个指标都考虑了年龄结构的影响，而综合模型是在年龄别模型的基础上进行加权，两种方法估计的结果是一致的。两个模型的计算方法具体如表 8-2、表 8-3 所示，表 8-2 为年龄别模型，表 8-3 为综合模型。

表 8-2　Bongaarts 新中间变量生育模型（年龄别）和变量解释

指　数	公　式	变　量
	$f(a) = C_m^*(a)C_c^*(a)C_i^*(a)C_a^*(a)f_f^*(a)$	*：代表改进后的方法
婚姻指数	$C_m^*(a) = m(a) + ex(a)$	$m(a)$：年龄别已婚比例
		$ex(a)$：年龄别婚外性行为比例

指　数	公　式	变　量
避孕指数	$C_c^*(a)=1-r^*(a)(u^*(a)-o(a))e^*(a)$	$u^*(a)$：年龄别避孕普及率（怀孕风险育龄妇女） $o(a)$：产后不孕与避孕间的重叠率 $e^*(a)$：年龄别平均避孕效率 $r^*(a)$：年龄别生育调节系数
产后不孕指数	$C_i^*(a)=\dfrac{20}{18.5+i(a)}$	$i(a)$：年龄别平均产后不孕时间（月）
流产指数	$C_a^*(a)=\dfrac{f(a)}{f(a)+b^*ab(a)}$ $b^*=\dfrac{14}{18.5+i(a)}$	$ab(a)$：年龄别流产率 b^*：每次流产阻碍出生的孩子数

资料来源：Bongaarts，2015。

表 8-3　Bongaarts 新中间变量生育模型（综合）和变量解释

指　数	公　式	变　量
	$\begin{aligned}\text{TFR}&=\sum C_m^*(a)C_c^*(a)C_i^*(a)C_a^*(a)f_f^*(a)\\&=C_m^*C_c^*C_i^*C_a^*\,TF^*\end{aligned}$	TF^*：修正后的总生殖力 $f_f^*(a)$：修正后的年龄别生殖力
婚姻指数	$C_m^*=\sum C_m^*(a)w_m(a)$ $w_m(a)=\dfrac{f_m^*(a)}{\sum f_m^*(a)}$ $f_m^*(a)=C_c^*(a)C_i^*(a)C_a^*(a)f_f^*(a)$	$f_m^*(a)$：所有发生性行为女性的年龄别生育率
避孕指数	$C_c^*=\sum C_c^*(a)w_c(a)$ $w_c(a)=\dfrac{f_n^*(a)}{\sum f_n^*(a)}\approx\dfrac{f_f^*(a)}{\sum f_f^*(a)}$ $f_n^*(a)=C_i^*(a)C_a^*(a)f_f^*(a)$	$f_n^*(a)$：所有发生性行为女性的自然生育率
产后不孕指数	$C_i^*=\sum C_i^*(a)w_i(a)\approx C_i$	

续表

指　数	公　式	变　量
流产指数	$C_a^* = \sum C_a^*(a)w_a(a) \approx \dfrac{TFR}{TFR + b^* TAR}$	

资料来源：Bongaarts，2015。

二、生育率估计与中间变量的影响

（一）数据和方法

本章使用原国家卫计委开展的 2017 年全国生育状况抽样调查数据。该调查采用分层、三阶段、与规模成比例的概率抽样方法，调查时间为 2017 年 7 月 1 日，调查对象为中国大陆 15～60 岁中国籍女性人口，总样本量为 249 946。本研究主要使用生育行为部分的数据。

由于改进后的 Bongaarts 新中间变量生育模型指标繁杂，对数据要求极高，即使是 2017 年全国生育状况抽样调查数据，也未能完全满足新模型的所有要求。例如，2017 年生育调查虽有详细的怀孕史，但并无婚姻史和避孕史的回溯，这为通过 Bongaarts 新模型做较长时期的生育水平估计带来困境，只能估计调查时点当下的水平。本章假设 2012—2016 年来调查对象的婚姻状态和避孕状态较为稳定，通过 2017 年的生育调查数据估计 2012—2016 年我国的生育水平。此外，调查数据在使用过程中，发现低年龄组在年龄别生育率和流产率容易出现波动，从而会对结果产生影响，特别是在 15～17 岁年龄组，因而本章在基于年龄别的计算上，剔除了 15～17 岁年龄组。在其他指标的计算上，结合新模型的需要对 2017 年生育调查数据进行如下处理。

（1）已婚育龄妇女比例和同居育龄妇女比例是新模型婚姻指数中的重要

指标。在 2017 年生育调查中,关于婚姻的询问有两个,分别为"您目前的婚姻状况/同居状况"和"您初婚/同居年月"。其中第一个问题的回答分为未婚、初婚、再婚、离婚、丧偶、未婚同居、离婚同居和丧偶同居。受到数据的制约,无法精确获得历年年龄别的已婚育龄妇女人数和同居育龄妇女人数,特别是对于同居来说更难衡量,个体可以在较短时间内反复进入或者退出同居状态,而目前数据显示的同居状态只是针对调查时点而言。但可以得到历年年龄别的初婚育龄妇女人数,若用初婚的人数代表当年已婚人数,会导致对实际已婚妇女人数的低估,特别是时间越早,初婚规模越容易被低估,因为不包含当年已婚但后来离婚或是丧偶的群体。最终,本章用初婚和未婚同居这两个指标分别衡量已婚状态和婚外性行为状态,由此可以计算历年年龄别已婚育龄妇女比例 $m(a)$ 和婚外性行为育龄妇女比例 $ex(a)$,二者之和即为具有生育风险的育龄妇女比例 $C_m^*(a)$。

(2) 调查内容包含了较为详细的怀孕史信息,研究选取"怀孕结束年"和"怀孕结果"两个问题,其中怀孕结果分为活产男婴、活产女婴、死产死胎、自然流产、人工流产和其他。本章把活产女婴和活产男婴合并为活产,计为当年出生孩子数,再结合当年的育龄妇女人数、性行为妇女人数分别得到年龄别生育率 $f(a)$ 和有生育风险妇女的年龄别生育率 $f_m^*(a)$。同样的方法,可以根据历年的年龄别人工流产数,得到年龄别育龄妇女流产率 $ab(a)$,在计算流产率的时候,只计算具有生育风险的育龄妇女的流产率而非全部育龄妇女。

(3) 避孕指数的计算需要结合调查中的计生问题。相关的问题包括:①"您最近一次分娩/流产之后的避孕情况。"②"您使用何种避孕方法?"③"此种避孕方法是分娩/流产之后几个月开始使用的?"④"您后来避孕情况是否发生变化?"⑤"您目前使用何种避孕方法?"⑥"您目前的避孕方法开始使用的年月?"

第一,对避孕普及率的计算。首先应区分有孕史和无孕史的育龄妇女,对于有孕史的妇女,可确定最近一次怀孕的时间,并根据问题③确定产后到开始避孕的间隔时间,继而得到最近一次分娩/流产后的初次避孕时间,根据④⑥确定避孕方法是否改变以及改变的时间,再根据①②⑤确定变换前后的避孕方法;对于无孕史的妇女,根据⑤⑥确定目前避孕方法开始的时间及方法,最后一起合成所有有避孕行为的育龄妇女开始避孕的时间。根据数据,只能获得从最近一次分娩/流产后的避孕方式变化情况,且调查只询问最后一次变更的情况,在实际中,避孕的育龄妇女可能会多次变换避孕方式或者多种方式结合使用,但受到数据的制约,这里无法进行精确区分。

第二,对避孕效率的计算。调查中将避孕方法划分为男性绝育、女性绝育、宫内节育器、皮下埋植、避孕针、口服避孕、外用避孕药、避孕套、其他方法、安全期、体外射精、绝经/闭经、子宫切除、未避孕。此处将绝经/闭经、子宫切除、未避孕剔除,将安全期法、体外射精并为其他方法。根据世界卫生组织公布的各种避孕方法的避孕效率(表 8-4),通过加权计算历年育龄妇女的总避孕效率。虽然无法准确估计避孕妇女在不同时间使用何种避孕方法,但经过加权调整后对最终的避孕效率影响不大。

表 8-4　不同避孕方法的效率

避孕方法	男性绝育	女性绝育	宫内节育	皮下埋植	避孕针	口服避孕	外用避孕	避孕套	其他方法
避孕效率	0.97	0.99	0.99	0.99	0.97	0.92	0.93	0.85	0.80

数据来源:世界卫生组织。(https://www.who.int/zh/news-room/fact-sheets/detail/family-planning-contraception)

第三,对产后不孕与避孕重叠率的计算。问题③"此种避孕方法是分娩/流产之后几个月开始使用的?"可以用来估计 Bongaarts 新模型中的产后不孕和避孕之间的重叠率这一新指标。根据我国平均哺乳时间并结合经验公式可计算出我国的产后不孕时间为 5.93 个月,如果分娩后开始避孕的时间小于6 个月,则会产生重叠效应,因而在估计的时候需要排除这一重叠因素。

第四,对生育调节系数的处理。考虑到这一指标在不同国家和地区差异性不大,本章沿用 Bongaarts 研究中对生育调节系数的估计值(表 8-1)。

(4)产后不孕指数的计算。平均产后不孕时间主要由妇女平均哺乳时间决定,根据 *The World Breastfeeding Trends Initiative*(WBTi)[①]2013 年报

---

① WBTi 是有关每个国家母乳喂养以及婴幼儿喂养(IYCF)有关政策和计划的信息数据库。

告,我国 2013 年哺乳期的中位数为 10.1 个月,其他年份暂且无法获得。本研究假设 2012—2016 年我国的哺乳平均数均与 2013 年的哺乳中位数相等,经计算各年份的产后不孕时间都为 5.93 个月,再进一步计算产后不孕指数,由于 Bongaarts 假定不同年龄产后不孕指数差距不大,且年龄别产后不孕指数约等于总产后不孕指数。因而,我国 2012—2016 年的产后不孕指数保持不变。

(5) 对总和生殖力 TF 的调整。新模型中总和生殖力是在年龄别生殖力 $f_f^*(a)$ 的基础上求和计算。在估算过程中,若按原始数据进行计算,受低年龄组生育率和流产率波动的影响,会导致低年龄组年龄别生殖力 $f_f^*(a)$ 的异常,从而间接导致总和自然生殖力 TF 的计算误差。根据新模型 TF 的计算公式可知,TF 需要基于 4 个中间变量进行计算,是最容易产生异常的指标。Seifadin(2020)在用新模型估计埃塞俄比亚生育水平时,将 TF 保持原模型中的 15.3 不变。本章在剔除了 15~17 岁年龄组之后,确保了 TF 的相对稳定。

(二) 结果与分析

基于以上假设,运用改进后的 Bongaarts 新中间变量生育模型估计我国 2012—2016 年的总和生育率。研究发现,我国 2012—2016 年间的总和生育率在 1.510~1.842 之间上下波动,这 5 年的平均生育水平为 1.688(表 8-5)。

表 8-5　Bongaarts 新模型对 2012—2016 年间 TFR 的估计结果

年份	C_m^*	C_c^*	C_i^*	C_a^*	TF^*	TFR
2012	0.428	0.453	0.819	0.837	13.005	1.727
2013	0.398	0.402	0.819	0.828	14.109	1.531
2014	0.404	0.451	0.819	0.823	15.014	1.842
2015	0.388	0.375	0.819	0.793	15.990	1.510
2016	0.389	0.378	0.819	0.838	18.142	1.828

从变化趋势来看,新模型的估计结果反映出生肖偏好和生育政策调整的影响。在 2012 年,总和生育率为 1.727。众多学者曾对 2000—2010 年的生

育水平进行估计,郭志刚(2011)认为这 10 年平均水平为 1.48,还有学者认为不低于 1.5(李汉东和李流,2012;崔红艳,徐岚,李睿,2013;陈卫,2016),但基本没超过 1.7。按照本章的估计结果,2012 年的生育水平明显高于之前 10 年的平均水平,这种提升可以解释为"龙年生吉子"的传统文化带来的影响。2013 年 11 月,中共中央十八届三中全会审议通过《中共中央关于全面深化改革若干重大问题的决定》,明确提出"启动实施一方是独生子女的夫妇可生育两个孩子的政策",这是对我国坚守几十年生育政策的重大调整,2014 年因政策因素带来了生育水平的回升。到 2015 年,再逢生肖偏好的冲击,甚至"羊年忌生子"的传统观念的影响力度超越生育政策,使得总和生育率降至 1.5 的很低生育水平。2015 年 10 月,党的十八届五中全会提出"全面实施一对夫妇生育两个孩子政策",政策的放开惠及了更多的群体,于是在 2016 年我国的总和生育率再次提升。

Bongaarts 的中间变量生育模型不仅可以用来估计生育水平,也可以用来分析各影响因素对生育水平的作用力。从这 4 个直接影响生育水平的指数来看,婚姻指数一直处于较低的水平,这意味着婚姻对生育的影响最大。特别是我国基本属于普婚普育的国家,且生育行为往往发生在婚姻之后,这点与西方的非婚生育文化有很大不同,因而婚姻是影响生育水平的首要抑制因素。从表 8-5 的结果来看,我国的婚姻指数从 2012 年到 2016 年有下降的趋势,本章对婚姻指数的处理是基于初婚和未婚同居这两个指标,并假设这 5 年婚姻状态相对稳定,事实上,时间越早,用初婚人数衡量在婚人数越会被低估,按照实际,早期的婚姻指数应该会更高一些。可见女性初婚年龄的推迟已成为导致近年来生育率持续走低的重要因素(郭志刚,2017;郭志刚和田思钰,2017)。

除婚姻外,避孕对生育的影响次之,从估计的结果来看,这 5 年的避孕指数是在降低。由于 2017 调查中没有详细的避孕史,只有最后一次分娩/流产后的避孕信息,且避孕方式的变更也只能获取最后一次的变更时间和方法,对于多次怀孕的育龄妇女以及多次变更避孕方法的育龄妇女,无法确切了解其相关信息,这就造成早期的避孕普及率被低估,导致早期的避孕指数偏高。

由于 2017 年生育调查中包含详细流产信息,因而流产指数是 4 个指数中最准确的。总体来看流产指数的变化不大,基本在 0.82 以上,只在 2015 年有明显的下降,2015 年是羊年,生肖的影响或许会促使一些怀孕的育龄妇女选择流产,导致流产率比其他年份更高,同时,2015 年的婚姻指数和避孕指数也最低,可见当年育龄妇女通过多种方式进行生育控制。

生育水平的影响因素有很多,Davis 和 Blake(1956)总结了 11 个最有影响力的因素,Bongaarts 简化为 4 个直接影响因素,但还有一些间接因素也会影响生育水平,只是与直接因素相比,它们没有那么重要,这些相对不太重要的间接因素会体现在 TF 中(Seifadin,2020)。表 8-5 结果显示,这 5 年我国的总和生殖力在 13.005～18.142 之间,平均为 15.252,与之前的经验参数 15.3 接近,与 Bongaarts(2015)根据多个国家的数据估计的平均值 15.22 更接近。

为了验证 Bongaarts 新模型的稳健性,本章对 2016 年的数据进行分城乡的估计,2016 年我国城镇的总和生育率为 1.498,农村为 1.899(表 8-6)。《2006—2016 年中国生育状况报告——基于 2017 年全国生育状况调查数据分析》(贺丹等,2018)中估计 2016 年我国城乡总和生育率分别为 1.54 和 2.05,Bongaarts 新模型估计的结果与之接近,由于 2016 年离调查时点最近,估计的结果也更可靠。从各中间变量来看,婚姻依然是影响生育水平的关键变量,也是造成城乡总和生育率差距的主要原因,城镇比农村的婚姻指数低将近 0.1,这意味着城镇的已婚比例低于农村。在 2016 年,城镇女性的平均初婚年龄为 26.9 岁,农村为 25.6 岁,妇女已婚比例的下降以及平均初婚年龄的上升对生育率的影响值得高度关注(贺丹等,2018)。

表 8-6　2016 年我国分城乡总和生育率

地区	C_m^*	C_c^*	C_i^*	C_a^*	TF^*	TFR
城镇	0.331	0.382	0.819	0.818	17.696	1.498
农村	0.426	0.363	0.819	0.849	17.645	1.899

三、小　　结

　　基于改进后的 Bongaarts 中间变量生育模型，采用 2017 年全国抽样调查数据，本章估计了 2012—2016 年我国的生育水平和趋势，考察了各个中间变量的影响。结果显示，用新模型估计我国这 5 年的总和生育率的平均水平为 1.688，且文化因素和政策因素对生育水平的变动皆有体现。对模型的 4 个中间变量进行分析，发现婚姻指数的变化对近年来低生育率的贡献最大，并有进一步下降的趋势，可见婚姻推迟和已婚比例下降已经成为影响低生育率的关键性因素。

　　本章用 Bongaarts 新模型对中国近些年生育水平的研究中还存在以下局限。第一，由于调查数据缺少婚姻史信息，用初婚人数和未婚同居人数代替已婚人数和婚外性行为人数，可能导致前期的婚姻指数被低估；第二，受避孕信息不足的限制，估计避孕指数的过程只能获取妇女最后一次分娩/流产后的避孕情况，以及在避孕方法的统计上只记录变更一次的信息，在前期会低估避孕普及率进而高估避孕指数；第三，因缺乏哺乳数据，只用 2013 年的数据，使产后不孕指数这 5 年保持不变，可能不完全符合实际。

　　本章使用 Bongaarts 新生育模型的估计结果要比使用同样数据直接计算的生育率略高，但非常接近，说明 Bongaarts 新生育模型对于中国数据有较好的适用性，估计结果也是可信的。鉴于对中国低生育水平的争论，使用不同的方法和不同的数据进行估计是很有必要的。不同的方法，特别是间接估计方法，都会有一定的假设条件；而不同的数据，也都有各自的优势与缺陷。因此，不同方法和不同数据得到的估计结果可以相互检验，有利于全面、客观地认识中国的生育水平。

第九章
反事实下的生育率趋势

　　中国的生育率转变由早期的计划生育政策驱动，后期由经济社会发展主导。中国计划生育工作 20 世纪 70 年代初在全国范围内普遍推行，经历了"曲折、悲壮、辉煌"的过程（路遇，翟振武，2009）。经过几十年的坚守，计划生育对我国的生育行为产生了重要影响。

　　根据发达国家的经验，在经济社会发展的推动下生育率会逐渐下降，并自发完成人口转变，生育率与社会经济发展之间的负相关关系已经成为社会科学中一个被广泛接受的观点。不少研究认为经济社会发展才是生育水平下降的根本动力，政策只是作为辅助，特别是进入 21 世纪以来，对中国来说，经济因素逐步突显并发挥了主导作用，政策的作用空间越来越小，这也让不少人质疑计划生育政策的必要性，并把当今的老龄化现象、"低生育率陷阱"[①]的风险和人口负增长的提前到来归咎为政策矫枉过正。

　　中国生育水平的下降是受生育政策这一外部因素和经济发展与社会变迁这些内部因素的双重作用，那么如果不实行计划生育政策，中国的生育率将有可能呈现怎样的趋势？如果要将两种因素相剥离，只看政策因素的纯影响，既要避免趋势外推法的缺陷，也要选择更科学合理的指标进行预测分析。

---

　　① 低生育率陷阱：当总和生育率降到 1.5 以下后，低生育率会自我强化，如同掉入陷阱，扭转生育率下降趋势将会变得困难甚至不可能。

一、与 HDI 相关的生育研究

本章选取人类发展指数来预测估计无计划生育政策影响下我国的生育率水平与趋势。1990 年,联合国开发计划署（UNDP）发布的 *Human Development Report* 中将人类发展定义为"扩大人们选择的过程,最关键的是过上健康长寿、接受教育并享受体面的生活"（UNDP,1990）。根据这一定义,开创了人类发展指数。人类发展指数（HDI）是一个复合指标,分别由出生时的预期寿命、成人识字率和人均 GDP（国民生产总值）三组指标来解释,用来测量一个国家在人类基本能力方面的平均成就,该指标在一定程度上衡量了国家的发展水平。人类发展指数自发布之后,联合国每年根据各国的发展水平计算其 HDI 并进行排名,引起了各国政府、组织和民众的广泛关注,产生了重大的国际影响力。因而用 HDI 来衡量人类发展程度具有一定的科学性和合理性。

虽然"发展是最好的避孕药"成为目前人们普遍认同的观点,但事实上,越来越多的实证研究证实,一些高度发展的国家生育率在经历了下降之后又出现反弹（Millo Myrskylä, Hans-Peter Kohler, Francesco Billari, 2009; Angela Luci, Olivier Thévenon, 2010; Angela Luci-Greulich, Olivier Thévenon,2014）。国内外都有研究者关注总和生育率与人类发展指数之间的"反 J 形"关系（Millo Myrskylä 等, 2009; Fumitaka Furuoka, 2013; Kenneth Harttgen,Sebastian Vollmer,2014;周长洪,2015;翟振武,陈佳鞠,2016）。他们将总和生育率与人类发展指数的关系进行拟合,发现当人类发展指数处于中低水平时,发展将继续促进生育率下降,但当人类发展指数处于高水平时,进一步发展可逆转生育率下降的趋势,即总和生育率随着 HDI 的进一步提高出现反转,二者关系由负相关变为正相关的转折点大致在人类发展指数为 0.86 左右(Millo Myrskylä 等,2009)。在国内,周长洪(2015)用 109 个人口超过 500 万国家的 2010 年数据拟合 TFR 与 HDI 的二次曲线函数,发现未实施生育政策下的 TFR 由 1980 年的 5.39 降至 2010 年的 2.39。胡鞍钢(2013)按照最新的 HDI 计算方法,计算了中国各省的 HDI 水平,陶涛等(2017)在此基础上,利用四次中国人口普查数据和学者调整数据,发现中国各省市区 TFR 和相应年份 HDI 之间并未出现"反 J 形"变化。

本章从更长时期关注 TFR 与 HDI 的关系变化,并结合中国情境来探讨反事实下我国的生育率变化趋势。

二、数据与方法

总和生育率和人类发展指数被广泛用于衡量一个国家的生育水平和发展水平。本章以 TFR 为因变量,以 HDI 为自变量,采用两种方案,方案一是拟合世界所有国家 TFR 和 HDI 之间的关系,称为世界模式;方案二是拟合与中国文化相似的 8 个东方国家和地区的 TFR 与 HDI 之间的关系,称为东方模式。通过两种模式对我国进行无计划生育政策影响下的反事实预测,估计分析我国在各个时期的总和生育率水平与趋势。

由于本研究聚焦于计划生育政策的效应分析,首先需要确定计划生育政策的实施时间。在 20 世纪五六十年代,我国实行倡导性的人口政策(茅倬彦,申小菊,张闻雷,2018),建立在群众自愿的基础上(翟振武,2000)。20 世纪 70 年代起政策开始收紧,1971 年 7 月,国务院转发的《关于做好计划生育工作的报告》,要求加强对计划生育工作的领导。此后,中共中央和国务院发出了一系列有关计划生育的文件,指导全国的计划生育工作,并开始对生育数量提出严格的要求。本章将 1971 年视为我国计划生育政策实施的起始点,研究 1971—2100 年间计划生育政策的长期效应。

因变量 TFR 来自 *World Development Indicators*（World Bank，2020），自变量 HDI 来自 1990—2019 年间联合国发布的 *Human Development Report*。HDI 是一个标准化的数据，取值在 0～1 之间，从 1990 年首次提出起，HDI 在指标选择、计算方法、数据来源上共经过七次改进，分别在 1990 年、1991 年、1994 年、1995 年、1999 年、2010 年、2014 年进行修改。但 HDI 一直保持健康长寿、知识、体面生活这三个维度，只是在指标构成和计算方法上进行调整，始终用简单、清晰的方法来说明深刻、丰富的人类发展问题。最新的改进是在 2014 年，具体构成如表 9-1 所示。

表 9-1　人类发展指数构成

维度	指　　标	最大值	最小值
健康长寿	出生时的预期寿（岁）	85	20
知识	平均受教育年限（年）	15	0
	预期受教育年限（年）	18	0
体面生活	人均 GNI（PPP＄）	75 000	100

Human Development Report 已公布 1970—2018 年的 HDI 数据，其中，1990 年之前，HDI 的数据每 5 年公布一次（分别为 1975 年、1980 年、1985 年、1990 年），1990 年之后，基本提供了 HDI 的年度数据（1991 年、1996 年除外）。由于 2018 年后暂无实际数据进行分析，因此在这项预测中需要根据中国之前的发展趋势，并结合世界其他国家的发展经验进行假设。

从 1990 年 HDI 首次提出起，世界各国的 HDI 处于有升有降的动态变化中，整体趋势是在波动中上升发展，但每个国家的变化幅度不同。2010 年，世界 HDI 平均水平为 0.624，高人类发展水平国家（下文统一简称为高水平国家）的 HDI 平均为 0.717，极高人类发展水平国家（下文统一简称为极高水平国家）的平均值为 0.878（UNDP，2010），到 2018 年，世界、高水平和极高水平国家分别增长至 0.731、0.750、0.894（UNDP，2019）[①]。2010—2018 年间，高水平国家的 HDI 按照每年 0.004 的涨幅增加，而极高水平国家的增幅较缓，

---

① 极高人类发展水平（HDI≥0.800）、高人类发展水平（0.700≤HDI≤0.799）、中等人类发展水平（0.550≤HDI≤0.699）、低人类发展水平（HDI＜0.550）（*Human Development Report 2019*，UNDP）。

平均每年为 0.002,中国在 2018 年的 HDI 为 0.758,还处于高发展水平阶段。在未来,假设我国按照高水平国家每年的平均涨幅(0.004/年)进行增长,到 2029 年我国 HDI 将升至 0.802,达到极高水平国家的门槛(HDI≥0.800),此后,假设我国一直稳定在极高水平阶段,并按照极高水平国家的涨幅(0.002/年)平稳增长,到 21 世纪末我国 HDI 将增至 0.944。

从 1970 年起,每年基于全世界范围做一个 TFR 与 HDI 的散点图来观察变化,发现二者的关系并非始终遵循"反 J 形"规律。在 20 世纪 80 年代之前,TFR 与 HDI 呈一种"倒 J 形"的非线性关系。在 20 世纪 90 年代初期,随着 HDI 的提高、TFR 不断下降,二者近似为线性负相关关系。而 20 世纪 90 年代中期之后,TFR"反 J 形"趋势初显,二者的关系再次变为非线性(图 9-1)。

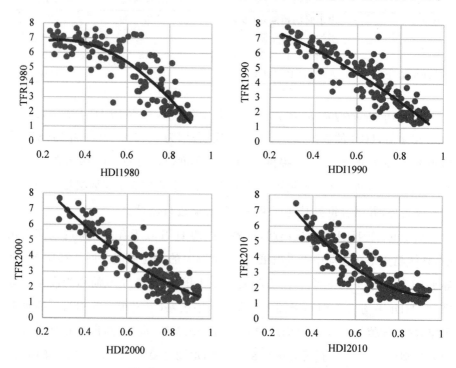

图 9-1　不同时期的 TFR 与 HDI 的拟合

数据来源:1980 年、1990 年的 HDI 来自 *Human Development Report 2009*(UNDP),2000 年、2010 年 HDI 分别来自 *Human Development Report 2002* 和 *Human Development Report 2018*(UNDP);TFR 来自 *World Development Indicators*(World Bank,2020)。

在 1985 年之前及 1995 年之后,由于 TFR 与 HDI 呈现非线性关系,需要加入变量的二次项,模型设定为

$$TFR = \beta_0 + \beta_1 HDI + \beta_2 HDI^2 + \varepsilon \qquad (9-1)$$

从早期的"倒 J 形"到后期的"反 J 形"的动态变化中,必然会经历一段时间的线性关系,且经过尝试,发现在 1985 年、1990 年、1992 年、1993 年、1994 年加入变量二次项后未通过显著性检验,因而这些年份的模型设定为

$$TFR = \beta_0 + \beta_1 HDI + \varepsilon \qquad (9-2)$$

通过模型分别对已有年份的截面数据进行 OLS 回归,可进一步估计出 1971—2018 年我国反事实下的生育水平,个别缺失年份采用内插法计算。由于尚无 2019 年后的数据,需根据已有的相关研究,并结合对中国的形势判断,来估计未来年份的变化趋势。

已有的数据在保证 HDI 同一种测量方法的基础上,可形成三个阶段的面板数据,分别为 1992—1995 年、1997—2007 年、2010—2018 年,面板数据可以更好地观测随时间变化的趋势,也克服了 2019 年以后数据空白的问题。本章选取 2010—2018 年间一直稳定在极高水平国家(共计 45 个)的面板数据,采用固定效应模型,来拟合在极高水平阶段 TFR 与 HDI 的关系。根据对 HDI 的假设,我国将于 2029 年进入极高水平国家行列,最终根据 2010—2018 年极高水平国家的模型来预测我国 2029 后的生育水平[表 8-2 模型(6)]。而 2019—2028 年的 TFR 则沿用 2018 年世界截面数据的模型进行估计[表 9-2 模型(5)]。

表 9-2　基于世界范围的回归结果

变量	(1) TFR 1980 年	(2) TFR 1990 年	(3) TFR 2000 年	(4) TFR 2010 年	(5) TFR (2018—2028 年)	(6) TFR (2029—2100 年)
HDI	7.888***	−9.002***	−16.489***	−24.623***	−21.460***	29.983***
	(2.973)	(0.369)	(2.445)	(2.745)	(2.856)	(8.837)
HDI²	−14.265***		6.160***	12.630***	10.434***	−18.228***

变量	(1) TFR 1980 年	(2) TFR 1990 年	(3) TFR 2000 年	(4) TFR 2010 年	(5) TFR (2018— 2028 年)	(6) TFR (2029— 2100 年)
constant	(2.514) 5.753 *** (0.809)	9.936 *** (0.252)	(1.882) 11.507 *** (0.753)	(2.079) 13.542 *** (0.870)	(2.065) 12.429 *** (0.955)	(5.025) —10.578 *** (3.884)
N	136	161	175	187	185	405
R^2	0.768	0.789	0.806	0.784	0.751	0.116

注：* $p<0.10$，** $p<0.05$，*** $p<0.01$

三、反事实下的生育率预测结果

（一）基于世界模式的结果

根据模型预测出的 TFR 可视为在无计划生育政策约束下，按照世界各国的一般发展规律所对应的总和生育率，其与实际 TFR 之间的差值可视作计划生育政策对生育水平的净效应。在实际中，我国 20 世纪 90 年代初期总和生育率下降到更替水平以下，这是政策因素与经济社会因素双重作用的结果；而在反事实预测中，生育水平的下降排除了政策影响，只源于经济社会因素。预测显示，我国总和生育率 2021 年降低到更替水平以下，计划生育政策使我国进入低生育水平[①]的时间提前了近 30 年。

在 20 世纪 90 年代中期之前，实际 TFR 与预测 TFR 之间的差距在 2 以上，之后这种差距逐步缩小，21 世纪初差距缩小为 1 以下（表 9-3）。总和生育

---

① 国际上常将 TFR 降到 2.1 以下称为低生育水平，1.5 以下称为很低生育水平，1.3 以下称为极低生育水平。

率作为衡量生育水平的重要指标反映了计划生育政策的力度,两个总和生育率之间的差距由大变小也反映了随着时代的发展生育政策的力度在逐步减弱,即使没有计划生育政策,中国的总和生育率也会逐渐下降,只是计划生育政策起到了加速的作用。

表 9-3 世界模式下我国 1971—2100 年反事实生育率预测结果

年份	HDI	TFR	年份	HDI	TFR
1975	0.530	6.162	2040	0.824	1.752
1980	0.533	5.905	2045	0.834	1.749
1985	0.556	5.123	2050	0.844	1.743
1990	0.608	4.463	2055	0.854	1.734
1995	0.650	3.494	2060	0.864	1.720
2000	0.726	2.783	2065	0.874	1.703
2005	0.777	2.406	2070	0.884	1.683
2010	0.706	2.453	2075	0.894	1.658
2015	0.743	2.310	2080	0.904	1.630
2020	0.766	2.113	2085	0.914	1.599
2025	0.786	2.008	2090	0.924	1.564
2030	0.804	1.745	2095	0.934	1.525
2035	0.814	1.750	2100	0.944	1.482

（二）基于东方模式的预测结果

世界模式的预测是根据全世界近 200 个国家的平均水平得到的,世界各国开始人口转变的时间以及人口转变的速度不尽相同,从全球范围看,虽然生育水平呈现整体下降的趋势,但生育率在不同国家和地区的差异性却十分明显。

北欧国家和西欧国家在经历了生育率下降到更替水平、甚至降低至很低生育率之后又出现了反弹现象,尽管反弹时间和反弹幅度有所不同,但大部分国家在 21 世纪初开始有一个明显的"反 J 形"上升趋势(图 9-2)。而在东方国家,这种生育水平的"反 J 形"趋势并没有出现。日本是东亚地区最早经历人口转变的国家,在 20 世纪 60 年代 TFR 就跌入更替水平以下,之后进一步下滑到很低生育水平,同处于极高发展水平的韩国、新加坡,其生育水平的变化与日本如出一辙,韩国在 2018 年下降至 1 以下,似乎已经完全跌入"低生育率陷阱"(图 9-3)。

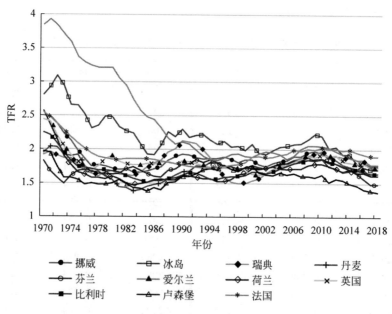

图 9-2 1970—2018 年北欧、西欧国家的总和生育率变化趋势

数据来源: *World Development Indicators*(World Bank,2020)

同为极高发展水平国家,生育率的变化趋势却呈现相反的态势,以往研究中得出的较高经济发展水平促进生育率反弹的结论并不适用于所有国家。鉴于各国的国家体制、文化规范和政策环境各不相同,还需从其他角度探索生育的逆转机制。有研究从文化角度分析东西方国家生育水平的差异性表现(邬沧萍,贾珊,1991;翟振武,陈佳鞠,2016);也有研究从性别平等方面进行解释,认为性别平等是扭转发展与生育之间联系的先决条件(Millo Myrskylä,Hans-Peter Kohler, Francesco Billari, 2011;Peter McDonald,2013;Thomas Anderson,Hans-Peter Kohler,2015;吴帆,2016;赵梦晗,2016);还有研究认为分娩后的就业保障、休假权利和公共托育服务等社会政策在生育率提高方面发挥了关键作用(Angela Luci-Greulich,Olivier Thévenon,2013)。

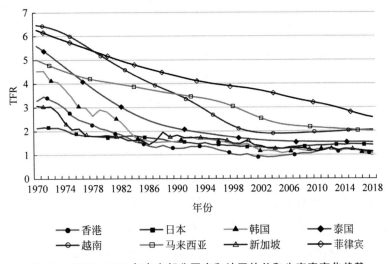

图 9-3　1970—2018 年东方部分国家和地区的总和生育率变化趋势

数据来源：*World Development Indicators*（World Bank，2020）

　　尽管学者们的研究视角各有侧重，但无论是文化、性别，还是政策，其背后都有千丝万缕的联系。北欧五国、英语国家生育率反弹是由于支持工作与家庭相结合的社会政策发挥了关键作用，而这主要是源自性别平等红利（Peter McDonald，2013；Angela Luci，Olivier Thévenon，2010；Thomas Anderson，Hans-Peter Kohler，2015）。政策对生育的作用一定程度上也受社会观念和传统文化的影响，如果缺乏性别平等导向，对生育的鼓励作用会大打折扣（吴帆，2016）。日本、韩国、新加坡虽相继出台鼓励生育政策，但却并不成功（汤梦君，2013；金益基，2017），这主要因为东亚社会里传统"男主外，女主内"的家庭内部分工，使女性在工作和生育之间面临艰难选择（沈可，王丰，蔡泳，2012），现有的政策并没有给女性提供更多的福利。可见，性别平等程度是发达国家生育率差异的关键因素，但性别平等的重要内驱力则源自根深蒂固的文化观念。

　　著名人口学家 Coale 在 20 世纪 70 年代提出生育率的转变不完全受经济左右，文化对生育率的转变起很大的作用，并提出中国文化圈的概念，发现与中国文化相似的国家出现生育率快速下降的现象（Ansley J. Coale，1973）。邬沧萍、贾珊（1991）通过比较分析，认为中国文化圈国家的生育率有率先下降且趋向低生育的特征。本章选取 8 个与中国文化相近的国家和地区作为东方国家和地区的代表,包括日本、韩国、泰国、越南、马来西亚、新加坡、菲律宾和中国香港。这 8 个国家和地区位于东亚和东南亚,与中国大陆地理位置临近,推崇儒家文化,有着父权、男权社会的历史传统,家庭价值观浓厚,"男主外女主内"的性别分工较为普遍,性别平等程度较低。将这 8 个东方国家和地区的 Global Gender Gap 指数①(简称 GGG)与北欧、西欧国家进行比较,发现除了菲律宾 GGG 排名靠前外,其他国家和地区均落后于北欧和西欧国家,即使是 HDI 排名第 19 位的日本和第 23 位的韩国,GGG 却分别在世界排名第 121 位和第 108 位(表 9-4),中国的 GGG 排名也落后于同期 HDI 在世界的排名。这些东方国家和地区在表现出与西方差异性的同时,内部又存在极强的共性,它们有着相似且稳定的社会意识和价值观念,这些看似无形却强有力的文化因素使这些东方国家和地区在生育行为上相互渗透,有着明显异于西方的东方色彩。因而,本章从文化角度把这 8 个国家和地区确定为东方模式下的参考国家和地区,相比于世界模式,基于东方模式的预测更能代表我国反事实下的生育水平变化。

表 9-4　西欧、北欧国家与东亚、东南亚国家 GGG 指数比较

北欧、西欧	GGG	排名	东亚、东南亚	GGG	排名
冰岛	0.877	1	菲律宾	0.781	16
挪威	0.842	2	新加坡	0.724	54
芬兰	0.832	3	泰国	0.708	75
瑞典	0.820	4	越南	0.700	87
爱尔兰	0.798	7	马来西亚	0.677	104
丹麦	0.782	14	中国	0.676	106
法国	0.781	15	韩国	0.672	108
英国	0.767	21	日本	0.652	121
比利时	0.750	27			
荷兰	0.736	38			
卢森堡	0.725	51			

数据来源:*Global Gender Gap Report*(2020)

---

①　Global Gender Gap 指数:用来衡量两性之间在经济参与机会、学历、健康和政治赋权四个方面的差距,GGG 越高,表示该国性别差距越小,也即性别平等程度越高。

　　按照东方模式,1995 年之前的预测分别通过这 8 个东方国家和地区的截面数据进行 OLS 回归获得,将 1997—2007 年、2010—2018 年这两个阶段的面板数据采用固定效应模型预测相应年份的总和生育率。对于 2018 年以后的预测采用与世界模式相似的方法,2019—2028 年的总和生育率将沿用 2010—2018 年的面板模型。与世界模式不同的是,2029 年以后分为两个阶段来估计,第一个阶段(2029—2075 年)使用已经进入极高水平的东方国家和地区(包括日本、韩国、新加坡、中国香港)1997—2007 年的面板数据,第二个阶段(2076—2100 年)使用它们 2010—2018 年的面板数据。之所以这样划分是因为根据对 HDI 的假设,我国在 2075 年才能达到这 4 个极高水平国家和地区在 2010 年 HDI 的平均水平 0.895(UNDP,2018),而当下日本、韩国、新加坡、中国香港的 HDI 皆高于这一平均水平,在 2010—2018 年这个阶段,这 4 个国家和地区的 HDI 水平更高的同时,总和生育率却呈现更低的态势,不太适合用来估计我国内地刚步入极高水平阶段的变化趋势,相比之下,1997—2007 年这个阶段更适用,而当 2075 年我国内地的发展水平更进一步时,再用 2010—2018 年的面板模型估计。由于这些中国文化圈国家和地区的总和生育率并未呈现"反 J 形"趋势,且生育率下滑程度高于西方国家,因此,东方模式的模型采用线性回归(表 9-5)。

表 9-5　东方模式下我国 1971—2100 年反事实下生育率预测结果

年份	HDI	TFR	年份	HDI	TFR
1975	0.530	5.879	2040	0.824	1.509
1980	0.533	4.896	2045	0.834	1.479
1985	0.556	4.531	2050	0.844	1.449
1990	0.608	3.863	2055	0.854	1.419
1995	0.650	3.120	2060	0.864	1.389
2000	0.726	2.412	2065	0.874	1.359
2005	0.777	2.149	2070	0.884	1.329
2010	0.706	1.907	2075	0.894	1.299
2015	0.743	1.830	2080	0.904	1.247
2020	0.766	1.782	2085	0.914	1.239
2025	0.786	1.740	2090	0.924	1.230
2030	0.804	1.569	2095	0.934	1.222
2035	0.814	1.539	2100	0.944	1.213

基于东方模式的预测显示,20 世纪 80 年代末期我国的生育水平降低到 4 以下,20 世纪 90 年代中期降至 3 以下,2008 年降到更替水平以下,进入低生育水平的时间比世界模式提前了 13 年,比我国内地实际推迟了约 15 年。按照东方国家和地区总和生育率持续下降的趋势,在 2040 年降低到很低生育水平,在 2075 年跌落到 1.3 的极低临界值以下,2100 年降低到 1.213,相当于 20 世纪 90 年代中国香港地区的生育水平,略高于当下韩国的水平。

四、小　　结

中国的计划生育政策是由当时的时代背景和社会经济发展要求所决定的,作为特殊时期的特殊产物,中国的计划生育政策在诸多阻力中已艰难推进了半个多世纪。本章通过人类发展指数这项指标,分别基于世界模式和东方模式对 1971—2100 年间在无计划生育政策影响的下的总和生育率进行反事实预测,可以进一步分析我国计划生育政策的长期效应。

从世界模式来看,若无计划生育政策,我国的总和生育率在 2021 年降低至更替水平以下,计划生育政策使我国进入低生育水平和人口负增长时期提前了 30 年左右,使我国进入人口老龄化社会提前了近 20 年。若从东方模式来看,总和生育率呈更快下降的趋势,并于 2008 年降低到更替水平以下,使我国进入低生育水平、人口负增长时期以及进入人口老龄化社会提前了 15 年左右。

生育的影响机制包含诸多因素,除经济发展、社会的进步之外,历史文化传统、性别平等程度、家庭政策体系的协调统一性等都会产生影响。本章采用的东方模式是根据东方国家和地区特有的社会规范和文化传统,加入了性别平等的视角与世界模式相区分。考虑到我国性别平等程度还较低、家庭支持政策较为薄弱,结合日、韩等东亚国家的前车之鉴以及对我国目前的现实判断,东方模式的预测更适用于中国实际,相比世界模式更具有参考意义。但任何一种预测方法都不能完美、精确估计出我国未实施计划生育政策条件下的反事实生育率水平与趋势。无论是世界模式还是东方模式,都只是为我国提供一种参考,并非我国生育变化所遵照的铁律,我们在考虑大趋势的同时还要关注自身的特性,继续在社会发展变迁中观测我国的生育变化,以便及时制定合理的人口政策,保障人口健康、持续发展。

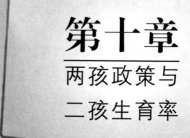

第十章
两孩政策与二孩生育率

从单独两孩政策到全面两孩政策的实施，政策的实施效果以及与此相关的生育和人口发展趋势问题受到了广泛的关注和讨论。在网络上最多出现的往往是笼统的政策效果遇冷或者政策失效的言论，而学者们在期刊上发表的对政策遇冷的分析也往往缺少清晰统一的概念界定和方法使用。石人炳等(2014)提供了政策实施效果评估的一个较好的理论框架。其主要的论点就是两孩政策实施效果评估应该关注两孩生育情况的变化，与其他孩次的生育无关。基于这一视角，他使用全国出生人口中二孩数量及比例，以及湖北省、湖南省卫计委生育专题调研数据获得的分孩次总和生育率变化，说明政策调整的短期效果是明显的。本书的研究也将通过2006—2017年的二孩生育率的变化趋势，来分析二孩政策的初步实施效果。

但是即使两孩政策的近期效果很明显，那也只是暂时的现象。因为这种效果基本上只是原有政策下不被允许生育二孩群体长期积累的二孩生育势能的释放，释放过后可能又会恢复平静，回到原来的趋势中。未来或长期的政策实施效果有赖于新进入婚育年龄人群。世界著名人口学家 Ronald Freedman(1986)曾经指出，社会科学家，包括人口学家，从来都是会低估社会变化的速度。实际上人口学家对过去40多年里很多国家和地区的生育率转变的速度和下降到的低水平，都是严重低估的。中国改革开放以来的社会经济变化异常迅速和剧烈，人们的生活方式、价值观念以及生育意愿也都发生了深刻的变化。我们有可能也会低估包括生育行为在内的重要社会性趋势。因此，未来的政策效应更加充满不确定性。

本章就 2017 年全国生育调查数据，考察 2006—2017 年我国二孩生育水平的变化特征，特别是两孩政策对二孩生育率的影响。全国生育水平的变化和两孩政策的影响往往掩盖巨大的地区和人群差异。我们还将考察两孩政策带来二孩生育率变化的人群差异，并从宏微观相结合的视角探讨二孩生育率的影响因素。

关于 2017 年全国生育调查的情况已经在第三章中进行了介绍，这里不再赘述。研究使用总和生育率来反映生育水平，计算 2006—2017 年的分孩次总和生育率。为了分析的需要，还计算了 2006—2017 年的总和初婚率。对生育率差异的考察，计算了 2006—2017 年的不同人群特征的二孩总和生育率。检验二孩生育率的影响因素时，使用了离散时间 Logit 模型。将以妇女个人为单位的数据转换为以人年为单位的数据，这样可以避免使用基于比例风险假设的回归方法。

一、二孩生育率变化趋势与特征

从 2017 年全国生育调查数据可以完整推算出 2006 年以来历年的生育率。图 10-1 显示了 2006—2017 年的总和生育率及各孩次总和生育率。在第三章中，我们已经分析了中国 2006—2017 年来中国生育率的趋势和变化特点。总体而言，生育率存在巨大波动，最低的 2015 年仅为 1.41，而最高的 2012 年为 1.78、2016 年为 1.77，10 年来平均约为 1.65。2006—2017 年来中国生育率的较大波动与这一时期的重大事件和生育的属相偏好有很大关系。2008 年的奥运会、2013 年的"单独两孩"政策和 2015 年的"全面两孩"政策，都造成了相应年份的生育率上升或高峰。奥运年和全面两孩政策实施以来的两年,总和生育率都超过1.7。而生育的属相偏好带来了2012年(龙年)的生育最高峰和2015年(羊年)的生育最低谷。生育政策调整带来的生育率上升是可以预期的,说明生育政策仍然对生育率具有一定影响,但这种影响不是全人群的,而且已经大为削弱。

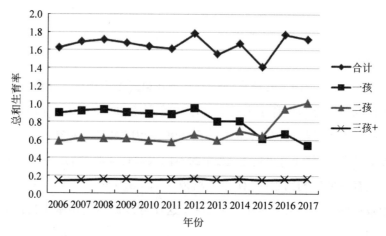

图 10-1   2006—2017 年中国各孩次生育率变化趋势

资料来源:根据 2017 年全国生育调查原始数据计算。本章其他图表相同,不再注明。

图 10-1 显示,随着生育政策的不断调整,二孩生育率出现持续、大幅度上升。2011 年前,二孩生育率基本上稳定在 0.6 左右,2011 年后开始上升,2015年后突升。2015 年二孩生育率超过一孩生育率,2016 年达到 0.94,而 2017年甚至超过 1。在新中国历史上,在 20 世纪五六十年代出现过二孩总和生育率超过 1 的情况。20 世纪 50 年代初即刚解放后不久,经济逐渐恢复,人民生活趋于安定,出现了第一个生育高峰,1953—1955 年的二孩总和生育率都超过 1。20 世纪 60 年代很大程度是因之前的三年困难时期过后的补偿性生育,出现第二个生育高峰,在 1963—1966 年和 1968 年出现二孩总和生育率超过1。不同于 20 世纪五六十年代,2017 年二孩总和生育率超过 1 是在低生育率背景下出现的,完全是全面二孩政策实施的结果,是二孩政策带来的不同年龄妇女同时生育二孩而出现的生育堆积现象,可以形容为是受到原生育政策

限制的生育势能的"井喷式"释放。在这个意义上说,全面两孩政策的效果是非常显著的。但是,这种生育堆积带来的二孩生育率上升只是暂时的,很快就会返降。两孩政策的长期效应有赖于新进入婚育年龄的人口。然而正如在第四章中看到的,如果近年来女性初婚率、初育率大幅度下降趋势持续,或者不再下降而保持这样的低水平,都将严重削弱两孩政策发挥作用的基础。

另外,图 10-1 中显示三孩及以上生育率 2006—2017 年来一直保持在0.15 左右,没有出现过大的波动,更没有随着两孩政策的实施出现明显上升。这一方面说明到目前为止,生育政策仍然对多孩生育有着控制作用;但是另一方面更重要的是人们的生育意愿已经很低,希望生育多孩的人群比例很低。同时也说明少数希望生育多孩的夫妇,在任何生育政策环境下都会去生育。

我们在第三章中考察近 10 年来生育率趋势时,考虑到剧烈波动和变化背后存在的"进度效应",利用生育递进模型调整了各孩次生育率,后来又对初婚率中的"进度效应"进行了调整,发现调整后的总体趋势虽然类似,但是水平有了很大改变。一孩生育率由 2012 年的 0.97 下降到 2017 年的 0.90,初婚率由 2012 年的 0.97 下降到 2017 年的 0.82。二孩生育率由 2015 年的0.55 上升到 2017 年的 0.74。可见,未调整"进度效应"下的生育率剧烈的变化趋势,在调整后受到了极大的削弱。也就是说,初婚初育年龄的推迟严重压低了时期初婚率和初育率,而不同年龄妇女同时生育二孩带来的生育堆积又夸大了二孩生育率的上升幅度。实际上,对"进度效应"的调整是一种近似于从终身结婚和生育的角度的度量,说明尽管初婚初育年龄在大幅度推迟,但是最终 90% 的妇女会结婚,而两孩政策下 74% 的妇女生育了二孩。这非常类似于在"一孩政策"年代里,20 世纪 90 年代以来中国的时期生育率大大低于更替水平,但是从终身生育率的角度讲,多数夫妇实际上还是都生育了 2 个孩子。Coale(1989)曾经计算过,中国从 1950—1981 年,即使已婚夫妇的终身生育率保持他们实际所生的数量不变,如果这 31 年间初婚年龄没有推迟,那么就会多出生 1.04 亿人。这就是初婚年龄推迟,哪怕是缓慢但长期的推迟,带来的惊人结果。所以,2006—2017 年来中国女性的初婚推迟和 2016 年以来两孩政策的实施,可能从终身结婚和生育的角度讲并没有产生很大作用,但是时期效应是很大的,对此必须要有正确的认识。

二、二孩生育的人群特征

上面已经提到,近年来我国的二孩生育率出现大幅度上升,这完全是二孩政策实行的结果。不过,两孩政策的效应一定是在不同人群之间存在很大差异的。那么在全面两孩政策实施后谁在生育二孩,哪些因素影响女性的二孩生育行为?

影响生育行为的因素是复杂的,两孩政策下的二孩生育行为自然也是多重因素综合作用的结果。按照人口转变理论、微观经济学理论和低生育模型,本研究从宏观、中观和微观层面相结合的视角建立影响生育行为的理论框架。人口转变理论从宏观上解释了生育行为变化的原因,微观生育经济学理论从微观角度解释影响家庭生育选择的因素——孩子成本和效用,而Bongaarts(2001)低生育模型则提供了生育行为的直接影响因素。宏观的社会环境(包括现代化程度、生育政策和文化制度)作用于中观的家庭因素和微观的个体,既影响家庭和个体的特征,也影响人们的生育观念。同时,社会环境、家庭因素和个人特征综合作用,又导致不同家庭、不同人群对孩子成本和效用的不同认识,从而形成各自特定的生育意愿和生育行为。根据这一理论框架,结合2017年生育调查数据中有关变量,分别进行宏观、中观家庭和微观个人层面的变量设置。在宏观层面,因为调查收集的是微观的个案数据,没有相应的宏观层面的变量。我们用居住区域来代表,用省份变量形成六大区域。另外,用样本点类型(居委会或村委会),形成城乡变量。中观家庭层面的变量有家庭总收入和住房面积。微观个人层面的变量包括年龄、受教育程度、职业、工作单位性质、意愿生育子女数,以及第一个孩子的年龄和性别。

　　全面两孩政策实施后，直接受到影响的是原政策下生育了一个孩子但不能生第二个孩子的人群。当然也包括刚生育了一个孩子和新进入婚育年龄的人群。前一部分人群的年龄差异较大，年龄较大者占很大比例。根据样本数据的计算，这部分妇女中，35 岁及以上占 65％，40 岁及以上占 45％。不同时期积累的已生育了一孩的妇女在两孩政策实施后，有意愿生育二孩的会很大程度上同时生育二孩，带来不同年龄妇女二孩生育率的同时上升。图 10-2 显示，两孩政策实施后，除了两个最低年龄组，其他 25 岁及以上的 5 个年龄组都出现了二孩生育率上升。上升的绝对量最大的是 30～34 岁和 35～39 岁年龄组，而上升的相对量最大的是 40～45 岁组。40 岁以上的妇女即使有二孩生育意愿，也因生育能力的降低而常常无法实现。25～39 岁各年龄组因两孩政策带来的生育水平上升，基本上达到了总体生育率 2.5～3.0 情况下的分年龄二孩生育率水平。

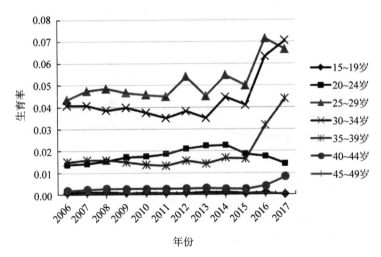

图 10-2　2006—2017 年中国分年龄二孩生育率

　　从妇女的其他社会经济特征看，具有与低生育率相联系的特征的妇女，往往是两孩政策收效更大的群体。一般说来，城镇地区、较高的受教育程度、国有单位工作、较高的收入等是与低生育率相联系的。她们在"一孩政策"时期，受到的生育控制更为严格，生育率更低。两孩政策实施后，对她们的影响也更大。而本来的高生育率群体，她们的生育行为受生育政策的约束较小，两孩政策的影响就不会大。图 10-3 至图 10-6 分别对比了城乡、不同受教育程度、不同职业和不同收入群体的二孩生育率。

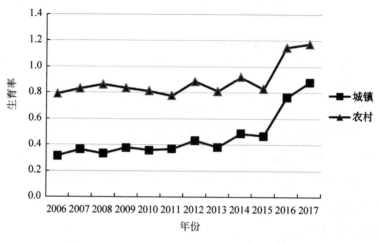

图 10-3　2006—2017 年中国分城乡二孩生育率

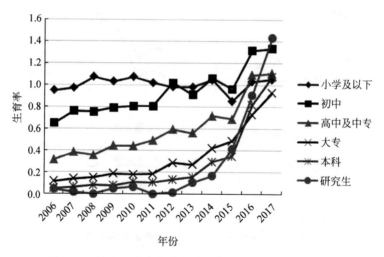

图 10-4　2006—2017 年中国分受教育程度的二孩生育率

两孩政策同时带来了城乡二孩生育率的明显提升(图 10-3)。农村二孩生育率由 2015 年的 0.82 上升到 2017 年的 1.17,城镇二孩生育率由 2015 年的 0.47 上升到 2017 年的 0.88。城乡的二孩生育率升幅接近,城镇的升幅略高于农村。分受教育程度的二孩生育率在两孩政策之前与生育率之间呈现负相关,即受教育程度越高的妇女,生育率越低,到受教育程度为研究生的群体,二孩生育率几乎为 0。两孩政策实施后,二孩生育率的上升幅度与受教育程度之间呈现出正相关关系。从图 10-4 观察到,最高受教育程度(研究生)的妇女不仅上升速度最快、幅度最大,而且 2017 年达到了受各类教育程度妇女中最高的水平。进一步观察,最低受教育程度(小学及以下)的妇女的二孩生育率始终在 1 左右,说明她们一直都在生二个孩子。受其他教育程度的妇女从 2006 年以来,二孩生育率基本上都是在上升之中,前期缓慢上升,后期加快,特别是两孩政策以来突然加速(从单独两孩政策到全面两孩政策出现升幅不断提高)。一般说来,受教育程度越高的妇女生育意愿也越低,同时受到生育政策的限制越强,而且她们的婚育年龄也越大,因而两孩政策实施后,呈现出更快的补偿二孩生育和更大的生育堆积趋势。

分职业的二孩生育率及上升幅度也呈现巨大差异(图 10-5)。如果把六种职业划分为脑力劳动(单位负责人、专业技术人员和办事及有关人员)和体力劳动(商业服务业人员、工业人员和农业人员)两大类,则在两孩政策实施之前,脑力劳动群体的二孩生育率明显低于体力劳动群体。两孩政策使得脑力劳动群体的二孩生育率大幅度提高,而对于体力劳动群体而言,农业人员略有上升,商业服务业人员基本没变,工业人员却出现下降。实际上,对比图 10-4 和图 10-5,这两者具有紧密的联系。脑力劳动群体绝大多数具有较高的受教育程度,体力劳动群体则相反。从样本数据中计算,脑力劳动群体中,75% 具有大专及以上的受教育程度;而体力劳动群体中,90% 是高中及以下受教育程度。所以,图 10-4 中的较高受教育程度妇女/较低受教育程度妇女和图 10-5 中的脑力劳动群体/体力劳动群体,实际上在很大程度上是相同的人群,她们的二孩生育率变化反映的是一回事。另外,分职业的二孩生育率差异也在很大程度上反映了从业者单位性质的作用。样本数据显示,单位负责人、专业技术人员和办事及有关人员主要在国有单位工作,包括党政机关、人民团体、国有事业单位和国有企业,所占比例接近 60%。而国有单位更加生育友好,在实行国家政策,比如产假和生育保险制度,托幼服务,乃至招聘中的性别平等各方面都会做得更好,从而更有利于促进夫妇的工作家庭平衡,更有利于夫妇实现二孩生育意愿。

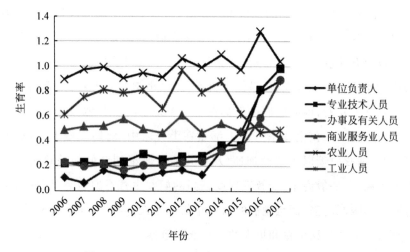

图 10-5　2006—2017 年中国分职业的二孩生育率

收入增加曾经是生育率下降的重要因素。但是在养育孩子的成本和经济压力不断上升的趋势下,收入增加已然成为促进生育率的因素。图 10-6 展示了家庭总收入与二孩生育率之间的关系。可以看出,两孩政策实施后,二孩生育率上升最快、上升到最高水平的是高收入群体。同时,最低收入群体

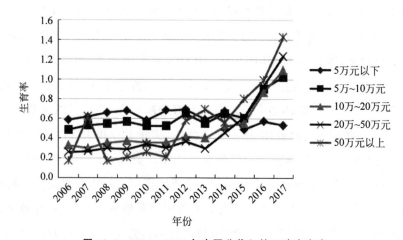

图 10-6　2006—2017 年中国分收入的二孩生育率

二孩生育率反而出现下降。2017 年生育调查中询问了不打算(再)生育的原因,被调查者选择不打算(再)生育的首要原因是"经济负担重",而且是一个具有压倒性重要的原因。可见,收入已经成为影响二孩生育最重要的因素。

住房与生育率的关系在西方国家已有不少研究。根据生育率经济学理论,住房与生育率存在紧密的关系(Becker 1960;Becker 1965;Willis 1973)。夫妇的家庭效用最大化取决于收入和时间约束。住房作为一种生育孩子的主要成本纳入家庭生产函数,成为影响生育率的重要因素。因此,房价上涨既可以通过孩子成本的提高而降低对孩子的需求,导致生育率下降,也可以通过增加家庭财富促进对孩子的需求,带来生育率上升。在不同国家这两种正反效应都得到了验证。对于初次购房或者想将现有住房更换为更大住房的群体,房价上涨对其生育率具有负面影响;而对于有房并无须换房群体,房价上涨对其生育率会产生正面影响,房主住房财富的增加提高了生育可能性(Lovenheim and Mumford,2010;Dettling and Kearney,2011)。由于住房是生育的重要条件,当能够为孩子提供更好的居住条件和生活环境时,人们更愿意选择生育。图 10-7 中住房面积与二孩生育率的关系印证了这一点。当然这里不存在购不购房对生育的影响问题,而是在已有房子的情况下显示住房面积越大、二孩生育率越高的趋势。一般,住房面积越大也代表收入越高的可能性越大。同时,在房价较高和继续上涨的情况下,也代表家庭财富的增加。这在"经济负担重"成为人们不打算(再)生育的主导因素情况下,成为促进二孩生育率提高的重要因素。实际上,图 10-7 显示,住房面积较大的群体,一直都是二孩生育率较高的群体,也是两孩政策实施后二孩生育率上升更快、达到水平最高的群体。住房面积最小的群体(50 平方米以下),在二孩政策实施前并不是二孩生育率最低的,但是二孩政策实施后,其二孩生育率不升反降。这也可以从另一个侧面反映了在现阶段中国社会,经济因素已经成为生育二孩的主要决定因素。

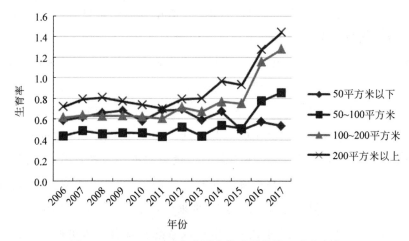

图 10-7　2006—2017 年中国分住房面积的二孩生育率

三、二孩生育的影响因素

上一部分描述了二孩生育的人群特征,但是一些特征之间是存在较高相关性的。为了考察上述影响因素的独立作用,本部分进行回归分析。使用方法为离散时间 Logit 模型,这一方法可以避免比例风险的假定。以妇女个人记录的数据,需要转换为人年记录的数据。因变量就是各个人年上是否发生了二孩生育。自变量包括宏观层面的变量区域(六大行政区,以东北为参照类)和城乡居住地(以农村为参照类),中观家庭层面的变量家庭总收入(以 10 万元以下作为参照类)和住房面积(以 50 平方米以下作为参照类),以及微观个人层面的变量年龄(连续变量)、受教育程度(以小学及以下作为参照类)、职业(以工业人员为参照类)、工作单位性质(以非国有单位为参照类)、第一个孩子的年龄(连续变量)和性别(以女孩为参照类),以及理想生育子女数(连续变量)。

表 10-1 展示了二孩生育影响因素的回归模型结果,包含了两个模型:

表 10-1　中国二孩生育的影响因素

项目		全体妇女			原政策不允许生二孩的妇女		
		系数	标准误差	发生比率	系数	标准误差	发生比率
年龄		-0.113	0.019	0.893***	0.716	0.057	2.045***
年龄平方		0.001	0.000	1.001***	-0.013	0.001	0.987***
民族	汉族	-0.038	0.015	0.963**	0.031	0.133	1.032
受教育程度	初中	-0.137	0.012	0.872***	0.421	0.127	1.524***
	高中	-0.448	0.025	0.639***	0.501	0.136	1.650***
	大专	-0.771	0.047	0.463***	0.421	0.146	1.524**
	本科	-0.922	0.064	0.398***	0.685	0.152	1.983***
	研究生	-1.244	0.293	0.288***	1.061	0.188	2.888***
职业	单位负责人	-0.046	0.080	0.955	0.342	0.142	1.408**
	专业技术人员	0.019	0.037	1.019	0.333	0.107	1.395**
	办事及有关人员	-0.173	0.042	0.841***	0.192	0.107	1.212+
	商业服务人员	0.028	0.021	1.029	0.081	0.094	1.085
	农业人员	0.158	0.019	1.171***	0.940	0.104	2.559***
工作单位性质	国有单位	-0.247	0.029	0.781***	0.183	0.062	1.201**
一孩生育年龄		-0.037	0.002	0.964***	-0.024	0.009	0.976**
一孩性别	女孩	0.345	0.010	1.411***	0.181	0.047	1.198***
理想子女数		0.011	0.002	1.011***	0.015	0.006	1.015**
家庭总收入	10万~20万元	-0.157	0.023	0.855***	0.029	0.055	1.030
	20万~50万元	-0.117	0.049	0.889**	0.098	0.078	1.102
	50万元以上	-0.054	0.141	0.948	0.395	0.171	1.485*

续表

项目		全体妇女			原政策不允许生二孩的妇女		
		系数	标准误差	发生比率	系数	标准误差	发生比率
住房面积	50~100平方米	-0.176	0.023	0.839***	-0.033	0.099	0.967
	100~200平方米	-0.080	0.022	0.923***	0.273	0.097	1.314**
	200平方米以上	-0.047	0.024	0.954*	0.337	0.112	1.401**
城乡	城镇	-0.264	0.017	0.768***	-0.003	0.063	0.997
区域	华北	0.561	0.027	1.753***	1.111	0.135	3.037***
	华东	0.491	0.026	1.635***	1.306	0.128	3.690***
	中南	0.741	0.025	2.098***	1.643	0.129	5.171***
	西南	0.607	0.026	1.835***	1.360	0.138	3.894***
	西北	0.670	0.027	1.954***	1.133	0.150	3.104***
常数项		-0.042	0.390	0.959	-16.115	0.957	0.000***

注：*** 表示在 0.001 的水平上统计显著，** 表示在 0.01 的水平上统计显著，* 表示在 0.05 的水平上统计显著。

一个是全体妇女模型,即全体妇女在 2006—2017 年间生育二孩的影响因素;另一个是原政策不允许而两孩政策实施后才能生育二孩的妇女,她们在 2016—2017 年间生育二孩的影响因素。对比这两类群体的结果,既反映了二孩生育影响因素的一些规律,更反映了明显的差异。对二孩生育影响方向相同的因素是宏观层面的变量城乡居住地和按六大行政区划分的居住地。城乡居住地的影响表明,城镇妇女的二孩生育率低于农村妇女,但是对于全体妇女,这种影响是显著的,而对于二孩政策下才能生育二孩的妇女却是不显著的。也就是说,两孩政策的实施使得原本存在显著城乡差异的二孩生育率变得不再显著,主要的原因就是城镇妇女二孩生育率的显著提高。这也表明两孩政策在城镇地区具有更为明显的效果。六大区域的结果表明,与东北地区相比,其他区域的二孩生育率更高,而两孩政策实施后,其他地区二孩生育率的上升幅度更是大大超过东北地区。

个人层面的影响因素对二孩生育率具有相同的影响方向,就是第一个孩子的生育年龄、第一个孩子的性别,以及妇女的理想子女数。第一个孩子的生育年龄是负向影响,即第一个孩子的生育年龄越大,妇女的二孩生育率越低。第一个孩子生育年龄越大的妇女,往往也是年龄越大的妇女,其生育意愿和生育能力往往也越低。第一个孩子的性别对妇女是否生育二孩具有显著影响。对于全体妇女而言,相比于第一个孩子是男孩的妇女,第一个孩子是女孩的妇女生育二孩的可能性高出 40%;而对于两孩政策下才能生育二孩的妇女要高出 20%。这与以往的一些研究结果是类似的,表明性别偏好仍然是影响二孩生育的重要因素(陈卫,靳永爱,2014)。强烈的男孩偏好依然在当前的中国存在。国家统计局的人口普查和人口抽样调查数据也显示,尽管出生性别比已经连续多年在发生下降,但是目前仍然处在世界各国中的最高水平。再一个具有共同影响方向的个体因素是理想生育子女数。这是显而易见的,就是理想子女数越高的妇女,越可能发生二孩生育。不过,这种影响虽然显著,但是实际的影响量不是很大,基本上就是理想子女数每增加一个,妇女生育二孩的可能性提高仅约 1%。

在中观家庭层面和其他微观个体层面的影响因素上,全体妇女和两孩政策下才能生育二孩的妇女之间存在很大差异,甚至是截然相反的影响。年龄对二孩生育的影响不是线性的,实际上各孩次的分年龄生育率都是表现为两头低、中间高的特点。通过年龄和年龄平方纳入模型的检验,二者的结果都是显著的,就表明年龄的影响是非线性的。对于全体妇女而言,年龄越大,生育二孩的可能性越小;而对于二孩政策下才能生育二孩的妇女,年龄越大,生育二孩的可能性也越大。这是可以理解的。因为两孩政策下才能生育二孩的妇女因原政策的长期限制往往年龄也越大,样本数据显示这一群体中 40 岁及以上的就占到 45%。长期堆积而未能生育二孩的妇女在两孩政策实施后,出现二孩生育"喷发",于是形成了年龄越大反而生育二孩可能性越大的趋势。

民族也对生育率产生显著影响。因社会经济发展水平、居住区域和计划生育政策的不同,少数民族往往具有更高的生育率。对于全体妇女而言,汉族妇女的二孩生育率显著低于少数民族妇女,不过也只是低 4% 左右。对于两孩政策下才能生育二孩的妇女,民族的影响不显著了,尽管汉族妇女生育二孩的可能性略高。

受教育程度在国内外研究中一直被证实对生育率具有显著影响,往往是个人特征中最重要的影响因素。表 10-1 中的结果也的确显示受教育程度对妇女二孩生育率具有强烈的影响。但是很有意思的是,对于全体妇女两孩政策下才能生育二孩的妇女,受教育程度的影响是截然相反的。对于全体妇女,受教育程度越高,生育二孩的可能性越低,受大专、本科和研究生教育程度群体二孩生育的可能性要比小学及以下群体分别低 54%、60% 和 71%。而对于两孩政策下才能生育二孩的妇女,受教育程度表现的是正向影响,受教育程度越高,有生育二孩的可能性也越高。受大专、本科和研究生教育程度群体二孩生育的可能性分别是小学及以下群体的 1.5 倍、2 倍和 3 倍。这也进一步验证了图 10-4 中的结果。

职业和工作单位性质对两类妇女二孩生育的影响也基本表现出相反的趋势。这与受教育程度也是存在很大关系的。脑力劳动群体往往受教育程度更高,生育率趋向于更低,对于全体妇女基本如此。不过,三类脑力劳动职业中,只有办事及有关人员显著低于工业人员的二孩生育率,单位负责人和专业技术人员没有表现出与工业人员的显著差异,也许与全体妇女中包括了两孩政策下才能生育二孩的妇女有关,因为工业人员的二孩生育率2014年以后大幅度下降,存在着缩小差异的作用。对于全体妇女,国有单位工作的妇女二孩生育的可能性显著更低,比非国有单位工作的妇女要低22%。对于两孩政策下才能生育二孩的妇女,这些因素的影响就更明显和强烈。三类脑力劳动职业的妇女与工业人员相比都具有显著更高的二孩生育率,特别是单位负责人和专业技术人员的二孩生育可能性都要高出40%。在国有单位工作的妇女比非国有单位工作的妇女高出20%。另外,农业人员始终都是二孩生育率最高的人群。需要提出的是,虽然受教育程度、职业和工作单位性质三者在很大程度上具有较高的相关性,使得它们之间表现出较为稳定一致的作用,但是表10-1中的结果是在它们之间得到相互控制后表现出的差异模式,表明了它们各自的独立影响。

中观家庭层面的因素在两类妇女群体中也呈现出非常不同的影响模式。对于全体妇女,家庭总收入和住房面积都显示负向影响,但是与二孩生育率的关系不是单调递减的,而是呈现U形关系,即随着收入上升和住房面积增加,二孩生育率先下降,然后又上升。这种经济与生育的关系在别的研究中也得到证实(陈卫和靳永爱2014)。不过,对于两孩政策下才能生育二孩的妇女,家庭总收入和住房面积基本上显示单调正向影响,只是到了高收入和高住房面积的条件下才出现显著的影响。收入的系数逐渐增大,到了50万元及以上才有显著的影响,她们比10万元以下群体生育二孩的可能性要高出40%。住房面积到了100平方米以上具有显著影响,100~200平方米的家庭和200平方米及以上的家庭分别比50平方米以下的家庭生育二孩的可能性高出31%和40%。这再一次证实在当下中国社会,经济因素成为生育二孩的决定性因素。

四、小　　结

毫无疑问,两孩政策的实施大幅度提升了中国的二孩生育水平。同时,两孩政策效应在不同人群之间存在巨大差异。对于以往与生育率呈现负相关的因素,诸如年龄、受教育程度、职业、工作单位性质、收入、住房面积,在两孩政策下却呈现出正相关关系。最高受教育程度、最高收入和最高住房面积的群体,二孩生育率的提升是惊人的,表现出巨大的生育堆积。而最低受教育程度、最低收入和最低住房面积的群体,因原来的二孩生育率就比较高,两孩政策实际上没有影响,甚至二孩生育率出现下降。这表明在现阶段中国社会,经济因素已经成为二孩生育的决定性因素。与2017年生育调查中获得的不打算(再)生育的主导因素是"经济负担重"存在高度一致性。同时,还要看到,职业为单位负责人、专业技术人员和办事及有关人员或者相对应的在国有单位工作的人群,也具有更高的二孩生育率。这也表明更可能使得或更有利于促进工作家庭平衡的工作性质和单位性质,也是提升二孩生育率的重要因素。所以,设计和完善从经济和制度进行两手抓的社会支持政策体系将有利于生育率的提升。发达国家的经验也证实了这一点。

但是必须强调,两孩政策下二孩生育率的突然提升就像火山喷发一样,是积蓄了很久的势能的突然释放,纵使耀眼,也许就是转瞬即逝。两孩政策的短期效应即便达到预期,长期效应仍充满不确定,也无法乐观。一个重要原因就是进入21世纪以来女性初婚年龄的持续推迟,近年来女性初婚率的大幅度下降。这是一场静悄悄的革命,有可能将生育政策调整毁于无形之中。因为还要看到,从2020年到大约2030年间,新进入婚育年龄的都是1990—2005年间的出生队列,而这正是我国生育率大幅度下降到更替水平以下,并长期处于低迷的时期。这些新进入婚育年龄的人群规模迅速缩小,又加上他们在不断推迟初婚年龄,必然由初婚率初育率的下降和低迷导致二孩生育率的下降和更加低迷。因此,在生育政策进一步调整完善以及社会支持政策体系设计中,必须把促进婚姻也纳入进来。中国到目前为止仍然是普婚社会,西方学者曾经认为中国是对婚姻转变理论的最大挑战。但是从近年来的重大变化趋势看,虽然中国的婚姻革命开始较晚,但很可能会以更快的速度推进。必须尽快进行生育政策的进一步调整完善,构建能强有力地促进婚姻和生育的政策和制度体系,否则中国很难避免陷入极低生育率的巨大风险。

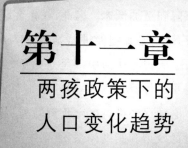

第十一章
两孩政策下的人口变化趋势

　　人口态势是拟定经济社会战略规划、制订资源环境政策方案的关键考量因素。不少学者对生育政策调整后的人口变化趋势进行估计,杨舸(2016)假定未来维持全面两孩人口政策不变的情况下对2016—2050年人口变化进行预测;孙明哲(2014)使用六普数据预测2011—2062年间我国人口规模的变化趋势;王金营、戈艳霞(2016)运用分家庭类型的分年龄别孩次递进生育率模型测算政策影响下的目标群体和出生人口,得出2010—2100年生育水平和生育模式,来预测未来人口发展趋势。也有学者研究政策的调整对不同年龄结构的影响,翟振武、李龙、陈佳鞠(2016)使用分人群分要素回推预测法,测算全面放开二孩后的目标人群和新增出生人口;罗雅楠、程云飞、郑晓瑛(2016)利用多状态人口预测模型对2010—2030年间我国人力资本趋势变化进行分城乡分性别预测;顾和军、李青(2017)预测2017—2050年间全面两孩政策对我国劳动年龄人口数量和结构的影响;孟令国等(2016)采用Leslie人口预测模型分析全面两孩政策后对人口老龄化的影响;陈宁(2017)采用年龄移算和队列要素分析法对2016—2065年全面两孩政策影响人口老龄化的效应进行实证研究;翟振武等(2017)预测21世纪的老龄化变动趋势。总体来说,大家基本得出较为一致的结论,即全面两孩政策的调整会提高人口峰值,但并不会带来出生率的猛增和人口数量的剧烈反弹,虽然在一定程度控制人口负增长的态势,但不会改变未来我国总人口规模持续减少的趋势,虽然有利于缓解老龄化速度,但老龄化程度逐步加深的趋势不会扭转,甚至全面两孩政策的实施加重了整个社会的总抚养负担。

人口预测不论是从研究角度还是从现实角度都有着重要的意义,但预测是基于假设的基础之上,充满了不确定性,随着数据的更新以及与人口相关因素的变动,需要不断对预测参数调整、完善,最大限度提高预测的准确性。因此,本研究结合"全面两孩"政策后的生育变化以及经济社会发展等影响因素,对我国 2015—2100 年人口发展趋势进行预测,并分析 21 世纪中国人口规模、人口结构以及抚养比等方面的变化趋势,为后面章节中评估两孩政策对经济社会的影响提供基础性数据。

一、数据与方法

本研究使用 2015 年全国 1‰人口抽样调查数据,采用队列要素法,借助 PADIS-TNT 软件预测我国 2015—2100 年间人口规模、结构等变化趋势,最终得到低、中、高三套方案,具体的参数设定如下。

(一) 起始人口

由于 2015 年是实施"全面两孩"政策的起点,所以本研究的预测将 2015 年全国的 1‰人口抽样调查数据作为基年数据,其分年龄、分性别的人口数据作为人口预测的起始人口。

(二) 死亡参数

死亡参数的设定分为死亡水平和死亡模式两部分。其中,死亡水平主要是用平均预期寿命来衡量。起始数据来自 2015 年国家统计局公布的人口平均预期寿命,即男性为 73.64 岁,女性为 79.43 岁,之后每年的预期寿命按照联合国的快速增长方案设定。死亡模式采用寇尔－德曼模型生命表西区模式。

(三)生育参数

生育参数是人口预测中最为重要的参数,生育参数包括生育水平和生育模式两部分。在对总和生育率设定的过程中,需要确定基年的总和生育率,也要对未来历年的总和生育率作出假设。

关于我国的总和生育率一直是社会各界关注的焦点。2010 年,"六普"数据显示我国总和生育率仅为 1.18,这已经处于极低生育水平,不少学者对此质疑,并采用不同方法进行估计。综上,学者们对 2010 年以来我国的总和生育率的估计值基本都在 1.5～1.7 之间。

对于 2015 年以后的总和生育率的估计中,也有不少学者在相关的预测研究中设定了不同值。孙明哲(2014)分别将总和生育率设定为 1.3、1.44、1.8和 2.3 来比较不同生育水平对我国未来 50 年人口规模的影响;杨舸(2016)将 2020 年以后的总和生育率设定为 1.7 和 1.9 两个方案进行预测;陈宁(2017)预测时将总和生育率设定为 1.6、1.9 和 2.1;顾和军、李青(2017)将2020—2025 年总和生育率的低、中、高方案分别设定为 1.64、1.85、1.75,之后总和生育率每 5 年提升 0.02,直至 2050 年;王金营(2016)则分城乡、分阶段对我国 2010—2100 年总和生育率进行更详细的设定。

本研究考虑现有的研究成果,将 2015 年的总和生育率设定为 1.6。对于2016—2100 年的总和生育率分 3 个方案进行设定。低方案是假设不实行"全面两孩"政策,其总和生育率由 2015 年的 1.6 降到 2035 年的 1.35,以后保持不变至 2100 年;中、高方案是 2015—2018 年的实际情况,即生育率上升,然后下降,然后再上升,其中,中方案假设总和生育率由 2015 年的 1.6,在2016—2017 年上升到 1.7,然后再下降到 2035 年的 1.6,2035 年以后保持

1.6 不变至 2100 年；高方案在中方案的基础上,总和生育率上升到 2035 年的 1.85,以后保持不变至 2100 年。其他年份采用内插法得到。本研究对 2015 年全国 1‰抽样调查汇总的年龄别生育率进行调整作为预测期间的生育模式。

（四）出生性别比

国际公认的正常出生性别比水平在 103～107 之间。我国出生性别比长期处于偏高水平,特别是在实行"独生子女"政策之后,生育空间被压缩从而大大提高了出生性别比。但是进入 21 世纪 10 年代以来,我国出生性别比处于连续下降趋势之中,考虑到生育政策的松动以及经济社会发展和文化观念的转变等多种因素,本研究设定在 2025 年我国出生性别比回归正常水平 107,以后保持不变。

（五）迁移水平

我国并非移民国家,每年的国际迁移量比较小,特别是相对于庞大的人口基数而言,几乎是微不足道的,且国际迁移数据难以获得,将国际净迁移人口忽略不计不会影响预测结果。

二、中国总人口的变化趋势

表 11-1 为 2015—2100 年中国总人口规模低、中、高方案的预测结果。低方案呈现的是在不实施"全面两孩"政策的情况下未来我国的人口规模,结果显示,如果不放开生育政策,我国在 2023 年人口会达到峰值,大约 14.04 亿

人,之后开始出现负增长并持续降低,在 21 世纪中期跌破 12 亿,在 2073 年跌破 10 亿,在 2100 年降到 6.84 亿。中方案是将 2035 年以后的总和生育率假定为 1.6 进行预测,结果显示,在 2024 年,我国的总人口达到峰值,为 14.09 亿人,之后平稳下降,在 2036 年跌破 14 亿,2053 年跌破 13 亿,2083 年降到 10 亿以下,最终在 2100 年降至 8.63 亿人。高方案是假定 2035 年以后总和生育率为 1.85,预测结果显示,如果保持 1.85 的总和生育率,在 2034 年将会达到我国人口的高峰,为 14.16 亿人,与前两个方案一样,在达到高峰后会逐步下降,在 2045 年会跌破 14 亿,2059 年跌破 13 亿,2074 年跌破 12 亿,在 2100 年我国总人口将降至 10.60 亿人,但 21 世纪人口总量始终会在 10 亿以上。

表 11-1　2015—2100 年我国总人口规模低、中、高方案的预测结果　　　亿人

年份	低方案	中方案	高方案	年份	低方案	中方案	高方案
2015	13.75	13.75	13.75	2037	13.71	13.97	14.16
2016	13.83	13.83	13.83	2038	13.67	13.95	14.16
2017	13.91	13.91	13.91	2039	13.62	13.92	14.15
2018	13.96	13.96	13.96	2040	13.57	13.88	14.13
2019	13.99	14.00	14.00	2041	13.51	13.84	14.11
2020	14.02	14.03	14.03	2042	13.44	13.80	14.08
2021	14.03	14.05	14.06	2043	13.37	13.74	14.05
2022	14.04	14.07	14.08	2044	13.29	13.68	14.01
2023	14.04	14.08	14.10	2045	13.20	13.62	13.96
2024	14.03	14.09	14.11	2046	13.11	13.54	13.90
2025	14.02	14.09	14.12	2047	13.01	13.47	13.84
2026	14.01	14.09	14.12	2048	12.90	13.38	13.78
2027	13.99	14.08	14.13	2049	12.80	13.30	13.71
2028	13.97	14.08	14.13	2050	12.68	13.20	13.64
2029	13.95	14.07	14.13	2051	12.57	13.11	13.56
2030	13.93	14.06	14.14	2052	12.45	13.01	13.49
2031	13.91	14.05	14.14	2053	12.33	12.91	13.41
2032	13.88	14.05	14.15	2054	12.20	12.81	13.33
2033	13.85	14.04	14.15	2055	12.08	12.71	13.26
2034	13.82	14.02	14.16	2056	11.96	12.61	13.18
2035	13.79	14.01	14.16	2057	11.83	12.51	13.11
2036	13.75	13.99	14.16	2058	11.71	12.41	13.03

年份	低方案	中方案	高方案	年份	低方案	中方案	高方案
2059	11.58	12.31	12.97	2080	8.98	10.25	11.52
2060	11.46	12.22	12.90	2081	8.86	10.16	11.46
2061	11.34	12.12	12.83	2082	8.74	10.07	11.40
2062	11.22	12.03	12.77	2083	8.63	9.98	11.35
2063	11.10	11.93	12.70	2084	8.52	9.89	11.30
2064	10.98	11.84	12.64	2085	8.41	9.81	11.25
2065	10.86	11.75	12.58	2086	8.30	9.73	11.21
2066	10.74	11.66	12.52	2087	8.20	9.65	11.17
2067	10.62	11.56	12.45	2088	8.09	9.58	11.13
2068	10.50	11.47	12.39	2089	7.99	9.50	11.09
2069	10.38	11.37	12.32	2090	7.89	9.43	11.05
2070	10.25	11.27	12.25	2091	7.79	9.35	11.01
2071	10.13	11.17	12.18	2092	7.68	9.27	10.97
2072	10.00	11.07	12.10	2093	7.58	9.20	10.93
2073	9.87	10.97	12.03	2094	7.48	9.12	10.88
2074	9.75	10.86	11.95	2095	7.37	9.04	10.84
2075	9.62	10.76	11.88	2096	7.27	8.96	10.79
2076	9.49	10.66	11.80	2097	7.16	8.88	10.75
2077	9.36	10.55	11.73	2098	7.05	8.79	10.70
2078	9.23	10.45	11.66	2099	6.95	8.71	10.65
2079	9.11	10.35	11.59	2100	6.84	8.63	10.60

图 11-1 的折线图更加清晰地展现了 2015—2100 年我国总人口规模的变化趋势,低、中、高方案变化趋势是相同的,都是经历小幅度上升之后逐步下降,只是变化的时间节点以及下降速度不同。相比于低方案中不实施"全面两孩"政策而言,到 2100 年,中方案比低方案多 1.79 亿人,高方案比低方案多3.76 亿人。虽然政策的调整会推迟人口高峰期,但未来人口负增长的趋势不会变。

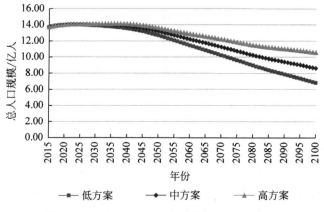

图 11-1　2015—2100 年中国总人口变化趋势图

三、少儿人口变化趋势

人口学中常将总人口按年龄分为 3 个主要年龄组：少儿人口（0～14 岁）、劳动年龄人口（15～59 岁或 15～64 岁）和老年人口（60 岁以上或 65 岁以上）。其中，少儿人口一直是人口学领域关注的焦点之一，少儿组是人口发展的开端，其多寡直接影响到未来的人口规模和国家可持续发展。生育政策主要是直接作用于出生人口，因而"全面两孩"政策的实施最先受到影响的就是 0～14 岁的少儿组。

图 11-2 和图 11-3 分别展现了 2015—2100 年我国 0～14 岁少儿人口规模和比例变化趋势，与总人口变化趋势不同的是，未来我国少儿人口规模呈现波动性变化，并最终呈下降趋势。在 2018 年，也是实施"全面两孩"政策的第 3 年，我国少儿人口规模达到最大值，约为 2.56 亿人，占总人口比例的 18.35%。"单独两孩"和"全面两孩"政策的相继实施让积压多年的生育势能开始爆发，生育堆积效应带来了人口规模的高峰，之后，这种生育势能逐步消

退,人口进入负增长期。较为特殊的是,少儿组人口规模除了受生育政策的影响,也受育龄妇女规模的影响,20 世纪 60 年代的出生队列是在婴儿潮时期出生,随着时间推移,20 世纪六七十年代的出生队列逐步退出育龄期,取而代之的是 1980 年以后的出生队列,而这批人是在严格的计划生育政策下成长起来的,直接缩减了育龄人群规模,所以,即使实施"全面两孩"政策,育龄规模的缩减直接导致未来出生规模的下降,曾经的婴儿潮和婴儿荒的出生人口交替进入育龄期,也会导致未来出生人口的波动变化,所以,未来少儿组的变化趋势将是在波动中下降。

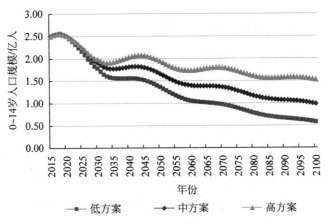

图 11-2　2015—2100 年中国 0～14 岁少儿人口规模变化趋势图

　　我国少儿人口总量继 2018 年达到峰值后开始迅速下降,如果不实施"全面两孩"政策(低方案),2037 年将迎来我国少儿人口规模的第一个波谷,为 1.55 亿人,占人口总量的 11.34%;如果总和生育率在 2035—2100 年间保持在 1.6 的水平(中方案),少儿人口的第一个波谷虽然提前两年出现,但下降幅度比前者小,在 2035 年降至 1.77 亿,占比 12.65%;若 2035—2100 年间总和生育率稳定在 1.85,那么我国少儿人口的第一个波谷发生在 2033 年,约为 1.9 亿人,占比 13.44%,虽然中、高方案的低谷比低方案出现得早,但分别比低方案多 0.22 亿人和 0.35 亿人。在第一次波谷出现之后,由于

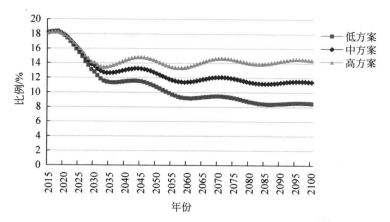

图 11-3　2015—2100 年中国 0～14 岁少儿人口比例变化趋势

受到育龄妇女规模的影响,我国少儿人口规模开始呈现回升趋势,低方案中的回升期较短,在 2039—2041 年间维持在 1.56 亿人左右之后再次下降,在 2068 年跌破 1 亿,占总人口比例不足 10%,直至 21 世纪末我国少儿人口降到 0.58 亿,占比 8.48%;中方案在 2041 年提高至 1.82 亿人并持续两年之后开始走低,在 2100 年跌破 1 亿,少儿人口规模降至 0.98 亿人,占比 11.41%;而高方案在 2043—2045 年间提升至 2.07 亿人后继续下降,在 2060 年达到第二个波谷,为 1.73 亿人,之后缓慢回升,在 2067 年达到 1.8 亿之后再次下降,在 2090 年再次出现小幅度回升后,最终在 2100 年我国少儿人口降到 1.53 亿人,占总人口的 14.39%。相比于低方案和中方案,高方案的波动持续时间更久。与不实施“全面两孩”政策相比,到 2100 年,实施此政策可能至少让我国少儿组多 0.4 亿人,如果按照 1.85 的总和生育率持续到 21 世纪末,我国少儿组人口可能会多 0.95 亿人,将近 1 亿的人口规模差异势必会对我国的经济社会发展带来不同的影响(表 11-2)。

表11-2 2015—2100年中国0～14岁少儿人口规模和比例预测结果

年份	规模（亿人）/比例（%）			年份	规模（亿人）/比例（%）		
	低方案	中方案	高方案		低方案	中方案	高方案
2015	2.50/18.19	2.50/18.19	2.50/18.19	2036	1.56/11.33	1.77/12.68	1.94/13.69
2016	2.53/18.28	2.53/18.28	2.53/18.28	2037	1.55/11.34	1.78/12.74	1.96/13.85
2017	2.55/18.33	2.55/18.33	2.55/18.33	2038	1.55/11.37	1.79/12.83	1.99/14.02
2018	2.56/18.35	2.56/18.35	2.56/18.35	2039	1.56/11.43	1.80/12.93	2.01/14.20
2019	2.53/18.10	2.54/18.13	2.54/18.13	2040	1.56/11.48	1.81/13.03	2.03/14.38
2020	2.50/17.81	2.51/17.91	2.51/17.91	2041	1.56/11.53	1.82/13.12	2.05/14.53
2021	2.45/17.44	2.47/17.58	2.48/17.61	2042	1.55/11.56	1.82/13.19	2.06/14.66
2022	2.38/16.98	2.42/17.18	2.43/17.24	2043	1.55/11.57	1.82/13.24	2.07/14.75
2023	2.31/16.49	2.36/16.76	2.37/16.84	2044	1.53/11.54	1.81/13.25	2.07/14.80
2024	2.24/15.96	2.30/16.30	2.32/16.41	2045	1.51/11.48	1.80/13.22	2.07/14.81
2025	2.16/15.43	2.23/15.84	2.26/16.00	2046	1.49/11.38	1.78/13.15	2.05/14.77
2026	2.08/14.88	2.16/15.36	2.20/15.57	2047	1.46/11.25	1.76/13.05	2.03/14.69
2027	1.99/14.21	2.08/14.77	2.12/15.02	2048	1.43/11.10	1.73/12.92	2.01/14.58
2028	1.91/13.68	2.02/14.33	2.07/14.64	2049	1.40/10.92	1.70/12.76	1.98/14.43
2029	1.83/13.10	1.95/13.83	2.01/14.21	2050	1.36/10.73	1.66/12.58	1.94/14.26
2030	1.78/12.77	1.91/13.60	1.99/14.06	2051	1.32/10.52	1.62/12.38	1.91/14.07
2031	1.71/12.29	1.86/13.22	1.94/13.75	2052	1.28/10.31	1.59/12.19	1.87/13.88
2032	1.64/11.85	1.81/12.89	1.91/13.52	2053	1.24/10.10	1.55/12.00	1.84/13.71
2033	1.60/11.57	1.79/12.72	1.90/13.44	2054	1.21/9.89	1.52/11.83	1.81/13.56
2034	1.58/11.42	1.78/12.66	1.91/13.48	2055	1.17/9.71	1.49/11.68	1.78/13.44
2035	1.57/11.35	1.77/12.65	1.92/13.57	2056	1.14/9.54	1.46/11.56	1.76/13.35

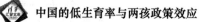

续表

年份	规模（亿人）/比例（%）		
	低方案	中方案	高方案
2057	1.11/9.40	1.43/11.47	1.74/13.31
2058	1.09/9.30	1.42/11.41	1.74/13.32
2059	1.07/9.23	1.40/11.39	1.73/13.36
2060	1.05/9.19	1.39/11.40	1.73/13.44
2061	1.04/9.18	1.39/11.44	1.74/13.55
2062	1.03/9.20	1.38/11.50	1.75/13.69
2063	1.02/9.23	1.38/11.58	1.76/13.84
2064	1.02/9.28	1.38/11.67	1.77/14.00
2065	1.01/9.33	1.38/11.77	1.78/14.15
2066	1.01/9.37	1.38/11.86	1.79/14.30
2067	1.00/9.41	1.38/11.93	1.80/14.43
2068	0.99/9.45	1.38/12.00	1.80/14.53
2069	0.98/9.47	1.37/12.04	1.80/14.61
2070	0.97/9.47	1.36/12.07	1.79/14.65
2071	0.96/9.45	1.35/12.07	1.79/14.67
2072	0.94/9.42	1.33/12.05	1.77/14.65
2073	0.92/9.37	1.32/12.00	1.76/14.61
2074	0.91/9.30	1.30/11.94	1.74/14.54
2075	0.89/9.22	1.28/11.86	1.72/14.46
2076	0.87/9.12	1.25/11.77	1.70/14.36
2077	0.84/9.02	1.23/11.67	1.67/14.26
2078	0.82/8.92	1.21/11.57	1.65/14.16

年份	规模（亿人）/比例（%）		
	低方案	中方案	高方案
2079	0.80/8.81	1.19/11.48	1.63/14.07
2080	0.78/8.71	1.17/11.39	1.61/13.99
2081	0.76/8.62	1.15/11.31	1.60/13.93
2082	0.75/8.55	1.13/11.25	1.58/13.89
2083	0.73/8.48	1.12/11.20	1.58/13.88
2084	0.72/8.43	1.11/11.18	1.57/13.89
2085	0.71/8.40	1.10/11.17	1.57/13.91
2086	0.70/8.38	1.09/11.18	1.57/13.96
2087	0.69/8.38	1.08/11.20	1.57/14.03
2088	0.68/8.39	1.08/11.24	1.57/14.10
2089	0.67/8.41	1.07/11.28	1.57/14.19
2090	0.67/8.44	1.07/11.33	1.58/14.27
2091	0.66/8.46	1.06/11.38	1.58/14.35
2092	0.65/8.49	1.06/11.42	1.58/14.42
2093	0.65/8.52	1.05/11.46	1.58/14.48
2094	0.64/8.54	1.05/11.49	1.58/14.52
2095	0.63/8.55	1.04/11.50	1.58/14.55
2096	0.62/8.56	1.03/11.51	1.57/14.55
2097	0.61/8.55	1.02/11.50	1.56/14.53
2098	0.60/8.54	1.01/11.48	1.55/14.50
2099	0.59/8.51	1.00/11.45	1.54/14.45
2100	0.58/8.48	0.98/11.41	1.53/14.39

四、劳动年龄人口变化趋势

在对老年人口的年龄进行界定时,国际上往往将 65 周岁设定为老年的年龄门槛,而我国则设定为 60 周岁,划分标准的不同直接影响到劳动年龄人口和老年人口两个年龄组的人口规模。本研究分别按照国内标准(15～59 周岁)和国际标准(15～64 周岁)来预测 2015—2100 年我国的劳动年龄人口规模和比例走势。

劳动年龄人口的规模和结构是分析经济活动的重要指标,用于衡量一个国家和地区潜在和实际的劳动力资源情况。图 11-4 和图 11-5 的折线图分别展示出 2015—2100 年我国 15～59 岁劳动年龄人口规模和比例呈现逐步下降的趋势。2015 年是本研究的起始年,也是在这 85 年的预测周期中劳动年龄人口规模最多的一年,达到 9.06 亿,占总人口的 65.92%,之后开始走低,在 2021 年出现小幅度提升、达到 9.02 亿人后,我国的劳动年龄人口彻底进入下行期。在 2036 年,劳动年龄人口跌破 8 亿人,低方案显示,在 2069 年跌破 5 亿,2079 年跌破 4 亿,直至 2100 年降低至 2.83 亿人,占总人口的 41.43%,

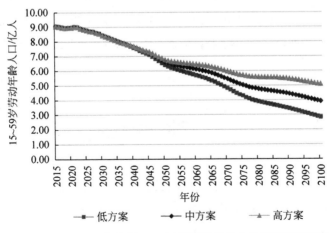

图 11-4　2015—2100 年中国 15～59 岁劳动年龄人口规模变化趋势图

比起峰值,规模缩减了 6.23 亿;中方案在 2076 年降至 5 亿以下,到 2100 年降到 3.92 亿,占比 45.43%;而高方案相对缓和,直至 21 世纪末我国劳动年龄人口规模一直在 5 亿以上,2100 年为 5.11 亿人,占比 48.24%,比峰值减少了 3.95 亿人(表 11-3)。

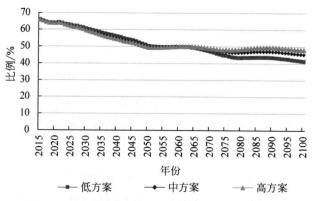

图 11-5　2015—2100 年中国 15～59 岁劳动年龄人口比例变化趋势图

在 2040 年前,生育政策的调整与否并未对劳动年龄人口产生显著的影响,但随着时间的推移,在政策调整下的出生队列移动到劳动年龄,政策带来的累积效应开始逐步明显,特别是到 21 世纪末期,实施"全面两孩"政策可以让我国劳动年龄人口规模大约多出 1.09 亿～2.28 亿人。

若按照国际标准将劳动年龄人口设定为 15～64 周岁,其变化趋势与 15～59 岁劳动年龄人口的变化趋势相同(图 11-6 和图 11-7),在 21 世纪,无论是按国内标准还是按国际标准,都改变不了我国劳动年龄人口规模逐步缩减的趋势。

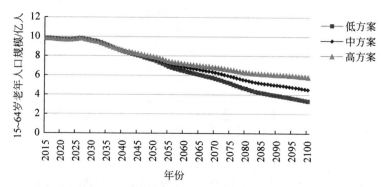

图 11-6　2015—2100 年中国 15～64 岁劳动年龄人口规模变化趋势图

表 11-3　2015—2100 年中国 15～59 岁劳动年龄人口规模预测结果

年份	规模（亿人）/比例（%）			年份	规模（亿人）/比例（%）		
	低方案	中方案	高方案		低方案	中方案	高方案
2015	9.06/65.92	9.06/65.92	9.06/65.92	2036	7.92/57.60	7.94/56.78	7.95/56.13
2016	9.03/65.29	9.03/65.29	9.03/65.29	2037	7.85/57.25	7.88/56.43	7.89/55.73
2017	8.99/64.62	8.99/64.62	8.99/64.62	2038	7.76/56.80	7.81/55.99	7.82/55.25
2018	8.95/64.10	8.95/64.10	8.95/64.10	2039	7.67/56.32	7.73/55.51	7.75/54.75
2019	8.97/64.10	8.97/64.08	8.97/64.07	2040	7.59/55.92	7.65/55.12	7.68/54.34
2020	8.98/64.07	8.98/64.00	8.98/63.99	2041	7.49/55.49	7.57/54.70	7.61/53.91
2021	9.02/64.31	9.02/64.20	9.02/64.18	2042	7.37/54.87	7.47/54.11	7.51/53.31
2022	8.99/64.06	8.99/63.90	8.99/63.86	2043	7.28/54.48	7.39/53.75	7.44/52.95
2023	8.90/63.37	8.90/63.17	8.90/63.11	2044	7.19/54.11	7.31/53.41	7.37/52.62
2024	8.84/63.00	8.84/62.74	8.84/62.66	2045	7.09/53.73	7.22/53.06	7.30/52.29
2025	8.78/62.60	8.78/62.30	8.78/62.18	2046	6.97/53.17	7.12/52.54	7.20/51.81
2026	8.71/62.21	8.71/61.86	8.71/61.71	2047	6.82/52.41	6.98/51.85	7.08/51.17
2027	8.70/62.15	8.70/61.74	8.70/61.56	2048	6.68/51.79	6.87/51.30	6.98/50.67
2028	8.61/61.59	8.61/61.13	8.61/61.90	2049	6.54/51.08	6.74/50.68	6.87/50.11
2029	8.54/61.24	8.54/60.72	8.54/60.45	2050	6.39/50.41	6.62/50.10	6.77/49.61
2030	8.43/60.50	8.43/59.93	8.43/59.61	2051	6.30/50.12	6.54/49.88	6.71/49.46
2031	8.35/60.07	8.35/59.43	8.35/59.06	2052	6.22/49.94	6.48/49.77	6.67/49.42
2032	8.28/59.64	8.28/58.94	8.28/58.51	2053	6.14/49.82	6.42/49.73	6.63/49.44
2033	8.19/59.14	8.19/58.37	8.19/57.88	2054	6.08/49.78	6.37/49.75	6.60/49.53
2034	8.10/58.60	8.10/57.79	8.10/57.25	2055	6.01/49.72	6.32/49.76	6.57/49.59
2035	8.01/58.09	8.02/57.28	8.03/56.68	2056	5.95/49.73	6.28/49.82	6.55/49.70

续表

年份	规模（亿人）/比例（%）		
	低方案	中方案	高方案
2057	5.89/49.76	6.24/49.91	6.53/49.82
2058	5.83/49.76	6.20/49.98	6.51/49.91
2059	5.77/49.81	6.17/50.08	6.49/50.04
2060	5.71/49.78	6.12/50.11	6.46/50.09
2061	5.64/49.74	6.08/50.14	6.43/50.15
2062	5.57/49.67	6.03/50.13	6.40/50.17
2063	5.51/49.65	5.99/50.18	6.38/50.24
2064	5.43/49.42	5.92/50.03	6.34/50.13
2065	5.34/49.19	5.86/49.88	6.29/50.03
2066	5.25/48.86	5.79/49.66	6.24/49.86
2067	5.15/48.45	5.71/49.36	6.18/49.63
2068	5.04/48.02	5.63/49.05	6.12/49.41
2069	4.93/47.55	5.54/48.72	6.06/49.18
2070	4.83/47.09	5.46/48.41	6.00/48.98
2071	4.72/46.61	5.37/48.09	5.94/48.78
2072	4.60/45.95	5.27/47.63	5.87/48.47
2073	4.49/45.49	5.19/47.35	5.81/48.33
2074	4.38/44.92	5.10/46.99	5.75/48.13
2075	4.30/44.70	5.05/46.95	5.73/48.23
2076	4.20/43.79	4.97/46.68	5.68/48.13
2077	4.10/43.79	4.90/46.47	5.64/48.08
2078	4.02/43.53	4.85/46.42	5.62/48.19
2079	3.96/43.45	4.81/46.47	5.61/48.37
2080	3.90/43.44	4.77/46.55	5.60/48.57
2081	3.85/43.46	4.74/46.65	5.59/48.77
2082	3.80/43.50	4.71/46.75	5.58/48.96
2083	3.76/43.54	4.68/46.86	5.58/49.14
2084	3.71/43.60	4.65/46.96	5.57/49.30
2085	3.67/43.64	4.62/47.05	5.56/49.43
2086	3.63/43.66	4.59/47.12	5.55/49.54
2087	3.58/43.66	4.55/47.16	5.54/49.61
2088	3.53/43.63	4.52/47.16	5.52/49.65
2089	3.48/43.56	4.48/47.12	5.50/49.63
2090	3.43/43.46	4.43/47.05	5.48/49.58
2091	3.37/43.32	4.39/46.95	5.45/49.49
2092	3.32/43.15	4.34/46.81	5.42/49.38
2093	3.26/42.96	4.29/46.65	5.38/49.24
2094	3.20/42.75	4.24/46.47	5.34/49.08
2095	3.14/42.52	4.18/46.27	5.30/48.91
2096	3.07/42.29	4.13/46.07	5.26/48.74
2097	3.01/42.06	4.07/45.89	5.22/48.59
2098	2.95/41.83	4.02/45.71	5.18/48.45
2099	2.89/41.62	3.97/45.55	5.15/48.33
2100	2.83/41.43	3.92/45.43	5.11/48.24

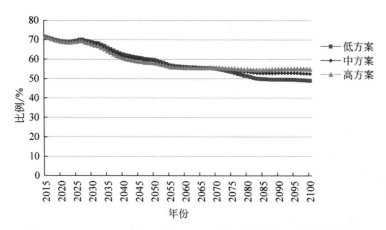

图 11-7 2015—2100 年中国 15～64 岁劳动年龄人口比例变化趋势

按照国际标准,21 世纪我国劳动年龄人口规模的峰值在 2015 年,为 9.83
亿人,占总人口的 71.51%,之后开始下降,在 2023 年降至 9.68 亿后出现回
升,2026 年升至 9.8 亿,之后一直保持下滑状态。低方案显示,在 2077 年我
国劳动年龄人口降至 5 亿以下,2089 年降至 4 亿以下,2100 年达到 21 世纪劳
动年龄人口规模的最低点,为 3.35 亿人,占比 48.95%,比起峰值,下降幅度
为 22.56%;中方案在 2090 年跌破 5 亿,2100 年降至 4.53 亿人,占比约为
52.50%;而高方案的劳动年龄人口始终在 5 亿以上,最低在 2100 年,约为
5.82 亿人,占比约为 54.90%。到 21 世纪末,相比于国内的劳动年龄人口标
准(15～59 周岁),国际的标准划分使我国劳动年龄人口多出 0.61 亿～0.71
亿人(表 11-4)。但 21 世纪劳动力规模的大幅度缩减将是一个不争的事实,以
往依靠庞大劳动力发展起来的劳动密集型产业已经不适合未来的发展趋势,
人口新形势也将会倒逼产业转型升级。

表11-4 2015—2100年中国15~64岁劳动年龄人口规模预测结果

年份	规模（亿人）/比例（%）			年份	规模（亿人）/比例（%）		
	低方案	中方案	高方案		低方案	中方案	高方案
2015	9.83/71.51	9.83/71.51	9.83/71.51	2036	8.96/65.16	8.99/64.21	8.99/63.48
2016	9.83/71.05	9.83/71.05	9.83/71.05	2037	8.83/64.41	8.87/63.45	8.87/62.66
2017	9.80/70.47	9.80/70.47	9.80/70.47	2038	8.71/63.69	8.75/62.74	8.76/62.10
2018	9.76/69.95	9.76/69.95	9.76/69.95	2039	8.59/63.05	8.64/62.10	8.66/61.23
2019	9.74/69.58	9.74/69.56	9.74/69.56	2040	8.48/62.51	8.55/61.56	8.57/60.67
2020	9.71/69.27	9.71/69.20	9.71/69.19	2041	8.38/62.03	8.46/61.08	8.49/60.16
2021	9.70/69.12	9.70/69.00	9.70/69.00	2042	8.30/61.73	8.39/60.79	8.43/59.85
2022	9.68/68.97	9.68/68.80	9.68/68.97	2043	8.20/61.38	8.31/60.45	8.36/59.51
2023	9.68/68.98	9.68/68.76	9.68/68.75	2044	8.11/61.04	8.23/60.13	8.29/59.19
2024	9.72/69.29	9.72/69.01	9.72/68.91	2045	8.03/60.81	8.16/59.92	8.23/58.80
2025	9.75/69.53	9.75/69.20	9.75/69.07	2046	7.94/60.58	8.09/59.72	8.17/58.80
2026	9.80/69.99	9.80/69.60	9.80/69.43	2047	7.83/60.17	7.99/59.35	8.09/58.46
2027	9.80/70.02	9.80/69.56	9.80/69.35	2048	7.74/60.00	7.92/59.22	8.04/58.36
2028	9.71/69.46	9.71/68.94	9.71/68.69	2049	7.66/59.83	7.86/59.10	7.99/58.28
2029	9.66/69.22	9.66/68.64	9.66/68.34	2050	7.57/59.64	7.79/58.96	7.94/58.19
2030	9.57/68.72	9.57/68.06	9.57/67.71	2051	7.45/59.25	7.69/58.64	7.86/57.93
2031	9.51/68.36	9.51/67.64	9.51/67.22	2052	7.30/58.65	7.56/58.11	7.75/57.47
2032	9.46/68.16	9.46/67.36	9.46/66.88	2053	7.17/58.17	7.45/57.70	7.66/57.11
2033	9.35/67.48	9.35/66.60	9.35/66.05	2054	7.03/57.56	7.32/57.17	7.55/56.65
2034	9.23/66.81	9.24/65.88	9.24/65.27	2055	6.88/56.96	7.20/56.64	7.45/56.19
2035	9.09/65.94	9.11/65.00	9.11/64.33	2056	6.78/56.70	7.12/56.44	7.38/56.03

续表

年份	规模（亿人）/比例（%）			年份	规模（亿人）/比例（%）		
	低方案	中方案	高方案		低方案	中方案	高方案
2057	6.69/56.53	7.04/56.31	7.33/55.93	2079	4.70/51.57	5.55/53.66	6.35/54.80
2058	6.60/56.37	6.98/56.21	7.28/55.85	2080	4.61/51.37	5.50/53.63	6.33/54.89
2059	6.52/56.26	6.91/56.14	7.23/55.80	2081	4.51/50.87	5.42/53.34	6.27/54.74
2060	6.43/56.10	6.85/56.05	7.19/55.72	2082	4.41/50.37	5.34/53.06	6.23/54.60
2061	6.35/56.00	6.79/55.99	7.14/55.68	2083	4.32/50.05	5.28/52.93	6.20/54.59
2062	6.27/55.92	6.73/55.96	7.11/55.66	2084	4.25/49.88	5.23/52.88	6.17/54.64
2063	6.20/55.83	6.67/55.92	7.07/55.63	2085	4.19/49.78	5.18/52.85	6.15/54.69
2064	6.13/55.78	6.62/55.93	7.04/55.65	2086	4.13/49.71	5.14/52.83	6.14/54.75
2065	6.05/55.68	6.57/55.89	7.00/55.64	2087	4.07/49.66	5.10/52.82	6.12/54.80
2066	5.97/55.61	6.51/55.87	6.97/55.65	2088	4.02/49.63	5.06/52.83	6.10/54.85
2067	5.90/55.52	6.46/55.85	6.93/55.66	2089	3.96/49.61	5.02/52.85	6.09/54.91
2068	5.83/55.51	6.41/55.91	6.91/55.76	2090	3.91/49.60	4.98/52.87	6.07/54.96
2069	5.74/55.32	6.35/55.81	6.86/55.72	2091	3.86/49.60	4.95/52.89	6.06/55.01
2070	5.65/55.14	6.28/55.74	6.82/55.72	2092	3.81/49.59	4.91/52.91	6.04/55.06
2071	5.56/54.90	6.21/55.61	6.78/55.68	2093	3.76/49.56	4.87/52.92	6.02/55.09
2072	5.46/54.57	6.13/55.42	6.73/55.59	2094	3.70/49.53	4.82/52.91	6.00/55.11
2073	5.36/54.23	6.06/55.22	6.68/55.51	2095	3.65/49.47	4.78/52.88	5.97/55.12
2074	5.25/53.86	5.98/55.00	6.62/55.42	2096	3.59/49.40	4.73/52.84	5.95/55.11
2075	5.14/53.49	5.90/54.81	6.58/55.35	2097	3.53/49.32	4.69/52.78	5.92/55.08
2076	5.04/53.10	5.82/54.59	6.52/55.27	2098	3.47/49.22	4.63/52.71	5.89/55.04
2077	4.91/52.51	5.72/54.21	6.46/55.04	2099	3.41/49.09	4.58/52.61	5.85/54.98
2078	4.81/52.11	5.64/53.99	6.41/54.98	2100	3.35/48.95	4.53/52.50	5.82/54.90

五、老年人口变化趋势

与劳动年龄人口的分析相同的是,不同的年龄划分使得老年人口组也有两个标准,分别为国内标准(60周岁及以上)和国际标准(65周岁及以上)。本研究分开比较不同标准下我国老年人口在2015—2100年间的变化趋势。

图11-8和图11-9的折线图分别展示了2015—2100年我国60岁及以上老年人口规模和比例的变化趋势。从2015年起,我国老年人口规模逐步提升,大约在21世纪中期达到峰值,之后平稳下降。预测结果显示,我国60岁及以上老年人口规模在2015年最少,为2.18亿人,约占总人口的15.89%。之后开始加速提升,在2025年突破3亿,2033年突破4亿,在2051年达到峰值,为4.95亿人。在4亿规模以上维持了长达50多年的时间之后开始缓慢下降,低方案显示,在2086年降至4亿以下,中方案和高方案分别在2088年和2090年跌破4亿,到2100年,低、中、高方案预测的我国60岁及以上老年人口规模分别为3.43亿人、3.72亿人和3.96亿人(表11-5)。

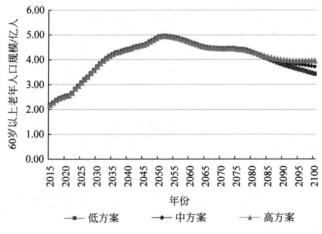

图11-8　2015—2100年中国60岁及以上老年人口规模变化趋势图

表 11-5　2015—2100 年中国 60 岁及以上老年人口规模预测结果

年份	规模（亿人）/比例（%）			年份	规模（亿人）/比例（%）		
	低方案	中方案	高方案		低方案	中方案	高方案
2015	2.18/15.89	2.18/15.89	2.18/15.89	2036	4.27/31.08	4.27/30.54	4.27/30.17
2016	2.27/16.43	2.27/16.43	2.27/16.43	2037	4.31/31.42	4.31/30.83	4.31/30.42
2017	2.37/17.05	2.37/17.05	2.37/17.05	2038	4.35/31.82	4.35/31.18	4.35/30.72
2018	2.45/17.55	2.45/17.55	2.45/17.55	2039	4.39/32.25	4.39/31.56	4.39/31.05
2019	2.49/17.80	2.49/17.80	2.49/17.79	2040	4.42/32.60	4.42/31.85	4.42/31.29
2020	2.54/18.12	2.54/18.10	2.54/18.10	2041	4.45/32.98	4.45/32.17	4.45/31.56
2021	2.56/18.25	2.56/18.22	2.56/18.21	2042	4.51/33.57	4.51/32.70	4.51/32.03
2022	2.66/18.96	2.66/18.92	2.66/18.90	2043	4.54/33.95	4.54/33.02	4.54/32.30
2023	2.83/20.14	2.83/20.07	2.83/20.05	2044	4.56/34.35	4.56/33.35	4.56/32.58
2024	2.95/21.04	2.95/20.96	2.95/20.93	2045	4.59/34.79	4.59/33.72	4.59/32.90
2025	3.08/21.97	3.08/21.86	3.08/21.82	2046	4.65/35.45	4.65/34.30	4.65/33.42
2026	3.21/22.91	3.21/22.78	3.21/22.73	2047	4.73/36.33	4.73/35.10	4.73/34.14
2027	3.31/23.65	3.31/23.49	3.31/23.42	2048	4.79/37.11	4.79/35.78	4.79/34.75
2028	3.46/24.73	3.46/24.55	3.46/24.46	2049	4.86/37.99	4.86/36.57	4.86/35.46
2029	3.58/25.67	3.58/25.45	3.58/25.34	2050	4.93/38.86	4.93/37.33	4.93/36.14
2030	3.72/26.72	3.72/26.47	3.72/26.33	2051	4.95/39.36	4.95/37.74	4.95/36.47
2031	3.84/27.65	3.84/27.35	3.84/27.18	2052	4.95/39.75	4.95/38.03	4.95/36.69
2032	3.96/28.51	3.96/28.17	3.96/27.97	2053	4.94/40.08	4.94/38.27	4.94/36.85
2033	4.06/29.30	4.06/28.91	4.06/28.67	2054	4.92/40.33	4.92/38.42	4.92/36.92
2034	4.14/29.99	4.14/29.55	4.14/29.28	2055	4.90/40.57	4.90/38.56	4.90/36.98
2035	4.21/30.56	4.21/30.07	4.21/29.75	2056	4.87/40.73	4.87/38.62	4.87/36.95

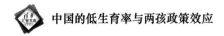

续表

年份	规模（亿人）/比例（%）		
	低方案	中方案	高方案
2057	4.83/40.84	4.83/38.62	4.83/36.87
2058	4.79/40.94	4.79/38.62	4.79/36.77
2059	4.75/40.97	4.75/38.54	4.75/36.60
2060	4.70/41.03	4.70/38.49	4.70/36.46
2061	4.66/41.07	4.66/38.42	4.66/36.30
2062	4.61/41.13	4.61/38.37	4.61/36.14
2063	4.56/41.11	4.56/38.24	4.56/35.92
2064	4.54/41.30	4.54/38.30	4.54/35.87
2065	4.51/41.48	4.51/38.35	4.51/35.82
2066	4.49/41.76	4.49/38.49	4.49/35.84
2067	4.48/42.13	4.48/38.70	4.48/35.94
2068	4.47/42.53	4.47/38.95	4.47/36.06
2069	4.46/42.99	4.46/39.24	4.46/36.22
2070	4.45/43.44	4.45/39.52	4.45/36.37
2071	4.45/43.94	4.45/39.84	4.45/36.55
2072	4.46/44.63	4.46/40.33	4.46/36.88
2073	4.46/45.14	4.46/40.65	4.46/37.06
2074	4.46/45.78	4.46/41.07	4.46/37.32
2075	4.43/46.09	4.43/41.19	4.43/37.31
2076	4.43/46.66	4.43/41.55	4.43/37.50
2077	4.42/47.19	4.42/41.86	4.42/37.65
2078	4.39/47.55	4.39/42.01	4.39/37.66
2079	4.35/47.74	4.35/42.05	4.35/37.56
2080	4.30/47.85	4.31/42.06	4.31/37.44
2081	4.25/47.92	4.27/42.04	4.27/37.30
2082	4.19/47.96	4.23/42.00	4.24/37.14
2083	4.14/47.98	4.18/41.93	4.20/36.98
2084	4.09/47.97	4.14/41.86	4.16/36.82
2085	4.03/47.96	4.10/41.78	4.12/36.65
2086	3.98/47.96	4.06/41.70	4.09/36.50
2087	3.93/47.96	4.02/41.64	4.06/36.36
2088	3.88/47.98	3.98/41.61	4.03/36.25
2089	3.84/48.03	3.95/41.60	4.01/36.18
2090	3.80/48.11	3.92/41.62	3.99/36.15
2091	3.75/48.22	3.90/41.68	3.98/36.15
2092	3.72/48.35	3.87/41.77	3.97/36.20
2093	3.68/48.52	3.85/41.89	3.96/36.28
2094	3.64/48.71	3.83/42.05	3.96/36.40
2095	3.61/48.93	3.82/42.23	3.96/36.54
2096	3.57/49.15	3.80/42.42	3.96/36.71
2097	3.54/49.39	3.78/42.61	3.96/36.88
2098	3.50/49.63	3.76/42.81	3.96/37.06
2099	3.46/49.87	3.75/43.00	3.96/37.22
2100	3.43/50.09	3.72/43.17	3.96/37.37

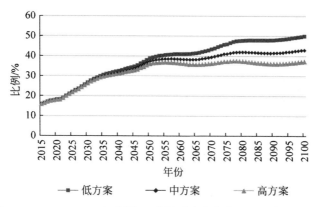

图 11-9　2015—2100 年中国 60 岁及以上老年人口比例变化趋势图

与少儿组和劳动年龄组不同的是，老年人口的低、中、高三个方案的预测结果一直相等，直至 2080 年，这三个方案才出现微小差距，到 21 世纪末，三个方案预测的老年人口规模差距远没有少儿人口和劳动年龄人口的差距大，即使不实施"全面两孩"政策，在 21 世纪对老年人口规模的影响不大，但不可忽视的是，政策对老年人口同样存在时间带来的累积效应，只是这样的效应需要很长的时间才能显现，因而人口政策的制定更应未雨绸缪，要有前瞻性。

按照国际的老年划分标准（65 周岁及以上），2015—2100 年我国老年人口规模的变化趋势与国内标准（60 周岁及以上）的变化趋势相同，都是先快速提升，在 21 世纪中叶达到最高，之后缓慢下降（图 11-10 和图 11-11）。只是相比于国内标准，在国际标准的划分下直至 2084 年老年人口规模的低、中、高三个方案才出现不同，也就是说国际标准下"全面两孩"政策对老年人口规模的影响比国内标准来得更晚。从老年人口总量来看，在 2100 年，国际标准的老年人口规模低、中、高方案分别为 2.91 亿人、3.11 亿人和 3.25 亿人，比国内标准少了 0.51 亿～0.71 亿人（表 11-6）。

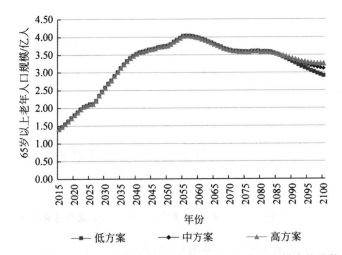

图 11-10　2015—2100 年中国 65 岁及以上老年人口规模变化趋势

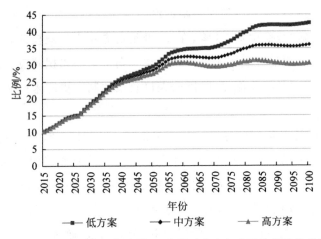

图 11-11　2015—2100 年中国 65 岁及以上老年人口比例变化趋势

　　一个国家若 65 岁及以上的人口超过总人口的 7％或 60 岁及以上的人口超过总人口的 10％,即步入了老龄化社会。而 21 世纪末,我国 60 岁及以上的老年人口低、中、高方案占比分别为 50.09％、43.17％和 37.37％,65 岁以上的老年人口低、中、高方案占比分别为 42.56％、36.10％和 30.71％,远远超过老龄化社会的标准。未来我国更加严峻的老龄化形势将是主要的人口挑战。

表 11-6 2015—2100 年中国 65 岁及以上老年人口规模预测结果

年份	规模（亿人）/比例（%）			年份	规模（亿人）/比例（%）		
	低方案	中方案	高方案		低方案	中方案	高方案
2015	1.42/10.30	1.42/10.30	1.42/10.30	2036	3.23/23.51	3.23/23.11	3.23/22.83
2016	1.48/10.67	1.48/10.67	1.48/10.67	2037	3.33/24.26	3.33/23.80	3.33/23.49
2017	1.56/11.20	1.56/11.20	1.56/11.20	2038	3.41/24.93	3.41/24.43	3.41/24.07
2018	1.63/11.71	1.63/11.71	1.63/11.71	2039	3.48/25.52	3.48/24.97	3.48/24.57
2019	1.72/12.32	1.72/12.31	1.72/12.31	2040	3.53/26.00	3.53/25.41	3.53/24.96
2020	1.81/12.92	1.81/12.90	1.81/12.90	2041	3.57/26.44	3.57/25.80	3.57/25.31
2021	1.89/13.44	1.89/13.42	1.89/13.42	2042	3.59/26.71	3.59/26.02	3.59/25.49
2022	1.97/14.05	1.97/14.02	1.97/14.01	2043	3.62/27.05	3.62/26.31	3.62/25.74
2023	2.04/14.53	2.04/14.48	2.04/14.47	2044	3.64/27.42	3.64/26.62	3.64/26.01
2024	2.07/14.76	2.07/14.70	2.07/14.68	2045	3.66/27.71	3.66/26.86	3.66/26.20
2025	2.11/15.04	2.11/14.96	2.11/14.94	2046	3.67/28.04	3.67/27.13	3.67/26.43
2026	2.12/15.13	2.12/15.04	2.12/15.01	2047	3.72/28.57	3.72/27.60	3.72/26.85
2027	2.21/15.78	2.21/15.67	2.21/15.63	2048	3.73/28.90	3.73/27.87	3.73/27.07
2028	2.36/16.86	2.36/16.73	2.36/16.67	2049	3.74/29.24	3.74/28.14	3.74/27.29
2029	2.47/17.68	2.47/17.53	2.47/17.45	2050	3.76/29.63	3.76/28.46	3.76/27.55
2030	2.58/18.51	2.58/18.33	2.58/18.24	2051	3.80/30.22	3.80/28.97	3.80/28.00
2031	2.69/19.35	2.69/19.14	2.69/19.03	2052	3.86/31.04	3.86/29.69	3.86/28.65
2032	2.77/19.98	2.77/19.75	2.77/19.61	2053	3.91/31.74	3.91/30.30	3.91/29.18
2033	2.90/20.95	2.90/20.68	2.90/20.51	2054	3.97/32.54	3.97/31.00	3.97/29.79
2034	3.01/21.77	3.01/21.46	3.01/21.26	2055	4.03/33.33	4.03/31.86	4.03/30.38
2035	3.13/22.71	3.13/22.35	3.13/22.11	2056	4.04/33.75	4.04/32.00	4.04/30.62

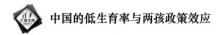

续表

年份	规模（亿人）/比例（%）		
	低方案	中方案	高方案
2057	4.03/34.07	4.03/32.22	4.03/30.76
2058	4.02/34.33	4.02/32.39	4.02/30.84
2059	4.00/34.51	4.00/32.47	4.00/30.84
2060	3.98/34.70	3.98/32.56	3.98/30.84
2061	3.95/34.81	3.95/32.57	3.95/30.76
2062	3.91/34.88	3.91/32.53	3.91/30.65
2063	3.88/34.94	3.88/32.50	3.88/30.53
2064	3.84/34.94	3.84/32.40	3.84/30.35
2065	3.80/34.99	3.80/32.35	3.80/30.21
2066	3.76/35.02	3.76/32.27	3.76/30.05
2067	3.73/35.07	3.73/32.22	3.73/29.92
2068	3.68/35.04	3.68/32.09	3.68/29.71
2069	3.66/35.22	3.66/32.14	3.66/29.67
2070	3.63/35.39	3.63/32.20	3.63/29.63
2071	3.61/35.65	3.61/32.33	3.61/29.66
2072	3.60/36.01	3.60/32.54	3.60/29.76
2073	3.59/36.40	3.59/32.77	3.59/29.88
2074	3.59/36.85	3.59/33.06	3.59/30.04
2075	3.59/37.29	3.59/33.33	3.59/30.19
2076	3.58/37.78	3.58/33.64	3.58/30.37
2077	3.60/38.47	3.60/34.12	3.60/30.69
2078	3.60/38.98	3.60/34.44	3.60/30.87

年份	规模（亿人）/比例（%）		
	低方案	中方案	高方案
2079	3.61/39.62	3.61/34.86	3.61/31.13
2080	3.59/39.92	3.59/34.98	3.59/31.12
2081	3.59/40.51	3.59/35.35	3.59/31.33
2082	3.59/41.08	3.59/35.69	3.59/31.50
2083	3.58/41.47	3.58/35.87	3.58/31.53
2084	3.55/41.69	3.56/35.95	3.56/31.48
2085	3.52/41.82	3.53/35.99	3.53/31.39
2086	3.48/41.91	3.50/35.99	3.51/31.29
2087	3.44/41.96	3.47/35.98	3.48/31.17
2088	3.40/41.98	3.44/35.93	3.45/31.04
2089	3.35/41.98	3.41/35.87	3.43/31.91
2090	3.31/41.96	3.37/35.80	3.40/30.77
2091	3.27/41.94	3.34/35.73	3.37/30.64
2092	3.22/41.92	3.31/35.67	3.35/30.52
2093	3.18/41.92	3.28/35.63	3.32/30.43
2094	3.14/41.9	3.25/35.61	3.31/30.37
2095	3.09/41.97	3.22/35.61	3.29/30.34
2096	3.06/42.04	3.19/35.65	3.28/30.34
2097	3.02/42.13	3.17/35.72	3.26/30.38
2098	2.98/42.25	3.15/35.81	3.26/30.46
2099	2.94/42.39	3.13/35.94	3.25/30.57
2100	2.91/42.56	3.11/36.10	3.25/30.71

六、抚养比变化趋势

人口年龄结构的社会经济影响通常使用人口抚养比来测量,人口抚养比分为总抚养比、少儿人口抚养比和老年人口抚养比。考虑到我国近年来平均预期寿命不断提高,以及延迟退休的政策号召越来越强,本研究在进行抚养比分析时,采用 15～64 周岁年龄组作为劳动年龄人口,老年人口年龄设定为 65 周岁及以上。

少儿抚养比用 0～14 岁少儿人口数与 15～64 岁劳动年龄人口的占比来衡量,图 11-12 反映了 2015—2100 年我国少儿抚养比呈现波动性变化趋势。2015—2020 年之间,我国的少儿抚养比最高,2018 年达到峰值,为 26.23,这主要是受政策调整的影响,出生人口规模的增长短期内快速提高了少儿抚养比。之后开始下降,在 2033 年左右,迎来第一个波谷,低、中、高方案少儿抚养比分别为 17.09、19.10 和 20.21。此后继续提高,进入第二个上升期,3 个方案的少儿抚养比开始拉开差距,2044 年低方案少儿抚养比为 18.91,中方案为 22.03,高方案为 25.01,之后,在 2045 年左右的第二个波峰出现后再次回落,到 21 世纪 70 年代左右,达到第三次波峰。这种波动性变化在少儿抚养比中一直存在,主要是由于生育政策的调整带来出生规模的变动,而这些不同时期的出生队列进入育龄期则导致育龄规模的波动变化,并再次反馈到下一代的人口规模上。从图 11-12 显示的预测结果来看,少儿抚养比的高方案预测结果最高,平均为 24.67,中方案次之,平均为 21.62,低方案始终最低,约为 18.45,说明"全面两孩"政策的实施在一定程度上增加了少儿抚养比(表 11-7)。

图 11-13 为 2015—2100 年我国老年抚养比变化趋势,未来我国的老年抚养比一直上升,且上升幅度较大。2015 年是我国老年抚养比最低的一年,为

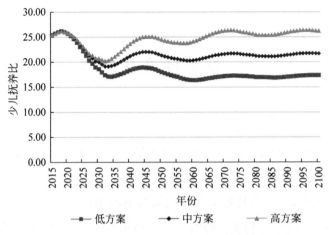

图 11-12 2015—2100 年中国少儿抚养比变化趋势

14.4,之后持续攀升,2022 年突破 20,2033 年突破 30,2039 年突破 40,2051 年突破 50,平均每 10 年我国的老年抚养比增加 10 左右。21 世纪中期之后,低、中、高三个预测方案的老年抚养比逐步拉开差距,低方案显示,老年抚养比基本上继续保持每 10 年 10 的增长幅度增加,2057 年老年抚养比突破 60,2076 年增长到 70 以上,2082 年增长到 80 以上,直至 2100 年老年抚养比增加

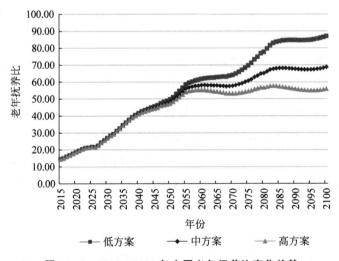

图 11-13 2015—2100 年中国老年抚养比变化趋势

表 11-7 2015—2100 年中国抚养比预测结果

%

年份	少儿抚养比			老年抚养比			总抚养比		
	低方案	中方案	高方案	低方案	中方案	高方案	低方案	中方案	高方案
2015	25.44	25.44	25.44	14.40	14.40	14.40	39.84	39.84	39.84
2016	25.73	25.73	25.73	15.02	15.02	15.02	40.75	40.75	40.75
2017	26.02	26.02	26.02	15.89	15.89	15.89	41.91	41.91	41.91
2018	26.23	26.23	26.23	16.74	16.74	16.74	42.97	42.97	42.97
2019	26.01	26.06	26.07	17.70	17.70	17.70	43.71	43.76	43.77
2020	25.71	25.86	25.89	18.64	18.64	18.64	44.36	44.51	44.53
2021	25.23	25.48	25.53	19.45	19.45	19.45	44.68	44.93	44.98
2022	24.62	24.98	25.07	20.38	20.38	20.38	44.99	45.35	45.44
2023	23.91	24.38	24.52	21.07	21.07	21.07	44.97	45.44	45.59
2024	23.03	23.62	23.82	21.30	21.30	21.30	44.33	44.91	45.12
2025	22.19	22.89	23.16	21.63	21.63	21.63	43.82	44.52	44.79
2026	21.26	22.07	22.42	21.61	21.61	21.61	42.87	43.69	44.03
2027	20.29	21.23	21.66	22.53	22.53	22.53	42.82	43.76	44.19
2028	19.70	20.78	21.31	24.27	24.27	24.27	43.97	45.05	45.58
2029	18.92	20.15	20.80	25.54	25.54	25.54	44.46	45.69	46.34
2030	18.59	19.99	20.76	26.94	26.94	26.94	45.53	46.92	47.70
2031	17.97	19.54	20.46	28.31	28.31	28.31	46.28	47.85	48.76
2032	17.39	19.14	20.21	29.32	29.32	29.32	46.70	48.46	49.53
2033	17.14	19.10	20.35	31.05	31.05	31.05	48.19	50.15	51.40
2034	17.09	19.22	20.65	32.59	32.57	32.57	49.68	51.79	53.22
2035	17.21	19.46	21.09	34.43	34.38	34.37	51.65	53.84	55.46

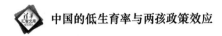

续表

年份	少儿抚养比			老年抚养比			总抚养比		
	低方案	中方案	高方案	低方案	中方案	高方案	低方案	中方案	高方案
2036	17.38	19.75	21.57	36.08	35.98	35.96	53.46	55.73	57.54
2037	17.60	20.08	22.10	37.66	37.51	37.48	55.26	57.60	59.58
2038	17.86	20.45	22.65	39.15	38.95	38.89	57.01	59.40	61.54
2039	18.12	20.82	23.20	40.48	40.22	40.13	58.61	61.04	63.33
2040	18.37	21.17	23.70	41.60	41.27	41.14	59.96	62.43	64.84
2041	18.59	21.48	24.15	42.63	42.23	42.06	61.22	63.71	66.22
2042	18.74	21.71	24.50	43.27	42.80	42.59	62.01	64.50	67.08
2043	18.85	21.90	24.79	44.07	43.52	43.25	62.92	65.42	68.04
2044	18.91	22.03	25.01	44.93	44.28	43.95	63.83	66.31	68.96
2045	18.87	22.06	25.10	45.56	44.82	44.42	64.43	66.88	69.52
2046	18.79	22.03	25.12	46.28	45.43	44.95	65.07	67.46	70.07
2047	18.70	21.99	25.13	47.49	46.51	45.93	66.19	68.50	71.06
2048	18.50	21.81	24.98	48.17	47.06	46.38	66.67	68.87	71.36
2049	18.26	21.58	24.76	48.87	47.62	46.83	67.13	69.21	71.59
2050	17.99	21.33	24.50	49.68	48.27	47.35	67.66	69.59	71.85
2051	17.76	21.12	24.29	51.00	49.41	48.34	68.76	70.53	72.63
2052	17.58	20.98	24.16	52.92	51.10	49.85	70.49	72.08	74.01
2053	17.36	20.81	24.00	54.56	52.52	51.09	71.92	73.32	75.09
2054	17.18	20.70	23.93	56.53	54.23	52.59	73.72	74.93	76.52
2055	17.04	20.63	23.91	58.51	55.93	54.06	75.55	76.56	77.98
2056	16.83	20.48	23.84	59.53	56.70	54.65	76.35	77.18	78.49

续表

年份	少儿抚养比			老年抚养比			总抚养比		
	低方案	中方案	高方案	低方案	中方案	高方案	低方案	中方案	高方案
2057	16.63	20.36	23.81	60.28	57.22	55.00	76.91	77.58	78.80
2058	16.49	20.30	23.85	60.91	57.62	55.22	77.40	77.91	79.06
2059	16.40	20.28	23.95	61.35	57.83	55.26	77.76	78.11	79.21
2060	16.38	20.34	24.13	61.86	58.09	55.35	78.24	78.43	79.48
2061	16.40	20.43	24.34	62.16	58.16	55.25	78.56	78.59	79.60
2062	16.45	20.56	24.59	62.36	58.13	55.06	78.82	78.69	79.65
2063	16.54	20.72	24.88	62.59	58.11	54.87	79.13	78.83	79.75
2064	16.63	20.87	25.15	62.64	57.93	54.53	79.27	78.81	79.68
2065	16.75	21.06	25.44	62.84	57.88	54.30	79.59	78.94	79.74
2066	16.86	21.22	25.69	62.98	57.76	54.01	79.84	78.98	79.70
2067	16.96	21.37	25.92	63.17	57.69	53.75	80.13	79.06	79.67
2068	17.02	21.46	26.06	63.12	57.39	53.27	80.13	78.85	79.33
2069	17.11	21.58	26.21	63.66	57.59	53.25	80.77	79.17	79.46
2070	17.17	21.65	26.29	64.18	57.76	53.17	81.34	79.41	79.47
2071	17.22	21.70	26.34	64.95	58.14	53.27	82.17	79.84	79.61
2072	17.26	21.74	26.36	65.99	58.72	53.54	83.25	80.46	79.90
2073	17.27	21.73	26.32	67.12	59.35	53.83	84.39	81.08	80.15
2074	17.26	21.71	26.24	68.41	60.10	54.21	85.68	81.80	80.45
2075	17.23	21.64	26.12	69.71	60.81	54.54	86.94	82.45	80.66
2076	17.18	21.56	25.99	71.16	61.63	54.95	88.34	83.19	80.94
2077	17.18	21.53	25.91	73.25	62.95	55.76	90.43	84.48	81.67

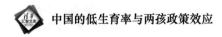

续表

年份	少儿抚养比			老年抚养比			总抚养比		
	低方案	中方案	高方案	低方案	中方案	高方案	低方案	中方案	高方案
2078	17.11	21.44	25.76	74.80	63.78	56.14	91.91	85.22	81.90
2079	17.08	21.39	25.67	76.81	64.96	56.80	93.90	86.35	82.47
2080	16.96	21.24	25.49	77.70	65.22	56.69	94.66	86.45	82.17
2081	16.95	21.21	25.45	79.65	66.27	57.22	96.60	87.48	82.67
2082	16.96	21.20	25.44	81.55	67.26	57.69	98.51	88.46	83.13
2083	16.94	21.17	25.42	82.86	67.77	57.77	99.80	88.94	83.19
2084	16.90	21.14	25.41	83.59	67.98	57.61	100.49	89.12	83.02
2085	16.87	21.14	25.44	84.00	68.10	57.40	100.87	89.23	82.84
2086	16.86	21.16	25.50	84.31	68.13	57.16	101.17	89.29	82.66
2087	16.87	21.20	25.60	84.50	68.10	56.88	101.37	89.31	82.48
2088	16.91	21.27	25.71	84.60	68.01	56.59	101.50	89.28	82.30
2089	16.95	21.34	25.84	84.62	67.88	56.29	101.57	89.22	82.13
2090	17.01	21.42	25.97	84.60	67.71	55.99	101.61	89.14	81.96
2091	17.07	21.51	26.09	84.56	67.55	55.70	101.63	89.06	81.79
2092	17.13	21.58	26.20	84.54	67.41	55.44	101.67	89.00	81.64
2093	17.18	21.65	26.29	84.57	67.32	55.23	101.76	88.98	81.52
2094	17.24	21.71	26.35	84.67	67.30	55.10	101.91	89.00	81.45
2095	17.29	21.75	26.39	84.84	67.34	55.05	102.12	89.10	81.44
2096	17.32	21.78	26.40	85.09	67.46	55.07	102.41	89.24	81.47
2097	17.34	21.79	26.39	85.42	67.66	55.16	102.76	89.45	81.55
2098	17.35	21.78	26.34	85.84	67.95	55.34	103.19	89.73	81.68
2099	17.34	21.76	26.28	86.35	68.32	55.60	103.69	90.08	81.88
2100	17.33	21.73	26.22	86.94	68.76	55.94	104.27	90.49	82.15

到 86.94。中方案和高方案虽然也保持增长,但相比于低方案增幅较小,增速较缓,中方案在 2074 年突破 60 以后一直稳定增长并从 2082 年起维持在 67 左右的水平,而高方案在 21 世纪中期突破 50,此后截至 21 世纪末一直保持在 50～60 之间,2090—2100 年这 10 年一直稳定在 55 左右(表 11-7)。相比于不实施"全面两孩"政策,21 世纪末我国老年抚养比降低 18.18～31,虽然我国老龄化的趋势无法逆转,但是,"全面两孩"政策的实施能够一定程度上减缓未来的老年抚养负担。

少儿抚养比和老年抚养比共同决定了未来我国总抚养比的变化趋势,2015—2100 年我国总抚养比将持续攀升(图 11-14),这主要是由于我国早已进入了老龄化社会,而生育政策的调整又增加了出生人口规模,人口金字塔两端的扩大增加了被抚养人口的规模。2015 年我国总抚养比最低,为 39.84,之后持续攀升,2034 年左右,增长到 50 以上,2050 年左右突破 70,2084 年,低方案预测的总抚养比已经突破了 100,这已经严重超过正常的抚养负担,到 2100 年,低方案总抚养比将达到 104.27,中、高方案虽然稍微缓和,但总抚养负担依然很大,2100 年,中、高方案的总抚养比预测结果分别为 90.49 和 82.15,相比于 2015 年的初始值,21 世纪末,我国的总抚养比是 2015 年的 2 倍以上,如果不实施"全面两孩"政策,其至抚养比会是 2015 年的 2.5 倍以上(表 11-7)。

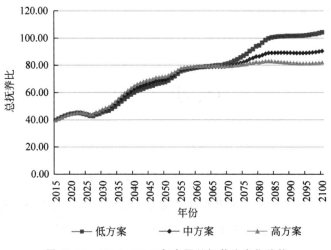

图 11-14　2015—2100 年中国总抚养比变化趋势

在 21 世纪上半叶,高方案的预测总抚养比一直高于低方案和中方案,在 2065 年,低方案的总抚养比超过中方案,与高方案相等,而在 2066 年,低方案预测的总抚养比超过高方案。也就是说,在早期,生育政策的调整带来的出生人口规模的增加将会提高总抚养比,但这些在"全面两孩"政策影响下出生的人口未来会逐步移动到劳动年龄人口,从被抚养人口转变为抚养人口,因而在后期,政策不调整下的总抚养比会高于政策调整之后的抚养比,在 2100 年,相比于不实施"全面两孩"政策,我国总抚养比会降低 13.78～22.12。因此,从长远来看,"全面两孩"政策的实施在未来有助于缓解社会的抚养负担,政策效应的突显虽然很慢,但总会来。

此外,根据图 11-14 中总抚养比预测线的发展趋势,可以发现 2015—2100 年我国总抚养比的走势与我国老年人口抚养比的走势基本相同,但与少儿抚养比的走势却不相同,说明相比于少儿人口的负担,未来日益庞大的老年人口规模将造成更严重的社会负担。同时,由于少儿抚养比和老年抚养比的变化趋势不同,导致不同时期劳动年龄人口所承受的总抚养负担的内部构成不同。早期主要是源于生育政策调整带来的少儿负担,但少儿抚养比总体来说不算太大,一直在 20～26 的水平之间小幅度波动,老年抚养比在 2027 年左右赶超少儿抚养比,此后便一直保持较强的增势,因而,大约 2030 年以后,养老负担将成为主要的抚养负担。

七、小　　结

本章基于目前我国出现的人口新形势,结合生育政策调整和经济发展影响因素,对 2015—2100 年我国人口规模、结构、抚养比的变化趋势进行预测。

生育政策的调整会推迟人口高峰的到来,但不会改变未来我国人口规模逐步缩减的趋势。政策调整之后,我国的人口峰值最早在 2023 年出现,最晚在 2034 出现,比政策未调整下的峰值高 0.05 亿~0.12 亿人左右,总体来说提高幅度不大,但到 2100 年,生育政策的改变会使我国的人口规模增加 1.79 亿~3.76 亿人。

2015—2100 年我国 0~14 岁少儿人口和劳动年龄人口规模将呈现下降的趋势,老年人口规模则逐步上升。在"全面两孩"政策放开的初期,我国少儿人口规模达到 2.56 亿人的最大值,之后在波动中逐渐下降;2015 年,我国劳动年龄人口规模达到 9.06 亿的峰值,占总人口的 65.92%,2021 年后劳动年龄人口开始进入下行期,到 21 世纪末期,实施"全面两孩"政策可以让我国劳动年龄人口规模大约多出 1.09 亿~2.28 亿人;从 2015 年起,我国老年人口规模逐步提升,在 2051 年达到峰值,为 4.95 亿人左右,之后平稳下降。但需要注意的是,从 2015—2100 年,在总人口规模平均缩减 5.06 亿人的情况下,我国 60 周岁以上老年规模平均增加了 1.52 亿人,65 周岁以上老年规模平均增加了 1.67 亿人,且老年人口占比始终在不断提高。

2015—2100 年我国的少儿抚养比呈现波动性变化,未来我国的老年抚养比和总抚养比一直呈上升趋势,且上升幅度较大。早期抚养负担主要是源于生育政策调整带来的少儿负担,但 2027 年左右老年抚养比赶超少儿抚养比,且一直保持较强的增势,因而,未来养老负担将成为主要的抚养负担。

当一个国家 0~14 岁人口比例在 30% 以下、65 岁及以上人口比例在 7% 以上,就已经进入老年型社会。按照这个标准,我国在 2015 年就已经进入老年型社会,未来不管生育政策如何改变,老龄化的发展趋势不可逆转,这是经济社会发展和人口转变的必然结果。通过调整生育政策来改变老龄化趋势虽然在一定程度能起到缓解作用,但其效果微乎其微。随着经济社会的发展,生育政策对生育行为的作用力将越来越小,将不再作为生育与否的主要决定力量。未来政策变革和制度安排的重点是积极应对日益严重的老龄化挑战。

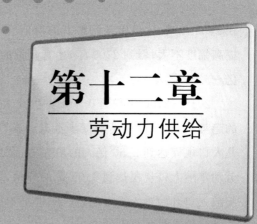

第十二章
劳动力供给

　　劳动力的充分供给和有效利用是经济持续发展的重要条件。而我国生育率持续低于更替水平,人口老龄化不断加深和劳动力出现减少趋势。全面两孩政策的实施将对我国的人口发展和劳动力市场产生深远影响。本章基于全面两孩政策,探讨其对未来劳动力供给的影响。劳动力的供给受总人口规模、劳动人口规模、劳动力结构、劳动参与率的影响。此外有效劳动力不仅与劳动力数量有关,还与劳动力质量息息相关。本章创建含人力资本的有效劳动力供给模型,将劳动力数量、结构和质量相结合,利用人口预测数据、劳动参与率预测数据、人力资本指数预测数据,从而对未来劳动力供给状况进行准确估计和更全面的了解。本章还将通过因素分解,了解各要素对劳动力供给变化的贡献率,分析人口学因素和非人口学因素对劳动力供给的影响。

　　在以往研究中,彭秀健(2007)采用有效劳动力供给的概念,考虑了分年龄、分性别劳动参与率变化对劳动力供给的影响,结果发现人口结构老化以及年轻劳动人口劳动参与率的下降会导致劳动力供给数量的下降速度加快。齐明珠(2010)从劳动力供给和需求关系角度切入,分别对未来的劳动力供给和需求进行了预测。马忠东(2010)构建了劳动参与模型,分析了中国劳动参与的年龄模式、城乡模式及其影响因素。在未来劳动参与率预测方面,学界尚缺乏统一的标准。王金营(2006)根据低龄组劳动参与率和劳动人口平均受教育年限的关系,计算劳动参与率教育弹性,根据弹性对未来劳动参与率进行预测。彭秀健(2007)采用历史经验方法,并进一步考虑了如果延迟退休年龄,高龄组劳动参与率可能的变化。人力资本的测量方法有很多,以往学者多采用教育指标法。如陆旸和蔡昉(2014)采用人力资本作为平均受教育年限的函数,把平均受教育年限按分段教育回报率转换成人力资本指标。不过,学者们通常把人力资本作为单独的生产要素考察,很少有把人力资本和劳动力相结合进行研究。

一、数据与方法

劳动年龄人口指法律规定的成年人口减去法定退休年龄以上的人口总数,本章采用劳动年龄人口的国际标准,即15~64岁人口。

劳动人口中包含经济活动人口和非经济活动人口。国家统计局对经济活动人口的定义是16周岁及以上,有劳动能力参加或要求参加社会经济活动的人口,包括就业人员和失业人员;非经济活动人口是16周岁及以上,有劳动能力,未参加或者不要求参加社会经济活动的人口,反映一定时期某地区退出劳动力市场的人口数量,如求学、毕业后未工作等,属于潜在的劳动力资源。本章研究的劳动力是处于劳动年龄(15~64岁)的经济活动人口,即有效的劳动力供给。

劳动参与率是经济活动人口占劳动年龄人口的比率,用于衡量人们参与经济活动的状况。不同年龄人口的劳动参与率存在差异,因此要充分考虑年龄别劳动参与率。

（一）研究方法

基于以上概念，本章对符号做如下规定：P_t 代表总人口数，t 代表时间；$P_{i,t}$ 代表 t 年 i 年龄组的劳动年龄人口（将 15～64 岁人口分为 10 个年龄组，5 岁为一组，$i=1,2,\cdots,10$）；WP_t 表示 t 年劳动年龄人口总数，即 $WP_t = \sum_i^j P_{i,t}$；$S_{i,t}$ 表示 t 年 i 年龄组的劳动年龄人口占总人口的比重，即 $S_{i,t} = P_{i,t}/P_t$；$w_{i,t}$ 表示 t 年 i 年龄组的劳动年龄人口占劳动年龄人口总数的比重，$w_{i,t}=P_{i,t}/WP_t$；$PR_{i,t}$ 代表分年龄劳动参与率，表示 t 年 i 年龄组的劳动参与率。PR_t 为总劳动参与率，$PR_t = \sum_i^j w_{i,t}PR_{i,t}$；有效劳动力供给数量为 L_t，则 $L_t = \sum_i^j P_{i,t}PR_{i,t} = P_t \sum_i^j s_{i,t}PR_{i,t} = WP_tPR_t$。

在有效劳动力基础上加入人力资本因素，即可构建含人力资本的有效劳动力供给模型，用 h_t 表示 t 年的人力资本指数，则含人力资本的有效劳动力模型为

$$HL_t = h_tL_t = h_t \sum_i^j P_{i,t}PR_{i,t} = h_tP_t \sum_i^j s_{i,t}PR_{i,t} \tag{12-1}$$

由式（12-1）可知，含人力资本的有效劳动供给取决定于人口数量、人口结构、劳动参与率以及人力资本四个因素。通过因素分解可进一步研究这些要素分别对人力资本的有效劳动供给的影响程度。

设初始年份含人力资本的有效劳动供给为 HL_0，$HL_{t/0}$ 表示 0 期到 t 期 HL 的变化，则

$$HL_{t/0} = \frac{HL_t}{HL_0} = \frac{h_tP_t \sum_i^j s_{i,t} \times PR_{i,t}}{h_0P_0 \sum_i^j s_{i,0} \times PR_{i,0}} \tag{12-2}$$

把式（12-2）右端分子分母同时乘以 $\sum_i^j s_{i,t} \times PR_{i,0}$，整理得到因素分解

公式：

$$HL_{t/0} = \frac{P_t}{P_0} \frac{\sum_i^j s_{i,t} \times PR_{i,0}}{\sum_i^j s_{i,0} \times PR_{i,0}} \times \frac{\sum_i^j s_{i,t} \times PR_{i,t}}{\sum_i^j s_{i,t} \times PR_{i,0}} \frac{h_t}{h_0} \tag{12-3}$$

式(12-3)中将含有人力资本的有效劳动力的变化分解为四个因素：人口数量、人口结构、劳动参与率及人力资本。分别用 PNI、PSI、PRI 和 HI 来表示各要素的分解指数。其中人口数量与人口结构属于人口学因素，用 PI 表示，劳动参与率与人力资本为非人口学因素，用 NPI 表示。则 $HL_{t/0}$＝PNI×PSI×PRI×HI＝PI×NPI。

假设含人力资本的有效劳动力供给随时间呈指数形式增长，各要素间彼此独立，则 $HL_t = HL_0 \times \exp\left(t \sum_i^j r_i\right)$，$HL_{t/0} = e^{tr} = e^{t(r_{PN}+r_{PS}+r_{PR}+r_H)}$，则含人力资本的有效劳动力供给增长率：

$$r = r_{PN} + r_{PS} + r_{PR} + r_H \tag{12-4}$$

其中，r 为含人力资本有效劳动力供给的增长率，$r = \sum r_i$，r_{PN} 为人口数量的贡献率；r_{PS} 为人口结构的贡献率；r_{PR} 为劳动参与的贡献率；r_H 为人力资本的贡献率。各要素也可用指数增长形式表达，从而计算各个要素对含人力资本的有效劳动力供给增长率的贡献。人口结构的贡献率为 $r_{PS} = \frac{1}{t}\ln(PSI)$，人口数量的贡献率为 $r_{PN} = \frac{1}{t}\ln(PNI)$，劳动参与率的贡献率为 $r_{PR} = \frac{1}{t}\ln(PRI)$，人力资本的贡献率为 $r_H = \frac{1}{t}\ln(HI)$。

（二）数据

本章旨在考察全面两孩政策对我国未来劳动力供给的影响，进一步，考虑劳动参与率与人力资本因素下，未来劳动力供给如何，各因素对劳动力供给变化的影响有何差异。该研究主要基于预测数据，包括人口预测数据、劳动参与率预测数据及人力资本预测数据。

二、劳动力、劳动参与率和人力资本预测

（一）劳动力预测结果

如前一章所述,人口预测有低、中、高三种方案:低方案为假设不实行全面两孩政策,其总和生育率由 2015 年的 1.6 降到 2035 年的 1.35,以后保持不变至 2100 年。中方案的总和生育率由 2015 年的 1.6 上升至 2016—2017 年的 1.7,然后再下降到 2035 年的 1.6,以后保持不变至 2100 年。高方案由 2015 年的 1.6,上升至 2016—2017 年的 1.7,再上升到 2035 年的 1.85,以后保持不变至 2100 年。此外,死亡率只有一个方案,即按照联合国的经验模式变化,国际净迁移假设为 0。具体预测结果如下。

从人口总规模来看,未来我国人口总量将先缓慢增加至 2025 年,随后不断下降。低方案是在假设不实施全面两孩政策下进行预测,我国人口总量将增加至 2023 年(14.04 亿),随后不断下降,到 21 世纪中叶人口将为 12.7 亿,到 21 世纪末,人口将下降至 6.8 亿。中方案和高方案均基于全面两孩政策实施背景,中方案预测结果为我国人口将缓慢增加至 2025 年(14.09 亿),随后开始迅速下降,到 21 世纪中叶,人口总量为 13.6 亿,21 世纪末人口总量为 8.7 亿。高方案的预测结果为我国人口规模将缓慢增加至 2036 年(14.16 亿),随后缓慢下降。21 世纪中叶,人口预计为 13.6 亿,到 21 世纪末,人口总规模将为 10.6 亿(图 12-1)。

从劳动年龄人口规模来看,2020 年开始,我国劳动年龄人口将不断下降。低方案下(假设不实施全面两孩政策),预计到 21 世纪中叶,劳动年龄人口将下降至 7.6 亿,21 世纪末将进一步下降至 3.3 亿。中方案下,劳动年龄人口

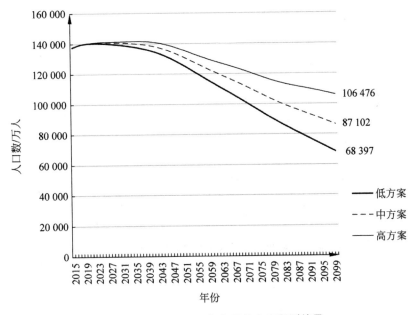

图 12-1　2015—2100 年中国总人口预测结果

下降速度仍然很快,预计到 21 世纪中叶,劳动年龄人口为 7.8 亿,21 世纪末将降至 4.5 亿。高方案下劳动年龄人口下降速度略缓,预计到 21 世纪中叶,劳动年龄人口为 7.9 亿,21 世纪末为 5.8 亿。三种预测方案结果在 2040 年之前差异不大,随后差异凸显,且低方案与中高方案间的差异不断增加。根据预测结果,21 世纪末,低方案比中方案少 1.2 亿人口,中方案比高方案少 1.3 亿人口(图 12-2)。

从劳动年龄人口比例来看,未来我国劳动年龄人口比例将会总体下降。预计到 21 世纪中叶,劳动年龄人口比例将降低至 55%。高方案下,21 世纪 50 年代以后,劳动年龄人口比例几乎保持在 55% 的水平;中方案下,21 世纪末,劳动年龄人口比重将降低至 52%;低方案下,21 世纪末,劳动年龄人口比例将下降至 49%(图 12-3)。

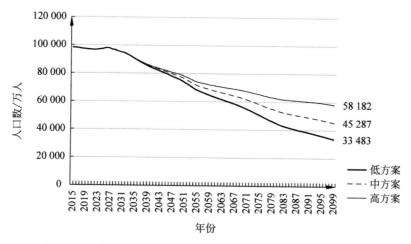

图 12-2　2015—2100 年中国劳动年龄人口(15～64 岁)预测结果

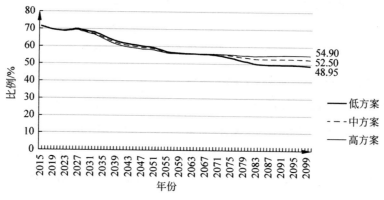

图 12-3　2015—2100 年中国劳动年龄人口(15～64 岁)比例预测结果

(二) 劳动参与率预测结果

　　劳动参与率预测以 2010 年普查为基础,根据日本等发达国家的劳动参与率变化规律及我国社会经济发展状况,对未来的分年龄劳动参与率进行有效预测(我国 2010 年的劳动参与率相当于日本 1970 年的劳动参与率)。预测过程中充分考虑教育发展和入学率提升对低龄组劳动人口劳动参与率的降低作用,以及延迟退休年龄对高龄劳动人口劳动参与率的提升作用,而 25～49 岁年龄组劳动参与率则维持 2010 年"六普"的水平不变(25～29 岁 85%、30～49 岁 90%)。对于低龄组的预测假设:由于我国与日本社会经济、教育方面的相似性及发展时差,我国 2050 年的劳动参与率可参考日本 2010 年的水平。故作出如下假设:①我国 2050 年低龄组劳动参与率下降到日本 2010 年的水平,15～19 岁劳动参与率为 16%,20～24 岁劳动年龄组劳动参与率是 69%;②劳动参与率呈几何变化,下降速度递减。因此 2010 年到 2050 年,15～19 岁劳动参与率每年下降 1.8%,从 33.5%下降到 16.2%,下降了 17.3 个百分点;20～24 岁劳动参与率每年下降 0.13%,从 72.8%下降到 69.1%,下降了 3.7 个百分点。2050 年之后,劳动参与率水平假设保持不变。

表 12-1　2010—2050 年低龄组劳动参与率预测　　　　　　　　%

年份	15～19 岁	20～24 岁
2010	33.5	72.8
2015	30.6	72.3
2020	27.9	71.9
2025	25.5	71.4
2030	23.3	70.9
2035	21.3	70.5
2040	19.4	70.0
2045	17.7	69.6
2050	16.2	69.1

由于我国和日本在老龄化和延迟退休等方面有很多相似之处,因此我国高龄组劳动参与率的预测可参考日本的情况,另外考虑我国延迟退休政策采用渐进的方式,故具体假设如下:我国 2050 年老龄组劳动参与率上升至日本当前水平,且假设劳动参与率呈几何增长,增长速度逐年递增。因此 2010 年到 2050 年,50～54 岁年龄组的劳动参与率从 76.3%增长到 84.8%,年增长率为 0.27%;55～59 岁年龄组劳动参与率从 67.1%上升到 80.2%,年增长率为 0.46%;60～64 岁年龄组劳动参与率从 49.5%上升至 62.5%,年增长率为 0.6%。此外,假设 2050 年之后,高龄组劳动参与率保持不变。预测结

果如下(表 12-2)。

表 12-2　2010—2050 年老龄组劳动参与率预测　　　　　　%

年份	50～54 岁	55～59 岁	60～64 岁
2010	76.3	67.1	49.5
2015	77.3	68.6	51.0
2020	78.3	70.2	52.5
2025	79.4	71.7	54.0
2030	80.4	73.4	55.6
2035	81.5	75.0	57.3
2040	82.6	76.7	59.0
2045	83.7	78.4	60.7
2050	84.8	80.2	62.5

此外,由劳动年龄人口总劳动参与率 $PR_t = \sum_i^j w_{i,t} PR_{i,t}$ 进一步计算各预测方案下随着时间的推移总劳动参与率的变化情况,结果显示,2015—2040年,总劳动参与率沉陷"V"字形,先下降后上升,之后阶段性波动,高峰分别是在 2045 年、2065 年及 2095 年(图 12-4),因此全面两孩政策对总劳动参与率的影响要分阶段考察,同时考察分年龄劳动参与率和劳动人口年龄结构变化对总劳动参与率的影响。通过三种不同的生育率方案比较,低方案(不实施全面两孩政策)下的总劳动参与率高于中方案和高方案,这是因为全面两孩政策放开后,堆积效应释放的新增人口将陆续进入劳动年龄,增加了低龄组劳动人口的比重,由于低龄组劳动人口劳动参与率相对较低,故劳动年龄人口总劳动参与率明显下降。

(三)人力资本预测结果

人力资本历史数据来源于《中国人口和就业统计年鉴》,预测数据则基于我国教育发展状况及发达国家经验,对未来人力资本状况进行预测,在此基础上构建人力资本指数,反映人力资本水平的相对变化。本章把就业人员的平均受教育年限作为人力资本水平的代理变量。随着教育支出的增加,我国

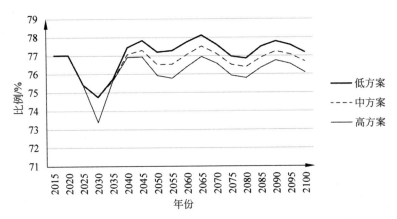

图 12-4　2015—2100 年中国劳动年龄人口总劳动参与率变化情况

的教育水平会继续上升。但是,随着基础教育的普及,更高程度教育的普及速度和难度会加大,因此平均受教育年限的增长速度会逐步下降。因此,本章对未来受教育年限的增长率进行了分段假设。假设 2015—2020 年从业人员平均受教育年限的年增长率是 2%,2021—2030 年的增长率是 1%,2031—2040 年的增长率是 0.5%,2041—2050 年增长率为 0.25%。2050 年之后的增长率保持在 0.1%。根据假设的增长率对 2015—2100 年从业人员平均受教育年限进行预测,预计 2050 年我国从业人员平均受教育年限将达到 13.57年,相当于大专/大学一年级水平,达到发达国家水平。21 世纪末,我国从业人员平均受教育年限将达到 14.27 年。因此,2015—2100 年,我国就业人员文化程度将经历从以初中文化为主转向高中文化程度为主,再逐步转向大专/大学文化程度,人力资本水平显著提升。具体情况如下(表 12-3)。

表 12-3　2015—2050 年中国就业人员平均受教育年限

年份	年增长率/%	平均受教育年限
2015	2.00	10.32
2020	2.00	11.40
2025	1.00	11.98
2030	1.00	12.59
2035	0.50	12.91
2040	0.50	13.23

续表

年份	年增长率/%	平均受教育年限
2045	0.25	13.40
2050	0.25	13.57
2060	0.1	13.71
2070	0.1	13.85
2080	0.1	13.99
2090	0.1	14.13
2100	0.1	14.27

为了便于纵向比较,构建人力资本指数 h_t,以 2015 年就业人员的平均受教育年限 10.32 为基数 1,以后各年的人力资本指数等于当年就业人员的平均受教育年限与 10.32 的比值。人力资本指数能清楚地反映人力资本水平的相对变化,从而影响含人力资本的有效劳动力供给的变化。根据预测,2020—2100 年,我国人力资本指数缓慢增加,但随着社会经济的发展,受教育程度达到一定程度后增加的速度减缓。2050 年,我国人力资本指数将达到1.31,2100 年人力资本指数将达到 1.32。结果如表 12-4 所示。

表 12-4　2015—2100 年中国就业人员人力资本指数

年份	人力资本指数	年份	人力资本指数
2015	1.00	2060	1.33
2020	1.10	2065	1.33
2025	1.16	2070	1.34
2030	1.22	2075	1.35
2035	1.25	2080	1.36
2040	1.28	2085	1.36
2045	1.30	2090	1.37
2050	1.31	2095	1.38
2055	1.32	2100	1.38

三、含人力资本的有效劳动力供给

单纯的有效劳动力供给数量不能完全反映劳动力供给的真实水平,需要加入反映劳动力质量的人力资本因素。本章构建了含人力资本有效劳动力供给模型,综合考察劳动力的数量、结构和质量水平。由模型可知,含人力资本的有效劳动力供给取决于人口数量、人口结构、劳动参与率以及人力资本指数四个要素。

根据预测数据可以计算 2020—2100 年含人力资本的有效劳动供给(图 12-5)。据预测,含人力资本的有效劳动力供给的变化趋势与总人口规模以及劳动年龄人口规模的变化趋势有相似之处。2030 年之前缓慢增加,且低中高方案几乎没有差异,2030 年之后差异逐渐凸显,且整体数量持续下降。低方案下(假设没有实施全面两孩政策),预计到 2050 年含人力资本的有效劳动力供给为 7.59 亿,2100 年这一结果为 3.57 亿。中方案下,2050 年含人力资本的有效劳动力供给为 7.75 亿,2100 年进一步下降至 4.79 亿。相对而言,

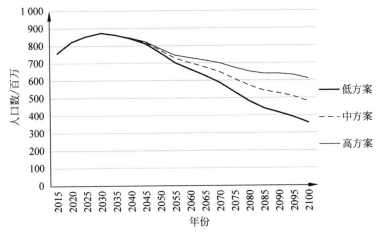

图 12-5 2015—2100 年中国含人力资本的有效劳动力供给预测(高中低方案)

高方案下,含人力资本的有效劳动力数量下降较缓慢。2050 年的结果是 7.83 亿,2100 年为 6.11 亿,较中方案多 1.32 亿,比低方案多 2.54 亿。可见,在实施全面两孩政策后,能有效提高含人力资本的劳动力供给。

四、劳动力供给的因素分解

由含人力资本的有效劳动供给模型可知,其受到人口数量、人口结构、劳动参与率以及人力资本四个因素的共同影响,每个因素影响程度各异。此外,本章将人口数量与人口结构的影响归类为人口因素的影响,劳动参与率及人力资本的影响归类为非人口因素的影响。三种不同预测方案下因素分解的结果如下。

低方案(假设不实施全面两孩政策)下,不同时间阶段各因素的影响作用不同。2030 年含人力资本的有效劳动力供给是 2015 年的 1.15 倍,增长了15%。人口学因素对其有轻微作用,其中人口数量是放大效果,人口结构是收敛效果。非人口因素的放大效果更显著,其中劳动参与率的分解指数为1.008,人力资本的分解指数为 1.220,可见人力资本的放大效果更加显著。2030 年到 2050 年,含人力资本的有效劳动供给整体减少,此时非人口因素有放大作用,而人口因素则有显著的收敛作用,主要受人口数量和人口结构的影响。2015—2050 年,由于人口先增加至 2030 年,而后开始减少,故此期间,含人力资本的有效劳动供给数量几乎一致,而非人口因素尤其是人力资本的放大作用十分显著,人口因素则呈现收敛作用。2050—2100 年,由于人口因素的极大收敛作用,含人力资本的有效劳动供给几乎减半,而此时非人口因素仍然起着放大作用。纵观 2015—2100 年,整体上含人力资本的有效劳动下降近一半,主要是人口因素导致,人力资本的影响起到很大放大作用(表 12-5)。

表 12-5　低方案下(假设不实施全面两孩政策)各阶段因素分解结果

因素分解	2015—2030 年	2030—2050 年	2015—2050 年	2050—2100 年	2015—2100 年
HL 的变化	1.150	0.870	1.002	0.470	0.470
人口因素 PI	0.937	0.798	0.745	0.431	0.321
人口数量影响 PNI	1.013	0.911	0.923	0.539	0.498
人口结构影响 PSI	0.925	0.877	0.807	0.800	0.645
非人口因素 NPI	1.230	1.098	1.347	1.053	1.430
劳动参与率 PRI	1.008	1.022	1.036	1.000	1.036
人力资本影响 HI	1.220	1.074	1.300	1.053	1.380

中方案(实施全面两孩政策)下,整体上含人力资本的有效劳动力供给较不实施全面两孩政策有一定程度的增加,变化趋势也是增长至 2030 年,而后开始减少。2015—2030 年,人口增长率为 15.3%,其中人口因素的分解指数为 0.937,非人口因素的分解指数为 1.230,人力资本的放大作用明显。2030—2050 年,含人力资本的有效劳动整体减少,人口因素有收敛作用,非人口因素有轻微放大作用。该方案下,2015—2050 年,含人力资本的有效劳动力增长率为 2.3%,主要是非人口因素的放大作用,而人口因素仍然是收敛作用,其分解指数为 0.773。2050 年以后,含人力资本的有效劳动迅速下降,2100 年的总量为 2050 年总量的 61.9%。此时,人口因素收敛作用十分显著,非人口因素的分解指数为 1.053。整体来看,21 世纪末,含人力资本的有效劳动供给为 2015 年的 63.3%,人口因素有极大的收敛作用,而非人口因素尤其是人力资本因素有极大的放大作用,其分解指数为 1.38,可见人力资本对有效劳动力供给意义重大(表 12-6)。

表 12-6　中方案下各阶段因素分解结果

因素分解	2015—2030 年	2030—2050 年	2015—2050 年	2050—2100 年	2015—2100 年
HL 的变化	1.153	0.887	1.023	0.619	0.633
人口因素 PI	0.924	0.826	0.754	0.583	0.443
人口数量影响 PNI	1.023	0.939	0.955	0.653	0.628
人口结构影响 PSI	0.903	0.880	0.790	0.892	0.705

续表

因素分解	2015— 2030 年	2030— 2050 年	2015— 2050 年	2050— 2100 年	2015— 2100 年
非人口因素 NPI	1.227	1.096	1.342	1.053	1.424
劳动参与率 PRI	1.006	1.021	1.033	1.000	1.032
人力资本影响 HI	1.220	1.074	1.300	1.053	1.380

高方案(实施二孩政策)下,含人力资本的有效劳动仍然先增加后减少,且各阶段变化的速度趋缓。21 世纪末,含人力资本的有效劳动力将是 2015 年的 80.7%。2050 年,含人力资本的有效劳动将为 2015 年的 1.035 倍,增加了 3.5%。从分阶段因素分解结果来看,其呈现的趋势与规律与中方案几乎一致(表 12-7)。

表 12-7 高方案下各阶段因素分解结果

因素分解	2015— 2030 年	2030— 2050 年	2015— 2050 年	2050— 2100 年	2015— 2100 年
HL 的变化	1.153	0.897	1.035	0.780	0.807
人口因素 PI	0.937	0.826	0.773	0.735	0.571
人口数量影响 PNI	1.028	0.965	0.992	0.777	0.771
人口结构影响 PSI	0.911	0.856	0.779	0.945	0.740
非人口因素 NPI	1.230	1.095	1.339	1.053	1.414
劳动参与率 PRI	1.008	1.019	1.030	1.000	1.024
人力资本影响 HI	1.220	1.074	1.300	1.053	1.380

总之,实施全面两孩政策对含人力资本的有效劳动供给有显著的提升作用。从因素分解结果整体来看,低、中、高三种方案下,人口因素的分解指数均小于 0,而非人口因素的分解指数均大于 0。可见,人口因素对含人力资本的有效劳动力供给是一种收敛作用,而非人口因素对含人力资本的有效劳动力供给是放大作用。其中人口数量的影响效应在实施全面两孩政策后有所提高,可见全面两孩政策的实施对人口数量的提升作用。另外,人力资本的放大作用十分显著,可见人力资本对有效劳动供给的重要性。

此外,进一步考察各因素对含人力资本的有效劳动力增长率的贡献情况。当要素的贡献率大于 0 时,表示其对含人力资本的有效劳动力供给增长率的贡献为正；当要素贡献率小于 0 时，则表示其对含人力资本的有效劳动供给增长率的贡献为负。增长率分解结果如下（表 12-8）。

表 12-8　低中高方案下各要素对含人力资本有效劳动力供给增长率的因素分解结果

因素分解	低方案		中方案		高方案	
	2015— 2050 年	2050— 2100 年	2015— 2050 年	2050— 2100 年	2050— 2100 年	2050— 2100 年
HL 增长率 r	0.010 0	−1.580 0	0.033 7	−0.975 8	0.098 4	−0.512 5
人口因素	−0.841 1	−1.683 3	−0.806 8	−1.079 1	−0.735 6	−0.615 8
人口数量影响 r_{PN}	−0.228 9	−1.236 1	−0.131 6	−0.852 4	−0.022 9	−0.504 6
人口结构影响 r_{PS}	−0.612 7	−0.446 3	−0.673 5	−0.228 6	−0.713 6	−0.113 1
非人口因素 NPI	0.851 1	0.103 3	0.840 5	0.103 3	0.834 1	0.103 3
劳动参与率 r_{PR}	0.101 0	0.000 0	0.092 8	0.000 0	0.084 5	0.000 0
人力资本影响 r_H	0.749 6	0.103 3	0.749 6	0.103 3	0.749 6	0.103 3

　　不同时间阶段，各要素对含人力资本的有效劳动供给增长率的贡献存在差异。低中高三种方案下，2015—2050 年含人力资本的有效劳动力供给增长率为正，而 2050—2100 年含人力资本的有效劳动力供给增长率为负。这一结果与人口总规模的变化以及含人力资本的有效劳动力规模变化趋势有关。整体上，人口因素对含人力资本的有效劳动力供给增长率的贡献为负，而非人口因素对含人力资本的有效劳动力供给增长率的贡献为正。另外，实施全面两孩政策背景下，含人力资本的有效劳动力供给增长率有显著提高。

五、小　　结

　　我国正在经历重大的人口转折，人口数量、人口结构的变化直接影响劳动力供给状况。劳动年龄人口数量面临下降的趋势。人口红利转向人口负债,劳动力数量短缺、结构老化将成为经济发展的障碍,而全面两孩政策的出台将一定程度缓解这一状况。此外,劳动力供给不仅仅与人口数量、人口结构有关,还与人口质量有关,人力资本因素十分关键。因此本章从人口数量、人口结构、劳动参与率以及人力资本指数四个方面综合考究,构建了含人力资本的有效劳动供给模型,从而比较低中高三种生育率方案下人口总规模、劳动力人口规模以及含人力资本的劳动力供给情况,并进一步通过因素分解考察各因素对含人力资本的有效劳动供给变化的影响。

根据预测,2020 年开始,我国劳动年龄人口将不断下降。低方案下(假设不实施全面两孩政策),预计到 21 世纪中叶,劳动年龄人口将下降至 7.6 亿,21 世纪末将进一步下降至 3.3 亿。中方案下,劳动年龄人口下降速度仍然很快,预计到 21 世纪中叶,劳动年龄人口为 7.8 亿,21 世纪末将降至 4.5 亿。高方案下劳动年龄人口下降速度略缓,预计到 21 世纪中叶,劳动年龄人口为 7.9 亿,21 世纪末为 5.8 亿。三种预测方案结果在 2040 年之前差异不大,随后差异凸显,且低方案与中高方案间的差异不断增加。根据预测结果,21 世纪末,低方案比中方案少 1.2 亿人口,中方案比高方案少 1.3 亿人口。因此,全面两孩政策的实施对我国劳动力人口规模有显著的提升作用。中方案下 2050 年劳动年龄人口将较不实施全面两孩政策多 1 200 万,2100 年劳动年龄人口将较不实施全面两孩政策多 1.18 亿。高方案下 2050 年劳动年龄人口将较不实施全面两孩政策多 3 700 万,2100 年劳动年龄人口将较不实施全面两孩政策多 2.46 亿。

劳动参与率的变化影响有效劳动力供给状况。我国未来劳动参与率的变化趋势是,教育的发展和入学率的提升使低龄组(15～24 岁)劳动人口的劳动参与率下降,延迟退休政策使高龄组(50～64 岁)劳动人口的劳动参与率上升。2015—2040 年,总劳动参与率呈现"V"字形,先下降后上升,之后阶段性波动,高峰分别是在 2045 年、2065 年及 2095 年,因此全面两孩政策对总劳动参与率的影响要分阶段考察,同时考察分年龄劳动参与率和劳动人口年龄结构变化对总劳动参与率的影响。通过三种不同的生育率方案比较,低方案(不实施全面两孩政策)下的总劳动参与率高于中方案和高方案,这是因为全面两孩政策放开后,堆积效应释放的新增人口将陆续进入劳动年龄,增加了低龄组劳动人口的比重,由于低龄组劳动人口劳动参与率相对较低,故劳动年龄人口总劳动参与率明显下降。

随着教育、科技的发展,人力资本水平成为影响劳动生产率的重要因素。就业人员的平均受教育年限作为人力资本的代理变量,能够有效反映劳动力质量的水平。预测结果显示,未来就业人员的平均受教育年限将逐年递增,2050 年达到 13.57 年,人力资本指数是 1.31(2015 年的 1.31 倍),2100 年达到 14.27 年,人力资本指数是 1.38(2015 年的 1.38 倍),人力资本水平明显上升。

含人力资本的有效劳动力供给更能体现劳动力的真实水平。加入人力资本因素后,有效劳动力供给状况明显好转。2050 年,中方案比低方案的含人力资本的有效劳动力供给增加了 1.6 亿,高方案比低方案的含人力资本的有效劳动力供给增加了 2.4 亿。2100 年,中方案比低方案的含人力资本的有效劳动力供给增加了 1.2 亿,高方案比低方案的含人力资本的有效劳动供给增加了 2.5 亿,可见全面两孩政策对含人力资本的有效劳动供给的提高作用。另外,在加入人力资本因素后,总有效劳动力供给显著增加,可见人力资本水平的提升有效弥补了劳动力数量下降的负面影响。

实施全面两孩政策对含人力资本的有效劳动供给有显著的提升作用。从因素分解结果整体来看,低中高三种方案下,人口因素的分解指数均小于0,而非人口因素的分解指数均大于 0。可见,人口因素对含人力资本的有效劳动力供给是一种收敛作用,而非人口因素对含人力资本的有效劳动力供给是放大作用。其中人口数量的影响效应在实施全面两孩政策后有所提高,可见全面两孩政策的实施对人口数量的提升作用。另外,人力资本的放大作用十分显著,可见人力资本对有效劳动供给的重要性。

稳定的劳动力供给是经济增长的必要条件,劳动力供给涉及劳动力的数量、结构和质量多个方面。当前全面放开两孩政策有利于减缓未来劳动力数量下降、结构老化的趋势,对于稳定劳动力供给意义重大。但是,全面两孩政策对劳动力的影响无法在短期内显现,其作用过程是漫长的。通过提高劳动参与率和提升人力资本水平则能很好地弥补劳动力数量下降的负面影响。教育是一把双刃剑,一方面会降低年轻劳动人口的劳动参与率;另一方面又能提高劳动力的知识技能。从长远来看,人力资本的提升对于提高劳动生产率和促进经济增长至关重要。因此,在当前全面放开两孩政策背景下,更要加大教育投入,提高教育水平,促进人力资本的积累和提升,实现我国劳动力供给优势从数量向质量转变,推动经济由外延式发展向内涵式发展转变。

第十三章
人口老龄化

中国正在进入快速人口老龄化时期。中国的老龄化将以老年人口规模巨大、增长迅速,老龄化进程快速推进为主要特征。中国的老年人口规模为世界之首,中国老龄化趋势也将是可比人口中最快的。这是由中国的人口转变过程所决定的。在前面的章节中已经说明全面两孩政策对人口老龄化的影响是微弱的,而对老年人口规模在2075—2080年前是没有影响的。对于中国的医疗和社会保障制度的设计完善与经济社会发展的影响而言,更为重要的是老龄化进程中老年人口规模变化特征与趋势。因此,本章将依据全面两孩政策背景下中国人口老龄化和老年人口规模变化趋势,探讨中国人口老龄化和老年人口规模的未来演进过程和特征。

一、数据与方法

老龄化的演进过程与人口转变,尤其是生育率转变密切相关。为了揭示生育率转变速度与人口老龄化速度的关系,我们基于稳定人口模型,使用宏观人口模拟方法,考察不同生育率下降过程下人口老龄化的演变趋势。生育率下降在促进人口老龄化的同时,也会改变老年人口的家庭和亲属结构。我们又使用人口微观模拟,考察不同生育率水平下,老年人口不同生命阶段的家庭结构、亲属数量和结构。在考察老年人口异质性时,我们使用队列预测方法揭示老年人口在健康和教育方面的差异性趋势。

除了使用本课题组对中国人口发展的长期趋势预测数据,本章也将使用联合国人口司的全球人口预测数据。联合国人口司每两年更新一次全球、各区域和各国的人口估计和预测,本章采用 2019 年 6 月发布了最新的修订结果(United Nations,2019)。本章使用的都是人口预测的中方案结果。同时,两套人口预测数据的差别主要体现在生育率的假设上,联合国中方案生育率是21 世纪保持在 1.70～1.77,而本课题组的中方案生育率是保持在 1.6 左右。尽管如此,两套人口预测数据在反映中国人口老龄化演进规律和长期趋势上都是一致的。

二、不可逆转的老龄化

(一)人口转变必然导致人口老龄化

人口老龄化是人口转变的必然结果。由死亡率率先从高水平下降到低水平、然后生育率也由高水平持续下降到低水平组成的人口转变,不仅使得人口规模和增长发生重大改变,而且也使得人口的年龄结构发生深刻变化。人口转变是人类社会的普遍规律,进入 21 世纪,世界上所有国家都已经或正在受到人口转变的影响。有学者认为人口转变是一种外生性过程,在不同的社会经济环境、文化制度、政治体制下发生。人口转变是近 300 年来人类社会所发生的最为重大的变革之一,它对现代世界的形成、城市化与城市增长、社会经济发展等起着重大作用。这些作用来源于人口转变的两种必然的趋势，一是人口增长，另一是人口老龄化。

死亡率下降促发人口转变，同时也引起人口增长。因为死亡率下降后，生育率仍然保持在高水平。死亡率下降的快慢，以及死亡率下降多长时间后生育率发生下降，都对人口增长产生重要影响。20 世纪 50 年代以来世界人口激增，主要就是发展中地区死亡率迅速下降，而生育率在较长时间里还保持较高水平的结果。死亡率下降带来的人口增长，导致了对家庭及社会的生存和发展压力，逐渐产生生育率下降的动机。生育率下降对人口增长趋势及人口结构产生重要影响。这种影响也取决于生育率下降的速度。生育率下降改变了人口增长趋势，同时也导致人口老龄化。

人口老龄化是人口转变的必然趋势和结果。人口转变或生育率转变与人口老龄化的因果关系是确定性的。生育率下降直接导致出生人口减少。随着生育率持续下降并保持低水平，每年的出生人口不断减少，队列移动导致儿童和青少年人口减少。人口金字塔出现底部老龄化，即底部收缩，相应地会导致老年人口比例提高。另一方面，随着生育率下降前的高生育率时期的出生队列逐渐进入老年，老年人口规模出现膨胀，导致人口金字塔出现顶部老龄化，进一步显著提高了老年人口比例。进入后人口转变阶段，当出生率和死亡率都处于低水平，人口增长将十分缓慢，甚至停止增长，而各个年龄组中老年人口将是增长最快的。这也与这时的死亡率下降主要发生在老年群体中有关。许多发达国家已经经历了这样的过程，而中国正在经历这一过程。

世界各国人口老龄化进程及速度存在很大差别。历史和经验表明，现代化越晚的国家，现代化的速度越快。人口转变越晚的国家，人口转变的速度常常越快，进而人口老龄化的速度也越快。现代化后生国家直接利用发达国家积累的现代化成果，使人口转变的推进速度要迅速得多。同时，政府对人口转变的干预也可以大大加速人口转变进程。

中国的人口转变开始于死亡率下降，在新中国成立之前就开始了。新中国成立后，结束战乱，国泰民安，医疗卫生条件也大大改善，死亡率迅速下降，开启了实质性的人口转变。20 世纪五六十年代在死亡率持续下降过程中,生育率一直维持在高水平。尽管高生育率迅速向低生育率的转变始于 20 世纪 70 年代国家计划生育政策的介入,但是有研究表明在人口中的某些阶层(比如受教育程度较高阶层)中在 20 世纪 50 年代就开始发生生育率下降。随着中国政府于 20 世纪 70 年代初在全国大力推行计划生育政策,我国的生育率发生了快速下降。有研究表明,自 20 世纪 90 年代以来,在中国生育率持续下降中,计划生育政策的作用在不断减小,而社会经济发展的作用在持续增长,2000 年以来的低生育率趋势中,社会经济发展起着决定性作用。尽管 2013 年以来中国政府连续调整计划生育政策,实行了单独二孩和全面二孩政策。特别是实行全面二孩政策以来,我国的二孩生育率有明显回升,带动了整体生育率的上升,但是这种效应将是短暂的。中国低生育率水平与趋势将无法改变。因此中国的人口老龄化趋势也将无法改变。同时由于中国政府推行的计划生育政策大大加速了转变过程,因此加速的生育率转变,也必将导致加速的人口老龄化。

为了进一步认识生育率下降速度与人口老龄化速度的关系,图 13-1 展示了两者关系的模拟结果。模拟初始人口为一个稳定人口,其总和生育率为 6.1,女性平均预期寿命为 40 岁,男性平均预期寿命为 37.3 岁(寇儿-德曼模型生命表西区死亡水平 9)。该人口的 60 岁及以上老年人口比例不到 5%。从这一初始人口出发进行模拟,死亡率只设一种方案,即从初始年(0 年)开始,死亡率按照联合国的中高速下降路径不断下降,因此女性平均预期寿命将由 0 年的 40 岁,上升到第 150 年的 87.1 岁;男性平均预期寿命将由 0 年的 37.3 岁,上升到第 150 年的 81.9 岁。生育率设立四种方案,即从第 20 年开始下降,总和生育率分别在 20 年(快速)、40 年(中快速)、60 年(中慢速)和 80 年(慢速)内降到更替水平(总和生育率为 2.1),此后保持更替水平不变到模拟期结束。

图 13-1 清晰地显示,虽然四种生育率方案是同时开始生育率下降的,但是生育率下降越快,老龄化就发生得越早也越快。例如,生育率快速下降方案中,第 60 年即生育率下降 40 年后,60 岁及以上老年人口比例达到 10%。

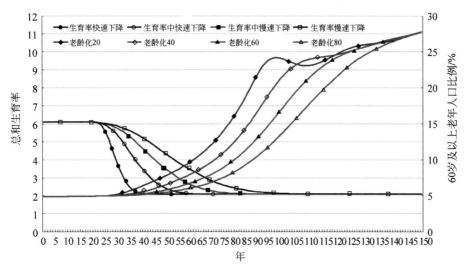

图 13-1　生育率下降与人口老龄化关系模拟

资料来源：作者模拟结果。

而在生育率中快速、中慢速和慢速下降的情况下，将分别在第 68 年、76 年和 83 年，60 岁及以上老年人口比例达到 10%。不同方案下的差异时间大概为 8 年，而快速和中快速方案下生育率转变已经完成，中慢速方案下生育率转变接近完成。60 岁及以上老年人口比例由 10% 增加到 20% 的时间分别为 23 年、24 年、26 年和 29 年，同样也是生育率下降越快的方案，老年人口比例倍增所需时间越少。就世界范围而言，中国的生育率下降速度类似于这里的快速方案，很多发展中国家的生育率下降速度在快速和中快速之间，而少数发达国家的生育率下降速度在中快速和中慢速之间，多数发达国家则是在慢速以上的情景。图 13-1 可以反映世界上多数国家的生育率下降和老龄化之间的关系。

（二）21 世纪人类将走向持续普遍的老龄化

21 世纪是老龄化的世纪。随着生育率转变全球化以及中老年死亡率的持续下降，世界各国将持续普遍出现人口老龄化，老龄化进程不断加快。根据联合国的数据,1950 年时仅 5.1%的世界人口为 65 岁及以上的老年人口,到 2015 年这一比例增加到 8.3%(图 13-2)。1950 年世界老年人口有 1.3 亿,2015 年增加到 6.1 亿。在 20 世纪 80 年代之前,世界老年人口与世界总人口增长速度基本一致,80 年代以来老年人口增长速度越来越快于总人口。2015年世界人口增长率为 1.1%,而老年人口增长率高达 3.2%。到 21 世纪末,超过 1/5(22.7%),甚至有可能到达 30%的世界人口将是 65 岁及以上的老年人口。

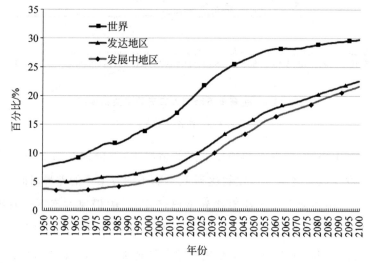

图 13-2　1950—2100 年世界、发达地区和发展中地区的老龄化趋势

资料来源:United Nations. World Population Prospects:The 2019 Revision.

发达地区引领着世界人口老龄化进程。1950 年发达地区人口中老年人口比例为 7.7%,到 2015 年上升了 10 个百分点,达到 17.65%;老年人口规模相应地由 0.63 亿增加到 2.2 亿。1950 年发达地区的老年人口规模只及少儿人口的 1/4,而现在却基本相等。在发达地区中,欧洲是老龄化最严重的地区,有 17.6%的人口为老年人口。实际上,在欧洲各年龄人口中,只有老年人口在不断增长。在世界各国中,日本是人口老龄化最严重的国家,2015 年老年人口比重高达 26.3%,年龄中位数高达 46.5 岁(也就是说日本有一半人口年龄超过 46 岁)。

发达地区也在由老龄化迈向高龄化。发达地区人口中 80 岁及以上高龄人口比重由 1950 年的不足 1％，上升到 2015 年的 4.7％；高龄人口占老年人口的比例由 1950 年的 12.9％，上升到 2015 年的 26.8％。这期间高龄人口规模增长了 6 倍多。高龄人口是所有年龄组人口中增长最快的。

相对于发达地区，发展中地区的老龄化速度尚为缓慢。1950—2015 年，发展中地区老年人口比重仅由 3.8％上升到 6.4％。但是发展中地区老年人口增长速度则要明显快于发达地区，1950 年时发展中地区和发达地区的老年人口规模几乎相等，而到 2015 年发展中地区的老年人口规模达到了发达地区的 1.8 倍。许多发展中国家的老龄化速度正在并将不断加快。一些目前高生育率、高人口增长率的国家，未来的老龄化势能将是巨大的。

图 13-2 显示，世界人口的老龄化速度正在由缓慢走向加速。未来 40 多年将是发达地区老龄化最快的时期，而发展中地区一直到 21 世纪末都在快速地老龄化，尤其是后半个世纪明显快于发达地区。未来 40 多年，世界人口中老年人口比重将加倍。发达地区老年人口比重将于 2022 年超过 20％，21 世纪末将接近 30％。发展中地区在未来 30 年老年人口比重加倍，21 世纪 80 年代超过 20％。即使是目前人口结构最年轻的国家，到 21 世纪末也将进入老年型社会。

（三）不可逆转的中国人口老龄化

20 世纪 90 年代以来，我国进入低生育率时期，生育率降到更替水平以下，并且持续走低。我国人口年龄结构逐渐发生重大变化，劳动年龄人口比重显著提高，少儿人口比重继续下降，2000 年第五次人口普查时劳动年龄人口比重达到 70％。年龄中位数自 20 世纪 80 年代开始逐渐上升，人口开始走向老龄化。

20 世纪 80 年代以来，我国老年人口比例出现上升，但速度较慢，90 年代以后有所加速。2000 年第五次人口普查结果显示，65 岁及以上老年人口比重达到 7％，比 1990 年时增加 1.4 个百分点。同时，少儿人口比例下降近 5

个百分点,劳动年龄人口比例上升近 4 个百分点。2000 年人口金字塔底部进一步收缩,同时顶部在扩大。按照国际惯例,2000 年我国人口成为老年型人口,我国进入了老龄化社会。

2000 年以来,我国生育率处于很低水平,总和生育率维持在 1.6 左右,远低于更替水平 2.1,人口增长趋势不断减弱。2010 年第六次人口普查结果显示,我国人口年龄结构继续走向老龄化,0~14 岁少儿人口比重继续下降,2010 年降低达 16.6%,劳动年龄人口比重上升,达到 74.5%,年龄中位数继续上升,达到 35 岁左右。

同时,2000 年第五次人口普查标志我国进入老龄化社会以来,人口老龄化程度不断加深,速度不断加快,进入老龄化提速阶段。2010 年第六次人口普查结果显示,我国 60 岁及以上人口达到 1.78 亿人,占总人口的 13.26%,比 2000 年增长了 3 个百分点。其中 65 岁及以上人口为 1.19 亿人,占8.87%,比 2000 年增长了 1.7 个百分点。老年人口及其比例的增长速度都超过前一个 10 年。

伴随着生育率持续降低,以及建国初期生育高峰人口将逐步进入老龄,我国人口老龄化正在进入加速推进阶段。根据联合国中方案人口预测(表 13-1),到 2041 年,60 岁及以上老年人口将占到总人口的 30%以上,那时我国将成为重度老龄化国家,2050 年这个比例将进一步增长到 34.6%。65 岁及以上老年人口比重在 2050 年将达到 26.1%。60 岁及以上老年人口规模在 2014年突破 2 亿,2026 年突破 3 亿,2034 年突破 4 亿,2050 年达到接近 5 亿。65 岁及以上老年人口规模 2025 年突破 2 亿,2035 年突破 3 亿,2050 年达到 3.7 亿。

表 13-1　2017—2100 年中国老年人口变化趋势　　　　　亿人

年份	联 合 国			本 课 题		
	60+	65+	80+	60+	65+	80+
2017	2.27	1.47	0.24	2.41	1.58	0.29
2018	2.34	1.56	0.25	2.49	1.67	0.31
2019	2.41	1.64	0.26	2.53	1.77	0.32
2020	2.50	1.72	0.27	2.57	1.86	0.33

续表

年份	联 合 国			本 课 题		
	60＋	65＋	80＋	60＋	65＋	80＋
2025	3.00	2.05	0.31	3.15	2.15	0.41
2030	3.64	2.47	0.41	3.80	2.65	0.54
2035	4.14	3.02	0.60	4.26	3.21	0.75
2040	4.34	3.44	0.72	4.44	3.58	0.85
2045	4.49	3.56	0.90	4.60	3.67	1.09
2050	4.85	3.66	1.15	4.92	3.76	1.34
2055	4.88	3.97	1.32	4.86	4.02	1.45
2060	4.79	3.98	1.31	4.64	3.94	1.40
2065	4.65	3.88	1.33	4.41	3.72	1.39
2070	4.54	3.76	1.55	4.31	3.51	1.56
2075	4.48	3.67	1.55	4.28	3.45	1.51
2080	4.42	3.63	1.49	4.19	3.45	1.38
2085	4.31	3.60	1.42	4.02	3.39	1.28
2090	4.20	3.53	1.41	3.83	3.27	1.31
2095	4.10	3.46	1.46	3.69	3.13	1.39
2100	4.03	3.39	1.51	3.59	3.01	1.41

资料来源：本课题组的人口预测和 United Nations. World Population Prospects：The 2019 Revision.

本课题组也对中国人口的长期发展趋势进行了预测(表 13-1)，与联合国的预测有微小差别。联合国预测的中方案使总和生育率保持在 1.7～1.77，本课题组预测中方案的总和生育率保持在 1.6 左右。本课题组的预测表明，到 2024 年，我国 60 岁及以上人口达到 3 亿人，占总人口近 20%。其中 65 岁及以上人口到 2022 年达到 2 亿人，占 14.36%。到 2041 年，60 岁及以上老年人口将占到总人口的 30% 以上，那时我国将成为重度老龄化国家，2050 年这个比例将进一步增长到 34.6%。65 岁及以上老年人口比重在 2050 年将达到 26.7%。60 岁及以上老年人口规模在 2032 年突破 4 亿，2050 年达到接近 5 亿。65 岁及以上老年人口规模 2034 年突破 3 亿，2050 年达到 3.8 亿。

我国老龄化速度虽有波动变化，但是 2010—2050 年老龄化在总体上将处于高速推进时期。2010—2020 年，老龄化明显加速；2020—2035 年，老龄化急速推进；2035—2050 年，老龄化深度发展(图 13-3)。联合国的预测显示，

2020年之前,60岁及以上老年人口比重每年增加0.4~0.5个百分点,2020年之后,持续攀升,由每年增长0.5个百分点,上升到2029年的峰值,增长0.90个百分点,之后老龄化速度仍然很高但开始有所减缓。伴随着中华人民共和国成立后第三次出生高峰时期的出生队列进入老年,老龄化速度将再度加快,2048年60岁及以上老年人口比重较前一年增长0.74个百分点,将成为又一个高峰。

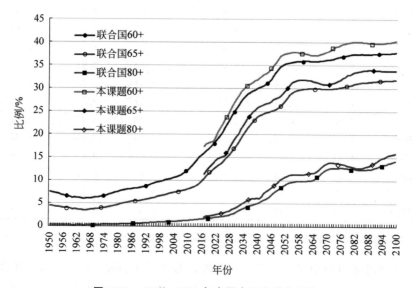

图 13-3　1950—2100 年中国人口老龄化趋势

资料来源:本课题组的人口预测和 United Nations. World Population Prospects:The 2019 Revision.

伴随着中华人民共和国成立以后生育高峰人口进入老年,60~79岁老年人口比重逐渐上升,其中60~64岁低龄老人数量持续波动,2040年后维持在1亿人左右,65~79岁老年人口在2040年前将持续增长,但增长率逐渐下降;2040年之后,增长率转为负数,数量开始减少。到2040年前,80岁及以上高龄老人数量及比重持续增加,且人口增长率一直很高。2025年,当生育高峰的人口步入80岁,高龄老人比例将迎来迅速的上升。我国将面临越来越严重的高龄化趋势。

2015年我国人口平均预期寿命已经达到76.3岁。随着医疗技术进步,平均预期寿命还将继续增加,健康长寿的增长进一步推进了高龄化趋势。

2050 年,我国 80 岁及以上老年人口将增长到 1.2 亿,是 2010 年的近 7 倍。2030 年起,我国老龄人口高龄化程度不断加深,80 岁及以上人口占 60 岁以上老年人口比例将由 2030 年的 11.6% 增长到 2050 年的 24.5%,20 年间增长 1 倍多。

未来,我国老龄化速度将出现两次加速过程。2020—2035 年我国 60 岁及以上老年人口比重将增加 12 个百分点,年均增加 0.5~0.9 个百分点。2035 年至 2045 年,比重增加值减少,老龄化速度减慢。2045 年之后,老龄化速度又一次加快。2045—2052 年我国 60 岁及以上老年人口比重将增加 5 个百分点,年均增加 0.5~0.8 个百分点。两次老龄化速度的变化与生育高峰时期的出生队列进入老龄时间相对应。

经过 2020 年至 2045 年高速老龄化,60 岁及以上人口比例达到 30% 以上,65 岁及以上人口比例达到 25% 以上,80 岁及以上高龄老人比例超过 5%,并到 21 世纪中叶接近 9%。也就是说,到 2050 年左右,我国每 3 人中便有 1 个 60 岁以上老人,每 4 人中便有 1 个 65 岁以上老人,每 10 人中便有 1 个 80 岁以上老人。老龄化的加速过程将使我国人口转向重度老龄化。

21 世纪下半叶,中国人口老龄化将处于高位运行。60 岁及以上人口比例将继续增加 3 个百分点,到 21 世纪末达到 38%。65 岁及以上和 80 岁及以上人口比例都将继续增加约 6 个百分点,分别在 21 世纪末达到 32% 和 14%。21 世纪下半叶的老龄化趋势,将主要由死亡率下降驱动,因为生育率长期稳定在低水平,同时联合国的预测假定生育率将缓慢轻微上升,因此老龄化水平也将在高水平的基础上有小幅度上升趋势。

人口老龄化将对潜在支持比(potential support ratio)产生重大影响。潜在支持比为 25~64 岁人口与 65 岁及以上人口之比,即每个 65 岁及以上老年人口可以获得几个 25~64 岁人口的支持,反映老年人口对可提供支持人口带来的负担。图 13-4 显示,1965 年前潜在支持比是上升的,其后到 2050 年一直处于持续大幅度下降之中。目前下降到 5 左右,是 1965 年前的一半。与日本和欧洲相比,目前中国的潜在支持比还较高。日本是世界上潜在支持比最低的国家,只有 1.8。欧洲国家基本上在 3 以下。到 2050 年,欧洲、北美、东亚和东南亚的 48 个国家,潜在支持比将降到 2 以下,其中包括中国。到 21 世纪 90 年代,中国的潜在支持比进一步降到 1.4。

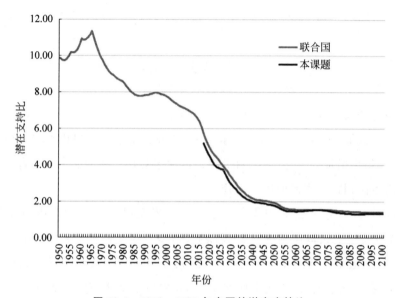

图 13-4　1950—2100 年中国的潜在支持比

资料来源:本课题组的人口预测和 United Nations. World Population Prospects: The 2019 Revision.

三、老龄化波浪式发展

(一)生育率转变的波浪式进程决定了老龄化的波浪式发展

人口老龄化的进程与人口转变的进程是密切相关的。一方面,人口老龄化的速度主要取决于人口转变过程中生育率下降的速度;另一方面,老年人口的增长变化过程反映的是不同生育率水平下的出生人口队列的移动过程。在西方国家 200 年的人口转变过程中,生育率下降相对平缓渐进,因而出生人口队列规模变化也不剧烈,导致人口老龄化过程也较为平缓。中国的情况十分不同于西方国家。在 20 世纪五六十年代生育率转变前,因政治、经济、社会的变化,导致生育率出现了巨大波动,出生人口队列规模相差巨大。而在 20 世纪 70—90 年代的生育率转变过程中,因生育政策的变化、人口惯性的影响及经济社会高速发展,导致生育率和出生人口队列规模的巨大波动。直到进入 21 世纪以来,我国的生育率变化趋势变得相对平稳。尽管在低生育率条件下,因生育的属相偏好和两孩政策的实行也使生育率产生波动,但是与以往的生育率变动相比要小得多。人口转变过程中生育率变化的波动幅度将基本上决定几十年后老年人口队列规模的波动幅度。所以图 13-6 中反映的过去几十年的出生人口队列规模变化与波动,很大程度上也反映了 2010 年以后我国进入老年人口队列的变化与波动。

需要指出的是,一些研究使用人口普查和小普查数据,发现 2000 年、2010 年和 2015 年的总和生育率不断下降,就断言中国的低生育率进程是生育率持续下降,越来越低(郭志刚,2013;郭志刚等,2017;顾宝昌等,2019)。实际上,仅根据这 3 年的数据判断生育率越来越低的趋势是不科学的。从国家统计局的历年的人口抽样调查看,在这 15 年间生育率也经历了较大的波动,并非越来越低。2017 年的全国生育状况调查则提供了更多的数据证明中国的低生育率进程呈现出多种因素影响下的波动(陈卫等,2019)。中国的低生育率趋势表现为波浪式的进程,或多或少反映的是一种人口再生产的周期性规律波动。不过,低水平下生育率的波动对未来老龄化的波浪式发展影响很小。中国人口老龄化波浪式发展将主要表现在 20 世纪因巨大的出生高峰和出生低谷交替演进而导致的几十年以后进入老年的人口队列的波浪式发展,由此导致老年人口增长及占比的波浪式趋势。

(二)老年人口及老龄化的波浪式发展

图 13-5 反映了进入老年的人口队列规模变化趋势,及与几十年前的出生人口规模的对比。很自然,这些曲线的变化模式是相同的,60 年前的出生人

口高峰将在 60 年后、65 年后及 80 年后分别产生进入老龄和高龄的人口队列的规模高峰,反之亦然。不过,随着时间的推进,死亡率的下降,特别是中老年死亡率的下降,队列损耗大幅度下降。20 世纪 50 年代初的出生人口,只有一半人口能活到老年(60 岁),只有 1/4 能活到高龄老年(80 岁)。目前进入老年的队列,已达到出生人口的近 70%;进入高龄老年的队列达到出生人口的 40%。而到 21 世纪 60 年代,进入老年的队列将达到出生人口的 90%,而进入高龄老年的队列也将达到出生人口的 70%。21 世纪末进入老年的队列将是出生人口的近 95%,而进入高龄老年的也达到出生人口的 3/4。从出生到老年、高龄老年的存活率的改善,不仅对老龄化进程和老年人口规模增长有重要作用,而且对波浪式发展进程也有推动作用。

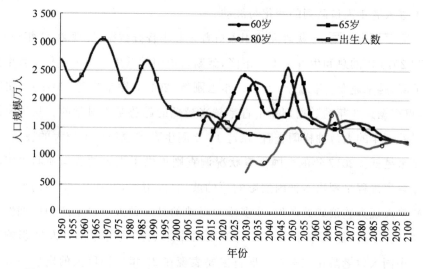

图 13-5　1950—2100 年中国出生人口 60 岁、65 岁及 80 岁人口的变化趋势

资料来源:United Nations. World Population Prospects:The 2019 Revision.

不像进入老年的队列变化具有明显的波动性,老年人口总体规模因不同队列混合而表现出较为平缓的波动。但是从图 13-6 看出,20 世纪 50 年代的出生高峰、20 世纪 60 年代的出生高峰、20 世纪 80 年代后期的出生高峰,都带来相应的老年人口的高峰和之间的低谷。而 20 世纪 90 年代之后的生育率下降和长期低生育率,则反映到 21 世纪后半叶老年人口规模的不断下降。

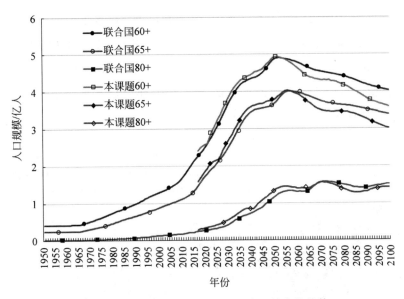

图 13-6　2010—2100 年中国老年人口的变化趋势

资料来源：本课题组的人口预测和 United Nations. World Population Prospects：The 2019 Revision.

四、日益突出的高龄化

（一）高龄老人及高龄化趋势

　　"人生七十古来稀"，而如今八九十都不稀奇。人口学中经常把 80 岁及以上称作高龄老年。随着寿命的不断延长，不但老龄化趋势在加快，而且高龄化趋势也日益突出。根据联合国的预测结果，图 13-7 计算比较了 80 岁及以上高龄老人、60 岁及以上老年人及 60～79 岁低龄老年人口的增长率。无论是中国，还是发达地区和发展中地区，与低龄老年人口相比，高龄老年人口的增长速度都是最快的，尤其是在 2030—2050 年间，高龄老年人口的增长率是低龄老年人口增长率的几倍到几十倍。与此相应，高龄老人占全体老年人的比例迅速上升。对于中国,21世纪前30年中,80岁及以上高龄老年人口占60岁及以上老年人口比例在10%~12%之间,而到21世纪中叶将达到1/4,然后到2070年达到1/3,到21世纪末达到将近38%。2030—2050年间高龄老年人口规模增长3倍,由4 000万增长到近1.2亿。在2070年之后基本稳定在1.4亿~1.5亿(图13-6)。

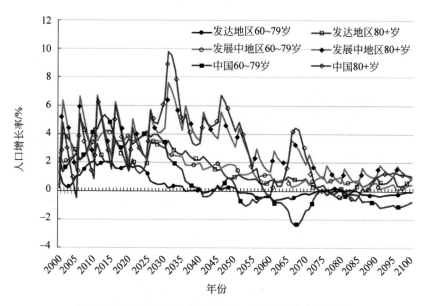

图13-7   2000—2100年中国老年人口增长率变化趋势

资料来源：United Nations. World Population Prospects：The 2019 Revision.

(二)百岁老人的增长趋势

对高龄老人进一步细分发现,百岁及以上老人(简称百岁老人)的增长速度更为惊人。图13-8显示在21世纪,除个别年份外,百岁老人的增长率都几倍于高龄老人增长率,导致百岁老人的数量和占比都呈现大幅度增长趋势。根据联合国的估计和预测,21世纪初中国百岁老人有1万人,2024年增加到10万人,而到21世纪中叶将增加到100万人,到21世纪90年代接近500万人。21世纪初,百岁老人占高龄老人比例为0.1%,2060年上升到1%,2080

年和 2088 年分别达到 2% 和 3%。2091 年达到最高比例，为 3.4%。相当于
总人口中每万人口的百岁老人数从 21 世纪初的 0.05，上升到 2030 年的 0.1
和 2060 年的 1.0，而 21 世纪 90 年代达到 4.0 以上。中国的百岁老人规模在
21 世纪都是世界上最大的，但是每万人口中的百岁老人数却大大低于日本、
美国、意大利等发达国家。

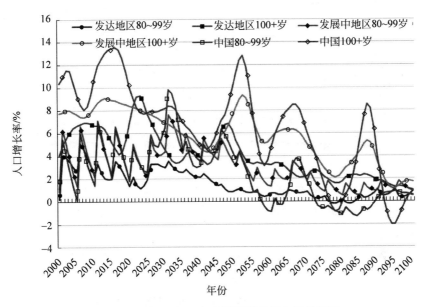

图 13-8　2000—2100 年中国百岁老年人口增长率

资料来源：United Nations. World Population Prospects：The 2019 Revision.

本课题组的人口预测与联合国的人口预测在 21 世纪 70 年代以后存在百
岁老人数量上的较大差异（图 13-9）。实际上，在 21 世纪 70 年代之前，本课题
组的百岁老人预测结果是略高于联合国的预测结果的，2069 年联合国的预测
结果反超本课题组的预测结果，并且差异不断扩大。不过，由于百岁老人总
体规模很小，即使两种预测的差异较大，对老龄化，甚至高龄化趋势差异几乎
没有影响。即使按照本课题组较低的百岁老人计算，百岁老人的增长率也是
非常之高。中国人口的高龄化和极高龄化都非常突出。

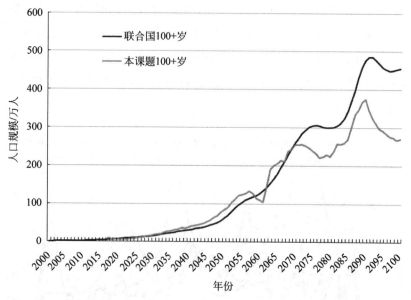

图 13-9　2000—2100 年中国百岁及以上老年人口占高龄老年人口比例变化趋势

资料来源：本课题组的人口预测和 United Nations. World Population Prospects：The 2019 Revision.

五、不断增强的异质性

（一）老年人口的异质性

老年人口是总人口中的一个亚人口，"老年人口"只是笼统概括了这个人口群体，但是这一群体中的异质性越来越大，并不存在绝对一致的或普遍的问题，因为不同队列、不同状况、不同条件下的老年人，他们所面临的问题和需要不尽相同。实际上前面按照年龄对老年人口进行了区分，年轻老人、高龄老人和百岁老人等也存在一种异质性。在中国显著的差异表现在城乡之间、地区之间、不同发展水平的农村之间、不同的社会经济阶层之间等。制度政策设计和服务提供需要针对老年人口的异质性。

人口老龄化不仅表现为老年人口规模和比例的变化过程,而且也是老年人口经济社会结构的变化过程。有学者提出"老年转变"(gerontological transition)的概念,用来描述和解释随着时间变化老年人口在数量和特征上发生的变化(Rowland,2013)。老年转变将人口老龄化过程解释为一个队列移动过程:随着规模大的队列进入老年年龄,老年人口的数量和比例出现增长;而随着具有不同婚姻、职业、教育、收入、健康等特征的队列进入老年年龄,队列移动又将进一步改变老年人口的构成;不断增长的老年人口具有不断增强的异质性。

老龄化过程中老年人口异质性增强是一种普遍现象,但是中国的情况将使这种异质性更为突出。中国的人口转变非常迅速,生育率的快速下降使得不同队列人口的生育子女数迅速减少,高生育率和低生育率下的家庭亲属结构具有巨大差异。中国改革开放 40 多年来,经济高速发展,成为世界第二大经济体,人均 GDP 增加了 60 多倍,人们的工资性收入和财产性收入也都有了巨大增长,贫富差异也持续扩大。中国人口的收入和财富的异质性巨大。中国自 20 世纪 90 年代末以来实行的高校扩招政策,大幅度提升了中国人口的受教育程度,从年长到年轻队列人口的受教育程度迅速提高。在各类受教育程度中,受大学教育人口增长最快。"六普"数据显示大专及以上受教育程度人口达到 1.2 亿,中国的受大学教育人口为世界最多。随着队列移动,中国将来的老年人口的受教育程度也将有巨大提高。中国社会和人口的巨大变迁是人类历史上少有的,中国人口的老龄化进程将是世界上少有的,老龄化进程中老年人口的异质性也将是非常突出的。

(二)老龄化与不断增强的老年人口异质性

随着老龄化进程,中国老年人口的异质性将不断增强。老年人口异质性涉及经济、社会、人口等很多方面,但是由于数据的限制,我们无法对各方面,甚至是很重要的方面进行分析。根据数据和预测的可行性,我们选择对老年人口的健康状况、受教育程度和家庭结构进行预测分析,考察在老龄化过程中老年人口在这些方面上的差异性及变化趋势。

2005年小普查、2010年人口普查和2015年小普查数据显示,中国老年人口的健康状况在这10年间基本上没有变化,从自评健康的结果看,甚至略有下降。中国老年健康影响因素调查(CLHLS)数据也显示,在2002—2014年,从自评健康、日常生活活动能力(ADL)和工具性日常生活活动能力(IADL)等指标看,中国老年人的健康状况没有改善。另外,两项国际研究也表明,无论是发达国家还是发展中国家,老年人的健康状况改善极小(WHO,2014),而在包括中国在内的一些低收入和中等收入国家,在21世纪00年代初到21世纪10年代初,老年人存在疾病扩张(Sudharsanan and Bloom,2018)。但是人口的预期寿命都在不同程度地增长。即使疾病扩张导致不健康预期寿命延长,在医疗技术不断进步的条件下,老年人的生活资料能力也不一定会下降,相反有可能提高。

2015年小普查数据显示,60岁及以上老年人生活不能自理占比为2.6%。当然老年人内部差异很大,60~64岁老年人生活不能自理占比仅0.8%,而80+岁高龄老人生活不能自理占比达到近10%。2015年60岁及以上老年人中生活不能自理的人口为515万,我们做趋势测算,按照老年人生活不能自理占比不变以及不断下降两种情况分别预测。从2010年人口普查数据中看出,老年人生活不能自理率与死亡率高度相关。图13-10显示,老年人生活不能自理率与死亡率之间虽然不是线性关系,但是两者的二次曲线关系非常强。因此,我们按照未来老年人口死亡率的下降幅度来预测生活不能自理率的下降幅度。

联合国2019年世界人口展望提供了各国在预测期内的各时期的生命表,图13-11为未来各时期中国老年人口分年龄死亡概率。高龄老人死亡概率的下降绝对幅度要明显大于年轻老年人,但是下降的相对幅度反而更小。根据中国老年人口死亡概率在未来各时期的下降比例,测算未来各时期老年人口的生活不能自理率及生活不能自理人口数量。表13-2展示的是中国老年人口生活不能自理占比的预测结果,到21世纪中叶,75岁以下老年人口生活不

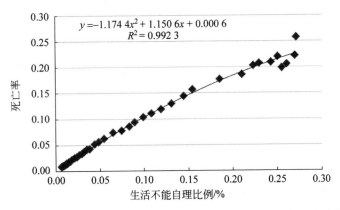

图 13-10　2010 年人口普查中国老年人分年龄生活不能自理率与死亡率的关系

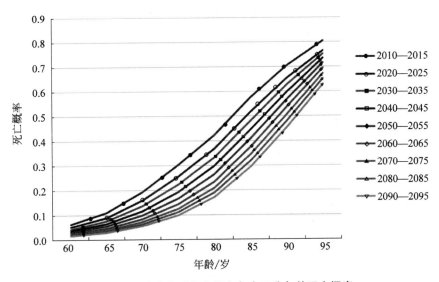

图 13-11　未来各时期中国老年人口分年龄死亡概率

能自理率将下降 50%，到 21 世纪末下降 70% 以上。这两个时间上 75 岁及以上老年人口的生活不能自理率将下降 40% 和 60% 左右。据此，按照联合国人口预测的中方案计算了未来各时期生活不能自理老年人口规模（表 13-3）。结果显示，随着队列移动，各年龄段的生活不能自理老年人口数量都是先上升、后下降。2015 年生活不能自理老年人口为 515 万人，持续上升到 2040 年的 1 022 万人，增加了近 1 倍。随着中国人口老龄化在 21 世纪中叶达到高峰,老年人口规模出现下降,生活不能自理老年人口规模也缓慢下降。

表 13-2　中国老年人口生活不能自理占比预测,2015—2090 年

年龄/岁	2015 年	2030—2035 年	2050—2055 年	2070—2075 年	2090—2095 年
60~64	0.80	0.56	0.39	0.28	0.21
65~69	1.33	0.92	0.66	0.47	0.36
70~74	2.26	1.60	1.15	0.84	0.64
75~79	3.87	2.86	2.14	1.62	1.27
80+	9.82	7.70	6.14	4.89	4.01

表 13-3　中国生活不能自理老年人口规模,2015—2090 年

（生活不能自理率下降）　　　　　　　　　　　　万人

年份	60~64 岁	65~69 岁	70~74 岁	75~79 岁	80+岁	合计
2015	64	69	77	93	212	515
2020	58	92	95	96	249	589
2025	65	82	127	121	280	676
2030	74	93	116	167	347	798
2035	65	106	133	156	479	939
2040	48	94	153	183	543	1 022
2045	46	69	137	215	639	1 107
2050	54	66	102	198	774	1 194
2060	31	55	118	148	779	1 131
2070	25	40	70	132	829	1 096
2080	22	37	60	101	723	942
2090	16	28	53	97	620	814

如果假设老年人口生活不能自理率保持不变,即按照 2015 年的老年人口分年龄生活不能自理率保持不变来测算未来各时期生活不能自理老年人口规模,结果如表 13-4 所示。虽然随着队列移动,各年龄段的生活不能自理老年人口数量也都是先上升后下降,但是出现下降的时间明显推后。而且各年龄段的生活不能自理老年人口数量大幅度增长。到 2050 年,生活不能自理老

年人口规模要比前一个方案多 650 万,而 2070 年及以后几乎是倍增,超过 2 000 万。

表 13-4　中国生活不能自理老年人口规模,2015—2090 年

（生活不能自理率不变）　　　　　　　　　万人

年份	60～64 岁	65～69 岁	70～74 岁	75～79 岁	80＋岁	合计
2015	64	69	77	93	212	515
2020	62	99	102	103	261	627
2025	76	96	147	138	309	767
2030	94	118	145	204	405	966
2035	90	146	180	204	588	1 209
2040	72	141	225	258	706	1 401
2045	75	113	219	325	881	1 613
2050	96	118	177	321	1 132	1 845
2060	65	116	242	280	1 283	1 986
2070	63	98	166	285	1 523	2 135
2080	63	105	163	246	1 464	2 040
2090	53	93	165	267	1 387	1 965

人口的受教育程度对健康状况和职业、收入状况等都具有重要影响。中国自 20 世纪 90 年代末实行高等教育扩展政策以来,人口的受教育程度出现了史无前例的迅速上升。这意味着未来的老年人的受教育程度与目前的老年人相比,将有巨大的改善。中国老年人的受教育程度异质性将大幅度增强。表 13-5 显示,从最年长队列到最年轻队列,至少跨越了半个世纪,文盲率从接近一半下降到不足 1%;受过高等教育的占比在最年轻队列已经超过 1/5,几乎是最年长队列的 10 倍。到 30 岁,多数人的学校教育已经完成,也会有不少人甚至年龄更大的人接受高等教育,特别是研究生教育,因此表 13-5 中较年轻队列的受教育程度仍然会继续提高。我们假设各队列的受教育程度保持不变,也就是说随着队列移动,年轻队列逐渐进入老年,进入老年后,他们的受教育程度分布与年轻时相同。那么未来的老年人口中较低和较高受教育程度的数量会有多少?

表 13-5　2015 年中国分年龄不同受教育程度人口占比

年龄	不识字	小学	初中	高中	大专及以上
25～29	0.62	4.78	43.59	23.51	27.51
30～34	0.97	7.52	48.60	20.22	22.70
35～39	1.44	12.10	50.73	19.17	16.56
40～44	2.00	17.96	52.90	15.85	11.30
45～49	2.82	24.96	51.36	12.98	7.87
50～54	3.89	27.55	45.67	16.05	6.84
55～59	7.28	35.85	36.02	16.30	4.56
60～64	11.79	46.06	29.99	8.80	3.36
65～69	17.26	50.76	22.20	6.80	2.97
70～74	25.16	47.37	17.46	6.76	3.25
75～79	34.24	44.01	12.17	5.77	3.82
80+	48.66	37.00	8.18	3.67	2.49

我们同样使用联合国提供的未来中国老年人口预测数据,利用表 13-5 中各队列的不同受教育程度占比来测算未来中国老年人口中不同受教育程度人口数量及变化。表 13-6 展示了预测结果。到 21 世纪中叶,不识字老年人口数将由 4 564 万下降到 1 812 万,下降 60%;而大专及以上老年人口数将由 678 万上升到 8 152 万,增加 11 倍。相应地,老年人口文盲率将由 2015 年的 21.6% 下降到 2050 年的不足 4%,高等教育程度占比由 3.2% 上升到近 17%。另外,高中受教育程度人数及占比也将持续上升,而初中受教育程度人数及占比不断上升到 2040 年后趋缓稳定。小学受教育程度人数先升后降,但是其占比则从 46% 不断下降到 16%。

表 13-6　2015—2050 年中国老年人口受教育程度分布

年份	不识字	小学	初中	高中	大专及以上	合计
	人数分布/万人					
2015	4 564	9 779	4 611	1 504	678	21 137
2020	3 984	10 812	6 748	2 527	906	24 978
2025	3 375	11 384	10 100	3 693	1 405	29 956
2030	2 922	11 989	14 622	4 698	2 124	36 355
2035	2 567	11 603	18 384	5 760	3 108	41 422

续表

年份	不识字	小学	初中	高中	大专及以上	合计
			人数分布/万人			
2040	2 209	10 428	20 106	6 434	4 176	43 352
2045	1 964	9 101	21 019	7 140	5 676	44 899
2050	1 812	7 828	21 990	8 767	8 152	48 549
			百分比分布/%			
2015	21.59	46.26	21.82	7.12	3.21	100.00
2020	15.95	43.29	27.02	10.12	3.63	100.00
2025	11.27	38.00	33.71	12.33	4.69	100.00
2030	8.04	32.98	40.22	12.92	5.84	100.00
2035	6.20	28.01	44.38	13.90	7.50	100.00
2040	5.09	24.05	46.38	14.84	9.63	100.00
2045	4.37	20.27	46.81	15.90	12.64	100.00
2050	3.73	16.12	45.29	18.06	16.79	100.00

居家养老将是较长时期里中国老年人的主要养老方式。很多调查和研究表明，给老年人提供照料支持的主要是配偶和子女。由于中国生育率快速下降并长期保持低生育率态势，中国老年人的家庭亲属结构和居住方式已经发生了很大变化。随着生育政策的不断调整完善，中国人口生育的异质性将不断增强。将来人们可以完全根据自己的需要和能力生育孩子。虽然总体上少生的夫妇会占多数，但是多生的夫妇很可能会大量增加。生育异质性增加必然带来家庭亲属结构和居住安排异质性的增强。为了考察不同生育水平对家庭亲属结构的影响，我们使用人口微观模拟方法(Zhao 等,2008)。模拟设定一种死亡和婚姻方案、三种生育率方案，探讨不同生育水平下人们在生命周期不同阶段拥有的亲属数量。分年龄的死亡概率和结婚概率按照2000 年人口普查数据设定,生育率方案分别设定为总和生育率5.9、2.2 和1.6。模拟研究使用男性视角，即考察不同生育水平下，一个男性平均在不同年龄上拥有的亲属数量。

表 13-7 展示了模拟结果。高生育率与低生育率相比，各类亲属数量存在很大差别。当生育率相当于 20 世纪五六十年代的高水平、男性进入老年60 岁时，平均有 5 个兄弟姐妹,5.6 个子女,4 个孙子女,堂兄弟姐妹多达 54

个,侄子女也超过 30 个。当生育率降到低水平时,除了子女数,其他的亲属数量下降幅度大大超过生育率下降幅度,有的是十几倍的减少。平均子女数减少到 1.5 个,孙子女减少到 1.7 个,而堂兄弟姐妹和侄子女数量分别减少 18.6 倍和 19 倍。如果将来生育率能回升到更替水平,各类亲属数量也会有不小的增加。与低生育率时相比,平均子女数将增加 0.5 个,孙子女增加 1 个多,而堂兄弟姐妹和侄子女数量都会增加更多。

表 13-7　不同生育水平下的亲属数量　　　　　　　　　人

项　　　目	50 岁	60 岁	70 岁	80 岁	90 岁
高生育率(TFR=5.9)					
妻子	0.96	0.94	0.82	0.57	0.28
父母	0.59	0.16	0.02		
兄弟姐妹	5.51	5.01	4	2.49	1.08
子女	5.5	5.64	5.65	5.46	5.38
祖父母					
孙子女	0.17	3.98	14.46	24.84	29.83
曾祖父母					
曾孙子女			0.01	1.37	13.97
姨姑/叔伯	8.8	4.09	1.36	0.38	0.08
堂兄弟姐妹	60.23	54.3	43.72	30.37	16.06
侄子女	29.41	32.07	32.27	31.03	29.78
更替水平生育率(TFR=2.2)					
妻子	0.96	0.94	0.83	0.59	0.28
父母	0.9	0.32	0.04		
兄弟姐妹	1.44	1.33	1.04	0.58	0.19
子女	2.05	2.08	2.08	1.96	1.81
祖父母	0.01				
孙子女	0.48	2.95	4.02	4.09	3.93
曾祖父母					
曾孙子女			0.06	2.31	6.13
姨姑/叔伯	2.92	1.29	0.36	0.07	0.02
堂兄弟姐妹	5.76	5.19	4.12	2.44	1.08
侄子女	3.12	3.11	3.05	2.81	2.41
低生育率(TFR=1.6)					
妻子	0.96	0.94	0.83	0.59	0.24

项　目	50 岁	60 岁	70 岁	80 岁	90 岁
父母	0.97	0.36	0.05		
兄弟姐妹	1.02	0.93	0.73	0.39	0.11
子女	1.53	1.54	1.52	1.47	1.39
祖父母	0.01				
孙子女	0.39	1.83	2.3	2.38	2.6
曾祖父母					
曾孙子女			0.06	1.33	3.09
姨姑/叔伯	2.2	0.98	0.27	0.06	0.01
堂兄弟姐妹	3.21	2.92	2.3	1.36	0.55
侄子女	1.67	1.68	1.62	1.49	1.31

　　生育率差异对家庭结构也有重大影响（表 13-8）。在高生育率条件下,大家庭自然很容易形成。进入 60 岁时,超过 1/3 的老年人至少有 2 个已婚儿子,至少有 1 个儿子的比例近 90%。只有女儿而没有儿子的比例不足 6%,无子女或无配偶的比例也不足 6%。当生育率处于低水平时,至少有 1 个儿子的比例降至不足 60%,只有女儿而没有儿子的比例超过 30%,无子女或无配偶的比例超过 10%。如果未来的生育率能提高到更替水平,与低生育率时相比,家庭结构也有明显差异。至少有 1 个儿子的比例会上升 10 个百分点,只有女儿而没有儿子的比例将下降 8 个百分点,而无子女或无配偶的比例将下降 3 个百分点。生育率在 1.6～2.2 之间的差异,对获得来自子女的家庭照料也会产生明显差异。未来生育异质性的增强,无疑会导致老年人的亲属和家庭结构的异质性增大。

表 13-8　不同生育水平下的家庭结构

项　目	50 岁	60 岁	70 岁	80 岁
高生育率(TFR=5.9)				
2 个或以上已婚儿子	0.85	34.03	65.09	69.7
一个已婚儿子	7.82	30.89	19.16	16.12
一个或以上未婚儿子	79.56	23.74	3.7	0.94
有女儿但没有儿子	5.94	5.69	5.91	6.42

续表

项　目	50 岁	60 岁	70 岁	80 岁
无子女但有配偶	2.94	2.77	2.53	2.07
无子女和配偶	2.89	2.89	3.61	4.75
更替水平生育率(TFR=2.2)				
2 个或以上已婚儿子	1.34	18.75	25	22.47
一个已婚儿子	13.46	40.59	42.39	43.34
一个或以上未婚儿子	55.34	10.73	2.84	2
有女儿但没有儿子	22.96	22.83	22.55	24.4
无子女但有配偶	4.15	4.26	3.81	2.9
无子女和配偶	2.74	2.85	3.42	4.89
低生育率(TFR=1.6)				
2 个或以上已婚儿子	0.87	10.41	13.44	13.28
一个已婚儿子	12.33	40.20	41.82	41.03
一个或以上未婚儿子	46.22	8.48	2.91	2.04
有女儿但没有儿子	30.75	30.73	30.43	29.45
无子女但有配偶	6.65	6.74	6.88	7.1
无子女和配偶	3.18	3.44	4.51	7.1

六、小　　结

　　老龄化浪潮已经席卷世界的每个角落。未来的人口老龄化速度和程度都将是人类历史上前所未有的,对经济和社会发展的影响是空前的。尽管当前老龄化问题比较突出的是发达国家,但是发展中国家的老龄化进程将更加来势凶猛,其未来的老龄化压力和矛盾将更加突出。人口老龄化将成为人类社会的常态,只要生育率仍然保持在低水平,人口预期寿命继续延长,老龄化进程就不会发生逆转,老龄化将普遍、持久地发展,其影响将深刻而深远,给人类社会和人类生活的所有方面都将带来重大挑战。

在全球老龄化格局中,中国有着举足轻重的作用,因为中国是人口规模和老年人口规模最大的国家,也将是人口老龄化速度最快的国家。尽管目前中国的老龄化程度还较低,但是中国正在进入一个持续 40 年的高速老龄化时期,使得到 21 世纪后半叶,中国每不到 3 人中便有 1 个 60 岁以上老人,每 3 人中便有 1 个 65 岁以上老人,每 6 人中便有 1 个 80 岁以上老人。老龄化的加速过程将使我国人口转向重度老龄化和高龄化。在这一过程中,劳动力人口也将不断老龄化,其规模将持续下降。中国人口老龄化是现代化的必然结果,而计划生育政策则在一定程度上推动和加速了老龄化。而全面两孩政策的实施对于缓解快速人口老龄化的作用微不足道。

中国的人口老龄化不仅以老年人口规模巨大、增长迅速,老龄化进程快速推进为主要特征,而且老龄化和老年人口呈现波浪式演进。这些都是中国生育率转变的快速性和低生育率的波浪式进程所决定的。在老龄化转变过程中,老年人口的高龄化日益突出,老年人口的异质性将不断增强。中国快速的生育率转变在宏观上导致快速的老龄化,在微观上也深刻改变着老年人的家庭和亲属结构。未来生育异质性的增强,也会导致老年人的亲属和家庭结构的异质性增大。

生育率下降、寿命延长和人口老龄化是不可逆转的必然趋势。在历史上,人类的社会经济制度、架构,都是基于年轻人口的社会而建立、发展、完善的。发达国家现代化、人口转变、老龄化内生渐进,因而其社会经济制度可以逐步积累雄厚的经济资源、组织资源和制度资源以适应人口变化。而像中国这样的现代化后生国家,由于人口转变和人口老龄化急剧快速发生,社会经济制度与人口结构产生激烈冲突。在应对社会经济制度与人口结构冲突过程中,我们主要应该从改变社会经济制度入手去适应人口变化和老龄化,而主要不是调整和改变人口趋势去适应社会经济制度。从世界经验看,通过生育政策调整以提升生育率进而改变人口和老龄化趋势往往很难奏效。可以预料,中国的全面两孩生育政策,乃至未来全面取消限制生育、然后实行鼓励生育的政策,都将只能产生很有限的影响。适应、应对乃至引领中国的老龄社会,需要在长期发展战略的高度上设计一个基于社会整合的综合性的经济、社会、人口政策的框架体系。

第十四章
两孩政策对妇幼卫生服务需求的影响

　　生育政策调整对社会的影响是广泛而深远的,其中对基本公共服务需求具有最直接的影响。全面两孩政策的实施在短期内可能带来出生人口、婴幼儿、孕产妇等的增长,在政策实施后的 5 年内每年比较可能的新增出生人口在 230 万~420 万左右(王广州,2016),这将给妇幼卫生服务、医疗保健带来需求的增长,政策实施当年,产科床位"一位难求"的现象屡见报端。而且从长期来看,这种增长还将伴随着人口惯性而持续存在。

　　全面两孩政策实施的初始后果就是孕产妇和出生人口的增加。孕产妇的增加导致对产前检查、优生指导等的服务需求增加。比如,一般在怀孕 6~8 周内到医院确认是否怀孕及具体孕周,此后至怀孕 28 周以前,每 4 个孕周检查一次;怀孕 28~38 周时提高到每 2 周检查一次;到怀孕 38 周以后,则需要每周都进行检查。显然,孕期中的检查和保健需求会大幅度增加。同时,孕产妇的年龄也需要加以区分,比如高龄产妇的数量,因为高龄产妇受孕概率减小,自然流产率增大,所以高龄产妇的产前检查和孕期保健有一定的特殊性。

　　出生人口增加自然还会导致对产科和儿科医疗服务需求的增加。中国的住院分娩率已经达到 99% 以上,全面两孩政策实施后的出生堆积和出生人口增加将导致对产科医疗服务需求的大幅度增加。随着时期的推移,对产科医疗服务需求的增长将逐渐转移到对儿童医疗卫生服务需求的增长。在硬件指标上,则主要表现为对各级医疗卫生机构中的床位、医生和护士数量的需求。

"单独两孩"政策调整以后,国家卫生计生委便先后印发《国家卫生计生委关于贯彻落实〈中共中央国务院关于调整完善生育政策的意见〉的通知》和《国家卫生计生委关于做好新形势下妇幼健康服务工作的指导》,强调在生育政策调整背景下,需要迅速开展妇幼资源调查,根据服务需求变化及时配套相应妇幼资源建设、加强妇幼健康服务等。在"全面两孩"政策实施以后,妇幼健康服务也将面临新一轮的挑战,同样应该得到足够的重视。而想要及时完善和调整健康卫生服务资源,需要以清晰的需求测算为基础。因此,本章将利用人口预测方法对"全面两孩"政策背景下出生人口变动进行测算,根据目前的医疗卫生资源状况,结合孕产妇的数量和年龄结构,以及产前检查和孕期保健的比例、类型和标准,床位、医生和护士匹配程度的标准,测算全面两孩政策对儿科、妇产科等医疗卫生服务需求的影响。

一、数据及方法

本章人口预测数据来自第十一章中不同方案的人口预测结果。全国妇产(科)、儿科医疗机构、床位数、医师及护士人员数、住院情况等相关数据来源于《中国卫生健康统计年鉴 2018》和国家卫健委妇幼健康司公布的《中国妇幼健康事业发展报告(2019)》。

本章采用人口资源密度法测算出生人口变动对妇幼卫生服务需求的影响。人口资源密度定义为每千人或万人所拥有的某种资源数量。在测算出生人口增长对妇幼卫生服务需求的影响时,人口资源密度即指每千名出生人口或每千名儿童所拥有的医疗机构、专科医院、床位、医生和护士等的数量。

根据调研和国内外的经验研究,确定人口资源密度的标准,然后结合全面两孩政策实施后带来的出生人口增长,测算所需要的各种卫生服务需求总量,即是对妇幼卫生服务需求的影响。

二、出生人口、孕产妇和儿童人口规模 与结构预测

"全面两孩"政策背景下出生人口预测结果如图 14-1 所示,出生人口的高峰是 2016 年,达到 1 759 万,随后开始回落,2017 年和 2018 年的出生人口分别为 1 698 万和 1 501 万。整体来看"全面两孩"政策似乎并未出现较强的短期内出生堆积的情况,可能受育龄妇女人口规模减小、婚育年龄推迟等因素的影响。对妇幼卫生医疗服务而言,也意味着并未出现短期内需求持续增加的紧张局面,给资源的调整配置给予了更加充分的时间。

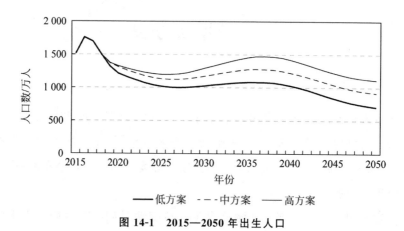

图 14-1 2015—2050 年出生人口

按照低方案设定,即保持原有生育政策不变情况下,2016—2020 年累计出生 7 494 万人,而"全面两孩"政策下,中、高方案 2016—2020 年累计出生分

别为 7 639 万人和 7 662 万人,比低方案多出 145 万人和 168 万人,即政策影响的结果,需要有针对性地增加相应的医疗卫生资源配置。长期来看,到2050 年,中、高方案累计比低方案新增出生人口 5 245 万人和 9 617 万人,平均每年约 150 万~270 万,对医疗卫生服务而言是一个不小的挑战。

还需要值得注意的一点是,尽管出生人口仅增加了 1 年便开始回落,但在人口惯性作用下,在 2035 年左右仍有一个出生的小高峰,尤其是在高方案预测结果中更为明显,低、中、高方案下,小高峰的出生人口数分别为 1 081 万人、1 280 万人和 1 475 万人。在 2016 年出现的出生人口突然增加而导致妇幼医疗卫生资源紧张的现象应当敲响警钟,在下一次出生小高峰来临之前提前做好相应准备。

与出生人口相对应的是孕产妇数量。在双胞胎或多胞胎比例极低的情况下,出生人口数可大致代表孕产妇数量。那么,孕产妇数量也在 2016 年达到峰值,并将在 2035 年左右出现又一次小高峰。

再来看 0~14 岁儿童数量变动,预测结果如图 14-2 所示。与出生人口高峰相对应,0~14 岁儿童数量的峰值出现在 2018 年,达到 2.56 亿,比 2015 年增长 607 万。这对本就人员不足、流失严重的儿科资源而言压力倍增。2016—2020 年间,中、高方案情况下 0~14 岁儿童数量分别比低方案高出193.8 万人和 222.7 万人,生育政策的调整在短期内对儿科医疗卫生资源需求的增加有明显的体现。

同样关注到 0~14 岁儿童数量在 2017 年以后也存在小高峰,低、中、高方案情况下达到小高峰的时间分别为 2040 年、2042 年和 2044 年,小高峰规模分别达到 1.56 亿、1.82 亿和 2.07 亿人,中、高方案比低方案分别多出2 629 万人和 5 156 万人。可以看到,尽管只有 2016 年出现出生人口的增加,之后开始回落,但在人口惯性作用下,生育政策调整在中长期时间里对 0~14岁儿童数量的增长影响更为明显。

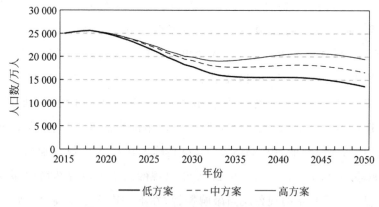

图 14-2　2015—2050 年 0～14 岁儿童人口

注：图 14-3、图 14-4 数据来源均为作者按照既定参数进行人口预测计算结果。

三、出生人口变动对妇幼卫生服务需求的影响

（一）妇产科医疗服务需求影响的分析

"全面两孩"政策实施，孕产妇和出生人口增加，将首先导致对产前检查、孕期中检查保健和优生指导、分娩、产后护理等服务需求的增加，相应地硬件设施和人员配置需求也同步增加。

1. 全国现有妇产（科）医疗资源评估

2017 年全国共有妇产（科）医院 773 家，其中城市 576 家，农村 197 家；妇幼保健机构 3 077 家，其中城市 1 160 家，农村 1 917 家；妇产（科）医院和妇幼保健机构合计共 3 850 家，至少设有妇产科科室的一级及以上综合医院 20 812 家。2018 年，全国妇产（科）医院增加到 807 家，妇幼保健机构增加至 3 080 家，妇产（科）医院和妇幼保健机构合计共 3 887 家，全国共有助产机构

2.6 万家。2017 年全国妇产科床位数 72.99 万张,按照 2014 年产科床位占妇产科总床位数 35％计算,2017 年全国产科床位数约 25.55 万张;平均每个助产机构约有产科病床 9.82 张。

2017 年全国妇产科执业(助理)医师共计 31.2 万人,其中执业医师 25.5 万人,医疗机构的妇产科执业(助理)医师 18.5 万人,妇幼保健机构的执业(助理)医师 12.7 万人。2018 年全国共有产科医师近 21 万人。

2017 年全国注册护士 38.0 万人,若按照等同于妇产科执业(助理)医师占比推算妇产科注册护士数量,2017 年全国妇产科注册护士共计 35.0 万人,其中妇幼保健机构 15.5 万人。2018 年全国助产士共有 18 万人。

根据上述产科各类医疗资源的统计数据及推算的结果,按照 2017 年全国出生人口数 1 689 万、2018 年全国出生人口数 1 501 万计算,推算产科医疗资源的密度(医疗资源/每千名出生婴儿)。

(1)机构密度:2017 年,0.23 所妇产(科)医疗机构/千名活产婴儿,1.46 所助产机构/千名活产婴儿;2018 年,0.26 所妇产(科)医疗机构/千名活产婴儿,1.73 所助产机构/千名活产婴儿。

(2)病床密度:2017 年,15.1 张产科病床/千名活产婴儿。

(3)医生密度:2018 年,14.0 名产科医师/千名活产婴儿。

(4)护士密度:2018 年,12.0 名助产士/千名活产婴儿。

2. 妇产科医疗服务的供求状况

按照中国三级甲等医院普遍标准,每个孕妇怀孕期间至少要做 10 次产检,2018 年 1 501 万个孕妇总共需要做 1.5 亿次产检,平均每个医疗机构做 5 773 次产检,平均每天 15.8 次,平均每个医师每个工作日为 2.7 名孕妇做孕检。按照住院分娩率 99.7％推算,2018 年共有 1 496 万名新生儿在医疗机构出生,平均每个机构接生 575.6 个活产婴儿,平均每个机构每天接生 1.6 个活产婴儿,平均每个产科医生接生 71.3 个活产婴儿,平均每 5 天接生 1 个,平均每个护士护理 83.1 名婴儿和 83.1 名产妇,平均每天护理 0.23 个婴儿和产妇。2018 年全国剖宫产率为 36.7％,则 2018 年剖宫产手术共 549.2 万例,平均每名产科医师做剖宫产 26.2 万例。按照 2017 年妇产(科)医院平均住院日 5.7 天计算,2018 年 1 497 万名住院分娩产妇总计住院 8 530 万个人日,平均 每天有 23.4 万人住院,按照母婴合计,平均每天有 46.8 万母婴住院。

3. 产科医疗服务需求预测

2018 年,我国的住院分娩率和产前检查率分别达到了 99.7% 和 96.6%。 由此可见,我国目前产科医疗资源的供给与需求在总量上是基本平衡的,因 此,把上述各类产科医疗资源密度作为参数,预测产科医疗资源需求在全面 两孩政策实施后的变化情况。根据人口预测结果,全面两孩政策实施后对妇 产科医疗资源的需求情况如下。

第一,产科机构需求。按照 2018 年的妇产(科)医疗机构密度进行推算 (图 14-3 和表 14-1),2015—2050 年期间出生人口高峰为 2016 年,也就是妇 产(科)医疗机构需求高峰已经成为过去。但同时也应该关注到 2037 年左右, 对妇产(科)医疗机构需求达到一次小高峰,按中、高方案预测结果,妇产(科) 医疗机构需求高峰分别为 22 145 所和 25 526 所,其中妇产(科)专科医院需求 高峰分别为 3 328 所和 3 836 所。按中、高方案需求预测结果与低方案结果的 差值在持续增大,2050 年差值最大,妇产(科)医疗机构需求差距分别为 3 627 所和 7 005 所,妇产(科)专科医院需求差距分别为 545 所和 1 053 所。

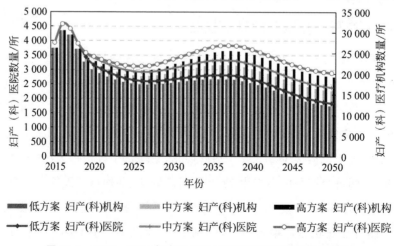

图 14-3　2015—2050 年中国妇产(科)医疗机构需求预测结果

表 14-1　按现有资源密度预测 2015—2050 年全国妇产（科）医疗机构需求

所

| 年份 | 妇产（科）医疗机构 | | | | | |
| | 低方案 | | 中方案 | | 高方案 | |
	专科医院	全部机构	专科医院	全部机构	专科医院	全部机构
2015	3 933	26 170	3 933	26 170	3 933	26 170
2016	4 575	30 438	4 575	30 438	4 575	30 438
2017	4 415	29 374	4 415	29 374	4 415	29 374
2018	3 903	25 969	3 903	25 969	3 903	25 969
2019	3 434	22 852	3 561	23 695	3 577	23 798
2020	3 157	21 009	3 409	22 683	3 453	22 975
2021	3 022	20 109	3 283	21 842	3 354	22 315
2022	2 897	19 273	3 169	21 083	3 268	21 743
2023	2 788	18 550	3 070	20 429	3 201	21 298
2024	2 703	17 983	2 993	19 917	3 149	20 956
2025	2 644	17 593	2 943	19 582	3 120	20 760
2026	2 610	17 369	2 920	19 429	3 117	20 739
2027	2 599	17 295	2 923	19 450	3 137	20 871
2028	2 610	17 364	2 950	19 631	3 192	21 239
2029	2 634	17 529	2 996	19 937	3 275	21 788
2030	2 668	17 751	3 052	20 305	3 364	22 380
2031	2 704	17 992	3 111	20 699	3 453	22 976
2032	2 738	18 216	3 172	21 108	3 543	23 573
2033	2 769	18 425	3 231	21 499	3 631	24 163
2034	2 796	18 601	3 282	21 838	3 715	24 720
2035	2 811	18 703	3 319	22 085	3 786	25 195
2036	2 811	18 703	3 328	22 145	3 830	25 484
2037	2 809	18 689	3 322	22 102	3 836	25 526
2038	2 792	18 575	3 303	21 980	3 820	25 417
2039	2 741	18 241	3 254	21 650	3 779	25 142
2040	2 674	17 795	3 184	21 188	3 699	24 611
2041	2 599	17 296	3 111	20 702	3 601	23 961
2042	2 511	16 709	3 020	20 097	3 502	23 301
2043	2 400	15 966	2 918	19 413	3 392	22 572
2044	2 287	15 217	2 815	18 732	3 286	21 864
2045	2 188	14 557	2 716	18 070	3 187	21 208

年份	妇产(科)医疗机构					
	低方案		中方案		高方案	
	专科医院	全部机构	专科医院	全部机构	专科医院	全部机构
2046	2 092	13 921	2 622	17 444	3 099	20 618
2047	2 008	13 358	2 540	16 901	3 024	20 123
2048	1 942	12 920	2 474	16 464	2 966	19 732
2049	1 887	12 554	2 423	16 122	2 922	19 440
2050	1 840	12 243	2 385	15 870	2 893	19 248

第二,产科床位需求。按照 2017 年的产科病床密度 15.1 张/千名活产婴儿进行推算(图 14-4),同样需求高峰出现在 2016 年,随后的小高峰在 2037 年左右。按中、高方案预测结果,产科床位需求小高峰分别为 19.32 万张和 22.28 万张。按中、高方案需求预测结果与低方案结果的差值也在持续增大,2050 年产科床位中、高方案与低方案分别相差 3.17 万张和 6.11 万张。

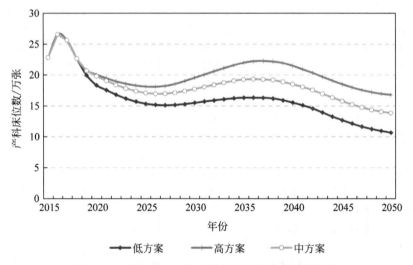

图 14-4　2015—2050 年产科医疗床位需求预测结果

第三,产科医师和护士需求。按照 2018 年的产科医师密度 14.0 名/千名活产婴儿和护士密度 12.0 名/千名活产婴儿进行推算(表 14-2 和图 14-5),按中、高方案预测结果,产科医师数量需求小高峰分别为 17.92 万名和 20.66 万名,

表 14-2 按现有资源密度预测 2015—2050 年产科床位、医师、护士需求

年份	床位/张			医师/名			护士/名		
	低方案	中方案	高方案	低方案	中方案	高方案	低方案	中方案	高方案
2015	228 424	228 424	228 424	211 784	211 784	211 784	181 529	181 529	181 529
2016	265 673	265 673	265 673	246 319	246 319	246 319	211 131	211 131	211 131
2017	256 382	256 382	256 382	237 705	237 705	237 705	203 747	203 747	203747
2018	226 663	226 663	226 663	210 151	210 151	210 151	180 130	180 130	180 130
2019	199 463	206 814	207 720	184 933	191 748	192 588	158 514	164 356	165 076
2020	183 374	197 988	200 534	170 016	183 565	185 925	145 728	157 341	159 365
2021	175 519	190 648	194 769	162 732	176 760	180 580	139 485	151 508	154 783
2022	168 222	184 021	189 781	155 967	170 615	175 956	133 686	146 242	150 819
2023	161 911	178 312	185 898	150 116	165 322	172 356	128 671	141 705	147 734
2024	156 962	173 846	182 913	145 528	161 182	169 588	124 738	138 156	145 361
2025	153 555	170 922	181 199	142 369	158 470	167 999	122 030	135 832	143 999
2026	151 602	169 586	181 019	140 558	157 232	167 832	120 479	134 770	143 856
2027	150 956	169 762	182 169	139 959	157 395	168 898	119 965	134 910	144 770
2028	151 559	171 348	185 381	140 518	158 865	171 876	120 444	136 170	147 322
2029	153 001	174 018	190 176	141 855	161 341	176 322	121 590	138 292	151 133
2030	154 940	177 228	195 343	143 653	164 317	181 113	123 131	140 843	155 239
2031	157 044	180 669	200 541	145 604	167 508	185 932	124 803	143 578	159 370
2032	158 996	184 238	205 757	147 414	170 816	190 768	126 354	146 414	163 515

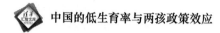

续表

年份	床位/张			医师/名			护士/名		
	低方案	中方案	高方案	低方案	中方案	高方案	低方案	中方案	高方案
2033	160 822	187 647	210 904	149 107	173 978	195 540	127 806	149 124	167 606
2034	162 358	190 610	215 760	150 531	176 724	200 043	129 026	151 478	171 465
2035	163 248	192 761	219 907	151 356	178 719	203 887	129 734	153 188	174 761
2036	163 243	193 289	222 437	151 351	179 208	206 233	129 730	153 607	176 771
2037	163 120	192 913	222 799	151 237	178 860	206 569	129 632	153 308	177 059
2038	162 124	191 848	221 850	150 314	177 873	205 688	128 841	152 462	176 304
2039	159 210	188 973	219 448	147 612	175 206	203 462	126 525	150 177	174 396
2040	155 319	184 937	214 812	144 004	171 465	199 163	123 432	146 970	170 711
2041	150 969	180 697	209 142	139 971	167 533	193 906	119 975	143 600	166 205
2042	145 844	175 413	203 377	135 219	162 635	188 562	115 902	139 401	161 624
2043	139 356	169 444	197 017	129 204	157 100	182 665	110 747	134 657	156 570
2044	132 816	163 496	190 837	123 141	151 586	176 935	105 549	129 931	151 658
2045	127 060	157 720	185 108	117 804	146 231	171 623	100 975	125 341	147 106
2046	121 507	152 258	179 958	112 656	141 166	166 848	96 562	120 999	143 013
2047	116 594	147 519	175 644	108 101	136 772	162 849	92 658	117 233	139 585
2048	112 773	143 703	172 228	104 558	133 234	159 682	89 621	114 201	136 870
2049	109 574	140 715	169 675	101 592	130 465	157 314	87 079	111 827	134 841
2050	106 860	138 518	168 006	99 076	128 428	155 767	84 922	110 081	133 515

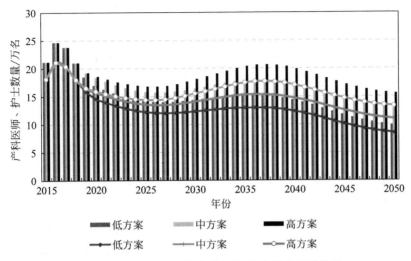

图 14-5　2015—2050 年产科医师、护士需求预测结果

产科护士数量需求小高峰分别为 15.36 万名和 17.71 万名。按中、高方案需求预测结果,到 2050 年产科医师数与低方案的差距为 2.94 万名和 5.67 万名,产科护士数与低方案的差距为 2.52 万名和 4.86 万名。需要注意的是,2018 年产科医护比存在倒置现象,护士数量少于医师数量,虽然按照 2018 年资源密度进行预测,但相比于医师来说,产科护士数量的投入需要进一步加大以实现平衡的医护比。

(二)儿科医疗服务需求影响的分析

1. 全国现有儿科医疗资源评估

国家卫健委数据显示,2018 年底,全国的儿童专科医院达到 228 所,开设儿科医疗服务的医院达到 2 万余家,全国儿科医师数量达到 15.4 万名。《中国卫生健康统计年鉴》显示,2017 年,全国共有儿科床位 51.7 万张,按照全国儿童医院的医护比 0.6 推算,2017 年全国儿科注册护士数量为 22.3 万人,2018 年 25.7 万人。

2017 年全国 0～14 岁儿童数量为 25 495 万人,2018 年全国 0～14 岁儿童数量为 25 611 万人。按此计算,我国儿科医疗资源密度如下。

(1) 机构密度:2018 年,0.08 所儿科医疗机构/千名儿童。

(2) 病床密度:2017 年,2.03 张儿科病床/千名儿童。

(3) 医生密度:2018 年,0.60 名儿科医师/千名儿童。

(4) 护士密度:2018 年,1.00 名儿科护士/千名儿童。

2. 儿科医疗服务的供求状况

2017 年,全国儿科门急诊共计 5.42 亿人次,其中医院 3.14 亿人次,社区卫生服务中心 1 578.8 万人次,乡镇卫生院 8 212.6 万人次。2017 年平均每个儿童门急诊看病 2.13 次,平均每个儿科医生接诊 4 044.78 名患病儿童,平均每个工作日接诊 15.51 名患儿。2017 年儿科出院病人共计 2 360.58 万人,其中医院 1 667.16 万人,社区卫生服务中心 11.00 万人,乡镇卫生院 310.50 万人,儿童医院平均住院日 7.0 天,床位占用率 95.9%。

3. 儿科医疗服务需求预测

2018 年新生儿访视率达到 93.7%,全国 3 岁以下儿童系统管理率和 7 岁以下儿童健康管理率分别达到 91.2%、92.7%。由此可见,我国目前儿科医疗资源的利用率较高。因此,方案一把上述各类儿科医疗资源密度作为参数,预测儿科医疗资源需求在"全面两孩"政策实施后的变化情况,方案二设定按照《关于加强儿童医疗卫生服务改革与发展的意见》中到 2020 年"每千名儿童儿科执业(助理)医师数达到 0.69 名""每千名儿童床位数增加到 2.2 张"的标准估算,床位数和儿科护士数按现有床位数与医师数比例和医护比进行估算,方案三根据世界主要发达国家"每千名儿童的医师配比"0.85~1.3 人的标准,取中位数 1.07 进行估算。根据人口预测结果,全面两孩政策实施后对妇产科医疗资源的需求情况如下。

(1) 方案一预测结果。

第一,儿科机构和床位需求。按照 2018 年的儿科医疗机构密度和 2017 年儿科床位密度进行推算(图 14-6 和表 14-3)。儿科医疗机构和儿科床位数需求在 2018 年达到峰值,分别为 20 489 所和 51.99 万张。低方案中需求到 2050 年持续下降,中方案和高方案次高峰分别在 2042 年和 2044 年,峰值分别为 14 565 所、36.96 万名和 16 586 所、42.09 万名。中、高方案需求预测结果与低方案结果的差值在持续增大,2050 年儿科医疗机构需求差距分别为 2 398 所和 4 668 所,儿科床位数需求差距分别为 6.08 万张和 11.85 万张。

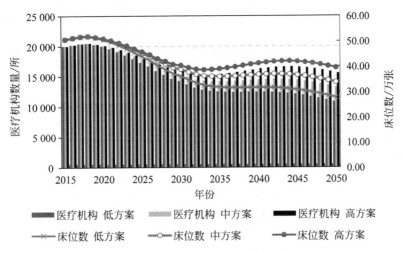

图 14-6 2015—2050 年儿科医疗机构和床位需求预测结果

表 14-3 按现有资源密度预测 2015—2050 年儿科医疗机构和床位需求

年份	医疗机构/所			床位数/万张		
	低方案	中方案	高方案	低方案	中方案	高方案
2015	20 003	20 003	20 003	50.76	50.76	50.76
2016	20 228	20 228	20 228	51.33	51.33	51.33
2017	20 396	20 396	20 396	51.75	51.75	51.75
2018	20 489	20 489	20 489	51.99	51.99	51.99
2019	20 264	20 303	20 308	51.42	51.52	51.53
2020	19 971	20 087	20 105	50.68	50.97	51.02
2021	19 570	19 766	19 806	49.66	50.16	50.26
2022	19 065	19 344	19 414	48.38	49.09	49.26
2023	18 517	18 882	18 993	46.99	47.91	48.19
2024	17 913	18 367	18 525	45.45	46.61	47.01
2025	17 309	17 855	18 067	43.92	45.31	45.84

年份	医疗机构/所			床位数/万张		
	低方案	中方案	高方案	低方案	中方案	高方案
2026	16 674	17 314	17 586	42.31	43.93	44.62
2027	15 901	16 639	16 977	40.35	42.22	43.08
2028	15 294	16 137	16 548	38.81	40.95	41.99
2029	14 618	15 571	16 067	37.09	39.51	40.77
2030	14 235	15 305	15 897	36.12	38.84	40.34
2031	13 668	14 862	15 559	34.68	37.71	39.48
2032	13 160	14 487	15 297	33.39	36.76	38.82
2033	12 817	14 285	15 217	32.52	36.25	38.61
2034	12 624	14 203	15 263	32.03	36.04	38.73
2035	12 521	14 178	15 367	31.77	35.98	38.99
2036	12 459	14 194	15 515	31.61	36.02	39.37
2037	12 434	14 243	15 692	31.55	36.14	39.82
2038	12 437	14 317	15 883	31.56	36.33	40.30
2039	12 450	14 398	16 077	31.59	36.54	40.80
2040	12 461	14 473	16 256	31.62	36.73	41.25
2041	12 459	14 533	16 405	31.61	36.88	41.63
2042	12 433	14 565	16 518	31.55	36.96	41.92
2043	12 370	14 556	16 581	31.39	36.94	42.07
2044	12 265	14 502	16 586	31.12	36.80	42.09
2045	12 119	14 400	16 533	30.75	36.54	41.95
2046	11 933	14 252	16 426	30.28	36.16	41.68
2047	11 711	14 060	16 269	29.72	35.68	41.28
2048	11 459	13 830	16 067	29.08	35.09	40.77
2049	11 182	13 568	15 826	28.37	34.43	40.16
2050	10 886	13 284	15 554	27.62	33.71	39.47

第二,儿科医师和护士需求。按照 2018 年的儿科医师密度 0.60 名/千名儿童和护士密度 1.0 名/千名儿童进行推算(图 14-7 和表 14-4),儿科医师和护士需求在 2018 年达到峰值,分别为 15.4 万名和 25.6 万名。低方案中需求到 2050 年持续下降,中方案和高方案次高峰分别在 2042 年和 2044 年,峰值分别为医师 10.92 万名、护士 18.21 万名和医师 12.44 万名、护士 20.73 万名。中、高方案需求预测结果与低方案结果的差值在持续增大,2050 年儿科医师需求差距分别为

1.8 万名和 3.5 万名,儿科护士需求差距分别为 3.00 万名和 5.84 万名。

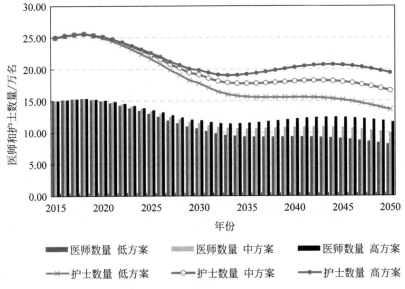

图 14-7　2015—2050 年儿科医师和护士需求预测结果

表 14-4　按现有资源密度预测 2015—2050 年儿科医师和护士需求　万人

年份	医 师 数 量			护 士 数 量		
	低方案	中方案	高方案	低方案	中方案	高方案
2015	15.00	15.00	15.00	25.00	25.00	25.00
2016	15.17	15.17	15.17	25.29	25.29	25.29
2017	15.30	15.30	15.30	25.49	25.49	25.49
2018	15.37	15.37	15.37	25.61	25.61	25.61
2019	15.20	15.23	15.23	25.33	25.38	25.38
2020	14.98	15.07	15.08	24.96	25.11	25.13
2021	14.68	14.82	14.85	24.46	24.71	24.76
2022	14.30	14.51	14.56	23.83	24.18	24.27
2023	13.89	14.16	14.24	23.15	23.60	23.74
2024	13.43	13.78	13.89	22.39	22.96	23.16
2025	12.98	13.39	13.55	21.64	22.32	22.58
2026	12.51	12.99	13.19	20.84	21.64	21.98
2027	11.93	12.48	12.73	19.88	20.80	21.22
2028	11.47	12.10	12.41	19.12	20.17	20.69
2029	10.96	11.68	12.05	18.27	19.46	20.08
2030	10.68	11.48	11.92	17.79	19.13	19.87

年份	医 师 数 量			护 士 数 量		
	低方案	中方案	高方案	低方案	中方案	高方案
2031	10.25	11.15	11.67	17.08	18.58	19.45
2032	9.87	10.87	11.47	16.45	18.11	19.12
2033	9.61	10.71	11.41	16.02	17.86	19.02
2034	9.47	10.65	11.45	15.78	17.75	19.08
2035	9.39	10.63	11.53	15.65	17.72	19.21
2036	9.34	10.65	11.64	15.57	17.74	19.39
2037	9.33	10.68	11.77	15.54	17.80	19.61
2038	9.33	10.74	11.91	15.55	17.90	19.85
2039	9.34	10.80	12.06	15.56	18.00	20.10
2040	9.35	10.86	12.19	15.58	18.09	20.32
2041	9.34	10.90	12.30	15.57	18.17	20.51
2042	9.33	10.92	12.39	15.54	18.21	20.65
2043	9.28	10.92	12.44	15.46	18.19	20.73
2044	9.20	10.88	12.44	15.33	18.13	20.73
2045	9.09	10.80	12.40	15.15	18.00	20.67
2046	8.95	10.69	12.32	14.92	17.81	20.53
2047	8.78	10.54	12.20	14.64	17.57	20.34
2048	8.59	10.37	12.05	14.32	17.29	20.08
2049	8.39	10.18	11.87	13.98	16.96	19.78
2050	8.16	9.96	11.67	13.61	16.61	19.44

(2) 方案二预测结果。按照 0.69 名儿科医生/千名儿童、2.2 张床位/千名儿童的标准进行估算(表 14-5),儿科床位数、儿科医师数、儿科护士数需求峰值分别为 56.34 万张、17.67 万名和 29.45 万名。按照此标准,我国儿科床位数、儿科医师数和儿科护士数的缺口分别为 4.9 万张、2.4 万名和 3.7 万名。低方案中需求到 2050 年持续下降,中方案和高方案次高峰分别为床位 40.05 万张、医师 12.56 万名、护士 20.94 万名和床位 45.61 万张、医师 14.31 万名、护士 23.84 万名。2050 年,中、高方案需求预测结果与低方案结果差值,儿科床位数分别为 6.59 万张和 12.84 万张,儿科医师数分别为 2.07 万名和 4.03 万名,儿科护士数分别为 3.45 万名和 6.71 万名。

(3) 方案三预测结果。按照世界主要发达国家中位数 1.07 名儿科医生/千名儿童的标准进行估算(表 14-6),儿科床位数、儿科医师数、儿科护士数

表 14-5 方案二预测 2015—2050 年儿科床位数、儿科医师数和儿科护士数

年份	床位数/万张			医师数量/万名			护士数量/万名		
	低方案	中方案	高方案	低方案	中方案	高方案	低方案	中方案	高方案
2015	55.01	55.01	55.01	17.25	17.25	17.25	28.75	28.75	28.75
2016	55.63	55.63	55.63	17.45	17.45	17.45	29.08	29.08	29.08
2017	56.09	56.09	56.09	17.59	17.59	17.59	29.32	29.32	29.32
2018	56.34	56.34	56.34	17.67	17.67	17.67	29.45	29.45	29.45
2019	55.73	55.83	55.85	17.48	17.51	17.52	29.13	29.19	29.19
2020	54.92	55.24	55.29	17.23	17.33	17.34	28.71	28.88	28.90
2021	53.82	54.36	54.47	16.88	17.05	17.08	28.13	28.41	28.47
2022	52.43	53.20	53.39	16.44	16.68	16.74	27.41	27.81	27.91
2023	50.92	51.93	52.23	15.97	16.29	16.38	26.62	27.14	27.30
2024	49.26	50.51	50.94	15.45	15.84	15.98	25.75	26.40	26.63
2025	47.60	49.10	49.68	14.93	15.40	15.58	24.88	25.67	25.97
2026	45.85	47.61	48.36	14.38	14.93	15.17	23.97	24.89	25.28
2027	43.73	45.76	46.69	13.71	14.35	14.64	22.86	23.92	24.40
2028	42.06	44.38	45.51	13.19	13.92	14.27	21.99	23.20	23.79
2029	40.20	42.82	44.18	12.61	13.43	13.86	21.01	22.38	23.10
2030	39.15	42.09	43.72	12.28	13.20	13.71	20.46	22.00	22.85
2031	37.59	40.87	42.79	11.79	12.82	13.42	19.65	21.36	22.37
2032	36.19	39.84	42.07	11.35	12.49	13.19	18.92	20.82	21.99

续表

年份	床位数/万张			医师数量/万名			护士数量/万名		
	低方案	中方案	高方案	低方案	中方案	高方案	低方案	中方案	高方案
2033	35.25	39.28	41.85	11.05	12.32	13.12	18.42	20.53	21.87
2034	34.72	39.06	41.97	10.89	12.25	13.16	18.15	20.42	21.94
2035	34.43	38.99	42.26	10.80	12.23	13.25	18.00	20.38	22.09
2036	34.26	39.03	42.67	10.75	12.24	13.38	17.91	20.40	22.30
2037	34.19	39.17	43.15	10.72	12.28	13.53	17.87	20.47	22.56
2038	34.20	39.37	43.68	10.73	12.35	13.70	17.88	20.58	22.83
2039	34.24	39.59	44.21	10.74	12.42	13.87	17.90	20.70	23.11
2040	34.27	39.80	44.70	10.75	12.48	14.02	17.91	20.81	23.37
2041	34.26	39.97	45.11	10.75	12.54	14.15	17.91	20.89	23.58
2042	34.19	40.05	45.43	10.72	12.56	14.25	17.87	20.94	23.75
2043	34.02	40.03	45.60	10.67	12.55	14.30	17.78	20.92	23.84
2044	33.73	39.88	45.61	10.58	12.51	14.31	17.63	20.85	23.84
2045	33.33	39.60	45.47	10.45	12.42	14.26	17.42	20.70	23.77
2046	32.82	39.19	45.17	10.29	12.29	14.17	17.15	20.49	23.61
2047	32.21	38.66	44.74	10.10	12.13	14.03	16.83	20.21	23.39
2048	31.51	38.03	44.18	9.88	11.93	13.86	16.47	19.88	23.10
2049	30.75	37.31	43.52	9.64	11.70	13.65	16.07	19.50	22.75
2050	29.94	36.53	42.77	9.39	11.46	13.42	15.65	19.10	22.36

表 14-6　方案三预测 2015—2050 年儿科床位数、儿科医师数和儿科护士数

年份	床位数/万张			医师数量/万名			护士数量/万名		
	低方案	中方案	高方案	低方案	中方案	高方案	低方案	中方案	高方案
2015	90.52	90.52	90.52	26.75	26.75	26.75	44.59	44.59	44.59
2016	91.54	91.54	91.54	27.06	27.06	27.06	45.09	45.09	45.09
2017	92.29	92.29	92.29	27.28	27.28	27.28	45.47	45.47	45.47
2018	92.72	92.72	92.72	27.40	27.40	27.40	45.67	45.67	45.67
2019	91.70	91.87	91.90	27.10	27.16	27.16	45.17	45.26	45.27
2020	90.37	90.90	90.98	26.71	26.87	26.89	44.52	44.78	44.82
2021	88.56	89.45	89.63	26.18	26.44	26.49	43.63	44.06	44.15
2022	86.27	87.54	87.85	25.50	25.87	25.97	42.50	43.12	43.28
2023	83.79	85.45	85.95	24.77	25.25	25.40	41.28	42.09	42.34
2024	81.06	83.11	83.83	23.96	24.57	24.78	39.93	40.94	41.30
2025	78.33	80.80	81.76	23.15	23.88	24.16	38.59	39.80	40.27
2026	75.45	78.35	79.58	22.30	23.16	23.52	37.17	38.60	39.20
2027	71.95	75.30	76.82	21.27	22.26	22.71	35.45	37.09	37.84
2028	69.21	73.02	74.88	20.46	21.58	22.13	34.09	35.97	36.89
2029	66.15	70.46	72.71	19.55	20.83	21.49	32.58	34.71	35.82
2030	64.41	69.26	71.94	19.04	20.47	21.26	31.73	34.12	35.44
2031	61.85	67.25	70.41	18.28	19.88	2.81	30.47	33.13	34.68
2032	59.55	65.56	69.22	17.60	19.38	20.46	29.33	32.29	34.10

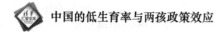

续表

年份	床位数/万张			医师数量/万名			护士数量/万名		
	低方案	中方案	高方案	低方案	中方案	高方案	低方案	中方案	高方案
2033	58.00	64.64	68.86	17.14	19.11	20.35	28.57	31.84	33.92
2034	57.13	64.27	69.07	16.89	19.00	20.41	28.14	31.66	34.02
2035	56.66	64.16	69.54	16.75	18.96	20.55	27.91	31.61	34.26
2036	56.38	64.23	70.21	16.66	18.98	20.75	27.77	31.64	34.59
2037	56.27	64.45	71.01	16.63	19.05	20.99	27.72	31.75	34.98
2038	56.28	64.79	71.87	16.63	19.15	21.24	27.72	31.91	35.41
2039	56.34	65.15	72.75	16.65	19.26	21.50	27.75	32.10	35.84
2040	56.39	65.50	73.56	16.67	19.36	21.74	27.78	32.26	36.24
2041	56.38	65.77	74.24	16.66	19.44	21.94	27.77	32.40	36.57
2042	56.26	65.91	74.75	16.63	19.48	22.09	27.72	32.47	36.82
2043	55.98	65.87	75.03	16.55	19.47	22.18	27.58	32.45	36.96
2044	55.50	65.62	75.05	16.40	19.40	22.18	27.34	32.33	36.97
2045	54.84	65.16	74.82	16.21	19.26	22.11	27.02	32.10	36.86
2046	54.00	64.49	74.33	15.96	19.06	21.97	26.60	31.77	36.62
2047	52.99	63.62	73.62	15.66	18.81	21.76	26.11	31.34	36.27
2048	51.85	62.58	72.71	15.33	18.50	21.49	25.54	30.83	35.82
2049	50.60	61.40	71.62	14.96	18.15	21.17	24.93	30.25	35.28
2050	49.26	60.11	70.39	14.56	17.77	20.80	24.27	29.61	34.67

需求峰值分别为 92.72 万张、27.40 万名和 45.67 万名。按照此标准,我国儿科床位数、医师数和护士数的缺口分别为 41.32 万张、12 万名和 19.97 万名。低方案中需求到 2050 年持续下降,中方案和高方案次高峰分别为床位 65.91 万张、医师 19.48 万名、护士 32.47 万名和床位 75.05 万张、医师 22.18 万名、护士 36.97 万名。2050 年,中、高方案需求预测结果与低方案结果差值,儿科床位数分别为 10.85 万张和 21.12 万张,儿科医师数分别为 3.21 万名和 6.24 万名,儿科护士数分别为 5.35 万名和 10.41 万名。

四、小　结

本章通过前面人口预测得到"全面两孩"政策背景下出生人口变动,利用人口资源密度法考察了出生人口变动对我国妇幼卫生服务需求的影响。

预测结果表明,短期内出生堆积现象并不明显。出生人口的高峰是 2016 年,达到 1 759 万,随后开始回落。整体来看"全面两孩"政策似乎并未出现较强的短期内出生堆积的情况,因此也意味着产科卫生服务并未面临短期内需求持续增加的紧张局面。但是,到 2050 年,中、高方案累计比低方案新增出生人口 5 245 万人和 9 617 万人,平均每年约 150 万~270 万,也应当引起重视,需要增加相应配套卫生服务。尽管出生人口仅增加了 1 年便开始回落,但人口惯性作用下,在 2035 年左右仍有一个出生的小高峰,需要提前做好相应准备。

0~14 岁儿童数量的峰值出现在 2018 年,达到 2.56 亿,比 2015 年增长 607 万,对儿科资源而言压力倍增。2016—2020 年间,中、高方案情况下 0~14 岁儿童数量本别比低方案高出 193.8 万人和 222.7 万人。0~14 岁儿童数量也存在小高峰,低、中、高方案情况下达到小高峰的时间分别为 2040 年、2042 年和 2044 年,小高峰规模分别达到 1.56 亿、1.82 亿和 2.07 亿人,中、高方案比低方案分别多出 2 629 万人和 5 156 万人。

"全面两孩"政策实施,长期来看对孕产妇相关医疗卫生服务需求有所增加。按照 2018 年资源密度进行推算,到 2037 年左右的出生小高峰,中、高方案预测妇产(科)医疗机构需求分别为 22 145 所和 25 526 所,其中妇产(科)专科医院分别为 3 328 所和 3 836 所,产科医师数量需求分别为 17.92 万名和 20.66 万名,产科护士数量需求分别为 15.36 万名和 17.71 万名。到 2050 年,中、高方案预测需求与低方案差值达到最大,妇产(科)医疗机构需求差值分别为 3 627 所和 7 005 所,其中妇产(科)专科医院需求差距分别为 545 所和 1 053 所,产科医师数需求差值为 2.94 万名和 5.67 万名,产科护士数与需求差值为 2.52 万名和 4.86 万名。

　　"全面两孩"政策实施,儿童医疗服务需求亟待满足。按照方案一推算,中、高方案中,儿科医疗机构和儿科床位数需求在 2018 年峰值分别为 20 489 所和 51.99 万张,次高峰分别为 14 565 所、36.96 万名和 16 586 所、42.09 万名。2050 年,中、高方案与低方案儿科医疗机构需求差值分别为 2 398 所和 4 668 所,床位数需求差值分别为 6.08 万张和 11.85 万张。按照方案二进行估算,儿科床位数、儿科医师数、儿科护士数需求峰值分别为 56.34 万张、17.67 万名和 29.45 万名,儿科床位数、医师数和护士数的缺口分别为 4.9 万张、2.4 万名和 3.7 万名。2050 年,中、高方案与低方案结果差值,儿科床位数分别为 6.59 万张和 12.84 万张,儿科医师数分别为 2.07 万名和 4.03 万名,儿科护士数分别为 3.45 万名和 6.71 万名。按照方案三标准进行估算,儿科床位数、儿科医师数、儿科护士数需求峰值分别为 92.72 万张、27.40 万名和 45.67 万名,缺口分别为 41.32 万张、12 万名和 19.97 万名。2050 年,中、高方案与低方案结果差值,儿科床位数分别为 10.85 万张和 21.12 万张,儿科医师数分别为 3.21 万名和 6.24 万名,儿科护士数分别为 5.35 万名和 10.41 万名。

　　鉴于全面两孩政策以及进一步放开生育政策的趋势下,对于满足妇幼卫生服务需求,在妇(产)科、儿童专科医院建设,尤其是儿童专科医院建设;提高产儿科床位数,尤其是儿科床位数;产科和儿科医师、助产士及护士人才培养;增加儿科护士人员数量,提高儿科医护比等方面,都是很大的挑战。

第十五章
两孩政策对学前和学龄人口及师资需求的影响

随着"全面两孩"政策的实施,接踵而至的就是出生人口的增长,出生堆积将导致近年内的儿童照料、学前和小学教育需求相继增长,这种影响将主要表现在对设施或场所及师资的需求。与此同时,我国现有的与教育相关的公共服务暂无法与之匹配,人口结构的变化使教育结构面临着严峻的挑战,无论从当前教育供需矛盾来看,还是从长远社会协调可持续发展角度看,教育都是较为基础且重要的环节,研究人口结构变化对教育的影响有着深刻的现实意义。本章主要对"全面两孩"政策带来的人口变化,通过入园率、入学率、师生比和教育经费指数等指标测算与教育相关的需求的影响。

一、数据与方法

本章的人口预测数据来自第十一章的不同方案的人口预测结果。

第一,按照人口预测结果分别计算 2015—2050 年间历年的学前人口和各阶段学龄人口规模。2016 年实施的《幼儿园工作规程》规定,"幼儿园适龄幼儿一般为 3 周岁至 6 周岁"[①],《中华人民共和国义务教育法》第十一条规定,

---

① 幼儿园工作规程[EB/OL]. https://www.sohu.com/a/273600726_768344.

"凡年满六周岁的儿童,其父母或者其他法定监护人应当送其入学接受并完成义务教育;条件不具备的地区的儿童,可以推迟到七周岁。"[①]而我国小学实行秋季招生,8月31日前年满6周岁才具有入学资格,9—12月出生的儿童则需要次年入学。因而满六岁的儿童有一部分在接受学前教育,还有一部分在接受小学教育。在进行人口预测时,无法精确区分每年9月前后的人口规模,所以,在对学龄人口的研究中,6岁的儿童究竟列为学前适龄人口还是小学适龄人口一直存在争议。本章参考我国的相关法律、法规和制度,最终将婴幼儿年龄界定为3周岁以下,学前教育适龄儿童年龄段界定为3～6周岁;在对义务教育适龄儿童的划分上,将小学教育适龄人口的年龄段界定为6～11周岁,初中教育适龄人口的年龄界定为12～14周岁。

第二,在对3周岁以下的婴幼儿照料服务的相关预测中,由于我国现在托幼服务还不完善,暂时没有相关的规定对入托率作出明确要求,这里根据欧盟国家的经验,将入托率设定为30%,将师幼比设定为1:5。

第三,在研究"两孩政策"对学前人口的影响时,设定两个入园率来推测学前教育的学位需求量,第一个入园率是根据国家规定的保守估计,即2020—2050年之间入园率保持85%不变;第二个入园率是借鉴发达国家的入园率水平进行的理想设定,即从2020年的85%匀速增长至2050年的95%。在对学前师资规模的研究中,设定两个师幼比来预测"两孩政策"影响下的师资需求,第一个师幼比来自我国的目标要求,即专任教师与学生比例为1:8;第二个师幼比来自推测的最低水平,即1:15。在对幼儿园数量进行预测时,也采用两个标准估计未来需要的幼儿园数量,一个是根据目前的幼儿园的平均人数进行估计,即175人/所,一个是根据《幼儿园工作规程》的最低要求来估计,即360人/所。关于学前教育的财政投入,采用2016年的学前生均教育经费指数16%进行预测,最终根据学位需求量、师资需求量、幼儿园学校需求量和财政需求量来衡量"两孩政策"对学前教育的影响。

第四,在研究"两孩政策"对义务教育学龄人口的影响时,根据国家普及

[①] 中华人民共和国义务教育法[EB/OL]. http://edu.people.com.cn/GB/4547065.html.

义务教育的要求,将入学率设定为 100%,继而估计出义务教育适龄人口的学位需求。之后,将义务教育学龄人口划分为小学适龄人口和初中适龄人口,并分别根据不同的师生比(小学师生比为 1∶19,初中师生比为 1∶13.5)和生均教育经费指数(小学生均教育经费指数为 21%,初中生均教育经费指数为 29%)来推测未来小学和初中需要的师资量和财政需求量。

二、3 周岁以下婴幼儿托幼服务的预测分析

我国正式幼儿园的入园年龄是在 3 周岁及以上,3 周岁以下的婴幼儿基本被排除在公共教育体系之外,主要是以非正式的家庭照料为主。在一些发达国家,托幼服务是公共服务中重要的一项,但在我国,托幼服务不够完善,家庭照料往往是以母亲或是隔代照料为主,这在一定程度上影响了母亲的劳动参与率,而隔代照料虽然起到了辅助性作用,但并不能提供更加专业的照顾和教育。2010 年公布的《国家中长期教育改革和发展规划纲要(2010—2020 年)》提出,要"重视 0 至 3 岁婴幼儿教育"①。2013 年,教育部下发《教育部关于开展 0-3 岁婴幼儿早期教育试点的通知》,在北京、上海等 14 个地区启动 0 岁至 3 岁婴幼儿早教试点工作,提出"充分整合公共教育、卫生和社区资源,努力构建以幼儿园和妇幼保健机构为依托,面向社区、指导家长的婴幼儿早期教育服务体系"②。"两孩政策"首先影响的就是出生人口,因而对婴幼儿照料服务的相关需求有着迫切性,也有重要的现实意义。从预测结果来看,实施"两孩政策"之后,我国 2015—2050 年 3 周岁以下婴幼儿总规模如下(表 15-1)。

---

① 国家中长期教育改革和发展规划纲要(2010—2020 年)[EB/OL]. http://www.moe.gov.cn/srcsite/A01/s7048/201007/t20100729_171904.html.
② 教育部关于开展 0～3 岁婴幼儿早期教育试点的通知[EB/OL]. http://www.gov.cn/zwgk/2012-05/02/content_2127867.htm.

表 15-1　2015—2050 年 3 周岁以下婴幼儿照料的相关预测结果

万人

年份	3 周岁以下婴幼儿规模			托幼学位需求量			托幼师资需求量		
	低方案	中方案	高方案	低方案	中方案	高方案	低方案	中方案	高方案
2015	5 130.68	5 130.68	5 130.68	1 539.20	1 539.20	1 539.20	307.84	307.84	307.84
2016	5 119.05	5 119.05	5 119.05	1 535.72	1 535.72	1 535.72	307.14	307.14	307.14
2017	4 947.18	4 947.18	4 947.18	1 484.15	1 484.15	1 484.15	296.83	296.83	296.83
2018	4 934.49	4 934.49	4 934.49	1 480.35	1 480.35	1 480.35	296.07	296.07	296.07
2019	4 498.15	4 546.83	4 552.83	1 349.45	1 364.05	1 365.85	269.89	272.81	273.17
2020	4 017.61	4 162.77	4 185.60	1 205.28	1 248.83	1 255.68	241.06	249.77	251.14
2021	3 681.19	3 925.93	3 975.94	1 104.36	1 177.78	1 192.78	220.87	235.56	238.56
2022	3 475.67	3 776.02	3 858.04	1 042.70	1 132.81	1 157.41	208.54	226.56	231.48
2023	3 334.46	3 646.62	3 761.90	1 000.34	1 093.99	1 128.57	200.07	218.80	225.71
2024	3 212.41	3 536.16	3 684.06	963.72	1 060.85	1 105.22	192.74	212.17	221.04
2025	3 116.00	3 450.12	3 627.81	934.80	1 035.03	1 088.34	186.96	207.01	217.67
2026	3 048.31	3 392.90	3 595.97	914.49	1 017.87	1 078.79	182.90	203.57	215.76
2027	3 008.99	3 366.29	3 591.41	902.70	1 009.89	1 077.42	180.54	201.98	215.48
2028	2 996.11	3 369.42	3 619.35	898.83	1 010.83	1 085.80	179.77	202.17	217.16
2029	3 005.60	3 398.96	3 680.11	901.68	1 019.69	1 104.03	180.34	203.94	220.81
2030	3032.13	3 448.51	3 767.34	909.64	1 034.55	1 130.20	181.93	206.91	226.04
2031	3 068.56	3 510.28	3 867.65	920.57	1 053.08	1 160.30	184.11	210.62	232.06
2032	3 108.33	3 577.97	3 970.75	932.50	1 073.39	1 191.22	186.50	214.68	238.24

续表

年份	3周岁以下婴幼儿规模			托幼学位需求量			托幼师资需求量		
	低方案	中方案	高方案	低方案	中方案	高方案	低方案	中方案	高方案
2033	3 147.36	3 646.98	4 073.71	944.21	1 094.09	1 222.11	188.84	218.82	244.42
2034	3 182.64	3 712.83	4 174.43	954.79	1 113.85	1 252.33	190.96	222.77	250.47
2035	3 210.90	3 769.31	4 268.09	963.27	1 130.79	1 280.43	192.65	226.16	256.09
2036	3 227.06	3 806.75	4 344.45	968.12	1 142.02	1 303.34	193.62	228.40	260.67
2037	3 232.28	3 822.16	4 391.13	969.69	1 146.65	1 317.34	193.94	229.33	263.47
2038	3 225.05	3 816.34	4 404.17	967.51	1 144.90	1 321.25	193.50	228.98	264.25
2039	3 198.57	3 788.03	4 384.66	959.57	1 136.41	1 315.40	191.91	227.28	263.08
2040	3 147.20	3 735.55	4 332.12	944.16	1 120.66	1 299.64	188.83	224.13	259.93
2041	3 073.70	3 662.11	4 248.41	922.11	1 098.63	1 274.52	184.42	219.73	254.90
2042	2 985.60	3 572.76	4 142.52	895.68	1 071.83	1 242.76	179.14	214.37	248.55
2043	2 880.32	3 470.63	4 025.23	864.09	1 041.19	1 207.57	172.82	208.24	241.51
2044	2 760.58	3 357.21	3 904.56	828.17	1 007.16	1 171.37	165.63	201.43	234.27
2045	2 636.68	3 240.55	3 784.13	791.00	972.16	1 135.24	158.20	194.43	227.05
2046	2 518.94	3 127.21	3 671.67	755.68	938.16	1 101.50	151.14	187.63	220.30
2047	2 411.94	3 021.86	3 571.53	723.58	906.56	1 071.46	144.72	181.31	214.29
2048	2 317.72	2 929.44	3 486.65	695.32	878.83	1 046.00	139.06	175.77	209.20
2049	2 239.03	2 853.36	3 418.92	671.71	856.01	1 025.68	134.34	171.20	205.14
2050	2 174.85	2 794.07	3 368.66	652.45	838.22	1 010.60	130.49	167.64	202.12

整体来看,2015—2050年间,3周岁以下婴幼儿的数量呈现递减趋势,尽管在2029年左右开始出现回升,但整体的走势是下降的。2015年末,我国实施"两孩政策",受怀胎十月的生育周期限制,"两孩政策"效果在2017年开始显现,3周岁以下的婴幼儿存量与增量相叠加,在2017年达到波峰,即4 947.18万人。到2050年,低方案显示3周岁以下婴幼儿规模为2 174.85万人,比起高峰期,规模缩减了一半以上,中方案为2 794.07万人,高方案为3 368.66万人。

根据我国《女职工劳动保护特别规定》,"女职工生育享受98天产假"[①],但却没有专门的育儿假,母亲必须要在育儿和工作之间作出选择,这就给儿童的照料带来了困扰,婴幼儿照料的公共服务不完善是制约生育率提高的关键因素。在一些发达国家,会有专门的托幼机构对婴幼儿提供科学专业的照料,这种支持家庭的儿童照料政策可以帮助母亲有效缓解工作与家庭责任的冲突,且随着女性劳动参与率的提高,使得家庭对托幼这一公共服务的需求较之以前大大增加。2015年,OECD(经济合作与发展组织)国家33%的幼儿在正规政府托育机构,特别是北欧国家在儿童照料方面可以堪称典范,大部分3岁以下的婴幼儿都要在正式照料机构接受照料。由于我国托幼机构发展不完善,目前的托幼服务还没有形成一种正式的机制,参考发达国家的标准,将入托率设定为30%,将师幼比设定为1:5,最终2015—2050年我国的托幼学位需求量和托幼师资需求量预测结果如表15-1所示。

预测结果显示,我国每年基本都需要1 000万以上的托幼需求量,特别是"两孩政策"实施的早期,需求量最高,大致在1 500万以上,这就给还不成熟的婴幼儿照料服务带来了巨大挑战。随着时间的推移,"两孩政策"带来的效应越来越明显,到2050年,需求量逐年下降,低方案降至652.45万人,中高方案依然在1 000万左右,分别为838.22万人和1 010.6万人,相比于不实施"两孩政策",政策的实施让托幼学位需求量增加185万至358万人。由于婴幼儿的特殊性,托幼服务不同于其他阶段的教育服务,需要更加专业的专任教师,也需要更加集中的照料,按照师幼比1:5的标准,得到历年需要的托幼师资需求量预测结果(表 15-1)。在早期,需要 300 多万的师资规模,随后师资数量随学位需求量的降低而下降,如果不实施"两孩政策",在 2024 年,师资需求量就降到了 200 万以下,按照中方案的预测结果,政策的实施使师资需求量直至 2044 年才降到 200 万以下,对于高方案来说,直到 2050 年师资需求始终在 200 万以上。

随着对儿童照料重要性认识的不断提高以及目前我国对早期教育需求的不断扩大,婴幼儿托幼服务将成为一种基本的、刚性的、普遍的民生需求,同时也具有正外部性,托幼服务可以有效支持夫妇生育两个孩子,还可以促进女性就业,提高整个社会的经济效率。2019 年 5 月,国务院办公厅印发《国务院办公厅关于促进 3 岁以下婴幼儿照护服务发展的指导意见》,指出"到 2020 年,婴幼儿照护服务的政策法规体系和标准规范体系初步建立,建成一批具有示范效应的婴幼儿照护服务机构",到 2025 年,"多元化、多样化、覆盖城乡的婴幼儿照护服务体系基本形成","人民群众的婴幼儿照护服务需求得到进一步满足。"①指导意见的出台为未来托幼服务提供了方向,明确了政府、市场、社会和家庭在 3 周岁以下婴幼儿照料方面的角色定位,婴幼儿照料不再只是家庭内部的责任,国家和社会也将一起分担育儿的压力。

三、学前教育需求预测分析

学前教育是终身学习的开端,是国民教育体系的重要组成部分,是重要的社会公益事业。良好的学前教育环境对幼儿身心健康具有重要意义,然而"入园难""入园贵"是我国学前教育一直存在的问题。"两孩政策"实施之后,出生人口规模短期内将迅速增长,这无疑会使之前的问题雪上加霜,因而解决学前教育的供需结构性矛盾是改善学前教育质量的当务之急。根据对"两

---

① 国务院办公厅关于促进 3 岁以下婴幼儿照护服务发展的指导意见[EB/OL]. http://www.gov.cn/zhengce/content/2019-05/09/content_5389983.htm.

孩政策"实施之后的人口预测结果,选取 3～6 岁年龄组总人口作为学前教育适龄人口,经过计算,2015—2050 年学前教育适龄人口规模的低、中、高预测结果具体如下(表 15-2)。

表 15-2　2015—2050 年学前教育适龄人口规模预测结果　　　　万人

年份	低方案	中方案	高方案	年份	低方案	中方案	高方案
2015	7 303	7 303	7 303	2033	4 014	4 553	4 952
2016	7 272	7 272	7 272	2034	4 055	4 625	5 074
2017	7 362	7 362	7 362	2035	4 104	4 711	5 208
2018	7 068	7 068	7 068	2036	4 156	4 801	5 345
2019	6 852	6 852	6 852	2037	4 206	4 890	5 480
2020	6 778	6 778	6 778	2038	4 247	4 970	5 608
2021	6 413	6 413	6 413	2039	4 276	5 030	5 719
2022	6 223	6 272	6 278	2040	4 291	5 065	5 798
2023	5 684	5 828	5 851	2041	4 290	5 074	5 839
2024	5 154	5 398	5 448	2042	4 264	5 050	5 836
2025	4 772	5 119	5 207	2043	4 212	4 995	5 787
2026	4 526	4 933	5 064	2044	4 133	4 915	5 698
2027	4 353	4 775	4 949	2045	4 026	4 808	5 577
2028	4 209	4 646	4 861	2046	3 896	4 680	5 429
2029	4 101	4 552	4 804	2047	3 748	4 539	5 272
2030	4 030	4 497	4 780	2048	3 591	4 388	5 114
2031	3 995	4 481	4 797	2049	3 431	4 236	4 961
2032	3 992	4 502	4 857	2050	3 281	4 092	4 820

　　折线图(图 15-1)更清晰地展现了"两孩政策"实施以来 3～6 岁学前适龄儿童规模的变化趋势。由于低方案是对未实施"两孩政策"的人口估计,将中、高方案与之对比,可以看出,实施"两孩政策"之后,历年的学前教育适龄人口规模始终是大于未实施这一政策时的人口规模,且变化均处于波动之中。整体来看,经历了先下降再上升再下降的趋势。"两孩政策"实施之后,学前适龄儿童规模的峰值出现在 2017 年,为 7 362 万人,这也是由于政策刚实施之后,长期被积压的生育意愿开始释放,之后,政策效应逐渐减弱,每年的学前适龄儿童规模不断下降,直到 2032 年为转折点,开始由降转升,此时学前教育适龄人口规模的低方案估计为 3 992 万人,中方案估计为 4 502 万人,

高方案估计为 4 857 万人。不同时期育龄妇女的规模大小导致出生人口规模的波动,2041 年达到第二个学前人口规模的峰值,低、中、高方案分别为 4 290 万人、5 074 万人和 5 839 万人。此后,学前人口规模逐年下降,到 2050 年,低、中、高方案预测分别为 3 281 万人、4 092 万人和 4 820 万人。

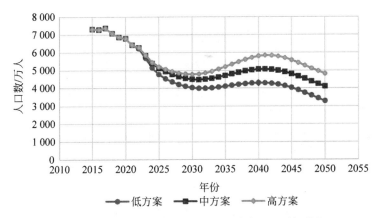

图 15-1　2015—2050 年学前教育适龄人口预测折线图

(一)学前教育学位需求量预测

根据以上学前教育适龄人口规模的预测,可以对学前教育学位需求量进行预估,并与现在的学位规模进行比较,来分析还需要扩大多少规模来满足"两孩政策"带来的学位需求。2010 年,《国家中长期教育改革和发展规划纲要(2010—2020 年)》提出要"基本普及学前教育",教育事业发展的主要目标是到 2020 年,学前一年毛入园率达到 95%,学前二年毛入园率达到 80%,学前三年毛入园率达到 70%。[1] 但根据《2017 年全国教育事业发展统计公报》,学前教育毛入园率在 2017 年为 79.6%[2],已提前达到了 2020 年的目标。

---

[1]　国家中长期教育改革和发展规划纲要(2010—2020 年)[EB/OL]. http://www.gov.cn/jrzg/2010-07/29/content_1667143.htm.

[2]　2017 年全国教育事业发展统计公报[EB/OL]. http://www.moe.gov.cn/jyb_sjzl/sjzl_fztjgb/201807/t20180719_343508.html.

2017 年,中华人民共和国国家发展和改革委员会颁发的《国家教育事业发展"十三五"规划》(国发〔2017〕4 号)确定了教育事业发展和人力资源开发"十三五"主要目标,"争取 2020 年学前三年的入园率达到 85%"[①]。最终在进行学前教育学位需求预测时,本书将按照《国家教育事业发展"十三五"规划》的发展目标,将 2020 年的入园率设定为 85%,而 2015—2020 年的入园率则根据《2018 年教育统计数据》已公布的数据和 85% 的目标数据内插得到。但在2020—2050 年区间内,30 年的时间跨度入园率必定也会发生变化,按照当今的发展趋势和发达国家的经验,入园率还有增长的空间,此处需要对 2020—2050 年的入园率进行预测。

目前,有不少研究者对未来几十年的入园率进行预测。史文秀(2017)参照国外发达国家发展学前教育的经验和发展历程,估计在 2025 年我国学前一年、两年和 3 年的毛入园率分别达到 99%、96%、90%。杨顺光、李玲(2016)等人假设到"十六五"规划结束,学前 3 年教育实现全面普及,即到 2035 年我国学前 3 年毛入园率达到 100%。庞丽娟、王红蕾、吕武(2016)等人分地区进行预测,假设到 2020 年,东部地区学前 3 年毛入园率平均水平可为 95% 及以上,中部地区学前 3 年毛入园率平均水平能够达到 85% 左右,西部地区毛入园率平均争取实现 75%~85%。

根据联合国教科文组织(UNESCO)可持续发展目标数据库,世界上 200多个国家学前教育的入园率差异很大。目前世界水平的学前教育入园率接近 50%,欧洲国家达到 92% 以上,一些发达国家,特别是 OECD 国家,例如法国、荷兰、爱尔兰在 20 世纪 80 年代就已经达到了 100% 以上(表 15-3)。从中国来看,《2017 年全国教育事业发展统计公报》显示,2015 年、2016 年、2017年全国的学前教育入园率分别为 75%、77.4%、79.6%[②]。从省际差异来看,各省的入园率不等,东部地区入园率高于中部和西部。在 2011 年,《北京市学

① 国家教育事业发展"十三五"规划[EB/OL]. http://www.ndrc.gov.cn/fzgggz/fzgh/ghwb/gjjgh/201705/t20170511_847116.html.

② 教育部.2017 年全国教育事业发展统计公报[EB/OL]. http://www.moe.gov.cn/jyb_sjzl/sjzl_fztjgb/201807/t20180719_343508.html.

前教育三年行动计划（2011—2013 年）》将入园率目标水平设定为常住适龄儿童入园率达到 90%①。《天津市中长期教育改革和发展规划纲要（2010—2020年）》则把 2020 年全市学前 3 年毛入学率目标设定为 98%②。

表 15-3　近年来世界不同国家的入园率③　　　　　%

国家或地区	2010 年	2011 年	2012 年	2013 年	2014 年	2015 年	2016 年
世界	38.68	40.84	43.56	45.68	45.98	46.88	49.33
欧洲	87.86	88.63	89.45	89.14	90.82	90.75	92.21
东亚	58.01	63.46	71.19	75.56	78.78	80.78	84.12
英国	81.82	84.98	83.95	79.23	90.26	96.18	110.89
澳大利亚	78.79	95.53	108.09	109.45	114.37	125.26	168.61
中国	54.88	61.01	69.57	74.31	77.96	80.15	83.70
美国	70.10	70.15	70.93	71.52	72.54	72.03	71.94
日本				87.32	86.42	86.06	86.76
韩国				92.88	93.33	94.77	97.86
法国	105.92	105.66	104.96	104.81	105.07	105.06	105.11
德国				107.39	107.79	107.47	108.46
冰岛	96.32	95.81	96.40	96.32	97.86	97.49	95.17
爱尔兰			103.56	110.48	110.93	102.11	116.00
意大利	99.67	100.10	100.31	99.88	99.09	98.88	98.20
荷兰		89.80	90.47	92.83	93.57	94.37	95.11
新西兰					90.67	91.94	91.50
挪威	98.80	98.99	99.06	98.67	97.89	97.38	95.90
葡萄牙	87.06	90.28	90.36	89.83	91.08	92.93	93.38
瑞典	95.19	94.93	94.84	95.01	95.57	93.89	94.08
瑞士	98.78	99.65	99.20	102.61	105.22	104.71	104.79

数据来源：联合国教科文组织（UNESCO）Sustainable Development Goals 数据库。

在对 2020—2050 年的入园率进行估计时，本文参考世界上发达国家和目

① 北京市学前教育三年行动计划（2011—2013 年）[EB/OL]. https://wenku. baidu. com/view/beb70e605ef7ba0d4a733bb1. html.

② 天津市中长期教育改革和发展规划纲要（2010—2020 年）[EB/OL]. https://max. book118. com/html/2018/0103/147000562. shtm.

③ 联合国教科文组织. Sustainable Development Goals [EB/OL]. http://data. uis. unesco. org/.

前我国发展较好的城市的入园率,对 2015—2050 年的入园率作出两个假设。第一个是按照《国家教育事业发展"十三五"规划》中的发展目标,使入园率在 2020 年之后达到 85％的水平并一直保持不变直到 2050 年;第二个是按照欧洲国家的平均发展水平,假设 2050 年我国的入园率将达到 OECD 国家现有的平均水平 95％,那么 2020—2050 年之间每年的入园率将以 0.37％的增幅增长。而 2015—2020 年的入园率采用《2017 年全国教育事业发展统计公报》公布的数据,2015 年、2016 年、2017 年的入园率分别为 75％、77.4％、79.6％[①],按照 2020 年达到 85％的目标,计算出 2017—2020 年的增长率则为 2.2％。根据以上两种入园率的处理方法,最终得到两套分低、中、高方案的学前教育学位需求量。《2018 年教育统计数据》显示,2018 年学前教育在校生数为 46 564 204 人[②],将其作为 2018 年学前教育学位需求量,并以此为参考,最终得出两套 2015—2050 年间历年的学前教育学位需求量和供需差距的预测结果(表 15-4 和表 15-5)。

表 15-4　2015—2050 年学前教育学位需求量和供需差距预测(方案一)

年份	入园率	需求预测/万人			供需差距/万人		
		低方案	中方案	高方案	低方案	中方案	高方案
2015	0.75	5 477.05	5 477.05	5 477.05	820.63	820.63	820.63
2016	0.77	5 628.58	5 628.58	5 628.58	972.16	972.16	972.16
2017	0.80	5 859.84	5 859.84	5 859.84	1 203.42	1 203.42	1 203.42
2018	0.81	5 750.21	5 750.21	5 750.21	1 093.79	1 093.79	1 093.79
2019	0.83	5 696.52	5 696.52	5 696.52	1 040.10	1 040.10	1 040.10
2020	0.85	5 761.68	5 761.68	5 761.68	1 105.26	1 105.26	1 105.26
2021	0.85	5 450.80	5 450.80	5 450.80	794.38	794.38	794.38
2022	0.85	5 289.87	5 330.92	5 335.98	633.45	674.50	679.56
2023	0.85	4 831.56	4 954.21	4 973.49	175.14	297.79	317.07
2024	0.85	4 381.23	4 588.34	4 630.63	−275.19	−68.08	−25.79
2025	0.85	4 055.88	4 351.17	4 425.62	−600.54	−305.25	−230.80

---

① 2017 年全国教育事业发展统计公报[EB/OL]. http://www. moe. gov. cn/jyb_sjzl/sjzl_fztjgb/201807/t20180719_343508. html.

② 2018 年教育统计数据[EB/OL]. http://www. moe. gov. cn/s78/A03/moe_560/jytjsj_2018/.

年份	入园率	需求预测/万人			供需差距/万人		
		低方案	中方案	高方案	低方案	中方案	高方案
2026	0.85	3 846.95	4 192.79	4 304.55	−809.47	−463.63	−351.87
2027	0.85	3 700.12	4 058.69	4 206.88	−956.30	−597.73	−449.54
2028	0.85	3 578.07	3 949.19	4 131.79	−1 078.35	−707.23	−524.63
2029	0.85	3 485.83	3 869.21	4 083.52	−1 170.59	−787.21	−572.90
2030	0.85	3 425.19	3 822.07	4 063.33	−1 231.23	−834.35	−593.09
2031	0.85	3 395.54	3 808.71	4 077.76	−1 260.88	−847.71	−578.66
2032	0.85	3 392.96	3 826.59	4 128.55	−1 263.46	−829.83	−527.87
2033	0.85	3 412.12	3 869.87	4 209.23	−1 244.30	−786.55	−447.19
2034	0.85	3 446.64	3 931.39	4 312.53	−1 209.78	−725.03	−343.89
2035	0.85	3 488.69	4 004.00	4 427.04	−1 167.73	−652.42	−229.38
2036	0.85	3 532.90	4 080.76	4 543.53	−1 123.52	−575.66	−112.89
2037	0.85	3 574.85	4 156.13	4 658.31	−1 081.57	−500.29	1.89
2038	0.85	3 610.01	4 224.29	4 767.22	−1 046.41	−432.13	110.80
2039	0.85	3 634.22	4 275.45	4 861.12	−1 022.20	−380.97	204.70
2040	0.85	3 647.52	4 305.43	4 928.26	−1 008.90	−350.99	271.84
2041	0.85	3 646.66	4 312.88	4 962.91	−1 009.76	−343.54	306.49
2042	0.85	3 624.49	4 292.18	4 960.92	−1031.93	−364.24	304.50
2043	0.85	3 580.55	4 245.94	4 918.81	−1 075.87	−410.48	262.39
2044	0.85	3 512.95	4 178.04	4 842.92	−1 143.47	−478.38	186.50
2045	0.85	3 422.20	4 086.51	4 740.06	−1 234.22	−569.91	83.64
2046	0.85	3 311.43	3 977.63	4 615.02	−1 344.99	−678.79	−41.40
2047	0.85	3 185.80	3 858.02	4 481.29	−1 470.62	−798.40	−175.13
2048	0.85	3 052.27	3 729.78	4 347.20	−1 604.15	−926.64	−309.22
2049	0.85	2 916.31	3 600.50	4 216.51	−1 740.11	−1 055.92	−439.91
2050	0.85	2 789.13	3 478.08	4 097.25	−1 867.29	−1 178.34	−559.17

从表 15-4 可以看出,按照方案一中的入园率,即 2020—2050 年之间入园率保持 85% 不变,在 2017 年,我国的学前教育学位需求量达到最大,供需差距也达到最大,之后需求量一直下滑。从低方案来看,在 2032 年,学位需求量达到最低,为 3 392.96 万人,之后缓缓回升,在 2040 年达到第二个峰值,为 3 647.52 万人,此后逐渐下降,到 2050 年达到 2 789.13 万人。中方案和高方案与低方案的变化趋势一致,中方案在继 2017 年之后下降到 2031 年,学位需

求量达到 3 808.71 万最低值,之后在 2041 年升至第二个高峰,为 4 312.88 万人。高方案在 2030 年学位需求量最低,为 4 063.33 万人,之后在 2041 年再次升高,达到 4 962.91 万人。从供需差距来看,自"两孩政策"实施以来至 2023 年,我国幼儿园处于供不应求阶段,特别是 2020 年,供需差距达到最大,约 1 105.26 万人。而后一直出现供大于求的阶段,直到 2037—2045 年,高方案的预测显示学位需求再次供不应求,而低、中方案则显示学位供应量满足学位需求。

根据表 15-5,按照方案二中的入园率,即 2020—2050 年之间入园率按照发达国家的经验进行预估。和方案一的结果相同,在 2017 年,我国的学前教育学位需求量和供需差距达到最大,之后,学位需求量先降后增最后再降。从低方案来看,学位需求量的低需求点和高需求点分别出现在 2031 年和 2041 年,为 3 536.33 万人和 3 940.74 万人。中方案显示,学位低需求点在 2030 年降至 3 965.86 万人,高需求点出现在 2041 年,升至 4 660.68 万人。而高方案显示,学位需求点在 2030 年最低,为 4 216.21 万人,在 2042 年最高,为 5 380.82 万人。从供需差距来看,自"两孩政策"实施以来至 2024 年,我国幼儿园学位需求量远高于供给量,而在 2025 年之后,学前供给量基本大于需求量,只是 2035—2049 年之间,高方案的供给差异由负转正,意味着按照高方案的预测结果,2035—2049 年间,学位需求量再次出现供不应求。

表 15-5　2015—2050 年学前教育学位需求量和供需差距预测(方案二)

年份	入园率	需求预测/万人			供需差距/万人		
		低方案	中方案	高方案	低方案	中方案	高方案
2015	0.75	5 477.05	5 477.05	5 477.05	820.63	820.63	820.63
2016	0.77	5 628.58	5 628.58	5 628.58	972.16	972.16	972.16
2017	0.80	5 859.84	5 859.84	5 859.84	1 203.42	1 203.42	1 203.42
2018	0.81	5 750.21	5 750.21	5 750.21	1 093.79	1 093.79	1 093.79
2019	0.83	5 696.52	5 696.52	5 696.52	1 040.10	1 040.10	1 040.10
2020	0.85	5 761.68	5 761.68	5 761.68	1 105.26	1 105.26	1 105.26
2021	0.85	5 470.97	5 470.97	5 470.97	814.55	814.55	814.55
2022	0.86	5 329.08	5 370.44	5 375.54	672.66	714.02	719.12
2023	0.86	4 885.39	5 009.41	5 028.90	228.97	352.99	372.48

年份	入园率	需求预测/万人			供需差距/万人		
		低方案	中方案	高方案	低方案	中方案	高方案
2024	0.86	4 446.44	4 656.63	4 699.55	−209.98	0.21	43.13
2025	0.87	4 131.47	4 432.26	4 508.10	−524.95	−224.16	−148.32
2026	0.87	3 933.15	4 286.73	4 401.00	−723.27	−369.69	−255.42
2027	0.87	3 797.02	4 164.98	4 317.06	−859.40	−491.44	−339.36
2028	0.88	3 685.37	4 067.61	4 255.69	−971.05	−588.81	−400.73
2029	0.88	3 603.64	3 999.98	4 221.53	−1 052.78	−656.44	−434.89
2030	0.88	3 554.06	3 965.86	4 216.21	−1 102.36	−690.56	−440.21
2031	0.89	3 536.33	3 966.62	4 246.83	−1 120.09	−689.80	−409.59
2032	0.89	3 546.72	3 999.99	4 315.64	−1 109.70	−656.43	−340.78
2033	0.89	3 579.94	4 060.20	4 416.25	−1 076.48	−596.22	−240.17
2034	0.90	3 629.53	4 140.01	4 541.37	−1 026.89	−516.41	−115.05
2035	0.90	3 687.41	4 232.07	4 679.20	−969.01	−424.35	22.78
2036	0.90	3 747.95	4 329.16	4 820.10	−908.47	−327.26	163.68
2037	0.91	3 806.49	4 425.43	4 960.15	−849.93	−230.99	303.73
2038	0.91	3 858.15	4 514.66	5 094.90	−798.27	−141.76	438.48
2039	0.91	3 898.39	4 586.24	5 214.48	−758.03	−70.18	558.06
2040	0.92	3 927.14	4 635.48	5 306.06	−729.28	−20.94	649.64
2041	0.92	3 940.74	4 660.68	5 363.14	−715.68	4.26	706.72
2042	0.92	3 931.27	4 655.48	5 380.82	−725.15	−0.94	724.40
2043	0.93	3 897.99	4 622.36	5 354.89	−758.43	−34.06	698.47
2044	0.93	3 838.54	4 565.27	5 291.78	−817.88	−91.15	635.36
2045	0.93	3 753.22	4 481.78	5 198.55	−903.20	−174.64	542.13
2046	0.94	3 645.17	4 378.51	5 080.14	−1 011.25	−277.91	423.72
2047	0.94	3 519.85	4 262.56	4 951.18	−1 136.57	−393.86	294.76
2048	0.94	3 384.79	4 136.12	4 820.80	−1 271.63	−520.30	164.38
2049	0.95	3 245.99	4 007.53	4 693.18	−1 410.43	−648.89	36.76
2050	0.95	3 115.93	3 885.60	4 577.31	−1 540.49	−770.82	−79.11

（二）学前教育学校需求预测

根据《中国教育统计年鉴 2018》显示，2018 年，我国的幼儿园共 266 677

所,全部在校生数 46 564 204 人①,则平均每所幼儿园约 175 名儿童。新版《幼儿园工作规程》第十一条提出"幼儿园规模应当有利于幼儿身心健康,便于管理,一般不超过 360 人。"②此处,在不同的入园率基础上,分别按照 175人/所和 360 人/所的幼儿园容量标准来预测各年份幼儿园的园数需求量,交叉分析之后共得到四种方案,并分别计算出每种方案的幼儿园的需求数量和供需差距。

(1) 入园率 85%,规模 175 人/所(表 15-6)。

表 15-6　2015—2050 年幼儿园需求量和供需差距预测(入园率 85%,规模 175 人/所)

万所

年份	园数需求量			供 需 差 距		
	低方案	中方案	高方案	低方案	中方案	高方案
2015	31.30	31.30	31.30	4.63	4.63	4.63
2016	32.16	32.16	32.16	5.49	5.49	5.49
2017	33.48	33.48	33.48	6.81	6.81	6.81
2018	32.86	32.86	32.86	6.19	6.19	6.19
2019	32.55	32.55	32.55	5.88	5.88	5.88
2020	32.92	32.92	32.92	6.25	6.25	6.25
2021	31.15	31.15	31.15	4.48	4.48	4.48
2022	30.23	30.46	30.49	3.56	3.79	3.82
2023	27.61	28.31	28.42	0.94	1.64	1.75
2024	25.04	26.22	26.46	−1.63	−0.45	−0.21
2025	23.18	24.86	25.29	−3.49	−1.81	−1.38
2026	21.98	23.96	24.60	−4.69	−2.71	−2.07
2027	21.14	23.19	24.04	−5.53	−3.48	−2.63
2028	20.45	22.57	23.61	−6.22	−4.10	−3.06
2029	19.92	22.11	23.33	−6.75	−4.56	−3.34
2030	19.57	21.84	23.22	−7.10	−4.83	−3.45
2031	19.40	21.76	23.30	−7.27	−4.91	−3.37
2032	19.39	21.87	23.59	−7.28	−4.80	−3.08
2033	19.50	22.11	24.05	−7.17	−4.56	−2.62
2034	19.70	22.47	24.64	−6.97	−4.20	−2.03

---

① 2018 年教育统计数据[EB/OL]. http://www.moe.gov.cn/s78/A03/moe_560/jytjsj_2018/.

② 幼儿园工作规程[EB/OL]. https://www.sohu.com/a/273600726_768344.

续表

年份	园数需求量			供需差距		
	低方案	中方案	高方案	低方案	中方案	高方案
2035	19.94	22.88	25.30	−6.73	−3.79	−1.37
2036	20.19	23.32	25.96	−6.48	−3.35	−0.71
2037	20.43	23.75	26.62	−6.24	−2.92	−0.05
2038	20.63	24.14	27.24	−6.04	−2.53	0.57
2039	20.77	24.43	27.78	−5.90	−2.24	1.11
2040	20.84	24.60	28.16	−5.83	−2.07	1.49
2041	20.84	24.65	28.36	−5.83	−2.02	1.69
2042	20.71	24.53	28.35	−5.96	−2.14	1.68
2043	20.46	24.26	28.11	−6.21	−2.41	1.44
2044	20.07	23.87	27.67	−6.60	−2.80	1.00
2045	19.56	23.35	27.09	−7.11	−3.32	0.42
2046	18.92	22.73	26.37	−7.75	−3.94	−0.30
2047	18.20	22.05	25.61	−8.47	−4.62	−1.06
2048	17.44	21.31	24.84	−9.23	−5.36	−1.83
2049	16.66	20.57	24.09	−10.01	−6.10	−2.58
2050	15.94	19.87	23.41	−10.73	−6.80	−3.26

（2）入园率 85％，规模 360 人/所（表 15-7）。

表 15-7　2015—2050 年幼儿园需求量和供需差距预测（入园率 85％，规模 360 人/所）

万所

年份	园数需求量			供需差距		
	低方案	中方案	高方案	低方案	中方案	高方案
2015	15.21	15.21	15.21	−11.46	−11.46	−11.46
2016	15.63	15.63	15.63	−11.04	−11.04	−11.04
2017	16.28	16.28	16.28	−10.39	−10.39	−10.39
2018	15.97	15.97	15.97	−10.70	−10.70	−10.70
2019	15.82	15.82	15.82	−10.85	−10.85	−10.85
2020	16.00	16.00	16.00	−10.67	−10.67	−10.67
2021	15.14	15.14	15.14	−11.53	−11.53	−11.53
2022	14.69	14.81	14.82	−11.98	−11.86	−11.85
2023	13.42	13.76	13.82	−13.25	−12.91	−12.85

续表

年份	园数需求量			供 需 差 距		
	低方案	中方案	高方案	低方案	中方案	高方案
2024	12.17	12.75	12.86	−14.50	−13.92	−13.81
2025	11.27	12.09	12.29	−15.40	−14.58	−14.38
2026	10.69	11.65	11.96	−15.98	−15.02	−14.71
2027	10.28	11.27	11.69	−16.39	−15.40	−14.98
2028	9.94	10.97	11.48	−16.73	−15.70	−15.19
2029	9.68	10.75	11.34	−16.99	−15.92	−15.33
2030	9.51	10.62	11.29	−17.16	−16.05	−15.38
2031	9.43	10.58	11.33	−17.24	−16.09	−15.34
2032	9.42	10.63	11.47	−17.25	−16.04	−15.20
2033	9.48	10.75	11.69	−17.19	−15.92	−14.98
2034	9.57	10.92	11.98	−17.10	−15.75	−14.69
2035	9.69	11.12	12.30	−16.98	−15.55	−14.37
2036	9.81	11.34	12.62	−16.86	−15.33	−14.05
2037	9.93	11.54	12.94	−16.74	−15.13	−13.73
2038	10.03	11.73	13.24	−16.64	−14.94	−13.43
2039	10.10	11.88	13.50	−16.57	−14.79	−13.17
2040	10.13	11.96	13.69	−16.54	−14.71	−12.98
2041	10.13	11.98	13.79	−16.54	−14.69	−12.88
2042	10.07	11.92	13.78	−16.60	−14.75	−12.89
2043	9.95	11.79	13.66	−16.72	−14.88	−13.01
2044	9.76	11.61	13.45	−16.91	−15.06	−13.22
2045	9.51	11.35	13.17	−17.16	−15.32	−13.50
2046	9.20	11.05	12.82	−17.47	−15.62	−13.85
2047	8.85	10.72	12.45	−17.82	−15.95	−14.22
2048	8.48	10.36	12.08	−18.19	−16.31	−14.59
2049	8.10	10.00	11.71	−18.57	−16.67	−14.96
2050	7.75	9.66	11.38	−18.92	−17.01	−15.29

（3）入园率95％，规模175人/所（表15-8）。

表 15-8　2015—2050 年幼儿园需求量和供需差距预测（入园率 95%，规模 175 人/所）

万所

年份	园数需求量			供 需 差 距		
	低方案	中方案	高方案	低方案	中方案	高方案
2015	31.30	31.30	31.30	4.63	4.63	4.63
2016	32.16	32.16	32.16	5.49	5.49	5.49
2017	33.48	33.48	33.48	6.81	6.81	6.81
2018	32.86	32.86	32.86	6.19	6.19	6.19
2019	32.55	32.55	32.55	5.88	5.88	5.88
2020	32.92	32.92	32.92	6.25	6.25	6.25
2021	31.26	31.26	31.26	4.59	4.59	4.59
2022	30.45	30.69	30.72	3.78	4.02	4.05
2023	27.92	28.63	28.74	1.25	1.96	2.07
2024	25.41	26.61	26.85	−1.26	−0.06	0.18
2025	23.61	25.33	25.76	−3.06	−1.34	−0.91
2026	22.48	24.50	25.15	−4.19	−2.17	−1.52
2027	21.70	23.80	24.67	−4.97	−2.87	−2.00
2028	21.06	23.24	24.32	−5.61	−3.43	−2.35
2029	20.59	22.86	24.12	−6.08	−3.81	−2.55
2030	20.31	22.66	24.09	−6.36	−4.01	−2.58
2031	20.21	22.67	24.27	−6.46	−4.00	−2.40
2032	20.27	22.86	24.66	−6.40	−3.81	−2.01
2033	20.46	23.20	25.24	−6.21	−3.47	−1.43
2034	20.74	23.66	25.95	−5.93	−3.01	−0.72
2035	21.07	24.18	26.74	−5.60	−2.49	0.07
2036	21.42	24.74	27.54	−5.25	−1.93	0.87
2037	21.75	25.29	28.34	−4.92	−1.38	1.67
2038	22.05	25.80	29.11	−4.62	−0.87	2.44
2039	22.28	26.21	29.80	−4.39	−0.46	3.13
2040	22.44	26.49	30.32	−4.23	−0.18	3.65
2041	22.52	26.63	30.65	−4.15	−0.04	3.98
2042	22.46	26.60	30.75	−4.21	−0.07	4.08
2043	22.27	26.41	30.60	−4.40	−0.26	3.93
2044	21.93	26.09	30.24	−4.74	−0.58	3.57
2045	21.45	25.61	29.71	−5.22	−1.06	3.04
2046	20.83	25.02	29.03	−5.84	−1.65	2.36
2047	20.11	24.36	28.29	−6.56	−2.31	1.62
2048	19.34	23.63	27.55	−7.33	−3.04	0.88
2049	18.55	22.90	26.82	−8.12	−3.77	0.15
2050	17.81	22.20	26.16	−8.86	−4.47	−0.51

（4）入园率 95％，规模 360 人/所（表 15-9）。

表 15-9　2015—2050 年幼儿园需求量和供需差距预测（入园率 95％，规模 360 人/所）

万所

年份	园数需求量			供需差距		
	低方案	中方案	高方案	低方案	中方案	高方案
2015	15.21	15.21	15.21	−11.46	−11.46	−11.46
2016	15.63	15.63	15.63	−11.04	−11.04	−11.04
2017	16.28	16.28	16.28	−10.39	−10.39	−10.39
2018	15.97	15.97	15.97	−10.70	−10.70	−10.70
2019	15.82	15.82	15.82	−10.85	−10.85	−10.85
2020	16.00	16.00	16.00	−10.67	−10.67	−10.67
2021	15.20	15.20	15.20	−11.47	−11.47	−11.47
2022	14.80	14.92	14.93	−11.87	−11.75	−11.74
2023	13.57	13.92	13.97	−13.10	−12.75	−12.70
2024	12.35	12.94	13.05	−14.32	−13.73	−13.62
2025	11.48	12.31	12.52	−15.19	−14.36	−14.15
2026	10.93	11.91	12.23	−15.74	−14.76	−14.44
2027	10.55	11.57	11.99	−16.12	−15.10	−14.68
2028	10.24	11.30	11.82	−16.43	−15.37	−14.85
2029	10.01	11.11	11.73	−16.66	−15.56	−14.94
2030	9.87	11.02	11.71	−16.80	−15.65	−14.96
2031	9.82	11.02	11.80	−16.85	−15.65	−14.87
2032	9.85	11.11	11.99	−16.82	−15.56	−14.68
2033	9.94	11.28	12.27	−16.73	−15.39	−14.40
2034	10.08	11.50	12.61	−16.59	−15.17	−14.06
2035	10.24	11.76	13.00	−16.43	−14.91	−13.67
2036	10.41	12.03	13.39	−16.26	−14.64	−13.28
2037	10.57	12.29	13.78	−16.10	−14.38	−12.89
2038	10.72	12.54	14.15	−15.95	−14.13	−12.52
2039	10.83	12.74	14.48	−15.84	−13.93	−12.19
2040	10.91	12.88	14.74	−15.76	−13.79	−11.93
2041	10.95	12.95	14.90	−15.72	−13.72	−11.77
2042	10.92	12.93	14.95	−15.75	−13.74	−11.72
2043	10.83	12.84	14.87	−15.84	−13.83	−11.80
2044	10.66	12.68	14.70	−16.01	−13.99	−11.97
2045	10.43	12.45	14.44	−16.24	−14.22	−12.23

续表

年份	园数需求量			供需差距		
	低方案	中方案	高方案	低方案	中方案	高方案
2046	10.13	12.16	14.11	−16.54	−14.51	−12.56
2047	9.78	11.84	13.75	−16.89	−14.83	−12.92
2048	9.40	11.49	13.39	−17.27	−15.18	−13.28
2049	9.02	11.13	13.04	−17.65	−15.54	−13.63
2050	8.66	10.79	12.71	−18.01	−15.88	−13.96

从结果来看,入园率不论是85%还是95%,反映在校园数量需求上,结果差异不大,主要的差距由于幼儿园的规模大小导致,175人/所的标准是目前我国幼儿园的平均水平,而国家要求的最低标准为360人/所,我国目前的平均水平远远超过国家设定的标准,甚至超出一倍以上。

如果按照175人/所的规模要求,我国对幼儿园的需求量最高达到33万余所,而在2030年之后,幼儿园需求量基本维持在20万所以内,到2050年,接近15万所。按照当今的幼儿园供给数量,在2023年以前,幼儿园供给不足,最严重时缺少将近7万所,但也会在需求量不高的年份出现剩余现象,在2030年,最多剩余3万所左右的幼儿园。

如果按照360人/所的规模要求,我国未来的幼儿园需求量比起175人/所的标准减少一半以上,即使是取最大的入园率95%,预测的结果显示目前的幼儿园也足够满足未来"两孩政策"带来的学前人口需求。从2015—2050年,幼儿园最高需求量为16.28万所,其余时间基本都在15万所以下,特别是在21世纪40年代中后期,幼儿园需求量降到10万所以下,到2050年,低方案幼儿园需求量为8.66万所,即使是高方案,也需求12.71万所,不足13万。从供给角度看,按照这个标准,幼儿园一直处于供大于求的阶段,哪怕是需求量最高的时期,依然剩余10万余所幼儿园。也就是说目前完全符合国家要求的最低水平。但值得注意的是,这个数字只代表国家的平均水平,我国城乡差异大,这些指标在满足全国水平的同时并不能很好地满足地方的需求。

（三）学前师资需求预测

师幼比是衡量学前教育质量的重要结构性指标之一。经济合作与发展组织对 15 岁儿童的 PISA（国际学生评估项目）测试表明,较长的学前教育,较小的学生与教师比例以及每名儿童的公共支出较高都会增强学前教育的积极影响。合理的师幼比,有助于提高学前教育的质量,从而更好地促进幼儿健康发展。

世界上不同类型国家的师幼比存在巨大差异,根据联合国教科文组织可持续发展目标数据库（Sustainable Development Goals）发布的数据,近年来,世界师幼比的平均水平为 1∶18,欧洲国家平均为 1∶11（表 15-10）,北欧国家的师幼比水平在世界排名中非常靠前,还有个别国家多年前师幼比就维持在 1∶5 左右的水平,如冰岛、瑞典等。根据我国教育部发展规划司历年的教育统计数据,近年来学前教育的教职工和专任教师的人数都在逐年增长,师幼比在逐步降低（表 15-11）。教职工师幼比从 2001 年的 1∶24 降低到 2017 年的 1∶11。由于幼儿园教职工包括专任教师、保育员、行政人员、卫生保健人员、后勤人员等,而真正从事学前教学服务的只有专任教师和保育员。因而,专任教师的师幼比更能反映真实的学前教育质量,从专任教师的师幼比来看,我国从 2001 年的 1∶37 降低到 2017 年的 1∶19,这是一个显著的进步,但相比当前国际学前教育的整体师资配置水平,目前我国学前教育师幼比依然存在偏高的问题,远低于 OECD 国家师幼比的平均水平。

表 15-10　世界主要国家学前教育师幼比

国家和地区	2012 年	2013 年	2014 年	2015 年	2016 年
世界	18	18	18	18	18
欧洲	11	11	11	11	11
东亚	23	22	21	20	19
中国	23	22	21	20	19
美国	13	14	14	14	
日本		26	25	25	27

续表

国家和地区	2012 年	2013 年	2014 年	2015 年	2016 年
韩国		15	14	13	13
德国		8	8	8	8
意大利		13	13	12	12

表 15-11　2000—2017 年我国学前教育师资规模及师幼比

年份	教职工/万人	专任教师/万人	在校生/万人	教职工师幼比	专任教师师幼比
2000	114	86	2 244.2	1∶20	1∶26
2001	86	55	2 021.8	1∶24	1∶37
2002	90	57	2 036.0	1∶23	1∶36
2003	97	61	2 003.9	1∶21	1∶33
2004	105	66	2 089.4	1∶20	1∶32
2005	115	72	2 179.0	1∶19	1∶30
2006	124	78	2 263.9	1∶18	1∶29
2007	132	83	2 348.8	1∶18	1∶28
2008	143	90	2 475.0	1∶17	1∶28
2009	157	99	2 657.8	1∶17	1∶27
2010	185	114	2 976.7	1∶16	1∶26
2011	220	132	3 424.5	1∶16	1∶26
2012	249	148	3 685.8	1∶15	1∶25
2013	283	166	3 894.7	1∶14	1∶23
2014	314	184	4 050.7	1∶13	1∶22
2015	350	205	4 264.8	1∶12	1∶21
2016	382	223	4 413.9	1∶12	1∶20
2017	419	243	4 600.1	1∶11	1∶19

　　OECD 发布的《教育一览》将 1∶15 定为适宜师幼比的低限。我国教育部 2013 年发布的《幼儿园教职工配备标准(暂行)》制定了幼儿园教职工与幼儿的配备标准及比例,规定全日制幼儿园每班 30 人,每班配备 2 名专任教师和 1 名保育员,或配备 3 名专任教师;半日制幼儿园每班配备 2 名专任教师,有条件的可配备 1 名保育员。即师幼比最少也要保证 1∶15。同时,明确提出在全日制服务类型的幼儿园中,全园教职工与幼儿比应为 1∶5～1∶7,全园

保教人员与幼儿比应为1∶7～1∶9。①

在进行"两孩政策"影响下历年师资规模预测时,取师幼比1∶8和师幼比1∶15分别估计学前教育教职工需求量,两个师幼比与之前的两个入园率推算结果交叉计算,最终形成四种方案。根据我国《2018年教育统计数据》,2018年学前教育教职工共计4 531 454人,专任教师共计2 581 363人②,以2018年的数据为标准,最终得到历年的教职工供需差距和专任教师供需差距。

(1)按照理想标准将师幼比设定为1∶8。从世界角度看,1∶8的师幼比是一个非常靠前的师资配备水平,超越了大多数国家,目前仅少数国家可以达到这个水平,如法国、新西兰等。而根据我国的《幼儿园教职工配备标准(暂行)》中对全园保教人员与幼儿比的设定标准,为了方便计算取其平均值,即全园教职工与幼儿比为1∶6,全园保教人员与幼儿比为1∶8,这是一个比较理想的师幼比标准。按照之前由不同的入园率得到的两种学前学位需求量的预测结果,可以得到两套分低、中、高方案的学前师资需求规模。表15-12和表15-13分别为在85%的入园率预测的学前学位需求量基础上,按照1∶6的教职工师幼比和1∶8的保教人员师幼比标准得到的理想情况下教职工和专任教师的师资需求量和供给差距。表15-14和表15-15分别为在变化的入园率预测的学前学位需求量基础上,按照1∶6的教职工师幼比和1∶8的保教人员师幼比标准得到的理想情况下教职工和专任教师的师资需求量和供需差距。

表15-12　按照方案一预测的理想教职工需求量和供需差距　　　万人

年份	教职工需求量			教职工供给需求		
	低方案	中方案	高方案	低方案	中方案	高方案
2015	912.84	912.84	912.84	459.69	459.69	459.69
2016	938.10	938.10	938.10	484.95	484.95	484.95
2017	976.64	976.64	976.64	523.49	523.49	523.49

① 幼儿园教职工配备标准(暂行)[EB/OL]. http://old. moe. gov. cn/publicfiles/business/htmlfiles/moe/s7027/201301/147148. html.

② 2018年教育统计数据[EB/OL]. http://www. moe. gov. cn/s78/A03/moe_560/jytjsj_2018/.

续表

年份	教职工需求量			教职工供给需求		
	低方案	中方案	高方案	低方案	中方案	高方案
2018	958.37	958.37	958.37	505.22	505.22	505.22
2019	949.42	949.42	949.42	496.27	496.27	496.27
2020	960.28	960.28	960.28	507.13	507.13	507.13
2021	908.47	908.47	908.47	455.32	455.32	455.32
2022	881.64	888.49	889.33	428.49	435.34	436.18
2023	805.26	825.70	828.91	352.11	372.55	375.76
2024	730.21	764.72	771.77	277.06	311.57	318.62
2025	675.98	725.19	737.60	222.83	272.04	284.45
2026	641.16	698.80	717.43	188.01	245.65	264.28
2027	616.69	676.45	701.15	163.54	223.30	248.00
2028	596.35	658.20	688.63	143.20	205.05	235.48
2029	580.97	644.87	680.59	127.82	191.72	227.44
2030	570.87	637.01	677.22	117.72	183.86	224.07
2031	565.92	634.78	679.63	112.77	181.63	226.48
2032	565.49	637.77	688.09	112.34	184.62	234.94
2033	568.69	644.98	701.54	115.54	191.83	248.39
2034	574.44	655.23	718.75	121.29	202.08	265.60
2035	581.45	667.33	737.84	128.30	214.18	284.69
2036	588.82	680.13	757.26	135.67	226.98	304.11
2037	595.81	692.69	776.38	142.66	239.54	323.23
2038	601.67	704.05	794.54	148.52	250.90	341.39
2039	605.70	712.58	810.19	152.55	259.43	357.04
2040	607.92	717.57	821.38	154.77	264.42	368.23
2041	607.78	718.81	827.15	154.63	265.66	374.00
2042	604.08	715.36	826.82	150.93	262.21	373.67
2043	596.76	707.66	819.80	143.61	254.51	366.65
2044	585.49	696.34	807.15	132.34	243.19	354.00
2045	570.37	681.09	790.01	117.22	227.94	336.86
2046	551.91	662.94	769.17	98.76	209.79	316.02
2047	530.97	643.00	746.88	77.82	189.85	293.73
2048	508.71	621.63	724.53	55.56	168.48	271.38
2049	486.05	600.08	702.75	32.90	146.93	249.60
2050	464.86	579.68	682.87	11.71	126.53	229.72

表 15-13　按照方案一预测的理想专任教师需求量和供需差距　　万人

年份	专任教师需求量			专任教师供给差距		
	低方案	中方案	高方案	低方案	中方案	高方案
2015	684.63	684.63	684.63	426.49	426.49	426.49
2016	703.57	703.57	703.57	445.43	445.43	445.43
2017	732.48	732.48	732.48	474.34	474.34	474.34
2018	718.78	718.78	718.78	460.64	460.64	460.64
2019	712.07	712.07	712.07	453.93	453.93	453.93
2020	720.21	720.21	720.21	462.07	462.07	462.07
2021	681.35	681.35	681.35	423.21	423.21	423.21
2022	661.23	666.36	667.00	403.09	408.22	408.86
2023	603.94	619.28	621.69	345.80	361.14	363.55
2024	547.65	573.54	578.83	289.51	315.40	320.69
2025	506.98	543.90	553.20	248.84	285.76	295.06
2026	480.87	524.10	538.07	222.73	265.96	279.93
2027	462.51	507.34	525.86	204.37	249.20	267.72
2028	447.26	493.65	516.47	189.12	235.51	258.33
2029	435.73	483.65	510.44	177.59	225.51	252.30
2030	428.15	477.76	507.92	170.01	219.62	249.78
2031	424.44	476.09	509.72	166.30	217.95	251.58
2032	424.12	478.32	516.07	165.98	220.18	257.93
2033	426.52	483.73	526.15	168.38	225.59	268.01
2034	430.83	491.42	539.07	172.69	233.28	280.93
2035	436.09	500.50	553.38	177.95	242.36	295.24
2036	441.61	510.09	567.94	183.47	251.95	309.80
2037	446.86	519.52	582.29	188.72	261.38	324.15
2038	451.25	528.04	595.90	193.11	269.90	337.76
2039	454.28	534.43	607.64	196.14	276.29	349.50
2040	455.94	538.18	616.03	197.80	280.04	357.89
2041	455.83	539.11	620.36	197.69	280.97	362.22
2042	453.06	536.52	620.11	194.92	278.38	361.97
2043	447.57	530.74	614.85	189.43	272.60	356.71
2044	439.12	522.26	605.37	180.98	264.12	347.23
2045	427.78	510.81	592.51	169.64	252.67	334.37
2046	413.93	497.20	576.88	155.79	239.06	318.74
2047	398.22	482.25	560.16	140.08	224.11	302.02

续表

年份	专任教师需求量			专任教师供给差距		
	低方案	中方案	高方案	低方案	中方案	高方案
2048	381.53	466.22	543.40	123.39	208.08	285.26
2049	364.54	450.06	527.06	106.40	191.92	268.92
2050	348.64	434.76	512.16	90.50	176.62	254.02

表 15-14　按照方案二预测的理想教职工需求量和供需差距　　万人

年份	教职工需求量			教职工供给差距		
	低方案	中方案	高方案	低方案	中方案	高方案
2015	912.84	912.84	912.84	459.69	459.69	459.69
2016	938.10	938.10	938.10	484.95	484.95	484.95
2017	976.64	976.64	976.64	523.49	523.49	523.49
2018	958.37	958.37	958.37	505.22	505.22	505.22
2019	949.42	949.42	949.42	496.27	496.27	496.27
2020	960.28	960.28	960.28	507.13	507.13	507.13
2021	911.83	911.83	911.83	458.68	458.68	458.68
2022	888.18	895.07	895.92	435.03	441.92	442.77
2023	814.23	834.90	838.15	361.08	381.75	385.00
2024	741.07	776.11	783.26	287.92	322.96	330.11
2025	688.58	738.71	751.35	235.43	285.56	298.20
2026	655.52	714.46	733.50	202.37	261.31	280.35
2027	632.84	694.16	719.51	179.69	241.01	266.36
2028	614.23	677.94	709.28	161.08	224.79	256.13
2029	600.61	666.66	703.59	147.46	213.51	250.44
2030	592.34	660.98	702.70	139.19	207.83	249.55
2031	589.39	661.10	707.81	136.24	207.95	254.66
2032	591.12	666.67	719.27	137.97	213.52	266.12
2033	596.66	676.70	736.04	143.51	223.55	282.89
2034	604.92	690.00	756.89	151.77	236.85	303.74
2035	614.57	705.35	779.87	161.42	252.20	326.72
2036	624.66	721.53	803.35	171.51	268.38	350.20
2037	634.41	737.57	826.69	181.26	284.42	373.54
2038	643.02	752.44	849.15	189.87	299.29	396.00
2039	649.73	764.37	869.08	196.58	311.22	415.93

年份	教职工需求量			教职工供给差距		
	低方案	中方案	高方案	低方案	中方案	高方案
2040	654.52	772.58	884.34	201.37	319.43	431.19
2041	656.79	776.78	893.86	203.64	323.63	440.71
2042	655.21	775.91	896.80	202.06	322.76	443.65
2043	649.66	770.39	892.48	196.51	317.24	439.33
2044	639.76	760.88	881.96	186.61	307.73	428.81
2045	625.54	746.96	866.43	172.39	293.81	413.28
2046	607.53	729.75	846.69	154.38	276.60	393.54
2047	586.64	710.43	825.20	133.49	257.28	372.05
2048	564.13	689.35	803.47	110.98	236.20	350.32
2049	541.00	667.92	782.20	87.85	214.77	329.05
2050	519.32	647.60	762.88	66.17	194.45	309.73

表 15-15　按照方案二预测的理想专任教师需求量和供需差距　　万人

年份	专任教师需求量			专任教师供需差距		
	低方案	中方案	高方案	低方案	中方案	高方案
2015	684.63	684.63	684.63	426.49	426.49	426.49
2016	703.57	703.57	703.57	445.43	445.43	445.43
2017	732.48	732.48	732.48	474.34	474.34	474.34
2018	718.78	718.78	718.78	460.64	460.64	460.64
2019	712.07	712.07	712.07	453.93	453.93	453.93
2020	720.21	720.21	720.21	462.07	462.07	462.07
2021	683.87	683.87	683.87	425.73	425.73	425.73
2022	666.14	671.30	671.94	408.00	413.16	413.80
2023	610.67	626.18	628.61	352.53	368.04	370.47
2024	555.80	582.08	587.44	297.66	323.94	329.30
2025	516.43	554.03	563.51	258.29	295.89	305.37
2026	491.64	535.84	550.13	233.50	277.70	291.99
2027	474.63	520.62	539.63	216.49	262.48	281.49
2028	460.67	508.45	531.96	202.53	250.31	273.82
2029	450.46	500.00	527.69	192.32	241.86	269.55
2030	444.26	495.73	527.03	186.12	237.59	268.89
2031	442.04	495.83	530.85	183.90	237.69	272.71

续表

年份	专任教师需求量			专任教师供需差距		
	低方案	中方案	高方案	低方案	中方案	高方案
2032	443.34	500.00	539.45	185.20	241.86	281.31
2033	447.49	507.53	552.03	189.35	249.39	293.89
2034	453.69	517.50	567.67	195.55	259.36	309.53
2035	460.93	529.01	584.90	202.79	270.87	326.76
2036	468.49	541.14	602.51	210.35	283.00	344.37
2037	475.81	553.18	620.02	217.67	295.04	361.88
2038	482.27	564.33	636.86	224.13	306.19	378.72
2039	487.30	573.28	651.81	229.16	315.14	393.67
2040	490.89	579.44	663.26	232.75	321.30	405.12
2041	492.59	582.59	670.39	234.45	324.45	412.25
2042	491.41	581.94	672.60	233.27	323.80	414.46
2043	487.25	577.79	669.36	229.11	319.65	411.22
2044	479.82	570.66	661.47	221.68	312.52	403.33
2045	469.15	560.22	649.82	211.01	302.08	391.68
2046	455.65	547.31	635.02	197.51	289.17	376.88
2047	439.98	532.82	618.90	181.84	274.68	360.76
2048	423.10	517.01	602.60	164.96	258.87	344.46
2049	405.75	500.94	586.65	147.61	242.80	328.51
2050	389.49	485.70	572.16	131.35	227.56	314.02

在 2015—2050 年间,按照理想的师幼比标准,我国的师资力量远远不够满足"两孩政策"带来的学位需求。当入园率保持 85％(方案一)时,从全体教职工来看(表 15-12),低、中、高方案的平均师资需求量分别为 668.5 万人、736.03 万人和 791.1 万人,而专任教师低、中、高方案的平均师资需求量分别为 501.38 万人、552.03 万人和 593.32 万人,对应的平均供给差异分别为 243.24 万人、293.89 万人和 335.18 万人(表 15-13)。若以 2018 年的师资为标准来衡量,未来 35 年内,学前教育的师资都处于短缺阶段,对专任教师来说,缺口最严重的阶段为 2015—2022 年,需增加师资大约 400 万人以上,而 2025 年之后,低方案的师资缺口大致为 100 多万,中方案缺口在 200 万以上,高方案 2025—2035 年之间缺口为 200 万以上,而 2035 年之后,再次回升至

300 多万。若按照入园率在 2050 年达到 95％（方案二）进行预测，学前教育无论是教职工还是专任教师，供给量都远低于需求量，专任教师的低、中、高方案的平均需求量分别为 522.58 万人、576.89 万人和 621.44 万人，平均缺口值为 264.44 万人、318.75 万人和 363.3 万人（表 15-15），相比于方案一的预测结果，方案二的师资供给差距平均增加 20 多万人。

（2）按照最低标准将师幼比设定为 1∶15。虽然我国的政策要求师幼比应在 1∶7～1∶9 之间，但由于现实情况的诸多局限性，这个理想的标准很难实现。而 *Starting well：benchmarking early education across the world* 和我国教育部颁布的《幼儿园教职工配备标准（暂行）》中都将 1∶15 作为师幼比的底线，按照这个比例得到的师资预测结果代表了我国至少需要的师资规模，这是一个保守的估计。需要强调的是，这里的 1∶15 仅代表专任教师而非全部教职工，所以，此处只需要预测按照 1∶15 的师幼比预测需要的专职教师规模和供给差距。同样，按照不同的方案交叉分配，可以得到两套分低、中、高方案的学前师资需求规模。表 15-16 是在 85％的入园率（方案一）预测的学前学位需求量基础上，按照 1∶15 的专任教师师幼比标准，得到的保守情况下专任教师的师资需求量和供给差距。表 15-17 则是在 2050 年达到 95％的标准（方案二）上进行的师资规模预测。

表 15-16　按照方案一预测的最低专任教师师资需求量和供给差距　万人

年份	专任教师需求量			专任教师供需差距		
	低方案	中方案	高方案	低方案	中方案	高方案
2015	365.14	365.14	365.14	107.00	107.00	107.00
2016	375.24	375.24	375.24	117.10	117.10	117.10
2017	390.66	390.66	390.66	132.52	132.52	132.52
2018	383.35	383.35	383.35	125.21	125.21	125.21
2019	379.77	379.77	379.77	121.63	121.63	121.63
2020	384.11	384.11	384.11	125.97	125.97	125.97
2021	363.39	363.39	363.39	105.25	105.25	105.25
2022	352.66	355.39	355.73	94.52	97.25	97.59
2023	322.10	330.28	331.57	63.96	72.14	73.43
2024	292.08	305.89	308.71	33.94	47.75	50.57

续表

年份	专任教师需求量			专任教师供需差距		
	低方案	中方案	高方案	低方案	中方案	高方案
2025	270.39	290.08	295.04	12.25	31.94	36.90
2026	256.46	279.52	286.97	−1.68	21.38	28.83
2027	246.67	270.58	280.46	−11.47	12.44	22.32
2028	238.54	263.28	275.45	−19.60	5.14	17.31
2029	232.39	257.95	272.23	−25.75	−0.19	14.09
2030	228.35	254.80	270.89	−29.79	−3.34	12.75
2031	226.37	253.91	271.85	−31.77	−4.23	13.71
2032	226.20	255.11	275.24	−31.94	−3.03	17.10
2033	227.47	257.99	280.62	−30.67	−0.15	22.48
2034	229.78	262.09	287.50	−28.36	3.95	29.36
2035	232.58	266.93	295.14	−25.56	8.79	37.00
2036	235.53	272.05	302.90	−22.61	13.91	44.76
2037	238.32	277.08	310.55	−19.82	18.94	52.41
2038	240.67	281.62	317.81	−17.47	23.48	59.67
2039	242.28	285.03	324.07	−15.86	26.89	65.93
2040	243.17	287.03	328.55	−14.97	28.89	70.41
2041	243.11	287.53	330.86	−15.03	29.39	72.72
2042	241.63	286.15	330.73	−16.51	28.01	72.59
2043	238.70	283.06	327.92	−19.44	24.92	69.78
2044	234.20	278.54	322.86	−23.94	20.40	64.72
2045	228.15	272.43	316.00	−29.99	14.29	57.86
2046	220.76	265.18	307.67	−37.38	7.04	49.53
2047	212.39	257.20	298.75	−45.75	−0.94	40.61
2048	203.48	248.65	289.81	−54.66	−9.49	31.67
2049	194.42	240.03	281.10	−63.72	−18.11	22.96
2050	185.94	231.87	273.15	−72.20	−26.27	15.01

表 15-17　按照方案二预测的最低专任教师师资需求量和供给差距　万人

年份	专任教师需求量			专任教师供需差距		
	低方案	中方案	高方案	低方案	中方案	高方案
2015	365.14	365.14	365.14	107.00	107.00	107.00
2016	375.24	375.24	375.24	117.10	117.10	117.10

续表

年份	专任教师需求量			专任教师供需差距		
	低方案	中方案	高方案	低方案	中方案	高方案
2017	390.66	390.66	390.66	132.52	132.52	132.52
2018	383.35	383.35	383.35	125.21	125.21	125.21
2019	379.77	379.77	379.77	121.63	121.63	121.63
2020	384.11	384.11	384.11	125.97	125.97	125.97
2021	364.73	364.73	364.73	106.59	106.59	106.59
2022	355.27	358.03	358.37	97.13	99.89	100.23
2023	325.69	333.96	335.26	67.55	75.82	77.12
2024	296.43	310.44	313.30	38.29	52.30	55.16
2025	275.43	295.48	300.54	17.29	37.34	42.40
2026	262.21	285.78	293.40	4.07	27.64	35.26
2027	253.13	277.67	287.80	−5.01	19.53	29.66
2028	245.69	271.17	283.71	−12.45	13.03	25.57
2029	240.24	266.67	281.44	−17.90	8.53	23.30
2030	236.94	264.39	281.08	−21.20	6.25	22.94
2031	235.76	264.44	283.12	−22.38	6.30	24.98
2032	236.45	266.67	287.71	−21.69	8.53	29.57
2033	238.66	270.68	294.42	−19.48	12.54	36.28
2034	241.97	276.00	302.76	−16.17	17.86	44.62
2035	245.83	282.14	311.95	−12.31	24.00	53.81
2036	249.86	288.61	321.34	−8.28	30.47	63.20
2037	253.77	295.03	330.68	−4.37	36.89	72.54
2038	257.21	300.98	339.66	−0.93	42.84	81.52
2039	259.89	305.75	347.63	1.75	47.61	89.49
2040	261.81	309.03	353.74	3.67	50.89	95.60
2041	262.72	310.71	357.54	4.58	52.57	99.40
2042	262.08	310.37	358.72	3.94	52.23	100.58
2043	259.87	308.16	356.99	1.73	50.02	98.85
2044	255.90	304.35	352.79	−2.24	46.21	94.65
2045	250.21	298.79	346.57	−7.93	40.65	88.43
2046	243.01	291.90	338.68	−15.13	33.76	80.54
2047	234.66	284.17	330.08	−23.48	26.03	71.94
2048	225.65	275.74	321.39	−32.49	17.60	63.25
2049	216.40	267.17	312.88	−41.74	9.03	54.74
2050	207.73	259.04	305.15	−50.41	0.90	47.01

当按照最低的师幼比标准 1∶15 进行学前师资规模预测,虽然相比于 1∶8 的标准改善很多,但我国的学前师资依旧不能满足"两孩政策"影响下的学位需求。若按照 85%(方案一)的入园率来预测,低方案中,若无"两孩政策",师资不足现象从 2015 年一直持续到 2025 年,之后则迅速转化为师资力量过剩。中方案看,师资的供需差距处于波动之中,2015—2028 年师资不足,2029—2033 年师资过剩,2034—2046 年间师资再次不足,之后再次回升,教师缺口最大时大约为 132.52 万人,过剩最严重大致出现在 2050 年,多出 26.27 万名教师。对于高方案,一直处于学前教师资源供给不足的状态,缺口最大为 132.52 万人,最小为 15.01 万人(表 15-16)。

按照 95%(方案二)的入园率来预测(表 15-17),低方案中,若无"两孩政策",师资供给差距呈曲线变化,不足现象从 2015 年起一直持续到 2026 年,2027—2038 年为师资力量过剩阶段,2039—2043 年再次不足,只是缺口不大。中方案和高方案的结果显示,实施"两孩政策"之后,一直表现出师资不足,这种变化也是呈波动变化,缺口时大时小,但始终处于学前师资供不应求的状态。

长期以来,我国幼儿园专任教师师资力量短缺,而"全面两孩"政策实施之后,更是对现有的学前师资队伍提出了挑战,师资力量的不足直接制约了学前教育事业的健康发展。虽然近年来我国幼儿园专任教师数量在不断增加,但还是远远不能满足我国数量庞大的学龄前儿童群体的需求。事实上,师幼比的影响因素有很多,师幼比的大小并不能说明国家的经济水平高低或是教育投入的多寡,也取决于文化观念,例如日本就倡导大班额的教育观。我们应该正确看待学前教育,根据客观需求和变化趋势,合理制订教育发展规划,尽可能避免教师资源的短缺或盲目扩充。

(四)学前教育财政投入预测

《国家中长期教育改革和发展规划纲要(2010—2020 年)》中提出,"教育投入是支撑国家长远发展的基础性、战略性投资,是教育事业的物质基础,是公共财政的重要职能。"①国家在教育方面的财政投入从一定程度上反映了国家对教育的重视程度,也是教育最基本的物质保障。教育投入是否充足、有效和公平,关系到教育事业能否持续、稳定、健康发展。国家财政性教育经费指学校(单位)取得的所有属于财政性质的经费,而公共财政教育经费是国家教育财政投入的主要来源,世界经合组织等国际组织在衡量一个国家财政投入水平时也选择"公共财政教育经费"这一指标。在国际上,通常用国家财政性教育经费占 GDP 的比例这一指标来衡量国家对教育的支持力度。根据《中国教育经费统计年鉴 2017》,2012 年至 2016 年,我国财政性教育经费占 GDP 的比例分别为 4.28%、4.11%、4.10%、4.24% 和 4.22%②。根据经合组织的数据显示,我国目前的财政投入水平处于中等偏上,澳大利亚、加拿大、法国、英国近年来财政投入占比在 5% 以上,芬兰、冰岛、挪威、瑞典在 7% 以上。

联合国教科文组织推荐用生均教育经费指数对不同经济发展水平下的地域进行横向比较,主要用生均教育经费支出与人均 GDP 的占比来表示。根据《中国教育经费统计年鉴 2017》,2016 年我国学前教育生均教育经费支出为 8 588.80 元③,当年的人均 GDP 为 53 680 元④,可以得出 2016 年学前教育生均教育经费指数为 16%。在对未来历年的财政投入进行估计时,需要先预测 2015—2050 年的人均 GDP,根据 2000—2016 年已有的人均 GDP,计算出我国的 GDP 每年大约以 9% 的增速增长,假设未来每年的增速为 5%,分别得出 2015—2050 年的人均 GDP,同时也假设未来每年的学前教育生均教育经费指数保持 2016 年的水平不变,即 16%,两者相乘得出未来我国学前教育生均教育经费支出,再分别与前期预测两种方案的学前教育学位需求量相乘,最终得到两种 2015—2050 年间分低、中、高方案的学前教育财政支出的预测结果(表 15-18 和表 15-19)。

① 国家中长期教育改革和发展规划纲要(2010—2020 年)[EB/OL]. http://www.gov.cn/jrzg/2010-07/29/content_1667143.htm.

② 《中国教育经费统计年鉴 2017》。

③ 《中国教育经费统计年鉴 2017》。

④ 国家统计局: http://data.stats.gov.cn/easyquery.htm? cn=C01.

表 15-18　2015—2050 年中国学前教育财政投入预测结果（方案一）

年份	人均GDP/元	生均教育经费指数	生均教育经费支出/元	低方案/亿元	中方案/亿元	高方案/亿元
2015	50 028.00	0.16	8 004.48	4 384.10	4 384.09	4 384.10
2016	53 680.00	0.16	8 588.80	4 834.28	4 834.28	4 834.28
2017	59 201.00	0.16	9 472.16	5 550.53	5 550.53	5 550.53
2018	64 644.00	0.16	10 343.04	5 947.46	5 947.46	5 947.46
2019	67 876.20	0.16	10 860.19	6 186.53	6 186.53	6 186.53
2020	71 270.01	0.16	11 403.20	6 570.16	6 570.16	6 570.16
2021	74 833.51	0.16	11 973.36	6 526.44	6 526.44	6 526.44
2022	78 575.19	0.16	12 572.03	6 650.43	6 702.04	6 708.41
2023	82 503.95	0.16	13 200.63	6 377.96	6 539.87	6 565.32
2024	86 629.14	0.16	13 860.66	6 072.68	6 359.75	6 418.37
2025	90 960.60	0.16	14 553.70	5 902.80	6 332.56	6 440.91
2026	95 508.63	0.16	15 281.38	5 878.68	6 407.16	6 577.95
2027	100 284.06	0.16	16 045.45	5 937.01	6 512.35	6 750.13
2028	105 298.26	0.16	16 847.72	6 028.24	6 653.49	6 961.13
2029	11 0563.18	0.16	17 690.11	6 166.47	6 844.67	7 223.79
2030	116 091.34	0.16	18 574.61	6 362.16	7 099.34	7 547.49
2031	121 895.90	0.16	19 503.34	6 622.44	7 428.25	7 953.00
2032	127 990.70	0.16	20 478.51	6 948.29	7 836.29	8 454.66
2033	134 390.23	0.16	21 502.44	7 336.89	8 321.17	9 050.86
2034	141 109.74	0.16	22 577.56	7 781.67	8 876.13	9 736.63
2035	148 165.23	0.16	23 706.44	8 270.45	9 492.07	10 494.92
2036	155 573.49	0.16	24 891.76	8 794.00	10 157.72	11 309.65
2037	163 352.17	0.16	26 136.35	9 343.35	10 862.60	12 175.12
2038	171 519.78	0.16	27 443.16	9 907.01	11 592.80	13 082.76
2039	180 095.77	0.16	28 815.32	10 472.12	12 319.85	14 007.48
2040	189 100.55	0.16	30 256.09	11 035.98	13 026.55	14 910.98
2041	198 555.58	0.16	31 768.89	11 585.03	13 701.53	15 766.62
2042	208 483.36	0.16	33 357.34	12 090.33	14 317.58	16 548.31
2043	218 907.53	0.16	35 025.20	12 540.96	14 871.48	17 228.25
2044	229 852.91	0.16	36 776.46	12 919.37	15 365.36	17 810.57
2045	241 345.55	0.16	38 615.29	13 214.94	15 780.18	18 303.89
2046	253 412.83	0.16	40 546.05	13 426.55	16 127.73	18 712.07
2047	266 083.47	0.16	42 573.36	13 563.01	16 424.88	19 078.35

续表

年份	人均 GDP/元	生均教 育经费 指数	生均教育 经费支出 /元	低方案 /亿元	中方案 /亿元	高方案 /亿元
2048	279 387.64	0.16	44 702.02	13 644.24	16 672.86	19 432.85
2049	293 357.03	0.16	46 937.12	13 688.31	16 899.72	19 791.08
2050	308 024.88	0.16	49 283.98	13 745.96	17 141.38	20 192.87

表 15-19　2015—2050 年中国学前教育财政投入预测结果（方案二）

年份	人均 GDP/元	生均教 育经费 指数	生均教育 经费支出 /元	低方案 /亿元	中方案 /亿元	高方案 /亿元
2015	50 028.00	0.16	8 004.48	4 384.10	4 384.09	4 384.10
2016	53 680.00	0.16	8 588.80	4 834.28	4 834.28	4 834.28
2017	59 201.00	0.16	9 472.16	5 550.53	5 550.53	5 550.53
2018	64 644.00	0.16	10 343.04	5 947.46	5 947.46	5 947.46
2019	67 876.20	0.16	10 860.19	6 186.53	6 186.53	6 186.53
2020	71 270.01	0.16	11 403.20	6 570.16	6 570.16	6 570.16
2021	74 833.51	0.16	11 973.36	6 550.59	6 550.59	6 550.59
2022	78 575.19	0.16	12 572.03	6 699.74	6 751.73	6 758.14
2023	82 503.95	0.16	13 200.63	6 449.02	6 612.73	6 638.47
2024	86 629.14	0.16	13 860.66	6 163.06	6 454.40	6 513.89
2025	90 960.60	0.16	14 553.70	6 012.81	6 450.58	6 560.95
2026	95 508.63	0.16	15 281.38	6 010.40	6 550.72	6 725.34
2027	100 284.06	0.16	16 045.45	6 092.49	6 682.90	6 926.91
2028	105 298.26	0.16	16 847.72	6 209.00	6 853.00	7 169.86
2029	110 563.18	0.16	17 690.11	6 374.88	7 076.00	7 467.93
2030	116 091.34	0.16	18 574.61	6 601.52	7 366.43	7 831.44
2031	121 895.90	0.16	19 503.34	6 897.02	7 736.24	8 282.74
2032	127 990.70	0.16	20 478.51	7 263.15	8 191.39	8 837.78
2033	134 390.23	0.16	21 502.44	7 697.74	8 730.42	9 496.01
2034	141 109.74	0.16	22 577.56	8 194.60	9 347.14	10 253.30
2035	148 165.23	0.16	23 706.44	8 741.54	10 032.74	11 092.72
2036	155 573.49	0.16	24 891.76	9 329.31	10 776.03	11 998.08
2037	163 352.17	0.16	26 136.35	9 948.77	11 566.46	12 964.02
2038	171 519.78	0.16	27 443.16	10 587.98	12 389.65	13 982.03

续表

年份	人均 GDP/元	生均教育经费指数	生均教育经费支出/元	低方案/亿元	中方案/亿元	高方案/亿元
2039	180 095.77	0.16	28 815.32	11 233.35	13 215.39	15 025.69
2040	189 100.55	0.16	30 256.09	11 882.00	14 025.16	16 054.05
2041	198 555.58	0.16	31 768.89	12 519.28	14 806.47	17 038.09
2042	208 483.36	0.16	33 357.34	13 113.67	15 529.44	17 948.98
2043	218 907.53	0.16	35 025.20	13 652.78	16 189.91	18 755.62
2044	229 852.91	0.16	36 776.46	14 116.78	16 789.46	19 461.30
2045	241 345.55	0.16	38 615.29	14 493.17	17 306.53	20 074.35
2 046	253 412.83	0.16	40 546.05	14 779.73	17 753.15	20 597.94
2047	266 083.47	0.16	42 573.36	14 985.19	18 147.14	21 078.85
2048	279 387.64	0.16	44 702.02	15 130.71	18 489.28	21 549.95
2049	293 357.03	0.16	46 937.12	15 235.74	18 810.19	22 028.42
2050	308 024.88	0.16	49 283.98	15 356.52	19 149.77	22 558.79

　　不论是按照方案一中85%的入园率还是按照方案二中95%的入园率,我国未来在学前教育上的财政投入都在不断增大。根据《中国教育统计年鉴2017》,我国2016年幼儿园国家财政性教育经费1 326.07亿元,而预测显示,2016年需要教育投入4 834.28亿元,缺口3 500多亿元。随着时间的推移,缺口会不断增大,到2034年,相比于不实施"两孩政策",实施之后导致学前教育的财政投入突破10 000亿元,到2045年,高方案显示将突破20 000亿元。如果从对学前教育投入占GDP的比重这一指标来衡量的话,也能反映出我国对学前教育的投入还远远不够。以2016年为例,当年GDP为740 061亿元,学前教育财政性经费占GDP的比重为0.18%。根据联合国教科文组织可持续发展数据库的官方数据,这个比重在国际上排名非常靠后,远低于一些发达国家,特别是北欧国家,如澳大利亚学前教育方面的政府支出占GDP的百分比为0.23%,美国为0.32%,韩国为0.42%,德国0.46%,法国为0.69%,挪威0.74%,芬兰为0.76%,冰岛为0.85%,瑞典为1.29%[1]。若从学前教育

---

　　① 联合国教科文组织. Sustainable Development Goals〔EB/OL〕. http://data. uis. unesco. org/.

支出占政府教育支出的百分比这一角度来衡量,我国在学前教育上的投入也是明显不足。2016 年,国家财政性教育经费共 31 396.25 亿元,学前教育的国家财政性教育经费占教育总经费的比重为 4.22%,而同年,不少国家的占比超过 5%,甚至超过 10%,如英国占 10.77%、冰岛 11.35%、意大利 11.65%、法国 12.79%、瑞典 16.81%[①]。从目前我国对学前教育的财政支出现状来看,与国际水平相比还有很大差距,因而未来应该侧重在学前教育方面的经费投入,为学前教育的可持续发展提供保障。

四、小学教育需求预测分析

我国实行九年义务教育制度,要求适龄儿童既享有接受义务教育的权利,也有履行接受义务教育的义务。义务教育包含小学和初中两部分,共 9 年,是教育体系中最为重要的一部分。在进行义务教育学龄人口的相关预测时,研究将义务教育学龄人口分为小学学龄人口和初中学龄人口两部分。

(一)小学教育的学位需求预测

根据"两孩政策"影响下 2015—2050 年的人口规模预测结果,将 6～11 岁人口作为小学学龄人口,得到分低、中、高方案的小学学龄人口预测结果。《中华人民共和国义务教育法》中规定,"义务教育是国家统一实施的所有适龄儿童、少年必须接受的教育,是国家必须予以保障的公益性事业。"[②]因而我们按照国家的法律要求,将小学入学率设定为 100%。事实上,按照联合国教

---

① 联合国教科文组织. Sustainable Development Goals [EB/OL]. http://data. uis. unesco. org/.

② 中华人民共和国义务教育法[EB/OL]. http://edu. people. com. cn/GB/4547065. html.

科文组织的官方数据,小学入学率 2012 年为 105.23%,2013 年为 103.88%,2014 年为 99.20%,2015 年为 99.33%,2016 年为 100.85%,2017 年为 102.05%,已经超过 100%,而我国《2018 年教育统计数据》中显示近些年的小学入学率在 99.9% 以上,为了计算方便,此处的入学率只取 100%,则 2015—2050 年小学适龄人口规模及学位需求量预测如表 15-20 所示。

表 15-20　2015—2050 年小学适龄人口规模及学位需求量预测　　万人

年份	学位需求量			供 需 差 距		
	低方案	中方案	高方案	低方案	中方案	高方案
2015	10 065	10 065	10 065	−274	−274	−274
2016	10 241	10 241	10 241	−99	−99	−99
2017	10 464	10 464	10 464	125	125	125
2018	10 772	10 772	10 772	432	432	432
2019	10 792	10 792	10 792	452	452	452
2020	10 897	10 897	10 897	558	558	558
2021	10 610	10 610	10 610	270	270	270
2022	10 589	10 589	10 589	250	250	250
2023	10 481	10 481	10 481	141	141	141
2024	10 009	10 009	10 009	−330	−330	−330
2025	9 564	9 612	9 618	−776	−727	−721
2026	8 915	9 059	9 082	−1 424	−1 280	−1 257
2027	8 570	8 813	8 863	−1 769	−1 526	−1 476
2028	7 933	8 280	8 367	−2 407	−2 060	−1 972
2029	7 315	7 769	7 907	−3 024	−2 570	−2 433
2030	6 859	7 425	7 621	−3 480	−2 915	−2 718
2031	6 559	7 190	7 449	−3 780	−3 149	−2 890
2032	6 352	7 005	7 322	−3 987	−3 334	−3 017
2033	6 192	6 870	7 241	−4 147	−3 470	−3 098
2034	6 084	6 788	7 213	−4 255	−3 551	−3 126
2035	6 026	6 761	7 243	−4 313	−3 578	−3 097
2036	6 014	6 784	7 326	−4 325	−3 555	−3 014
2037	6 038	6 849	7 454	−4 301	−3 490	−2 885
2038	6 088	6 947	7 618	−4 252	−3 392	−2 722
2039	6 153	7 065	7 808	−4 186	−3 274	−2 532
2040	6 225	7 193	8 009	−4 114	−3 146	−2 331

续表

年份	学位需求量			供 需 差 距		
	低方案	中方案	高方案	低方案	中方案	高方案
2041	6 294	7 317	8 205	−4 046	−3 022	−2 134
2042	6 349	7 424	8 384	−3 990	−2 915	−1 955
2043	6 390	7 506	8 532	−3 949	−2 834	−1 807
2044	6 412	7 557	8 639	−3 928	−2 783	−1 700
2045	6 402	7 566	8 696	−3 937	−2 773	−1 643
2046	6 356	7 530	8 691	−3 983	−2 809	−1 648
2047	6 276	7 452	8 622	−4 063	−2 888	−1 718
2048	6 163	7 335	8 497	−4 177	−3 004	−1 842
2049	6 007	7 182	8 329	−4 332	−3 158	−2 011
2050	5 815	6 996	8 126	−4 524	−3 343	−2 214

根据预测结果可知,我国小学适龄人口的高峰期出现在 2020 年,大约为 1.09 亿人,之后规模逐年缩减,直至 2036 年左右,降低到最低点,相比峰值,规模大致减少了 3 000 万~4 000 万人,之后,稍有回升,只是幅度不大。根据《2018 年教育统计数据》,2018 年我国小学在校生数为 10 339 万人[①],以此为标准,得出 2015—2050 年之间小学学位的供需差距。缺口最大在 2020 年,小学学位还需增加 558 万个来适应当年的学龄人口规模,之后,学位的供给一直超出需求量,最高甚至超出 4 325 万个(图 15-2)。

(二)小学教育的师资需求预测

根据联合国教科文组织的师幼比数据,近年来世界小学师幼比的平均水平稳定在 1∶23 左右,欧洲国家的平均水平维持在 1∶14,中国、韩国、日本的小学师幼比较为接近,基本在 1∶16 的水平。世界上还有一些师幼比水平较高的国家,希腊、挪威、冰岛等基本在 1∶9 左右(表 15-21)。

---

① 2018 年教育统计数据[EB/OL]. http://www. moe. gov. cn/s78/A03/moe_560/jytjsj_2018.

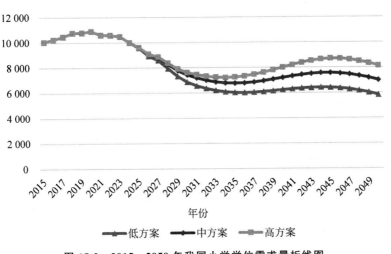

图 15-2　2015—2050 年我国小学学位需求量折线图

表 15-21　近年来世界个别国家的小学师生比 [①]

国家或地区	2010 年	2011 年	2012 年	2013 年	2014 年	2015 年	2016 年	2017 年
世界	24.31	24.07	24.19	23.54	23.29	23.10	23.47	23.64
欧洲	13.75	13.79	14.03	14.31	14.27	14.13	14.01	14.04
东亚	17.06	16.95	16.94	16.89	16.30	16.34	16.55	16.60
中国	16.84	16.79	16.85	16.85	16.23	16.29	16.55	16.59
韩国	20.92	19.05	17.88	16.85	16.50	16.55	16.31	
日本				16.73	16.45	16.18	15.87	
英国	17.53	17.27	18.31	18.44	17.39		15.05	
美国	13.59	14.29	14.42	14.45	14.54	14.46		
希腊			9.20	9.49	9.45	9.64	9.27	
冰岛		9.70	9.93	9.86	9.99	10.14		
挪威				8.96	8.85	8.87	9.01	

　　中央编办教育部、财政部发布《中央编办 教育部 财政部关于统一城乡中小学教职工编制标准的通知》，将我国"县镇、农村中小学教职工编制标准统

---

　　① 联合国教科文组织（UNESCO）Sustainable Development Goals ［EB/OL］. http://data. uis. unesco. org/.

一到城市标准"，小学教职工与学生比为 1：19。[①] 按照我国的目前的师幼比水平，已经达到了国家制定的标准。《中国教育统计年鉴 2018》显示，我国 2018 年小学教职工共计 5 309 694 人[②]。表 15-22 则是按照国家规定的师幼比和以 2018 年的小学教职工数据为标准预测的 2015—2050 年内我国的小学教职工需求量和供需差距。

表 15-22   2015—2050 年中国小学教职工需求量和供需差距预测   万人

年份	教职工需求量			教职工供需差距		
	低方案	中方案	高方案	低方案	中方案	高方案
2015	529.74	529.74	529.74	−1.23	−1.23	−1.23
2016	538.98	538.98	538.98	8.01	8.01	8.01
2017	550.73	550.73	550.73	19.76	19.76	19.76
2018	566.93	566.93	566.93	35.96	35.96	35.96
2019	567.98	567.98	567.98	37.01	37.01	37.01
2020	573.52	573.52	573.52	42.55	42.55	42.55
2021	558.40	558.40	558.40	27.43	27.43	27.43
2022	557.32	557.32	557.32	26.35	26.35	26.35
2023	551.61	551.61	551.61	20.64	20.64	20.64
2024	526.80	526.80	526.80	−4.17	−4.17	−4.17
2025	503.35	505.88	506.20	−27.62	−25.08	−24.77
2026	469.22	476.80	478.00	−61.75	−54.16	−52.97
2027	451.04	463.85	466.47	−79.93	−67.12	−64.50
2028	417.50	435.77	440.38	−113.47	−95.20	−90.59
2029	384.99	408.92	416.14	−145.98	−122.05	−114.83
2030	361.01	390.77	401.12	−169.96	−140.20	−129.85
2031	345.22	378.45	392.04	−185.74	−152.52	−138.93
2032	334.32	368.71	385.38	−196.65	−162.26	−145.59
2033	325.90	361.56	381.10	−205.07	−169.41	−149.87
2034	320.20	357.25	379.65	−210.77	−173.72	−151.32
2035	317.18	355.83	381.19	−213.79	−175.14	−149.77
2036	316.54	357.07	385.56	−214.43	−173.90	−145.41

[①] 中央编办 教育部 财政部关于统一城乡中小学教职工编制标准的通知［EB/OL］. http://www.moe.gov.cn/s78/A10/A10_gggs/s8471/201412/t20141209_181014.html.

[②] 数据来源：《中国教育统计年鉴 2018》。

年份	教职工需求量			教职工供需差距		
	低方案	中方案	高方案	低方案	中方案	高方案
2037	317.80	360.50	392.31	−213.17	−170.47	−138.66
2038	320.40	365.62	400.93	−210.56	−165.35	−130.04
2039	323.87	371.87	410.93	−207.10	−159.10	−120.04
2040	327.65	378.59	421.50	−203.32	−152.38	−109.47
2041	331.25	385.13	431.85	−199.72	−145.84	−99.12
2042	334.17	390.74	441.29	−196.80	−140.23	−89.68
2043	336.32	395.03	449.05	−194.65	−135.94	−81.92
2044	337.45	397.72	454.68	−193.52	−133.25	−76.28
2045	336.94	398.23	457.70	−194.03	−132.74	−73.27
2046	334.54	396.32	457.43	−196.42	−134.65	−73.53
2047	330.34	392.20	453.77	−200.63	−138.77	−77.20
2048	324.35	386.06	447.22	−206.62	−144.91	−83.75
2049	316.16	377.98	438.35	−214.80	−152.99	−92.62
2050	306.05	368.21	427.67	−224.92	−162.76	−103.30

表 15-22 中的预测结果显示,我国中小学现有的教师规模已经基本可以应对政策带来的压力,相比于幼儿园的师资力量,小学师资相对盈余,只是在 2016—2023 年间出现短缺现象,最严重的是在 2019 年,缺口为 37.01 万人,之后则由于学龄人口规模的不断缩减导致小学教职工出现过剩现象。

(三)小学教育的财政投入预测

与之前对学前教育的财政投入预测方法相同,在对 2015—2050 年小学的教育财政投入进行预测时,也采用生均教育经费指数进行估计。此处,人均 GDP 的估计值与之前的相同,根据《中国教育经费统计年鉴 2017》,我国 2016 年地方普通小学生均教育经费支出为 11 397.25 元[①],当年的人均 GDP 为 53 680 元,得出 2016 年的生均教育经费指数为 21%,根据联合国教科文组织

---

① 数据来源:《中国教育经费统计年鉴 2017》。

中《教育一览》(Education at a Glance)数据显示,我国小学生均教育经费指数在国际上比较靠前,与美国、加拿大、澳大利亚相同,与芬兰、冰岛、日本、新西兰(22%)相近,但相比一些国家还有一定差距,如英国(27%)、挪威(25%)、韩国(30%)。以2016年的生均教育经费指数为标准,预测2015—2050年内小学生均教育经费支出,最终得到2015—2050年分低、中、高方案的小学财政投入预测结果(表15-23)。

表15-23　2015—2050年我国小学教育财政投入预测结果

年份	人均GDP/元	生均教育经费指数	生均教育经费支出/元	低方案/亿元	中方案/亿元	高方案/亿元
2015	50 028.00	0.21	10 505.88	10 574.30	10 574.30	10 574.30
2016	53 680.00	0.21	11 397.25	11 671.57	11 671.57	11 671.57
2017	59 201.00	0.21	12 432.21	13 008.86	13 008.86	13 008.86
2018	64 644.00	0.21	13 575.24	14 622.75	14 622.75	14 622.75
2019	67 876.20	0.21	14 254.00	15 382.26	15 382.26	15 382.26
2020	71 270.01	0.21	14 966.70	16 309.09	16 309.09	16 309.09
2021	74 833.51	0.21	15 715.04	16 672.92	16 672.92	16 672.92
2022	78 575.19	0.21	16 500.79	17 472.85	17 472.85	17 472.85
2023	82 503.95	0.21	17 325.83	18 158.61	18 158.61	18 158.61
2024	86 629.14	0.21	18 192.12	18 208.87	18 208.87	18 208.87
2025	90 960.60	0.21	19 101.73	18 268.09	18 360.22	18 371.57
2026	95 508.63	0.21	20 056.81	17 880.97	18 170.04	18 215.47
2027	100 284.06	0.21	21 059.65	18 047.66	18 560.24	18 664.89
2028	105 298.26	0.21	22 112.64	17 541.02	18 308.44	18 501.92
2029	110 563.18	0.21	23 218.27	16 983.61	18 039.24	18 358.01
2030	116 091.34	0.21	24 379.18	16 721.93	18 100.41	18 580.20
2031	121 895.90	0.21	25 598.14	16 790.51	18 406.29	19 067.57
2032	127 990.70	0.21	26 878.05	17 073.00	18 829.33	19 680.54
2033	134 390.23	0.21	28 221.95	17 475.07	19 387.64	20 435.05
2034	141 109.74	0.21	29 633.05	18 028.09	20 114.27	21 375.18
2035	148 165.23	0.21	31 114.70	18 750.91	21 036.11	22 535.44
2036	155 573.49	0.21	32 670.43	19 648.55	22 164.40	23 933.12
2037	163 352.17	0.21	34 303.96	20 713.13	23 496.24	25 569.92
2038	171 519.78	0.21	36 019.15	21 927.34	25 021.85	27 438.24

年份	人均 GDP/元	生均教育经费指数	生均教育经费支出/元	低方案/亿元	中方案/亿元	高方案/亿元
2039	180 095.77	0.21	37 820.11	23 272.56	26 721.62	29 528.82
2040	189 100.55	0.21	39 711.12	24 721.80	28 564.74	31 802.88
2041	198 555.58	0.21	41 696.67	26 242.65	30 511.18	34 212.87
2042	208 483.36	0.21	43 781.51	27 797.79	32 503.66	36 708.55
2043	218 907.53	0.21	45 970.58	29 375.51	34 503.76	39 222.18
2044	229 852.91	0.21	48 269.11	30 947.90	36 475.53	41 699.74
2045	241 345.55	0.21	50 682.57	32 445.99	38 348.65	44 075.38
2046	253 412.83	0.21	53 216.69	33 826.40	40 072.86	46 252.00
2047	266 083.47	0.21	55 877.53	35 070.96	41 638.51	48 175.14
2048	279 387.64	0.21	58 671.41	36 157.56	43 036.03	49 854.63
2049	293 357.03	0.21	61 604.98	37 006.88	44 242.17	51 308.85
2050	308 024.88	0.21	64 685.22	37 614.42	45 253.17	52 560.87

预测结果显示,相比于学前教育的财政投入,小学教育大大增加,且随着时间的变化增加幅度也不断变大。在 2015 年,小学教育的财政投入已经超过 10 000 亿元,到 2034 年左右,中、高方案显示财政投入突破 20 000 亿元,2041 年左右,中、高方案突破 30 000 亿元,2046 年左右则突破 40 000 亿元,到 2050 年,中方案达到 45 253.17 亿元,高方案达到 52 560.87 亿元。根据《中国教育统计年鉴 2017》,我国 2016 年小学教育的国家财政性教育经费为 10 317.42 亿元,这个水平接近 2015 年的预测值,之后则一直处于缺口状态,当然,这与人均 GDP 的逐年增长密切相关。2016 年,我国的国家财政性教育经费共计 31 396.25 亿元,GDP 为 740 061 亿元,小学国家财政性经费占当年 GDP 的 1.39%,占当年教育总经费的 32.86%,根据联合国教科文组织数据库,这个水平已经超过了不少国家,例如,法国小学国家财政性经费占 GDP 比重为 1.13%、日本为 1.12%。

五、初中教育需求预测分析

（一）初中教育的学位需求预测

初中教育是九年义务教育的最后阶段,本文将初中教育的适龄年龄界定为 12～14 周岁,则 12～14 岁总人口数为初中学龄人口总规模。我国近年来的教育统计数据显示,我国的初中的入学率在 98％以上(表 15-24),按照《中华人民共和国义务教育法》的规定,初中学龄人口有权利也有义务去接受初中三年教育。因而在估计 2015—2050 年初中学位需求量时,依然和对小学入学率的处理方法相同,按照 100％的入学率标准进行预测(表 15-25)。

表 15-24　近年来我国初中入学率

年份	2010	2011	2012	2013	2014	2015	2016	2017	2018
入学率	98.7	98.3	98.3	98.3	98	98.2	98.7	98.8	99.1

表 15-25　2015—2050 年我国初中学位需求量和供给差距预测　　万人

年份	学位需求量			供需差距		
	低方案	中方案	高方案	低方案	中方案	高方案
2015	4 291.02	4 291.02	4 291.02	−361.56	−361.56	−361.56
2016	4 416.72	4 416.72	4 416.72	−235.87	−235.87	−235.87
2017	4 512.43	4 512.43	4 512.43	−140.16	−140.16	−140.16
2018	4 795.90	4 795.90	4 795.90	143.31	143.31	143.31
2019	4 943.44	4 943.44	4 943.44	290.86	290.86	290.86
2020	5 123.36	5 123.36	5 123.36	470.77	470.77	470.77
2021	5 257.28	5 257.28	5 257.28	604.69	604.69	604.69
2022	5 285.39	5 285.39	5 285.39	632.80	632.80	632.80
2023	5 328.67	5 328.67	5 328.67	676.08	676.08	676.08

年份	学位需求量			供 需 差 距		
	低方案	中方案	高方案	低方案	中方案	高方案
2024	5 502.41	5 502.41	5 502.41	849.82	849.82	849.82
2025	5 494.47	5 494.47	5 494.47	841.88	841.88	841.88
2026	5 556.69	5 556.69	5 556.69	904.10	904.10	904.10
2027	5 096.37	5 096.37	5 096.37	443.79	443.79	443.79
2028	5 084.12	5 084.12	5 084.12	431.54	431.54	431.54
2029	4 913.87	4 913.87	4 913.87	261.29	261.29	261.29
2030	4 903.31	4 903.31	4 903.31	250.72	250.72	250.72
2031	4 470.73	4 518.89	4 524.83	−181.86	−133.69	−127.76
2032	3 993.48	4 137.41	4 160.03	−659.10	−515.18	−492.56
2033	3 659.28	3 902.35	3 951.98	−993.31	−750.23	−700.60
2034	3 455.33	3 753.81	3 835.26	−1 197.26	−898.78	−817.33
2035	3 315.35	3 625.61	3 740.13	−1 337.23	−1 026.97	−912.46
2036	3 194.37	3 516.19	3 663.16	−1 458.21	−1 136.39	−989.42
2037	3 098.83	3 431.00	3 607.62	−1 553.75	−1 221.58	−1 044.96
2038	3 031.83	3 374.45	3 576.33	−1 620.75	−1 278.14	−1 076.26
2039	2 993.02	3 348.31	3 572.14	−1 659.56	−1 304.28	−1 080.44
2040	2 980.49	3 351.74	3 600.26	−1 672.09	−1 300.85	−1 052.33
2041	2 990.22	3 381.45	3 661.03	−1 662.36	−1 271.14	−991.56
2042	3 016.91	3 431.06	3 748.16	−1 635.68	−1 221.52	−904.43
2043	3 053.45	3 492.86	3 848.35	−1 599.14	−1 159.72	−804.24
2044	3 093.34	3 560.57	3 951.31	−1 559.25	−1 092.02	−701.27
2045	3 132.49	3 629.60	4 054.17	−1 520.10	−1 022.99	−598.41
2046	3 167.91	3 695.49	4 154.81	−1 484.67	−957.09	−497.77
2047	3 196.36	3 752.09	4 248.45	−1 456.23	−900.50	−404.14
2048	3 212.77	3 789.75	4 324.89	−1 439.81	−862.84	−327.69
2049	3 218.28	3 805.47	4 371.82	−1 434.31	−847.12	−280.77
2050	3 211.38	3 800.04	4 385.24	−1441.21	−852.54	−267.34

表 15-25 的预测结果显示,我国初中教育的学位需求在 2015—2026 年内逐渐递增,2026 年达到最大,为 5 556.69 万人,而后开始下落,直到 2040 年左右达到最低,低方案代表无"两孩政策"下的需求量,为 2 980.49 万人,中方案最低需求量 3 348.31 万人,高方案最低需求量为 3 572.14 万人。之后再次回

升,但提高的幅度较为有限。从供需差距来看,2018—2030 年间,处于供不应求的阶段,而后,出现学位剩余现象,在 2037—2040 年间,剩余现象最为严峻,超出上千万个。

(二)初中教育的师资需求预测

截至 2017 年,世界初中师生比的平均水平大约为 1∶17,欧洲国家的平均水平比较高,为 1∶10,东亚地区约为 1∶13,我国和日本的初中师生比比较接近,基本为 1∶12,甚至高于英国和美国等发达国家。而希腊、瑞士、挪威等国家无论是学前教育还是学龄教育,其师资水平都居于世界前列,基本在1∶8 左右(表 15-26)。

表 15-26　近年来世界个别国家的初中师生比[①]

国家或地区	2010 年	2011 年	2012 年	2013 年	2014 年	2015 年	2016 年	2017 年
世界	17.59	17.74	17.80	17.41	17.33	17.19	16.89	16.84
欧洲	10.43	10.30	10.33	10.37	10.21	10.16	10.31	10.33
东亚	14.99	14.56	13.97	13.56	12.81	12.63	12.45	12.42
中国	14.91	14.47	13.85	13.42	12.61	12.46	12.30	12.27
日本				12.96	12.79	12.64	12.40	
韩国	19.28	18.06	17.33	16.78	15.81	15.08	14.17	
英国				16.29	15.27		21.34	
美国	13.38	14.52	14.67	14.71	14.80	14.71		
希腊				7.35	7.84	8.14	7.69	
法国	14.15	14.23	14.79	14.68				
瑞典	9.58	9.48	9.50	10.93	11.08	11.22	11.40	
瑞士			8.18	7.55	7.97		8.29	
新西兰	14.85	14.85	14.85		14.70	14.74	14.83	15.02
挪威				8.53	8.36	8.51	8.42	
冰岛				9.89	10.02	9.88		

按照《中央编办 教育部 财政部关于统一城乡中小学教职工编制标准的

---

① 联合国教科文组织. Sustainable Development Goals [EB/OL]. http://data. uis. unesco. org/.

通知》中的相关规定,要求"初中教职工与学生比为 1 : 13.5。"①按照这个标准,结合初中学位规模预测,得出分低、中、高方案的初中师资需求量。《中国教育统计年鉴 2018》显示 2018 年初中在校教职工共计 277.955 5 万人②,最终得到不同年份的师资供给差距(表 15-27)。在 2026 年,初中教师的需求量最大,达到 411.61 万人,以 2018 年的初中教师供给量为标准,缺口达到 133.65 万人。相比于小学教师,初中教师的不足现象持续时间较长,一直持续到 2033 年左右。

表 15-27　2015—2050 年初中师资需求量和供需差距预测　　　万人

年份	师资需求量			师资供需差距		
	低方案	中方案	高方案	低方案	中方案	高方案
2015	317.85	317.85	317.85	39.90	39.90	39.90
2016	327.16	327.16	327.16	49.21	49.21	49.21
2017	334.25	334.25	334.25	56.30	56.30	56.30
2018	355.25	355.25	355.25	77.30	77.30	77.30
2019	366.18	366.18	366.18	88.23	88.23	88.23
2020	379.51	379.51	379.51	101.55	101.55	101.55
2021	389.43	389.43	389.43	111.47	111.47	111.47
2022	391.51	391.51	391.51	113.55	113.55	113.55
2023	394.72	394.72	394.72	116.76	116.76	116.76
2024	407.59	407.59	407.59	129.63	129.63	129.63
2025	407.00	407.00	407.00	129.04	129.04	129.04
2026	411.61	411.61	411.61	133.65	133.65	133.65
2027	377.51	377.51	377.51	99.55	99.55	99.55
2028	376.60	376.60	376.60	98.65	98.65	98.65
2029	363.99	363.99	363.99	86.04	86.04	86.04
2030	363.21	363.21	363.21	85.25	85.25	85.25
2031	331.17	334.73	335.17	53.21	56.78	57.22
2032	295.81	306.47	308.15	17.86	28.52	30.19
2033	271.06	289.06	292.74	−6.90	11.11	14.78

---

① 中央编办 教育部 财政部关于统一城乡中小学教职工编制标准的通知[EB/OL]. http://www.moe.gov.cn/s78/A10/A10_gggs/s8471/201412/t20141209_181014.html.

② 《中国教育统计年鉴 2018》。

年份	师资需求量			师资供需差距		
	低方案	中方案	高方案	低方案	中方案	高方案
2034	255.95	278.06	284.09	−22.01	0.10	6.14
2035	245.58	268.56	277.05	−32.37	−9.39	−0.91
2036	236.62	260.46	271.35	−41.34	−17.50	−6.61
2037	229.54	254.15	267.23	−48.41	−23.81	−10.72
2038	224.58	249.96	264.91	−53.38	−28.00	−13.04
2039	221.71	248.02	264.60	−56.25	−29.93	−13.35
2040	220.78	248.28	266.69	−57.18	−29.68	−11.27
2041	221.50	250.48	271.19	−56.46	−27.48	−6.77
2042	223.47	254.15	277.64	−54.48	−23.80	−0.31
2043	226.18	258.73	285.06	−51.77	−19.22	7.11
2044	229.14	263.75	292.69	−48.82	−14.21	14.73
2045	232.04	268.86	300.31	−45.92	−9.10	22.35
2046	234.66	273.74	307.76	−43.30	−4.22	29.81
2047	236.77	277.93	314.70	−41.19	−0.02	36.74
2048	237.98	280.72	320.36	−39.97	2.77	42.41
2049	238.39	281.89	323.84	−39.56	3.93	45.88
2050	237.88	281.48	324.83	−40.08	3.53	46.88

（三）初中教育的财政投入预测

用同样的生均教育经费指数的预测方法预测 2015—2050 年我国初中教育财政投入。根据《中国教育经费统计年鉴 2017》，我国 2016 年地方普通初中的生均教育经费支出为 16 007.22 元，当年的人均 GDP 为 53 680 元，得出 2016 年生均教育经费指数为 29%。根据《教育一览》（Education at a Glance）数据显示，2016 年我国生均教育经费指数在世界上甚至超越了很多发达国家，如美国（23%）、英国（26%）、澳大利亚（25%）、日本（26%）、法国（25%）、德国（22%）。与之前的方法相同，此处继续延用 2016 年的初中生均教育经费指数的标准来预测 2015—2050 年我国初中教育财政投入，预测结果如表 15-28 所示。

表 15-28 2015—2050 年我国初中教育财政投入预测结果

年份	人均GDP/元	生均教育经费指数	生均教育经费支出/元	低方案/亿元	中方案/亿元	高方案/亿元
2015	50 028.00	0.29	14 508.12	6 225.47	6 225.47	6 225.47
2016	53 680.00	0.29	16 007.22	7 069.94	7 069.94	7 069.94
2017	59 201.00	0.29	17 168.29	7 747.07	7 747.07	7 747.07
2018	64 644.00	0.29	18 746.76	8 990.75	8 990.75	8 990.75
2019	67 876.20	0.29	19 684.10	9 730.72	9 730.72	9 730.72
2020	71 270.01	0.29	20 668.30	10 589.11	10 589.11	10 589.11
2021	74 833.51	0.29	21 701.72	11 409.20	11 409.20	11 409.20
2022	78 575.19	0.29	22 786.80	12 043.71	12 043.71	12 043.71
2023	82 503.95	0.29	23 926.14	12 749.45	12 749.45	12 749.45
2024	86 629.14	0.29	25 122.45	13 823.40	13 823.40	13 823.40
2025	90 960.60	0.29	26 378.57	14 493.63	14 493.63	14 493.63
2026	95 508.63	0.29	27 697.50	15 390.64	15 390.64	15 390.64
2027	100 284.06	0.29	29 082.38	14 821.46	14 821.46	14 821.46
2028	105 298.26	0.29	30 536.50	15 525.13	15 525.13	15 525.13
2029	110 563.18	0.29	32 063.32	15 755.51	15 755.51	15 755.51
2030	116 091.34	0.29	33 666.49	16 507.71	16 507.71	16 507.71
2031	121 895.90	0.29	35 349.81	15 803.94	15 974.20	15 995.19
2032	127 990.70	0.29	37 117.30	14 822.72	15 356.94	15 440.91
2033	134 390.23	0.29	38 973.17	14 261.36	15 208.70	15 402.13
2034	141 109.74	0.29	40 921.83	14 139.83	15 361.26	15 694.58
2035	148 165.23	0.29	42 967.92	14 245.39	15 578.50	16 070.55
2036	155 573.49	0.29	45 116.31	14 411.82	15 863.77	16 526.83
2037	163 352.17	0.29	47 372.13	14 679.83	16 253.39	17 090.07
2038	171 519.78	0.29	49 740.74	15 080.56	16 784.75	17 788.92
2039	18 0095.77	0.29	52 227.77	15 631.89	17 487.47	18 656.50
2040	189 100.55	0.29	54 839.16	16 344.77	18 380.66	19 743.51
2041	198 555.58	0.29	57 581.12	17 218.03	19 470.75	21 080.59
2042	208 483.36	0.29	60 460.17	18 240.28	20 744.28	22 661.44
2043	218 907.53	0.29	63 483.18	19 384.26	22 173.80	24 430.53
2044	229 852.91	0.29	66 657.34	20 619.38	23 733.81	26 338.41
2045	241 345.55	0.29	69 990.21	21 924.36	25 403.63	28 375.25
2046	253 412.83	0.29	73 489.72	23 280.91	27 158.08	30 533.59
2047	266 083.47	0.29	77 164.21	24 664.46	28 952.68	32 782.79

年份	人均 GDP/元	生均教 育经费 指数	生均教育 经费支出 /元	低方案 /亿元	中方案 /亿元	高方案 /亿元
2048	279 387.64	0.29	81 022.42	26 030.65	30 705.43	35 041.34
2049	293 357.03	0.29	85 073.54	27 379.02	32 374.45	37 192.60
2050	308 024.88	0.29	89 327.21	28 686.34	33 944.73	39 172.16

预测结果显示,初中的教育投入相比小学减轻了许多。在 2020 年,首次突破 10 000 亿元,直至 2042 年,中方案突破 20 000 亿元,到 2050 年,中方案为 33 944.73 亿元,高方案为 39 172.16 亿元。根据《中国教育统计年鉴2017》,我国 2016 年普通初中的国家财政性教育经费为 6 132.53 亿元,若以此标准来衡量未来的初中教育财政投入的供需差距,缺口则会一直增大。2016 年,我国普通初中的国家财政性教育经费占当年 GDP 比重为 0.83%,占当年教育总经费的 19.53%。从初中国家财政性教育经费占 GDP 比重来看,我国的水平已经超过日本(0.66%)、挪威(0.86%)、韩国(0.85%)、美国(0.83%)、英国(0.84%)。若从初中国家财政性教育经费占教育经费比重这一指标来衡量,我国与澳大利亚(19.64%)相近,超过新西兰(17.45%)、瑞典(11.43%)、英国(15.36%)、冰岛(12.72%),当然这只是反映了各个国家的相对教育投入而非绝对值。

六、小　　结

教育是我国最重要的公共服务,人才强国战略的有效实施需要借助于良好的教育质量和环境。两孩政策实施后,人口的结构变化直接影响着教育结构。在新的人口形势下,2015—2050 年我国的人口变化对教育的挑战是波动性的,不论是学前教育还是义务教育,学位需求量和师资需求量都是呈现先增大后减少再增大再减少的变化趋势,但学前、小学、初中的变化时间和规律不同。

从学位需求来看,3 周岁以下婴幼儿的高峰期出现在 2017 年,最高为 4 947.18 万人,到 2050 年,逐渐下降,按照中方案的估计降到 2 794.07 万人。根据发达国家的经验,也按照我国近年来发布的关于婴幼儿照料的指导方针,同时又考虑到家庭照料的惯性,将未来入托率设定为 30%,我国每年基本都需要 1 000 万以上的托育需求量,在出生堆积最严重的时期,大致需求量在 1 500 万以上。学前学位需求量的峰值出现在 2017 年,为 5 859.84 万人,学位赤字最严重为 1 200 余万个,2023 年后,由赤字转为剩余,到 2050 年,多余 559.17 万～1 867.29 万个学位。对小学教育而言,高峰出现在 2020 年,为 10 897 万人,这也是由于曾经学前的高峰期队列移动到了小学学龄,但往后,小学下降幅度最大,2050 年比 2015 年的小学学位需求量缩减近一半。对于初中学龄人口,2026 年达到最高规模,2018—2030 年学位需求量超过供给量,之后学位逐渐剩余,中方案下最多多余 1 300 万个。

从师资需求来看,我国 6 周岁以下儿童的教师缺口严重,师幼比水平离国家标准或是发达国家的水平还有很大差距。对托幼服务来说,这部分的教师目前非常欠缺,还没有形成正式的体制。而对于 3～6 岁学前教育,若按照 1∶8 的理想师幼比水平进行预测,专任教师需求量最大约 700 多万人,跟 2018 年的水平相比较,学前专任教师一直处于不足状态,缺口最大为 400 余万人。如果按照 1∶15 的水平,缺口最高为 130 余万,但会由不足转为剩余。我国目前的小学师生比在世界排名比较靠前,也符合国家指定的标准,按照 1∶19 的师生比,相比于幼儿园的师资需求,小学师资的变动相对平稳,教职工在 2023 年以前缺口最大为 40 余万,但之后一直剩余,后期剩余数量在 103.3 万和 224.92 万之间,这与幼儿园教师的不足形成鲜明对比。我国初中师生比符合国家要求的 1∶13.5 的规定,教师需求量不足的时期多于剩余的时期,不足的时候缺口最大为 133 万,但剩余的情况比小学要缓和,剩余最多 50 余万。

从学校数量来看,若幼儿园按照 175 人/所的规模,我国在 2023 年之前幼儿园数量不足，但差距不大，最多还需要增加 6 万余所，而按照 360 人/所的规模来看，我国目前的幼儿园数量足以应对即将到来的出生人口高峰。

从财政投入来看，各个学段在 2015—2050 年间财政需求都在不断扩大。学前教育、小学教育和初中教育相比，小学教育的财政需求量最大，最多达到 52 560.87 亿元，其次是初中教育，最多达到 39 172.16 亿元，学前教育的财政需求量最高为 22 558.79 亿元。但从目前国家财政投入的倾斜程度来看，主要将重点放在义务教育阶段，学前教育的投入经费占全国教育总经费的水平远低于世界平均水平。

全面两孩政策是我国计划生育政策的重大调整，由人口政策带来的出生人口增量与现有人口存量相叠加，给我国教育体系带来了挑战和压力。为了顺应人口变化的新形势，需要统筹规划，合理布局，将人口预测、城镇发展、公共服务相契合，满足广大人民群众对更高质量、更多元化教育的需求，争取实现更加公平、可持续的发展。

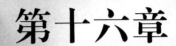

第十六章
两孩政策对卫生费用的影响

目前世界各国普遍存在着卫生费用增长过快的问题,中国尤为如此。与改革开放初期相比,我国卫生总费用在 GDP 当中的比重越来越高,卫生费用增长明显快于 GDP 增长,并且未来还有很大的增长空间。而医疗卫生支出费用与人口的发展形势紧密相关。1999 年底,中国开始正式进入老龄化社会,是较早进入老龄化社会的发展中国家之一,老龄人口总量成为世界第一。目前中国人口发展的趋势已经从原来的增长型模式转向衰退型模式发展,具体表现为出生人口总量维持较低水平、老年人口占总人口比例不断攀升。作为当代中国人口的一个重大问题,人口老龄化为中国社会带来了经济、政策等全方位的影响,因而成为学界乃至全社会关注的重点所在。

人口老龄化的直接后果之一就是带来卫生支出费用上涨。当前我国卫生费用支出比重不高、生育率大大低于更替水平,可以预见的是随着我国老龄化的不断深化,未来我国的卫生支出还会有很大的增长空间。医疗卫生是人类生存发展的基本需求,随着社会总体的不断发展进步,中国卫生支出费用总量不断攀升。1987 年全国卫生支出总费用为 110.21 亿元,而 2000 年时已达到 4 586.63 亿元,2010 年底更是达到了 19 980.39 亿元。如果将中国的卫生费用支出分解成政府支出、社会支出以及个人支出三个因素来看,政府与社会的投资占支出总额的比例不断降低,而个人投资的比例不断升高,在2004年时达到峰值,占支出总额的53.6%。这说明中国卫生支出的基本构成变化是由个人支出的不断提高与政府和社会的投资不足共同构成的。从生命历程的角度来看,由于身体机能的不断衰退,导致老龄人口健康折旧率高、健康存量低,总体健康状况较差,对医疗卫生服务需求更多,因此老年期成为人一生中医疗费用支出的最高峰时期(余央央,2012)。从这个角度来看,中国社会老龄化程度的不断加深必然会导致全社会医疗费用支出的进一步增加。

为了缓解高龄少子化的人口发展趋势,实现我国人口的协调可持续发展目标,2016年全面两孩政策开始正式实施。在中国人口老龄化与全面两孩政策放开的大背景下,有必要考察分析人口规模和人口结构的变化会对我国的卫生总费用产生何种影响。深入挖掘人口发展与卫生费用支出之间的对应关系,有助于正确理解新人口形势下卫生费用支出的关键影响因素,合理分配与调控医疗卫生资源,减轻人口老龄化对于卫生费用所带来的巨大压力,引导我国卫生服务事业不断向前发展。

一、数据与方法

(一)数据来源

本章使用的数据包括人口数据及医疗卫生费用支出数据。本章当中的人口数据主要来自第五次、第六次全国人口普查,2005年和2015年全国人口抽样调查,及第十一章中的人口预测数据。医疗卫生费用数据来自对应年份的《中国卫生健康统计年鉴》。

（二）因素分解

因素分解是人口学应用当中对指标进行标准化的常用方法，即将一个指标通过加法或者乘法模型分解为两个或两个以上的指标来表示，可以分解出各个因素对于该指标的影响程度（宋健，2019）。总的卫生支出的分解可以采取类似的方法，将总的卫生费用的增长分解为人口学因素和非人口学因素两大部分（Mayhew，2000；Aprile，2006），而人口学因素可以进一步划分为规模因素、结构因素和健康因素三部分（任强等，2014）。其分解过程如下：

$$S_t = \sum_x P_t(x)C_t(x) \tag{16-1}$$

其中，S_t 为 t 时期的卫生总费用，它被表示为 t 年 x 年龄人口数 $P_t(x)$ 和 x 年龄人口对应的卫生费用 $C_t(x)$ 的乘积和。显然年龄别人口数 $P_t(x)$ 可以写作总人口规模与年龄人口比重 $P_T(t)p_t(x)$。既往研究表明，死亡概率年龄曲线 $d_t(x)$ 与卫生支出年龄曲线 $C_t(x)$ 具有相似的年龄分布，分年龄别死亡概率 $d_t(x)$ 可以作为分年龄别卫生支出 $C_t(x)$ 的有效代理变量，二者之间存在一个比例系数 $C_T(t)$ 的差异，因此有 $C_t(x) = C_T(t)d_t(x)$。$C_T(t)$ 实质上是指剔除人口变动和死亡模式变动后，纯粹由非人口学因素引起的卫生支出变化，如医疗技术进步使单位治疗成本下降、人均收入增多使卫生需求加大、健康观念转变使卫生支出增强等（任强等，2014）。由此可以得到 S_t 的改写式并将其写为期末式（16-2）和期初式（16-3）。

$$S_t = \sum_x P_T(t)p_t(x)C_T(t)d_t(x) = P_T(t)C_T(t)\sum_x p_t(x)d_t(x) \tag{16-2}$$

$$S_0 = \sum_x P_T(0)p_0(x)C_T(0)d_0(x) = P_T(0)C_T(0)\sum_x p_0(x)d_0(x) \tag{16-3}$$

由式（16-2）和式（16-3）相除即可得到末期与初期的卫生支出费用增长率的分解公式，在其分子分母同乘以 $\sum_x p_t(x)d_0(x)$ 并做移项后得到

$$S_{t/0} = \frac{C_T(t)}{C_T(0)} \cdot \frac{P_T(t)}{P_T(0)} \cdot \frac{\sum\limits_x p_t(x)d_0(x)}{\sum\limits_x p_0(x)d_0(x)} \cdot \frac{\sum\limits_x p_t(x)d_t(x)}{\sum\limits_x p_t(x)d_0(x)}$$

$$\underbrace{非人口学因素}\qquad \underbrace{健康因素\qquad 规模因素\qquad 结构因素}_{人口因素} \qquad\qquad (16\text{-}4)$$

式中，$S_{t/0}$ 为期末与期初总的卫生总支出的增长规模；$\dfrac{C_T(t)}{C_T(0)}$ 为人均收入提高、人均卫生服务需求增大、健康观念转变所带来的非人口学因素造成的增长。$\dfrac{P_T(t)}{P_T(0)}$ 为剔除了人口结构和卫生支出费用年龄模式的、仅由人口规模的改变带来的卫生支出的变化，它是人口因素当中的规模因素部分；$\dfrac{\sum\limits_x p_t(x)d_0(x)}{\sum\limits_x p_0(x)d_0(x)}$ 是剔除了人口规模和卫生支出费用年龄模式的、仅由人口结构变化带来的卫生支出的变化量，它是人口因素当中的结构因素部分；类似地，$\dfrac{\sum\limits_x p_t(x)d_t(x)}{\sum\limits_x p_t(x)d_0(x)}$ 是剔除了人口规模和人口结构的、仅由卫生支出费用年龄模式带来的卫生支出的变化，它是人口因素当中的健康因素部分。本研究在第五小节将根据具体的人口预测方案测算每年的人口规模、人口结构以及年龄别死亡概率，并每两年之间做各个因素的比较，因此有

$$S_{t/t-1} = \frac{C_T(t)}{C_T(t-1)} \cdot \frac{P_T(t)}{P_T(t-1)} \cdot \frac{\sum\limits_x p_t(x)d_{t-1}(x)}{\sum\limits_x p_{t-1}(x)d_{t-1}(x)} \cdot \frac{\sum\limits_x p_t(x)d_t(x)}{\sum\limits_x p_t(x)d_{t-1}(x)}$$

$$(16\text{-}5)$$

为了使得各个指标可以更为方便地解释和进行比较，可以假定卫生支出费用的增长是以指数形式增加的（Mayhew，2000），那么就有以下增长率分解公式：

$$S_t = S_0 \cdot \exp\left(t \sum_i r_i\right) \qquad\qquad (16\text{-}6)$$

$$\ln S_{t/t-1} = r_{NDI} + r_{PNI} + r_{PSI} + r_{HI} \qquad\qquad (16\text{-}7)$$

$$r_i = r_{\text{NDI}} + r_{\text{DI}} \tag{16-8}$$

$$r_{\text{DI}} = r_{\text{PNI}} + r_{\text{PSI}} + r_{\text{HI}} \tag{16-9}$$

式(16-6)是将卫生支出费用设定为指数增长形式,经移项取对数后便可得到 4 个独立可比部分对卫生支出费用增长率的贡献率分解式(16-7),而式(16-7)当中等式右侧的后 3 项即为分解后的人口因素对于卫生支出费用增长率,本研究的第五小节将着重对于式(16-9)展开讨论,分析各个人口因素在全面两孩政策背景下的变化趋势,r_i 为卫生支出费用增长率;r_{NDI} 为非人口学因素造成的增长率;r_{DI} 为人口学因素造成的增长率;r_{PNI} 为人口规模因素造成的增长率;r_{PSI} 为人口结构因素造成的增长率;r_{HI} 为人口健康因素造成的增长率。

二、2000—2015 年卫生支出费用分解

从 2000 年至 2015 年期间,随着全国经济的快速增长,我国卫生费用支出也一直保持快速的增长势头。根据国家卫生统计年鉴显示,2000 年全国卫生总费用支出为 4 587 亿元,人均医疗卫生费用支出量为 172.70 元;到 2015 年全国卫生总费用支出 40 974 元,人均医疗卫生费用支出费用上涨为 2 981 元。

整体而言在我国正式步入老龄化社会的 15 年内,我国卫生费用支出一直保持着快速增长,非人口因素对于卫生支出的增长起到了主导作用,人口因素对卫生支出起到了一定的收敛作用,这与任强(2014)使用五普、六普数据分析得出的结论基本一致。表 16-1 列示的是我国 2000 年至 2015 年间总体的各个因素分解情况,可以发现收入增长、技术进步、医疗需求增加等所起的非人口因素的作用远大于人口因素,这一结果也与发达国家的经验基本一致。2000—2015 年间,我国的卫生支出增长为期初的 8.93 倍,而在这其中非人口因素增长为 10.03 倍,人口因素变为期初的 0.89 倍。我国的卫生支出年化增长率为 14.6%,其中,规模因素贡献率为 0.54%,结构因素贡献率为

2.84%,健康因素贡献率为-4.16%。健康因素对人口因素的收敛效果起到了决定性的作用。

表 16-1 2000—2015 年卫生支出费用分解结果

项　　目	卫生总费用	非人口因素	人口因素	规模因素	结构因素	健康因素
增长幅度	8.93	10.03	0.89	1.09	1.53	0.54
增长率/贡献率/%	14.60	15.37	-0.78	0.54	2.84	-4.16

　　分阶段而言,可以发现随着 21 世纪初我国正式步入老龄化社会,人口因素在三个不同的子因素的共同作用下呈现出不同的时期变化。在 2000 年到 2005 年间,人口因素对于卫生支出增长的相对贡献率仅为 0.42%,也就是说卫生支出增长的绝大部分是由非人口因素所贡献的。如果将人口因素分解来看,可以发现人口健康因素的相对贡献率绝对值要大于人口结构因素,即人口健康因素的影响能力要大于人口结构因素的影响能力,不过二者对卫生支出的影响方向是不同的。由于死亡水平的下降,人口健康水平普遍提高,因而会造成卫生支出费用的下降。但从人口结构的角度来看,正是因为死亡水平的下降和人口寿命普遍延长使得人口老龄化加剧。老龄人口比例的增加导致医疗卫生服务需求的大大增加,因此卫生支出也会随之上升。在 2000 年至 2005 年这一阶段而言,人口因素对卫生支出表现为微弱正向促进作用(表 16-2)。

表 16-2 2000—2005 年卫生支出费用分解结果

项　　目	卫生总费用	非人口因素	人口因素	规模因素	结构因素	健康因素
增长幅度	1.89	1.85	1.02	1.05	1.18	0.82
增长率/贡献率/%	12.71	12.29	0.42	1.02	3.39	-3.99

　　在 2005 年至 2010 年间,人口因素对于卫生支出消费量的增长呈现负向作用,相对贡献率为-0.13%。对比 2000 年至 2005 年的变化结果,可以发现,人口因素的作用方向发生了改变。对人口学三个因素分解进行观察,其

中人口健康水平因素的相对贡献率为－2.49％,而人口结构因素的相对贡献率则为1.98％。在这一时期内人口健康的因素影响作用仍然要大于人口结构因素,综合表现为人口因素对总卫生支出微弱的收敛作用(表16-3)。

表 16-3　2005—2010 年卫生支出费用分解结果

项　　目	卫生总费用	非人口因素	人口因素	规模因素	结构因素	健康因素
增长幅度	2.31	2.32	0.99	1.02	1.10	0.88
增长率/贡献率/%	16.72	5.62	−0.13	0.38	1.98	−2.49

结合对应时期的人口发展情况可以发现,在我国生育水平已经下降并且稳定在一个较低水平的前提下,随着死亡水平的不断下降,前一阶段表现为人均预期寿命快速提高,老龄人口占总人口比例缓慢上升,人口学因素对卫生支出的影响以人口结构因素为主,低水平促进人均卫生支出的增长;随着人口问题的不断发展和老龄化进程不断深入,人均预期寿命已经达到一个相对较高的水平,其增速开始逐渐放缓,而人口老龄比则进入快速上升期,其增长幅度不断增加,此时人口学因素对卫生支出的影响则转变为以人口健康水平因素为主,较高的人口健康水平对卫生支出起到了收敛作用,并且其影响程度相比于前一阶段明显上升。与之对应人口结构因素则降低到一个相对较低的水平(表16-4)。

表 16-4　2010—2015 年卫生支出费用分解结果

项　　目	卫生总费用	非人口因素	人口因素	规模因素	结构因素	健康因素
增长幅度	2.05	2.31	0.89	1.03	1.14	0.76
增长率/贡献率/%	14.36	16.72	−2.35	0.50	2.62	−5.47

总体来看,在 2000 年至 2015 年期间,中国社会已经从老龄化的初级阶段向老龄化的更深层次进一步发展,人口因素对我国卫生支出整体上呈现出微弱的收敛作用。其中,预期寿命的快速提高使得人口健康因素对卫生支出有显著的收敛作用,使得卫生支出平均每年减少 4.16％;第二位的是人口结构

因素,它对卫生支出有显著的扩张作用,使得卫生支出平均每年增加 2.84%;作用最弱的是人口规模因素,它对卫生支出有一定的扩张作用,使得卫生支出平均每年增加 0.54%(图 16-1)。

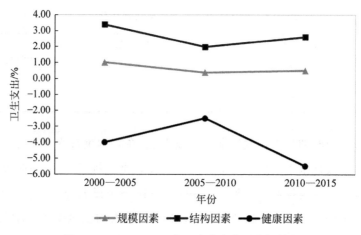

图 16-1 2005—2015 年卫生支出费用分解结果

以上结果显示,人口因素对卫生支出的影响呈现出明显的阶段性特征,但整体上呈现出一定的收敛作用。2000 年中国社会 60 岁及以上的老龄人口占比 10.25%,开始刚刚步入老龄化社会状态。人口健康水平提升迅速,表现为人均预期寿命的快速提高,人口结构老化的特点进一步显现,但二者对卫生支出变化的作用方向不同。两相抵消之下表现为人口学因素对卫生支出微弱的负向收敛作用。

三、全面两孩政策对卫生支出费用的影响

(一)全面两孩政策下我国人口发展趋势

根据第十一章的预测结果,我国的人口发展轨迹会受到全面两孩政策的

深刻影响,我国人口规模的峰值和拐点将视生育水平回复的高低而发生变化
(图 16-2)。首先,根据未来生育水平回复的不同,中国的峰值人口规模将随
之改变,在生育政策不加调整的情况中国人口规模的峰值将达到 13.9 亿人,
而在全面两孩政策放开后,中国人口规模的峰值将预计达到 14.1 亿~14.2
亿人。其次,全面两孩政策会推迟中国人口拐点的到来时机,在生育政策不
加调整的情况下,中国人口规模的峰值将出现在 2023 年;如果未来稳定的总
和生育率可以保持在 1.6,那么中国人口规模的峰值将出现在 2026 年;如果
未来稳定的总和生育率可以保持在 1.8,那么中国人口规模的峰值将出现在
2036 年。视生育水平回复的程度不同,中国人口规模的拐点将被推迟 3~13
年。特别是在人口负增长的时代,全面两孩政策对人口规模的效果将更加充
分地显现出来。

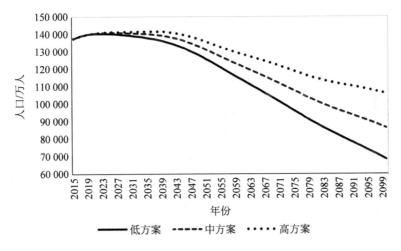

图 16-2　2015—2100 年低中高方案下中国人口预测结果

　　全面两孩政策的一个直接人口学后果就是出生人口的增长,新生人口规
模将根据政策的实际效果在不同的水平上波浪式下降。全面两孩政策施行
之后,在"单独两孩"政策和全面两孩政策的叠加效应下,出生人口规模出现
短暂的尖峰并开始迅速回落,表明了在长期较为严格的计划生育政策下积累
了大量累积生育意愿,并且这一意愿随着全面两孩政策的落实得到了释放

（图 16-3）。全面两孩政策的实施带来的大量新增出生人口在短期内将对我国的妇幼卫生服务产生大量需求，这对当前我国相对紧缺的妇幼卫生服务资源是一个极大的挑战。

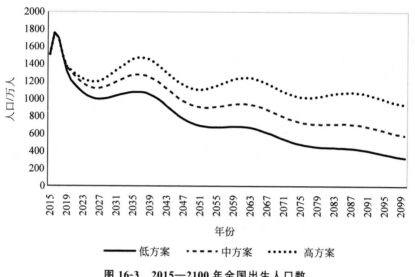

图 16-3　2015—2100 年全国出生人口数

全面两孩政策同样会对人口结构产生深刻的影响，全面两孩政策在长期内可以一定程度减缓我国的老龄化趋势。生育政策的调整对老龄化的影响具有一定的时滞性，因为已经出生的人口队列不受这一政策影响。从老龄人口规模来看，无论全面两孩政策实施与否，我国的 65 岁以上老年人口规模都将在 2030 年超过 2.5 亿人，2050 年这一数字将突破 3.7 亿人。而从老龄人口比重来看（图 16-4），生育政策对老龄化程度的缓解至少要等到 2050 年前后才开始显现，如果在全面两孩政策下生育率能够达到 1.6 甚至 1.8 的水平，那么我国 65 岁以上老年人口的比重将在 21 世纪下半叶得到有效的控制。

（二）全面两孩政策下卫生支出的人口因素分解

根据卫生支出增长率的分解式（16-9）及低、中、高三套人口预测方案的结果，可以得到在全面两孩政策背景下卫生支出人口因素的分解结果。总

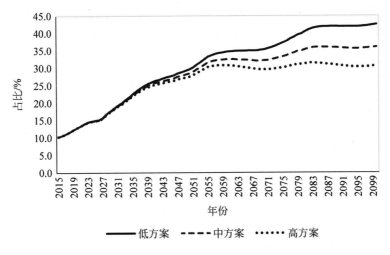

图 16-4　2015—2100 年全国 65 岁及以上人口占比

体而言,在全面两孩政策的政策背景下,人口因素对我国卫生支出的影响将
由正向扩大逐渐转向浮现收缩,这一拐点出现的时机大约是在 2057 年,并
且这一趋势并不因为全面两孩政策下生育水平的改变而发生较大的偏移
(图 16-5)。

图 16-5　低、中、高方案下人口因素对卫生支出的影响

分阶段来看,短期及中期内,人口因素对卫生支出的贡献将高于 2015 年之前的历史时期,人口因素对于卫生支出的推动作用将超过 2%;到 21 世纪中叶左右,人口因素对卫生支出的影响开始逐渐减弱,其对卫生支出的贡献大约在 0.5% 的水平;到 21 世纪下半叶,人口因素对卫生支出的贡献开始由正转负(表 16-5)。

表 16-5　2016—2100 年期间人口因素对卫生支出增长率的贡献

时期	2016—2019 年	2020—2029 年	2030—2039 年	2040—2049 年	2050—2059 年
贡献/%	2.06	2.20	2.29	1.53	0.53
时期	2060—2069 年	2070—2079 年	2080—2089 年	2090—2100 年	
贡献/%	−0.59	−0.64	−1.60	−0.27	

注:以上数值均为年化值。

如果将人口因素进行进一步分解,可以发现当中人口规模因素、人口结构因素、人口健康因素在全国卫生支出总费用当中的贡献不完全相同。以人口预测中方案为例,总的人口因素对卫生支出贡献率的变化趋势与人口结构因素的贡献率变化趋势相同;对人口结构因素的贡献率、人口结构因素及人口健康因素的贡献率相对较小。由此可以推断出不论是短期还是中长期内,人口结构因素仍然是影响我国卫生支出的最主要人口学因素(图 16-6)。

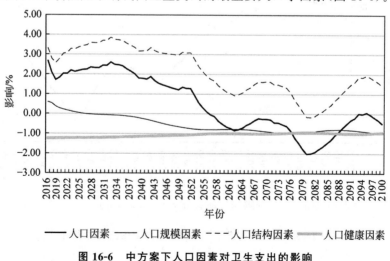

图 16-6　中方案下人口因素对卫生支出的影响

　　通过以上分析可以发现,加总后的人口因素并没有因为生育方案的不同而产生大的变化,然而事实上在不同的生育率方案情境下,人口的规模因素和结构因素对卫生支出的影响正好呈现出相反的趋势,这就导致不同方案下人口因素内部各个因素相互抵消,使得三套预测方案呈现出一致的变化趋势。接下来本研究将着重讨论人口因素当中的规模因素、结构因素和健康因素在不同时期内对于卫生支出的影响。

　　首先来看人口规模因素,规模因素对卫生支出的贡献在近几年当中仍然保持正向影响,但是这种影响逐渐下降并于 2025 年至 2030 年间由正转负。其原因在于,短期内积累生育意愿的释放造成大量的新增出生人口,但是这种规模因素造成的正向作用是在短期内体现出来的。长期内,在不同的生育率预测方案下,我国的人口规模卫生支出的贡献都将先趋平稳随后开始下降,而其下降的速度与不同人口预测方案下人口规模变化的速度有关(图 16-7)。

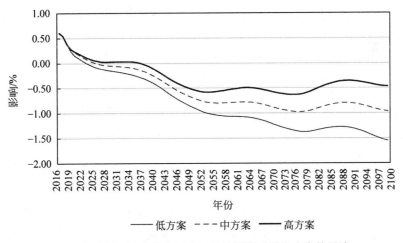

图 16-7　低、中、高方案下人口规模因素对卫生支出的影响

　　人口因素当中的第二个因素是人口结构因素,该因素不仅在过去一直发挥着人口因素当中的主导作用,在未来其变化趋势也将决定着人口因素整体的走势。由于全面两孩政策减缓了我国老龄化的发展,因此更高水平的生育率使得人口结构因素减缓卫生支出的扩张。显然,不同于两孩政策对老龄化的时滞较长,全面两孩政策对人口结构因素的影响出现得较早,从图16-8当中可以看到结构因素对卫生支出增长的贡献率很快就产生了分化,并且在不同的水平上显现出相同的变化趋势。从长期来看,人口结构因素对卫生支出的影响在不断减弱,到2080年前后会从原先的扩张作用降至为零,之后出现小幅度的反弹。

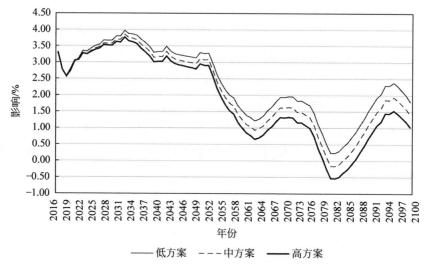

图16-8 低、中、高方案下人口结构因素对卫生支出的影响

由于剔除了规模因素和年龄结构因素的影响,健康因素对卫生支出影响在本质上只与研究设定的死亡水平有关,本研究设定高中低方案为同一套预期寿命增长方案,因此三套方案下健康因素对卫生支出的影响保持一致的变化趋势并没有显著的差别(图16-9)。如果假定我国人口的预期寿命按照联合国的增长设定变化,健康因素对总的卫生支出费用将一直保持负向的影响,并且该因素对卫生支出的收敛作用将逐渐减弱,从期初的−1.24%,短期到2020年将收敛至−1.23%,中期到2050年将收敛至−1.08%,长期到2100年将收敛至约−0.9%。

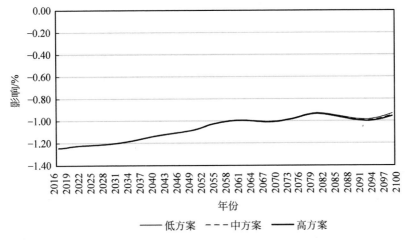

图 16-9　低、中、高方案下人口健康因素对卫生支出的影响

四、小　　结

本章通过因素分解法分析和预测了中国当前的卫生支出影响因素,及其在全面两孩政策背景下卫生支出的发展趋势。根据人口普查及人口抽样调查数据的分解结果表明非人口因素是我国卫生支出增长的主要因素,人口因素对卫生支出增长的影响相对有限。在人口因素当中其主要扩张作用来自年龄结构的老化,人口规模因素的扩张作用较小,人口健康因素的改善对卫生支出起到了收敛作用。其中,伴随着我国老龄化的进程,由于人口结构因素和人口健康因素在不同时期交替发挥主要作用,因此人口学因素对卫生支出的影响呈现出明显的阶段化特征。

人口预测的结果表明,在低于更替水平的生育率下,我国人口规模增速将不断放缓,在没有全面两孩政策的情况下我国人口规模由扩张转为收缩的拐点出现在 2023 年,全面两孩政策可将这一拐点出现的时间推迟 3～13 年。

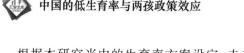

根据本研究当中的生育率方案设定,未来我国的出生人口数在累计生育意愿释放以后,将出现波浪式下降的趋势。在短期及中期内我国老龄化的发展态势不会发生大的变化,到 21 世纪中叶我国 65 岁以上老年人口占比将达到 27%～30%;如果总和生育率可以达到 1.6 或者更高的水平,那么全面两孩政策对我国老龄化的缓解效果将在 21 世纪后期显现出来。

基于因素分解和人口预测的结果,本研究认为未来人口因素对卫生支出在相当长一段时期内将保持正向的扩张作用,但是这种影响将逐渐减弱,到 21 世纪中叶人口因素对卫生支出的影响将由推动作用转为收敛作用。

经过对人口因素的进一步分解发现,在全面两孩政策的背景下,生育水平的改变并不显著改变人口因素对于卫生支出的影响。其原因在于在假定了预期寿命平稳增长的前提下,全面两孩政策下生育水平的提高会使得人口规模因素对卫生支出的收敛作用减弱,而全面两孩政策对老龄化增速的减缓使得人口结构因素对卫生支出的扩张作用减弱,两者彼此抵消使得人口因素对卫生支出的影响不因生育政策的改变而发生变化。

人口因素进一步分解的结果还表明,人口结构因素是影响未来我国卫生支出最为核心的人口因素,它主导着人口因素整体贡献率的走势。并且全面两孩政策会使得人口结构因素对卫生支出的扩张作用减弱,在较高生育水平下该因素贡献率的拐点出现在 2080 年前后。由于人口预测的 3 套生育率方案当中假定了同样的预期寿命变化,简化了人口预测当中对于死亡的设定,因此无法进一步探讨,在平均预期寿命不断延长、健康水平不断提高的情况下,人口健康因素对于卫生支出的影响。

第十七章
发达国家鼓励生育政策及其效果

　　19 世纪下半叶,随着工业化和城市化的发展,欧洲部分国家生育率开始下降,20 世纪下半叶,这种人口现象延续到发展中国家,甚至生育率以更快的速度下降。20 世纪 70 年代,在全球生育水平普遍下降的趋势下,欧洲国家和地区的总和生育率进一步下滑至很低乃至极低的水平,西欧国家在 1970—1975 年生育率先降到更替水平以下,南欧在 1990—1995 年下滑到 1.5 以下的很低生育水平,而东欧国家在 1995—2000 年进入 1.3 以下的极低生育水平,且这种低生育的态势不断蔓延,意大利、希腊、西班牙、葡萄牙等国家至今仍在"低生育率陷阱"未见回升趋势。世界越来越多的国家和地区开始进入生育率转变过程,1970 年前后也是生育率"从分化到趋同"的转折点(陈友华,2010)。

　　低生育率的持续会使人口的结构性问题凸显,甚至影响人口再生产,为社会发展带来种种危机,但这种低生育率趋势是否真的不可逆转? 2011 年在欧盟 15 国进行的一项调查显示,大多数国家的女性心中的理想子女数都超过更替水平,但各国的生育水平远远低于生育意愿(吴帆,2016)。理想子女数与实际子女数之间的差距常常被用来确定政策的机会之窗(Anne H. Gauthier,2007),20 世纪 70 年代,欧洲国家普遍实施家庭政策,其中,以"鼓励生育"为目标的家庭政策也是一个重要的方向,旨在通过政策的机会窗口来应对低生育率带来的种种挑战。

如今,实施鼓励生育政策的国家越来越多,从 1976 年的 13 个国家增加到 2015 年的 55 个国家,百分比从 9% 提高至 28%,特别是在发达国家,从 1976 年至 2015 年的时间里,鼓励生育政策的发达国家从 7 个提升至 31 个,到 2015 年,有 63% 的国家都采取鼓励生育措施,没有发达国家实施控制人口措施;而在欠发达国家和地区,鼓励生育和控制生育的国家也都在增加,对生育不进行干预的国家越来越少;但在最不发达的国家和地区,由于发展较为落后,还是主要施行控制人口的政策(表 17-1)。

表 17-1　1976—2015 年世界各国影响生育的政策

年份	国家和地区个数/个					百分比/%				
	提高	保持	降低	不干预	总共	提高	保持	降低	不干预	总共
世界										
1976	13	19	40	78	150	9	13	27	52	100
1986	19	16	54	75	164	12	10	33	46	100
1996	27	19	82	65	193	14	10	42	34	100
2005	38	31	78	47	194	20	16	40	24	100
2015	55	30	83	29	197	28	15	42	15	100
较发达国家										
1976	7	7	0	20	34	21	21	0	59	100
1986	8	6	0	20	34	24	18	0	59	100
1996	16	4	1	27	48	33	8	2	56	100
2005	24	8	0	16	48	50	17	0	33	100
2015	31	5	0	13	49	63	10	0	27	100
欠发达国家										
1976	6	12	40	58	116	5	10	34	50	100
1986	11	10	54	55	130	8	8	42	42	100
1996	11	15	81	38	145	8	10	56	26	100
2005	14	23	78	31	146	10	16	53	21	100
2015	24	25	83	16	148	16	17	56	11	100
最不发达国家和地区										
1976	1	2	6	33	42	2	5	14	79	100
1986	2	4	15	27	48	4	8	31	56	100
1996	0	3	32	14	49	0	6	65	29	100
2005	0	3	38	9	50	0	6	76	18	100
2015	0	1	47	0	48	0	2	98	0	100

资料来源:*World Population Policies* 2015。

公共政策在界定权利、责任、机会和约束等方面塑造了家庭生活（Anne H. Gauthier，2007）。已有很多研究表示鼓励生育政策在某些国家对提升生育率有显著影响。然而，政策和人口行为之间的联系非常复杂，它们取决于各国的政策类型、经济水平、国家支持力度，以及文化传统和社会规范。本研究首先梳理目前发达国家鼓励生育的政策类型；其次从财政支持度方面将各类型的鼓励生育政策进行跨国比较；最后通过来宾斯坦的成本-效用理论分析不同国家的政策效果及作用机制。从发达国家鼓励生育政策及其效果总结对中国的生育政策及生育支持社会政策的启示。

一、发达国家鼓励生育政策的类型

欧洲最早面对低生育率的人口现象，也是实施鼓励生育政策的先行者。从 20 世纪七八十年代至今，这些国家的鼓励生育的政策已形成体系。通过梳理，发现现有的鼓励生育的政策可大致分为四类：经济激励政策、产假政策、保育服务政策以及其他相关政策。每项政策的着力点不同，发挥的作用力也不同。

（一）经济激励政策

经济激励政策是对养育子女的经济成本进行直接补偿，减轻家庭培养孩子的经济压力，缩小有子女家庭与无子女家庭之间的生活水平差距（Olivier Thévenon，2011），一般而言，国家提供的福利水平随子女人数的增加而增加（Gerda Neyer，2003），Gauthier 和 Hatzius（1997）曾估计家庭补贴增加 25％能够帮助每个妇女多生 0.07 个孩子。在诸多提高生育率的政策中，经济激励政策是实施较早也最为简单易行的办法（王颖，2017），主要包括发放生育津贴、育儿津贴以及税收优惠等形式的货币援助。

1. 生育津贴

生育津贴的目的在于以经济奖励的方式鼓励女性生育子女，并在一定程度上减轻母亲的经济和家庭负担。例如，俄罗斯 2007 年建立母亲基金，给予生育 2 个或者 2 个以上子女的母亲 25 万卢布补贴，且不必缴纳个人所得税，2014 年增加到 45 万卢布（许凤才，梁洪琦，2020），基金不仅鼓励生育，还可以用于支付房贷，为多子女家庭改善居住条件、提供福利等。而地方政府也努力从经济上帮助年轻家庭，莫斯科拿出 13 亿美元对 30 岁前生第一个孩子的家庭一次性奖励 1.6 万卢布，俄罗斯在财政方面的慷慨投入对生育水平的回升起到了重要的促进作用。

2. 育儿津贴

育儿津贴在于帮助家庭减轻育儿成本，提高生育意愿。在一些国家，育儿津贴的支付水平因子女年龄或生育数量而异。瑞典在 1948 年来一直实行儿童津贴制度，每个儿童 16 岁之前按月领取，并随物价变化进行相应调整。类似的政策在法国、俄罗斯等国家都有实施，其基本原则就是生孩必给，多生多得，累进递增（罗淳，2020）。

3. 税收优惠政策

税收优惠政策的基本方式是通过减免家长的个人所得税，缓解父母养育子女负担，间接向家庭提供财政援助。税收优惠政策包括儿童税收抵免、税收扣除、未生育税收惩罚等，种类繁多，且往往多种政策叠加使用，但也因其种类设置和计算方式的复杂性增加了实施难度（王颖，孙梦珍，2017）。

4. 特殊家庭补贴

特殊家庭补贴主要是针对困难家庭的经济救济。在一些经合组织国家，会针对单亲儿童、残疾儿童家庭发放特殊补助，以缓解家庭在经济方面的压力。还有国家向生育障碍家庭提供辅助,如俄罗斯在 2007 年,政府出资 800 万美元为育龄妇女提供免费人工受孕服务,以帮助生育缺陷的家庭满足生育意愿。

(二)产假政策

与时间相关的照料政策可追溯到 100 多年前,当时许多西欧国家制订了有限的产假和薪酬计划,产假制度的初衷是为了保护妇女的工作权益,自 20 世纪 70 年代以来,产假政策出现了显著增长和多样化(Kimberly J. Morgan, 2009)。产假政策的重点在于从时间角度进行补偿,让父母可以更灵活地安排时间,从而兼顾工作和照料孩子的需要。产假种类包括分娩假、陪产假、育儿假等,这个指标常用出生前和出生后休假的总周数来衡量,其使用率与薪酬率有关。

1. 分娩假

分娩假指妇女在分娩前后直接享受的受保护的休假时间,几乎所有经合组织国家都将公共收入补助金与分娩假挂钩,既为职业母亲提供就业保护,又为处于发展关键阶段的婴儿提供照料。劳工组织规定产假至少应为 14 周[①],在法国,妇女生育一胎后可休假 16 周,2 胎以上的产假延长至 26 周。

2. 陪产假

陪产假主要是针对父亲而言,受雇的父亲在分娩前后可享有的受就业保护的休假。一般来说,陪产假的时间比产假的时间短得多。陪产假主要是出于性别平等角度制定的政策,鼓励父亲参与到家庭育儿的活动中,甚至在一些国家,陪产假通过法律的形式要求强制执行。1995 年,瑞典规定 30 天的"父亲配额",2002 年,增至 60 天,2016 年,进一步增加到 90 天(罗淳,2020)。

---

① 资料来源:OECD Family Database,http://www.oecd.org/social/family/database.htm.

3. 育儿假

育儿假是对产假和陪产假的补充，为了让父母有时间进行儿童照料工作。一般婴儿出生后母亲可以休假 14 周，父亲休假 2 周，之后父母可以自由协商休剩下的育儿假（王子彧，2017）。在一些国家，为了提倡父亲参与到育儿中去，且改变家庭的性别分工，要求父亲必须休假且不能转让给母亲。瑞典是世界上第一个对男性育儿假立法的国家，瑞典《父母亲产假法》规定，16个月的带薪产假中有 2 个月必须由父亲享有。

（三）保育服务政策

保育服务政策主要针对学龄儿童及学龄前儿童提供托育设施与服务，可以由国家、市场、雇主或非营利机构提供。目的是减少家庭照料孩子的时间和精力，缓解父母工作与育儿之间的不相容。有研究表示，公共儿童保育覆盖率增加 30％，平均每名妇女会多生大约 0.12 个孩子，还伴随着女性就业的增加（John Bongaarts，Tomas Sobotka，2012），且儿童保育也与促进儿童发展目标相一致。

从家庭的角度来看，儿童保育的参与度与获得保育的可能性以及保育费用有关，但各国的保育服务差别很大。丹麦 3 岁以下儿童参加正规儿童保育的比例超过 60％，而希腊、奥地利、西班牙和意大利低于 5％。同时，各国公共儿童保育支出也存在巨大差异，美国的支出水平非常高，而南欧国家、日本和韩国的支出水平要低得多（Anna Cristina d'Addio，Marco Mira d'Ercole，2005）。

（四）其他相关政策

部分国家还出台了一些其他政策提高生育率。如住房激励政策可以帮助家庭解决基本的居住需求，包括向多子女家庭提供更多的公共补贴住房、甚至免费提供住房用地等措施。法国设立家庭住房津贴帮助家庭支付住房费用，津贴的支付随住房面积、居住条件、支付的租金、家庭收入情况而定（马蔡琛，李萌，那万卿，2017）。还有国家实施就业扶持政策，使女性安心孕育子女、消除顾虑。俄罗斯规定,女性产假时间计入工龄,产后 7 年内可以不用上班,在此期间,单位需要保留原职。法国法律规定企业不准解雇怀孕的员工,还要提供适合怀孕状况的工作环境。

二、不同类型国家的政策执行效果

学界多以 Esping-Andersen《福利资本主义的三个世界》这本专著为参考来划分福利模式,其主要将欧美国家区分为三种福利模式,即以北欧为代表的社会民主主义模式、以德国为代表的保守主义模式和以英美为代表的自由主义模式。国家、家庭和市场是这三种福利体制中的核心。之后,还有学者在这基础上加入了以南欧为代表的地中海模式(Gerda Neyer,2003;Suzana Bornarova,Natasha Bogoevska,Svetlana Trbojevik,2017;Anne H.Gauthier,2002)。但回顾过去几十年来各国的生育水平,欧洲内部各国家和地区的生育率变化步调并不一致,在进入 21 世纪之后,其内部差异甚至扩大到呈现"二元生育模式"的程度(宋健,2017),即使同一家庭政策模式下的各个国家的总和生育率差异也非常显著,甚至大于不同政策模式的国家之间的差异。如丹麦和瑞典同属社会民主主义模式,从 20 世纪 70 年代到 90 年代,瑞典的 TFR 从 1.9 下降到 1.64 后又回升至 1.9,但丹麦却从 1.96 降至 1.54,同样,同属保守主义模式的德国和法国,法国为 1.8 以上,但德国却在 1.5 以下[①]。本研究采用一种更为简单直接的划分方式进行比较,分为 TFR 明显回升的国家、TFR 回升不明显的国家、TFR 一直在 1.5 以上的国家和 TFR 一直在 1.5 以下的国家这四类。

根据人口转变四阶段理论,发达国家在进入第四阶段后,总和生育率呈

---

① 资料来源:*World Population Prospects 2019*。

现不同方向的走势,北欧国家出现"反J形"上升趋势,南欧西欧国家还在低生育陷阱内,而东亚个别国家已经滑落到极低生育水平,还有国家虽有回升但并不稳定,甚至很快再次回落。生育率总是处在动态变化中,把个别年份的生育率提高现象归结为反转是不准确的,更不严谨。有学者曾辨析过"反弹"与"反转"的区别,反弹是一种暂时性的状态,很可能再次下降,而反转则是趋势性改变;并将TFR超过前一个相对低点的10%作为反弹的标准,20%设定为反转的标准(陈友华和苗国,2015)。本研究以此为标准界定TFR回升现象,若达到"反转",则视为回升明显,若只是符合"反弹",则视为回升不明显。瑞典TFR在1995—2000年间为1.558,在2010—2015年间上升至1.902,提升了22%,属于反转,可划为TFR回升明显一类。1995—2000年间德国的总和生育率为1.345,2015—2020年间为1.586,上升幅度不足20%,且德国从20世纪80年代起,总和生育率一直在1.5以下的低生育水平,直到2015年以来才上升到1.5以上,回升幅度较小,因而把德国列为回升不明显的国家。法国TFR一直在1.5以上,而韩国、日本几十年来一直处于1.5以下(图17-1)。本研究将以上4个国家分别作为各不同类型国家的代表,在此基础上进一步探讨分析各国实施的鼓励生育政策及作用机制。

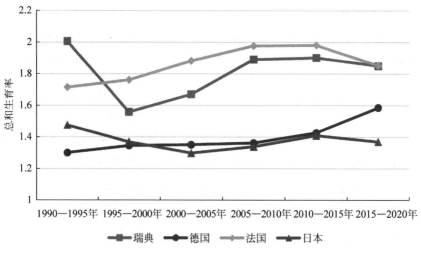

图 17-1　四种类型代表国家 1990 年以来的总和生育率变化趋势

数据来源:*World Population Prospects 2019*。

目前,世界各国鼓励生育政策呈多元化趋势,已经不再局限于最直接的现金补贴方式,国家之间相互借鉴,多种措施互为补充,尽管采取的政策基本相似,但在效果上却没有体现出一致性。各国的政策侧重有所不同,国家的支持力度也不一样,难以将总的政策支持力度量化为可以在不同国家间进行比较的指标。特别是在产假政策方面最难进行衡量,虽然国家都有明确的产假规定,可以按产假的周数来比较,但却有带薪休假和无薪休假之分,且各国薪酬率不同,这对家庭来说,薪酬率比休息时长更能决定产假的使用与否。经合组织国家平均而言,产假福利取代了母亲以前平均工资的 77% 左右,但英语国家的支付率往往较低,澳大利亚、加拿大、爱尔兰、新西兰和英国还不到平均工资的 50%,同时,各国假期的使用率也不尽相同,日本虽然提供了一个非常慷慨的带薪陪产假,但大约只有 3% 的父亲使用[①]。社会政策通常用一个国家经济中各类社会支出的份额来衡量(Rebecca Ray,Janet C. Gornick,John Schmitt,2010),为了能够进行跨国间的比较,本研究以财政支出为参照标准,最终选取家庭福利总支出占国家 GDP 百分比、每次活产的产假和育儿假的公共支出(用 2010 年美元的购买力平价表示)、采用托育和照料的公共总支出占 GDP 的百分比分别衡量各国在经济、假期和托育服务这三种类型政策上的支持力度。

表 17-2 汇总了 2015 年各类型代表国家对三种鼓励生育政策的财政投入力度。OECD 国家在家庭福利公共支出上的平均水平占 GDP 的 2.4%,这一指标实际上包含了对生育津贴和育儿成本的补贴。除了 TFR 一直在 1.5 以下的日本,其他类型的国家的投入均高于这一平均水平。瑞典虽然属于不干预生育的国家,但其较好的福利政策、慷慨的投入皆对提升生育有显著的积极影响。法国的家庭支持津贴不下 30 种,形成了复杂的体系,弥补了法国家庭生育和养育子女的成本,也给法国就业女性提供了从市场购买所需照顾服务的可能(马春华,2016)。

---

① 资料来源:OECD Family Database,PF2.4:Parental leave replacement rates。

表 17-2　2015 年不同类型国家对鼓励生育政策的财政支持度

项　　目	经济政策	假期政策	保育政策	TFR 变化趋势
	家庭福利公共总支出（%GDP）	每次活产的产假和育儿假的公共支出（PPP$）	托育和照料的公共总支出（%GDP）	（1995—2000 年/2010—2015 年）
TFR 回升明显				
瑞典	3.54	26 139.97	1.60	1.56/1.90
TFR 回升不明显				
德国	3.06	11 595.45	0.60	1.35/1.43
TFR 一直在 1.5 以上				
法国	3.68	7 561.45	1.32	1.76/1.98
TFR 一直在 1.5 以下				
日本	1.61	9 655.60	0.44	1.37/1.41
OECD 平均	2.40	12 109.43	0.74	—

　　资料来源：OECD Family Database, *Public policies for families and children.* http://www.oecd.org/social/family/database.htm。

　　TFR 来自 *World Population Prospects* 2019。

　　从对假期的财政支持力度来看，OECD 国家在 2015 年的平均值为 12 109.43，瑞典是 OECD 国家平均值的两倍有余，瑞典的休假政策十分宽松，父母可享有 480 天的带薪休假，其中 390 天享受日常工资的 80%，剩下 90 天按照统一费用支付补贴。德国虽未达到平均水平，但在假期方面也有不少的投入，德国的父育假与育儿假时间长，且待遇水平也较高（李亮亮，2013）。而 TFR 一直在 1.5 以上的法国和 TFR 一直在 1.5 以下的日本在假期方面的财政投入均较低。

　　在托育服务方面，瑞典、法国大大超越了平均水平。德国托育的投入力度较低，德国儿童照料采取收费模式，但根据家庭收入、儿童数量、单亲家庭、居住地等进行减免（李亮亮，2013）。相比之下日本在托育服务方面占 GDP 比重最低，在同时面对老龄化与少子化的压力下，日本的公共财政资金在儿童和长者之间分配极为不平衡，更多的财政资源投给了长者（马春华，2017）。

　　虽然不少国家相继实施鼓励生育政策，但各国的政策措施各有千秋，政策效果也千差万别。从财政投入的力度可以看出国家的重视程度，在不同的政策上的侧重也能够代表国家的发展目标和态度,因而即使是相似的政策,在不同的国情下,效果也不尽相同。

三、鼓励生育政策的作用机制

1978 年,Kamerman 和 Kahn 将家庭政策分为"显性"(explicit)与"隐性"(implicit)两种(Kamerman 和 Kahn),前者具有直接而明确的家庭目标,后者没有明确的家庭目标但对家庭会有影响,且后者涵盖更广。Leitner(2003)从"家庭主义"和"去家庭化"理论视角出发,根据强弱程度提出了一个矩阵模型,分为明显家庭主义(explicit familialism)、随意家庭主义(optional familialism)、含蓄家庭主义(implicit familialism)和去家庭主义(de-familialism)。本研究借鉴以上定义和分类标准,将鼓励生育政策分为显性鼓励生育政策和隐性鼓励生育政策。

显性鼓励生育政策的鼓励生育意图非常明确,如生育津贴、儿童津贴等直接用于生育和养育补贴的经济激励政策。相比之下,假期政策和托育服务政策更加含蓄,其政策的初衷并非为了提升生育率,育儿假是帮助女性兼顾家庭与工作,而托育服务是一种儿童福利政策,同时,这两种政策伴随着经济水平提高、社会环境变化而发生、发展,与社会变革可谓是互为因果的关系,在提供其他方面福利的同时间接达到了鼓励生育的目的,属于隐性鼓励生育政策。Leibenstein(1974)在生育成本-效用理论中将生育的成本分为直接成本和间接成本,直接成本包含孩子的衣食住行以及教育、医疗、娱乐等日常生活费用,间接成本为父母抚养孩子导致的工作收入减少等机会损失。显性鼓励生育政策主要是通过资金支持来增加家庭预算,帮助家庭减少生活开支的压力,补偿因生育给家庭造成的直接成本,而育儿假更多的是补偿家庭生养孩子的时间成本,托育服务政策可以提供照料服务,帮助父母安心工作,从而弥补生育带来的机会成本,这两类隐性鼓励生育政策补偿了生育带来的间接成本。杨菊华(2019)曾将生育的四维内涵总结为时间、资金、服务和就业,显性和隐性这两类不同的政策共同决定着生育的四维内涵,从而达到鼓励生育的效果(图 17-2)。

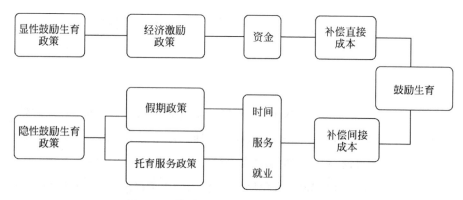

图 17-2　鼓励生育政策及作用机制路径图

表 17-3 在表 17-2 的基础上总结了 2015 年不同类型代表国家的生育成本、国家对生育的政策态度,以及国家对平衡家庭-工作采取的措施,如果三种鼓励生育的政策中的财政力度高于(低于)OECD 国家的平均值,就解释为该国在这项政策上的补偿力度大(小),从而相应的生育成本就低(高)。瑞典虽然对生育实施不干预的政策,但作为福利国家的典范,无论是生育的直接成本或间接成本都较低,即瑞典在显性与隐性鼓励生育政策上皆有很大的力度,从 20 世纪 60 年代初到 1980 年前后,瑞典对带薪产假、补贴育儿、带薪育儿假和普遍儿童津贴等生育政策迅速推广,且慷慨程度明显增加,效果也立竿见影,缩短了生育间隔,产生了生育速度溢价效应(Anders Bjorklund, 2006)。德国的总和生育率在 20 世纪 70 年代降至 1.5 左右,到 90 年代又进一步滑至 1.3 左右,虽然目前实施鼓励生育政策,但政策开始的时间较晚,单从 2015 年的生育成本来看,德国生育的间接成本依然过高,导致 TFR 虽然提升但幅度不大,一直在 1.5 的边缘波动。法国是实施鼓励生育政策较早的国家,虽然反应在假期政策上的间接成本偏高,但在托育服务上有着很大的投入力度,且托育方式灵活多样,包括公立托儿所、企业办托儿所、医院办托儿

所、"临时托儿所"和"儿童花园"等托儿形式,还有母亲的助手、住家保姆等形式(马春华,2016),满足了不同类型家庭的托育需求,帮助家庭减轻抚育压力,因而法国的生育率也一直稳定在较高的水平。而对于在低生育陷阱里挣扎了几十年的日本,无论是生育的直接成本还是间接成本都较高,虽然政府后来实施一系列鼓励生育措施,但效果甚微。

表 17-3　2015 年各国的生育成本和国家对生育的政策倾向

项　　目	直接成本	间接成本		国家对生育的政策	国家对家庭-工作平衡的措施
	经济	假期	保育		
TFR 回升明显					
瑞典	低	低	低	不干预	①②③⑤⑦⑧
TFR 回升不明显					
德国	低	高	高	提升	①③⑤⑥⑦⑧
TFR 一直在 1.5 以上					
法国	低	高	低	提升	①②③④⑤⑥⑦⑧
TFR 一直在 1.5 以下					
日本	高	高	高	提升	①③⑤⑥⑦⑧

　　注:平衡家庭-工作的措施:①有工作保障的分娩假(有薪或无薪);②有工作保障的陪产假(有薪或无薪);③育儿假(有薪或无薪);④儿童津贴(一次性支付);⑤子女或家庭津贴;⑥受抚养子女的税收抵免;⑦父母灵活工作时间;⑧公共补贴的儿童保育。

　　资料来源:国家对生育的政策、国家对家庭—工作平衡的政策措施来自 *World Population Policies* 2015。

　　从以上的分析可以看出,如果生育的直接成本和间接成本都低的话,生育水平就会较高,如瑞典;而在直接成本较低的情况下,如果间接成本过高,生育率也一样难以提升,如德国;对于直接成本和间接成本都比较高的国家,即使国家鼓励生育,但是 TFR 一直难以逆转,如日本。随着时代的发展和收入的增加,人力资本的提升受到重视,生育造成的机会成本越来越高,而家庭对孩子的投入成本也与日俱增,按照马斯洛需求层次理论,个人和家庭的需求都由下向上移动,通过显性政策进行经济补贴已经无法满足当下家庭育儿的需求,而看似作为辅助出现的隐性政策,其作用力已超过了显性政策。政策效果除了与政策的制定目标、支持力度和实施时间有很大的关系,更与各国的社会文化环境紧密相关,探讨鼓励生育政策背后所蕴含的内在机制有重要意义。

在 20 世纪 50 年代之前,男性养家糊口的家庭模式占据着主导地位,由于女性作为生育事件的承担主体,因而照料孩子和家庭的重担似乎也顺理成章地成为女性的责任,基于这种"男主外、女主内"的传统性别分工,西方福利国家发展初期推行的往往是支持男性养家、女性居家照料的家庭政策。20 世纪 70 年代,女性劳动参与率逐渐提高,越来越多的女性认识到自己在家庭之外的个人价值,也意识到生育行为以及孩子照料带来的一系列生育惩罚,孩子越多,机会成本损失越多,妇女们开始致力于为自己争取在家庭和劳动力市场上的平等地位,欧洲各国的决策者们由此遇到了不断增强的要求性别平等的社会压力(赵芳和陈艳,2014)。伴随着传统价值观的重塑,社会环境发生了深刻变化,从而导致鼓励生育政策的导向发生了由显性到隐性的转变。一些欧洲国家开始将福利政策与劳动政策相结合,实现以就业为导向的生育政策,特别是支持妇女就业的家庭政策开始扩大(Emanuele Ferragina,Martin Seeleib-Kaiser,2015),双薪型家庭政策(dual-earner support)应运而生(Walter Koppi,2000)。

但女性走出家庭进入职场之后,儿童照料成为每个家庭面临的首要难题,完善的保育体系成为家庭普遍的新需求,相比于育儿假的再家庭化特征,托育服务这类去家庭化政策更加重视性别平等,帮助女性实现家庭-工作的平衡。儿童保育的政策目标也从最初的慈善转向儿童教育以及帮助父母更好实现个人发展,越来越多的公共保育机构取代私立机构支持儿童教育(Gerda Neyer,2003)。传统男性工作养家、女性持家育儿的观念转为成年公民参与劳动、国家在工作时间为公民养育子女(黄玉琴,萧易忻,2017)。瑞典是男女性别平等程度最高的国家,也是最早在隐性鼓励生育政策上进行尝试的国家,1974 年瑞典允许根据家庭需要让父母双方自由分配与收入挂钩的带薪假期(蒙克,2017),但假期的薪酬与妇女生育之前的全职工作的工资水平有关,并强调只有父母双方都在工作的家庭才有资格享受儿童托育服务(Anders

Bjorklund,2006),达到了鼓励生育与促进劳动参与双管齐下的效果。

推动两性平等、采取平衡家庭-工作的隐性鼓励生育政策被越来越多的国家认可。2015年,瑞典、德国、法国、日本都实施了平衡家庭-工作的生育政策,但政策的种类不同,组合方式也不相同(表17-3)。这些国家基本都首先采用了分娩假、育儿假、灵活的工作时间等假期政策以及儿童津贴、家庭津贴、儿童保育的公共补贴等财政补助。瑞典和法国还采用了陪产假政策,让父亲参与到家庭照料中去,但德国和日本并没有,侧面反映了德国和日本在性别平等方面的差距。整体来看,法国采用的家庭和工作平衡措施最为全面,而瑞典的慷慨度最高,这两个国家的总和生育率一直处在较高水平,相比之下,德国和日本虽然也采取了多种促进家庭-工作平衡的政策,但这两个国家政策实施的时间较晚,且政策的性别平等导向力度还不够。德国比日本更早认识到性别不平等带来的弊端,从20世纪80年代起,德国逐步进行改革,将家庭责任日益社会化,儿童保育工作也大大扩展,但在21世纪初期,才开始扩大以就业为导向的家庭政策,将福利政策与劳动政策相结合。日本的政策改革比德国更为保守,更没有将家庭政策与国家经济利益联系起来(Martin Seeleib-Kaiser,Tuukka Toivonen ,2011),同时,日本政策只关注特定女性,而不具有普及性(Peter Mcdonald,2006),例如,政策虽然支持职业女性生儿育儿,但日本的税收政策和社会保障政策却倾向于支持"男主外、女主内"的传统家庭,政策的冲突也是导致实施效果不佳的重要原因(马春华,2017)。

四、小　　结

从20世纪70年代开始,欧洲低生育率国家就对鼓励生育政策进行尝试,后来,越来越多的国家进行补充,经过半个多世纪的发展,政策目标越发明确,制度也愈加完善。如今,不同国家和地区的家庭政策发展呈现出一些共性：一是由支持传统家庭到确认家庭形态多元化；二是都倾向于以儿童为本位的财政支持；三是协助国民平衡工作和家庭(吴帆，2012)。其中，推动性别平等与推动工作-家庭平衡的隐性鼓励生育政策越来越重要，也被越来越多的国家所采纳，但政策的制定还需要考虑以下几个方面。

(1) 政策供给应与民众需求相匹配。不同时期家庭的需求不同，国家应该敏锐地把握家庭的需求变化，并及时制定政策进行补充。对于女性来讲，生育和就业已成为人生的两个重要目标，提高生育率的同时帮助女性提高就业水平和经济独立能力至关重要，高水平的托育服务政策兼顾了儿童教育、成人自主和性别平等的综合目标(Olivier Thévenon，2011)，帮助女性减少"性别-母职双重赋税"(杨菊华，2016)，更符合当今社会的需要。

(2) 把握好出台生育支持政策的时机很重要。法国作为欧洲第一个经历生育率下降的国家，最早开始关注如何通过家庭政策来遏制生育率的下降(马春华，2016)，日本、韩国对生育政策的调整都严重滞后。即使日本面临多年的低生育水平，也只是试探性地用温和的新人口政策鼓励生育，错过了政策最佳的调整时间。2005 年韩国政府颁布《低生育行动框架和人口政策》，发生了从温和中立到积极鼓励的历史性转折(朱荟，2019)，却也未能奏效，一旦低生育惯性形成，想要逆转则困难重重。

(3) 生育政策的目标应贯穿整个生命周期。生育主要由女性来承担，因而应关注女性的生育体验，生育支持政策的制定需要与女性的生命历程中重要的生命事件和需求相匹配(祁静，茅倬彦，2020)，只有将政策细化到女性生命周期的不同阶段，才能更好地帮助女性解决生育带来的一系列后顾之忧。

鼓励生育政策已不仅是单纯的促进生育，更是与改善家庭福利、促进个人发展、推动两性平等、缓解工作-家庭冲突等多元目标相重叠。生育不止在于"生"，更在于"育"，这是一个长期的过程，因而建设生育友好、家庭友好的制度环境绝非一朝一夕，政策既要立足当下，更要放眼未来，只有切实考虑人之所需，才能真正为人之所用。

第十八章
总结与讨论

　　本研究系统地考察了中国生育率转变趋势和低生育率模式特征,在此基础上分析了全面两孩政策对中国生育率的影响。通过对生育率的影响,进一步考察了对人口规模和结构的长期影响。在全面两孩政策人口学效应的基础上,探讨了对中国社会经济发展的可能影响。在内容的结构安排上,除了第一篇的绪论和第四篇的结论外,核心内容分为两篇,即第二篇的低生育率趋势与特征和第三篇的两孩政策的实施效应。本篇即第四篇对本研究的内容进行概括,总结本研究的结论,提出相应的政策建议。

一、中国的低生育率进程

(一) 生育率转变趋势

　　中国的生育率转变是人类历史上最重大的事件之一。它偏离了经典人口转变论的预测,在世界上人口最多的发展中国家、经济发展和现代化程度较低的条件下发生和实现,而且其速度超过了以往任何可比国家的人口转变过程。

新中国成立以来，根据生育水平变化趋势，可以将中国生育率的转变过程大致划分成四个时期：①20世纪五六十年代生育水平高位波动时期。从1949年到1970年，中国的生育水平一直处于居高不下的状态，总和生育率基本维持在6左右的水平。这一时期，总和生育率仅仅因20世纪50年代末60年代初发生的三年困难时期而发生陡降，一度降到接近3的水平；三年困难时期结束后，生育水平便迅速回升，且由于补偿性生育效应的影响，陡然抬升到7以上，之后总和生育率又恢复到围绕6波动的水平。②20世纪70年代生育水平直线下降时期。从1970年到1980年，中国的总和生育率从5.81的高水平快速下降到2.24，已接近更替水平。整个20世纪70年代，中国育龄妇女平均生育孩子数量减少了近3.6个。这一时期，总和生育率基本呈现出持续直线下降的趋势，其间没有明显波动。③20世纪80年代生育水平徘徊时期。在生育水平的宏观变化趋势上，20世纪80年代和70年代截然不同，70年代总和生育率处于单调大幅下降之中，而进入80年代后，总和生育率则始终在一个较低水平上徘徊不前，从1980年的2.24回升到1982年的2.86，进而回落到1985年的2.20又再次回升到1987年的2.59，最终于80年代末又降回2.35。这一时期，总和生育率起起落落，但始终没能跨越更替水平这一"瓶颈"。④20世纪90年代以来低生育水平和低位缓波时期。中国的总和生育率虽然早在20世纪80年代初就已开始逼近更替水平，但经过80年代近10年的徘徊反复，进入90年代后才真正出现质的飞跃，于1992年开始真正下降到更替水平之下，并持续稳定地保持在这一较低水平。进入21世纪后，中国总和生育率基本维持在1.5～1.6的水平。2005年以后，由于人口发展的周期性影响，特别是2013年之后生育政策的进一步调整完善，中国的低生育率出现逐渐上升趋势。不过，根据各种数据中最高估计，总和生育率仍然没有达到1.8的水平。

回首中国生育水平变迁历程，可以发现两个突出的特点，一是迅速性，总和生育率从6以上的高水平下降到2左右的更替水平，中国仅仅用了不到20年，这一下降速度和幅度明显快于和大于世界上其他绝大多数的国家，尤其是生育转变属于先发型的欧美发达国家,其中英、法两国总和生育率从 5 的高水平下降到 2 的低水平平均耗时约 75 年之久;二是外部干预性,这一特点可以被看作前一个特点产生的原因,中国的生育转变之所以能够速成,显然不仅仅是经济社会推动下自然而然的结果,来自中国政府的强有力的行政干预力量才是主力。此外,由于中国国土面积广阔,不同地区计划生育政策实施力度以及社会经济发展状况存在差异,因而中国生育水平还表现出极大的区域差异性,一方面,生育水平的城乡差异明显,诸如北京、上海等现代化大都市,户籍人口总和生育率甚至不到 1,即便在世界范围内也是数一数二的低水平,与此同时,在广大农村地区超生现象多见,总和生育率水平仍在更替水平之上(原新,2014);另一方面,生育水平的地区差异明显,有学者测算出 2010 年中部地区生育水平最高,实际生育率达到 1.58,西部地区紧随其后,为 1.51,东部地区明显偏低,仅为 1.37,东北地区则是全中国生育水平最低的地区,实际生育率仅为 0.89(尹文耀等,2013)。

(二)生育率到底有多低

2000 年和 2010 年人口普查都得到当年中国的总和生育率为 1.2 左右,而 2015 年小普查得到的生育率更是低达 1.05,可谓是世界上最低的生育率。有少数学者坚信人口普查和抽样调查数据质量是可靠的,认为中国早已跌入"低生育率陷阱",达到了极低生育率。但是多数学者认为这些调查数据中存在不同程度的出生和低年龄人口漏报,因而生育率没有这么低。近 20 年来对中国低生育水平的估计和争论从来没有达成一致性的意见。

可用作基础数据以估计中国低生育率水平的数据来源主要是国家统计局的人口普查和抽样调查、公安部的户籍统计、教育部的小学生在校人数统计,以及原国家卫计委的生育调查。在这四大来源的数据中,国家统计局来源的数据反映的生育率是最低的,教育统计数据反映的生育率是最高的,户籍统计数据和生育调查数据反映的生育率居中。这四大来源的数据都有其优点和缺点。国家统计局的调查数据,虽然不存在样本偏差问题,但是 1990

年以后的普查和抽样调查存在较严重的出生及低年龄人群的漏报和青壮年的重报问题。公安部的户籍统计数据也存在低年龄组的漏报、特别是 0 岁人口的严重不完整性,以及老年年龄组的多报。教育部统计数据在实行义务教育前是非常准确的,与 1982 年和 1990 年人口普查数据具有很高的一致性;后来的数据出现高报的倾向。原国家卫计委的生育调查数据,调查本身的质量是可靠的,但是样本的代表性存在结构性偏差问题,往往需要通过加权来估计全国的生育率。认识到各种数据的特征和缺陷,将有助于我们更好地利用这些数据。一方面我们需要存同求异;另一方面更需要使用多种方法和模型来估计寻找最可能的结果。在这种情况下,仅仅依靠一种来源的数据或一种方法都有可能导致结果偏颇。

通过普查数据、教育数据和公安数据的对比、调整,使用回归分析、存活率推算等方法,我们估算了不同套 2010 年 0～10 岁人口数,从而推算出相应年份的出生人口数,估计出了不同水平的生育率及变化趋势。综合判断,在 2000—2010 年的 10 年里,前期的生育率低至 1.5 左右,而后期的生育率有所回升,接近 1.7。我们又使用普查中的曾生子女数和普查前一年的生育状况数据,应用 Brass 提出的生育率间接估计 P/F 比值方法,对中国 2010 年总和生育率进行了估计,得到的估计值为 1.66。为了进一步检验上述估计的合理性,本研究使用另一种间接估计方法,即广义稳定人口模型,对普查间的平均生育率进行估计。这一方法绕开了生育数据,而只是使用两次人口普查的年龄分布数据,就可以估计普查间生育率。本研究使用的两种基于广义稳定人口模型的生育率估计方法,得到的结果虽然存在差别,但是对于 2000—2010 年的平均总和生育率的估计在 1.6 左右。最后,利用原国家卫计委 2017 年生育调查数据的估计表明,2006—2017 年的生育率存在明显的波动,平均值在 1.65 左右。

中国的低生育率趋势表现为波浪式的进程,即 20 世纪 90 年代大幅度下降,然后在 2000 年前后约 10 年间保持低迷态势,以及 2003 年以来出现上升趋势。2017 年生育调查数据显示近 10 年来的上升趋势是明显的,但是人口普查和人口抽样调查数据只显示有轻微的上升,甚至谈不上是上升。这种上升趋势进入 21 世纪 10 年代后又转为下降。在这一过程中,因生育的属相偏好和生育政策调整,21 世纪 10 年代的生育率变化形成强烈的波动,暂时打断了生育率的继续下降趋势。但是预计生育率下降趋势将很快得以继续。尽管经济社会发展决定着我国生育率的变化趋势,过去 20 多年来低生育率的进程也反映出一种人口惯性驱使下的周期性规律波动。

从国家统计局和原国家卫计委来源的两种调查数据对比看,晚婚晚育导致的一孩生育率下降是中国低生育率进程的一个重要特点,而两种数据来源中存在的二孩及多孩生育率差异则是更为重要的特征。2000 年以来在两种数据来源的生育率总差异中,二孩及以上生育率差异的贡献高达 98%。实际上,在 1990—2003 年间,两种来源的数据在反映生育率趋势上高度一致,生育水平也比较接近。但是 2003 年以后,两者反映的生育率趋势和水平都有很大差异。总和生育率的差距由 0.2 扩大到 0.5,多数年份在 0.2~0.4。

我们使用广义稳定人口模型对 1982—1990 年普查间的生育率估计表明,与 20 世纪 80 年代的生育率调查结果几乎完全一致。但是对 1990—2000 年的生育率估计表明,20 世纪 90 年代我国的生育率要明显低于当时政府部门和学者们认为的水平。而 2000—2010 年的生育率估计又与国家统计局公布的出生人数基本一致,要明显高于人口普查和人口抽样调查直接获得的生育率,而且与 2017 年生育调查计算的 2000—2010 年的平均生育率几乎完全一致。

二、中国的低生育率模式

(一)结构性特征

总体上的生育率转变和生育水平变化必然伴随生育率结构上的改变,因为生育率转变或生育率下降过程是具有结构性差异的,并非在不同群体中同时发生的。20 世纪 70 年代中国生育水平的迅速下降,首先表现在高孩次生育率的下降。实际上 20 世纪七八十年代的生育率在孩次结构上就是高孩次的差异,一孩和二孩是基本稳定的。20 世纪 90 年代以来的低生育率表现在多孩生育率的进一步下降,并维持在很低的水平,同时二孩生育率也出现下降。

与发达国家相比,中国生育率孩次结构的突出特点是一孩生育率比重大大高于它们,而发达国家不生孩子的比例和生育两个及以上孩子的比例都明显高于中国。从 20 世纪 90 年代以来到 21 世纪 00 年代中期,我国女性生育率中一孩占比在 0.6~0.7,二孩占比在 0.23~0.32。发达国家生育率中一孩占比多数在 0.5 以下,二孩占比为 0.35 左右。不过,进入 21 世纪 10 年代以来,我国生育率的孩次结构又发生了显著变化。随着一孩生育率的下降、二孩生育率的上升,生育率孩次结构已经与发达国家类似。

中国生育率孩次结构转变在生育率年龄模式上的反映就是在 20 世纪 70 年代较高年龄妇女的生育率的大幅度下降,然后是较低年龄妇女的生育率的下降;而 20 世纪 90 年代生育率年龄模式的进一步转变表现在较低年龄,尤其是峰值年龄的生育率下降,生育率的年龄模式由"早、宽、高"类型转变为"晚、窄、低"类型。进入 2000 年以后,生育率的年龄模式变化不大。与 2000 年相比,2010 年生育率的年龄模式变得更"低",与此同时高年龄的生育率却有所提高。近年来在生育年龄继续推迟和两孩政策的影响下,峰值生育年龄提高,较高年龄的生育率也明显提高。

不过,与发达国家相比,中国妇女生育推迟程度还不及它们,中国生育高峰年龄组在 2006 年前为 20~24 岁,而 2006 年以来逐渐转变到 25~29 岁组。而目前多数发达国家生育高峰年龄组在 30~34 岁,它们的生育率年龄分布更接近正态分布。

婚育年龄和生育间隔是影响时期生育率的重要因素。中国的计划生育政策也是既从生育数量、又从生育时间来控制生育的。即使各个队列的终身生育率不变,生育时间的变化也会导致时期生育率的大幅度变化,有时压低、有时抬高时期生育率。中国 40 多年来的生育率转变和低生育率趋势充分说明了这一点。妇女婚育年龄的推迟和生育间隔的延长始终是中国低生育率的一个重要特征和抑制因素。

总体趋势上,新中国成立以来妇女的结婚生育年龄一直在逐步提高。20 世纪 70 年代由于计划生育政策干预加速上升,而 20 世纪 80 年代又由于婚姻法修订带来实际结婚年龄的下降。20 世纪 90 年代以来又出现上升,在 21 世纪 00 年代初期曾经停滞,但是近 10 几年来出现了大幅度推迟。1990—2017 年间,人口普查和人口抽样调查数据计算的中国女性的平均初婚年龄提高了 3.5 岁,而 2017 年生育调查计算的平均初婚年龄提高了 4 岁。2017 年中国女性的平均初婚年龄在 26 岁左右(2017 年人口抽样调查的结果是 25.6 岁,2017 年生育调查的结果是 26.1 岁)。中国女性平均初育年龄的变化趋势与初婚年龄非常一致,只是平均初育年龄一般要高于平均初婚年龄 1~2 岁。

由于中国计划生育政策中对生育间隔的限制,中国女性一二孩间隔是在不断延长的。1970—2010 年,平均二孩生育年龄由 25.3 岁延迟到 30.37 岁,提高了 5 年,提高幅度大于平均初育年龄(平均初育年龄提高了近 3 年)。2010 年以来平均二孩生育年龄基本稳定,到 2017 年,中国妇女平均二孩生育年龄达到 30.77 岁。尽管中国妇女的平均初育年龄低于西欧、北欧国家,但是平均二孩生育年龄和它们(30~33 岁)接近。随着生育政策的不断调整完善,中国女性平均二孩生育间隔出现下降。

出生性别比升高、偏高是中国及亚洲一些地区生育率性别结构变化的显著特征。中国成为世界上出生性别比偏高时间最长、偏高程度最严重的国家。韩国、中国台湾和中国大陆已经和正在陆续经历生育的性别结构转变。尽管中国的出生性别比近 10 几年来出现持续下降,但仍然处于严重偏高的水平。

中国低生育率的结构性特征还可以从低生育水平的驱动力上进行刻画。生育水平的变化可以分解为"数量效应"和"进度效应"这两种驱动力的影响。无论是生育率下降还是生育率上升,要么是这两种驱动力之一造成的,要么是它们两者共同影响造成的。

在过去的 40 多年间,除个别年份外,生育的进度效应始终在压低时期生育率。如果计算年代平均值,那么在 20 世纪七八十年代和 20 世纪 90 年代,无论是生育的数量效应还是进度效应,都促进生育率下降。而 21 世纪 00 年代和 21 世纪 10 年代,数量效应出现逆转,变为促进生育率上升,但是进度效应仍然在压低生育率,只是进度效应对生育率的降低作用要大于数量效应对生育率的提升作用。所以,进度效应始终是中国生育率下降和持续低生育率的主要驱动力。

生育率变化受到经济社会因素和生育政策的影响,但是它们并非直接影响生育行为,而是通过一系列直接制约生育率的"中间变量"而发生作用。这些中间变量分别是婚姻、避孕、人工流产和哺乳。美国人口学家 Bongaarts 提出了包含这四个中间变量的低生育率模型,后来他又进一步修订改进了这一模型。利用这一模型再次估计近几年的生育率,同时考察各个中间变量对生育率的影响。模型估计得到 2012—2016 年的总和生育率的平均水平为 1.688,略高于直接使用 2017 年生育调查计算得到的生育率。对模型的四个中间变量进行分析,婚姻指数一直处于较低的水平,这意味着婚姻对生育的影响最大。避孕指数接近婚姻指数,也是影响低生育率的决定性因素。婚姻推迟和已婚比例下降已经成为影响低生育率的关键性因素。

(二)制度性特征

制度性因素始终是影响中国生育率变化的重要、甚至关键性因素。制度性因素虽然涉及很多的制度安排和社会经济政策,但是具有鲜明中国特征的、对生育率转变和低生育率产生重大影响的是生育政策。研究表明,我国的生育率下降和低生育率由生育政策和经济社会发展共同决定,前期由计划生育政策主导,而后期由经济社会发展所决定。

认识到中国生育水平的下降是受生育政策这一外部因素和经济发展与社会变迁这些内部因素的双重作用,那么如果不实行计划生育政策,中国的生育率将有可能呈现怎样的趋势？本研究通过人类发展指数这项指标,分别基于世界模式和东方模式对 1971—2100 年间在无计划生育政策影响下的总和生育率进行反事实预测,来分析我国计划生育政策的长期效应。根据模型预测出的生育率可视为在无计划生育政策约束下,按照世界各国的一般发展规律所对应的总和生育率,其与实际总和生育率之间的差值可视作计划生育政策对生育水平的净效应。

我们分别建立了两种模式进行估计,即世界模式和东方模式。世界模式是按照全球所有国家的数据进行拟合的,而东方模式是根据"中国文化圈"的概念,按照 8 个东亚、东南亚国家和地区的数据拟合的。美国人口学家寇尔在 20 世纪 70 年代初提出与中国文化相似的国家都出现生育率快速下降的现象。基于东方模式的预测更能代表我国反事实下的生育水平变化。

从世界模式来看,若无计划生育政策,我国的总和生育率在 2021 年降低至更替水平以下,然后逐渐下降到 21 世纪中的 1.7 和 21 世纪末的 1.5。计划生育政策使我国进入低生育水平和人口负增长时期提前了 30 年左右,使我国进入人口老龄化社会提前了近 20 年。若从东方模式来看,总和生育率呈更快下降的趋势,并于 2008 年降低到更替水平以下,2025 年降到 1.7,进一步下降到 21 世纪中的 1.4 和 21 世纪末的 1.2。基于东方模式,计划生育政策使我国进入低生育水平、人口负增长时期以及进入人口老龄化社会提前了 15 年左右。

中国生育率转变虽然有其社会经济发展基础,但是决定性力量还是中国的计划生育政策。尽管很多研究表明,中国 20 世纪 90 年代以来的低生育率已由生育政策的外生性因素主导,变成由经济发展的内生性因素主导,但是生育政策仍然具有不可忽视的作用。一个明显的事实是,2013 年以来生育政策的调整完善,特别是 2015 年以来的全面两孩政策,对中国的生育率提升产生了重大影响。

随着全面两孩政策的实施,虽然在总体上生育率提升不多,但是这是由两种相反的趋势造成的结果。二孩生育率的上升大部分被一孩生育率的下降抵消了。近年来的一孩生育率下降幅度是历史上从来没有出现过的，主要原因是初婚初育年龄的大幅度推迟和新进入婚育年龄人群的明显减少。但是一孩生育率下降与全面两孩政策实施是毫无关系的，在考察两孩政策影响时应该排除，只看二孩生育率的变化。事实是二孩生育率出现持续、大幅度上升。2011 年前，二孩生育率基本上稳定在 0.6 左右，2011 年后开始上升，2015 年后突升。2015 年二孩生育率超过一孩生育率，2016 年达到 0.94，而 2017 年甚至超过 1。在新中国历史上，20 世纪五六十年代出现过二孩总和生育率超过 1 的情况。20 世纪 50 年代初即刚解放后不久，经济逐渐恢复，人民生活趋于安定，出现了第一个生育高峰，1953—1955 年的二孩总和生育率都超过 1。20 世纪 60 年代很大程度是因之前的三年困难时期过后的补偿性生育，出现第二个生育高峰，在 1963—1966 年和 1968 年出现二孩总和生育率超过 1。不同于 20 世纪五六十年代，2017 年二孩总和生育率超过 1 是在低生育率背景下出现的，完全是全面两孩政策实施的结果，是两孩政策带来的不同年龄妇女同时生育二孩而出现的生育堆积现象。其可以形容为是受到原生育政策限制的生育势能的"井喷式"释放。在这个意义上说，全面两孩政策的效果是非常显著的。如果没有两孩政策的实施，中国的总体生育率也将随着一孩生育率的下降而大幅度下降。

两孩政策的实施大幅度提升了中国的二孩生育水平。但是两孩政策效应在不同人群之间存在巨大差异。对于以往与生育率呈现负相关的因素，诸如年龄、受教育程度、职业、工作单位性质、收入、住房面积，在两孩政策下却呈现出正相关关系。最高受教育程度、最高收入和最高住房面积的群体，二孩生育率的提升是惊人的，表现出巨大的生育堆积。而最低受教育程度、最低收入和最低住房面积的群体，因原来的二孩生育率就比较高，两孩政策实际上没有影响，甚至二孩生育率出现下降。同时，两孩政策的实施也使得职业为单位负责人、专业技术人员和办事及有关人员或者相对应的在国有单位工作的人群，具有更高的二孩生育率。

三、两孩政策的人口学效应

（一）人口规模与结构

全面两孩政策实施的直接后果是提升了二孩生育率,也将对中国人口发展产生深远的影响。本研究使用 2015 年全国 1‰人口抽样调查数据,通过队列要素法,分三套方案预测分析了在两孩政策下中国人口规模、人口结构以及抚养比等方面的变化趋势。三套方案主要对生育率进行不同假设。低方案是假设不实行全面两孩政策,生育率将下降到 2035 年的 1.35,以后保持不变至 2100 年;中、高方案是在 2015—2018 年采取实际情况,即生育率上升,然后下降,然后再上升,其中,中方案是假设生育率在 2016—2017 年上升到 1.7,然后再下降到 2035 年 1.6,2035 年以后保持 1.6;高方案是在中方案的基础上,生育率上升到 2035 年的 1.85,以后保持 1.85 不变。

低、中、高方案预测显示,未来人口的变化趋势是相同的,都是经历小幅度上升之后逐步下降,只是变化的时间节点以及下降速度不同。按照低方案,如果不实行全面两孩政策,我国在 2023 年人口会达到峰值,大约 14.04 亿人,之后开始出现负增长并持续降低,在 21 世纪中期跌破 12 亿,在 2100 年降到 6.84 亿。中方案是将 2035 年以后的总和生育率假定为 1.6 进行预测,结果显示,在 2024 年,我国的总人口达到峰值,为 14.09 亿人,之后平稳下降,最终在 2100 年降至 8.63 亿人。高方案是假定 2035 年以后总和生育率为 1.85,预测结果显示,如果保持 1.85 的总和生育率,在 2034 年将会达到我国人口的高峰,为 14.16 亿人,与前两个方案一样,在达到高峰后会逐步下降,在 2100 年我国总人口将降至 10.60 亿人,但 21 世纪人口总量始终会在 10 亿以上。相比于低方案中不实施全面两孩政策而言,到 2100 年,中方案比低方案多 1.79 亿人,高方案比低方案多 3.76 亿人。虽然政策的调整会推迟人口高峰期,但未来人口负增长的趋势不会变。

人口学中常将总人口按年龄分为 3 个主要年龄组:少儿人口(0～14 岁)、劳动年龄人口(15～64 岁)和老年人口(65 岁以上)。其中,少儿组是人口发展的开端,其多寡直接影响到未来的人口规模和国家发展的可持续。生育政策主要是直接作用于出生人口,因而"全面两孩"政策的实施最先受到影响的就是 0～14 岁的少儿组。与总人口变化趋势不同的是,未来我国少儿人口规模呈现波动中下降的趋势。单独两孩和全面两孩政策的相继实施让积压多年的生育势能开始爆发,生育堆积效应带来了人口规模的高峰,在 2018 年,我国少儿人口规模达到最大值,约为 2.56 亿人,占总人口比例的 18.35%,之后,这种生育势能逐步消退。较为特殊的是,少儿组人口规模除了受生育政策的影响,也受育龄妇女规模的影响,20 世纪 60 年代出生的育龄妇女来自婴儿潮时期,她们也是对"两孩政策"响应积极的一批人,随着时间推移,1980 年以后的出生队列进入育龄期,而这批人是在严格的计划生育政策下成长起来的,直接缩减了育龄规模,曾经的婴儿潮和婴儿荒的出生人口交替进入育龄期,也会导致未来出生人口的波动变化,所以,未来少儿组的变化趋势将是在波动中下降。如果不实施"全面两孩"政策(低方案),我国少儿人口规模 21 世纪末降到 0.58 亿,占比 8.48%;按照中方案,2100 年降至 0.98 亿人,占比 11.41%;若按高方案,我国未来少儿人口的波动期更长,最终在 2100 年降到 1.53 亿人,占总人口的 14.39%。与不实施"全面两孩"政策相比,到 2100 年,实施此政策至少让我国少儿组多 0.4 亿人,如果按照 1.85 的总和生育率持续到 21 世纪末,我国少儿组人口会多 0.95 亿人,将近 1 亿的人口规模差异势必会对我国的经济社会发展带来不同的影响。

劳动年龄人口的规模和结构是分析经济活动的重要指标,用于衡量一个国家和地区潜在和实际的劳动力资源情况。预测显示,2015—2100 年我国 15～65 岁劳动年龄人口规模在 2015 年达到 9.83 亿人之后开始呈现下降趋势。低方案显示,2100 年达到 21 世纪劳动年龄人口规模的最低点,为 3.35 亿人,占比 48.95%;中方案在 2100 年降至 4.53 亿人,占比约为 52.50%;而高方案的劳动年龄人口始终在 5 亿以上,在 2100 年约为 5.82 亿人,占比约为 54.90%。不论生育政策调整与否,未来劳动力规模的大幅度缩减将是一个不争的事实,以往依靠庞大劳动力发展起来的劳动密集型产业已经不适合未来的发展趋势,人口新形势也将会倒逼产业转型升级。

2015—2100 年我国老年人口规模先快速提升,在 21 世纪中叶达到最高,之后缓慢下降。按照国际标准,一个国家若 65 岁以上的人口超过总人口的 7%,即步入了老龄化社会。到 21 世纪末,老年人口规模低、中、高方案分别为 2.91 亿人、3.11 亿人和 3.25 亿人,占比分别为 42.56%、36.10% 和 30.71%,未来更加严峻的老龄化形势将是我国主要的人口问题。

人口年龄结构的社会经济影响通常使用人口抚养比来测量。2015—2100 年我国少儿抚养比呈现波动性变化趋势,主要是由于生育政策的调整带来出生规模的变动,而这些不同时期的出生队列进入育龄期则导致育龄规模的波动变化,并再次反馈到下一代的人口规模上。而老年抚养比则一直上升,且上升幅度较大,到 2100 年,低、中、高方案的老年抚养比分别增加到 86.94%、68.76% 和 55.94%。少儿抚养比和老年抚养比共同决定了未来我国总抚养比的变化趋势,由于人口金字塔两端的扩大增加了被抚养人口的规模,2015—2100 年我国总抚养比将持续攀升,到 2100 年,低、中、高方案下总抚养比分别为 104.27%、90.49% 和 82.15%。不同时期劳动年龄人口所承受的总抚养负担的内部构成不同,但总体来看少儿负担不算太大,一直在 20%～26% 的水平之间小幅度波动,大约 2030 年以后,养老负担将成为主要的抚养负担。

(二)有效劳动力供给

劳动力的供给受总人口规模、劳动人口规模、劳动力结构、劳动参与率的影响。此外有效劳动力不仅与劳动力数量有关,还与劳动力质量息息相关。进一步考虑劳动参与率及人力资本因素下,未来有效劳动力供给是多少。为此,本研究创建了含人力资本的有效劳动力供给模型,将劳动力数量、结构和质量相结合,利用低中高方案的人口预测数据、劳动参与率预测数据、人力资本指数预测数据,从而对未来劳动力供给状况有更全面的了解。此外,该研究还通过因素分解,了解各分解因素(人口数量、人口结构、劳动参与率、人力资本)对有效劳动力供给变化的贡献度,以及全面两孩政策对各要素贡献率的影响。

劳动参与率的预测,以 2010 年"六普"为基础,根据日本等发达国家的劳动参与率变化规律及我国社会经济发展状况,对未来的分年龄劳动参与率进行有效预测(我国 2010 年的劳动参与率相当于日本 1970 年的劳动参与率)。人力资本指数的构建,以就业人员的平均受教育年限作为人力资本水平的代理变量。根据假设的增长率对 2015—2100 年从业人员平均受教育年限进行预测。

劳动参与率先降后升,随后阶段性波动。据预测,我国未来 15～24 岁的劳动人口劳动参与率下降,此外,50～64 岁劳动人口的劳动参与率上升。2015—2040 年,总劳动参与率呈现"V"字形,先下降后上升,之后阶段性波动,高峰分别是在 2045 年、2065 年及 2095 年。

未来人力资本水平明显上升。预测结果显示,未来就业人员的平均受教育年限将逐年递增,2050 年可达到 13.57 年,对应的人力资本指数是 1.31(即为 2015 年的 1.31 倍),2100 年达到 14.27 年,人力资本指数是 1.38(2015年的 1.38 倍)。

含人力资本的有效劳动力供给显著增加。据预测,2050 年,中方案比低方案的含人力资本的有效劳动力供给增加了 1.6 亿,高方案比低方案的含人力资本的有效劳动力供给增加了 2.4 亿。2100 年,中方案比低方案的含人力资本的有效劳动力供给增加了 1.2 亿,高方案比低方案的含人力资本的有效劳动力供给增加了 2.5 亿,全面两孩政策进一步提高了含人力资本的有效劳动供给。另外,在加入人力资本因素后,总有效劳动力供给显著增加,人力资本水平的提升有效弥补了劳动力数量下降的负面影响。

从因素分解结果整体来看,低中高三种方案下,人口因素的分解指数均小于 0,而非人口因素的分解指数均大于 0。可见,人口因素对含人力资本的有效劳动力供给是一种收敛作用,而非人口因素对含人力资本的有效劳动力供给是放大作用。其中人口数量的影响效应在实施全面两孩政策后有所提高。另外,人力资本的放大作用十分显著,可见人力资本对有效劳动供给的重要性。

四、两孩政策的社会经济效应

(一)妇幼卫生服务需求

生育政策调整对社会的影响是广泛而深远的,其中对基本公共服务需求的影响是直接而重要的。全面两孩政策的实施在短期内可能带来出生人口、婴幼儿、孕产妇等的增长,将带来妇幼卫生服务、医疗保健服务需求的增长。从长期来看,这种增长还将伴随着人口惯性而持续存在。

本研究利用队列要素法对"全面两孩"背景下未来出生人口变动进行预测,并利用人口资源密度法估计出生人口变动对妇幼卫生服务需求可能带来的影响,其中人口资源密度参考我国妇幼卫生服务资源现状、相关文件政策目标及主要发达国家情况进行不同方案的设定。

预测显示短期内出生堆积现象并不明显。出生人口的高峰是 2016 年,达到 1 759 万,随后开始回落,2017 年和 2018 年的出生人口分别为 1 698 万和 1 501 万,在 2035 年左右仍有一个小高峰。整体来看"全面两孩"政策似乎并未出现较强的短期内出生堆积的情况,因此也意味着产科卫生服务并未面临短期内需求持续增加的紧张局面。但是,到 2050 年,中、高方案累计比低方案新增出生人口 5 245 万人和 9 617 万人,平均每年约 150 万~270 万,也应当引起重视,需要增加相应配套卫生服务。尽管出生人口仅增加了 1 年便开始回落,但人口惯性作用下,在 2035 年左右仍有一个出生的小高峰,需要提前做好相应准备。

0～14 岁儿童数量的峰值出现在 2018 年,达到 2.56 亿,比 2015 年增长 607 万,儿科资源而言压力增加。2016—2020 年间,中、高方案情况下 0～14 岁儿童数量本别比低方案高出 193.8 万人和 222.7 万人。0～14 岁儿童数量 也存在小高峰,低、中、高方案情况下达到小高峰的时间分别为 2040 年、2042 年和 2044 年,小高峰规模分别达到 1.56 亿、1.82 亿和 2.07 亿人,中、高方案 比低方案分别多出 2 629 万人和 5 156 万人。

全面两孩政策实施,长期来看对孕产妇和儿童相关医疗卫生服务需求有 所增加。按照 2018 年资源密度进行推算,到 2037 年左右的出生小高峰,中、 高方案预测妇产(科)医疗机构需求分别为 22 145 所和 25 526 所,其中妇产 (科)专科医院分别为 3 328 所和 3 836 所,产科医师数量需求分别为 17.92 万 名和 20.66 万名,产科护士数量需求分别为 15.36 万名和 17.71 万名。到 2050 年,中、高方案预测需求与低方案差值达到最大,妇产(科)医疗机构需求 差值分别为 3 627 所和 7 005 所,其中妇产(科)专科医院需求差距分别为 545 所和 1 053 所,产科医师数需求差值为 2.94 万名和 5.67 万名,产科护士数与 需求差值为 2.52 万名和 4.86 万名。

按照全国现有儿科医疗资源密度推算,中、高方案中,儿科医疗机构和儿 科床位数需求在 2018 年达到峰值,分别为 20 489 所和 51.99 万张,次高峰分 别为 14 565 所、36.96 万名和 16 586 所、42.09 万名。2050 年,中、高方案与 低方案儿科医疗机构需求差值分别为 2 398 所和 4 668 所,床位数需求差值分 别为 6.08 万张和 11.85 万张。按照《关于加强儿童医疗卫生服务改革与发展 的意见》中到 2020 年"每千名儿童儿科执业(助理)医师数要达到 0.69 名,每 千名儿童床位数增加到 2.2 张"的标准估算进行估算,儿科床位数、儿科医师 数、儿科护士数需求峰值分别为 56.34 万张、17.67 万名和 29.45 万名,儿科 床位数、医师数和护士数的缺口分别为 4.9 万张、2.4 万名和 3.7 万名。2050 年,中、高方案与低方案结果差值,儿科床位数分别为 6.59 万张和 12.84 万 张,儿科医师数分别为 2.07 万名和 4.03 万名,儿科护士数分别为 3.45 万名 和 6.71 万名。按照世界主要发达国家"每千名儿童的医师配比"0.85～1.3 人的标准,取中位数 1.07 进行估算,儿科床位数、儿科医师数、儿科护士数需

求峰值分别为 92.72 万张、27.40 万名和 45.67 万名,缺口分别为 41.32 万
张、12 万名和 19.97 万名。2050 年,中、高方案与低方案结果差值,儿科床位
数分别为 10.85 万张和 21.12 万张,儿科医师数分别为 3.21 万名和 6.24 万
名,儿科护士数分别为 5.35 万名和 10.41 万名。

(二)学龄人口与师资需求

随着"全面两孩"政策的实施,出生堆积将导致近年内的儿童照料、学前
和小学教育需求相继增长,这种影响主要表现在对基础设施或师资的需求。

从预测结果来看,实施全面两孩政策之后,2015—2050 年间 3 周岁以下
婴幼儿的数量不断递减。根据欧盟国家的经验,将幼儿入托率设定为 30%,
将师幼比设定为 1:5,到 2050 年,托幼需求量在 652.45 万~1 010.6 万人之
间,师资需求在 130.40 万~202.12 万人之间。随着对儿童照料重要性认识
的不断提高以及对早期教育需求的不断扩大,婴幼儿托幼服务将成为一种基
本的、刚性的、普遍的民生需求,儿童照料不再只是家庭内部的责任,国家和
社会也将一起分担育儿的压力。

学前教育是终身学习的开端,是国民教育体系的重要组成部分,良好的
学前教育环境对幼儿身心健康具有重要意义,然而"入园难""入园贵"是我国
学前教育一直存在的问题。按照《幼儿园工作规程》规定,选取 3~6 岁年龄组
总人口作为学前教育适龄人口,预测显示,未来 3~6 岁学前适龄儿童规模呈
先下降再上升再下降的趋势。在对 2020—2050 年的入园率进行估计时,本研
究作出两个假设,第一个是按照国家《国家教育事业发展"十三五"规划》中的
发展目标,使入园率在 2020 年之后达到 85% 的水平并一直保持不变直到
2050 年;第二个是按照欧洲国家的平均发展水平,假设 2050 年我国的入园率
将达到 OECD 国家现有的平均水平 95%。若按照 85% 标准,到 2050 年低、
中、高方案学位需求分别降为 2 789.13 万、3 478.08 万和 4 097.25 万。若按
95% 的标准,分别为 3 115.93 万、3 885.6 万和 4 577.31 万。新版《幼儿园工
作规程》提出幼儿园规模一般不超过 360 人,而当下我国的平均标准为 175

人/所,分别以这两种标准预测未来的幼儿园需求量,发现如果按照175人/所的规模要求,我国对幼儿园的需求量最高达到33万余所,到2050年,接近15万所。如果按照360人/所的规模要求,幼儿园一直处于供大于求的阶段。从学前师资来看,我国教育部2013年发布的《幼儿园教职工配备标准(暂行)》制定了幼儿园教职工与幼儿的配备标准及比例,明确提出在全日制服务类型的幼儿园中,全园教职工与幼儿比应为1∶5~1∶7,全园保教人员与幼儿比应为1∶7~1∶9。取师幼比1∶8估计学前教育教职工需求量,在2015—2050年间,我国学前师资需求量逐步降低,到2050年低、中、高方案分别为464.86万人、579.68万人、682.87万人,目前我国的师资力量远不够满足"全面两孩"政策带来的学前学位需求。对于财政投入来说,不论入园率参照哪种标准,我国未来在学前教育上的财政投入都在不断增大。

《中华人民共和国义务教育法》中规定,"义务教育是国家统一实施的所有适龄儿童、少年必须接受的教育,是国家必须予以保障的公益性事业。"我国实行九年义务教育制度,包含小学和初中两部分,按照法律要求,将入学率设定为100%。预测显示,2015—2050年的小学和初中的学位需求量逐年缩减,到2050年低、中、高方案小学学位需求量分别为5 815万、6 996万和8 126万,初中学位需求量分别降至3 211.38万、3 800.04万和4 385.24万。《中央编办 教育部 财政部关于统一城乡中小学教职工编制标准的通知》中将1∶19和1∶13.5作为小学和初中师资比的标准。到2050年,小学教师需求量在306.05万人至427.67万人之间,初中教师需求量在237.88万人至324.83万人之间。经计算,小学和初中的生均教育经费指数分别为21%和29%,相比于学前教育的财政投入,小学教育大大增加,且随着时间的变化增加幅度也不断变大,到2050年,低、中、高方案分别为37 614.42亿元、45 253.17亿元和52 560.87亿元,而初中的教育投入相比小学减轻了许多,到2050年,低、中、高方案分别为28 686.34亿元、33 944.73亿元、39 172.16亿元。

教育是我国最重要的公共服务,人才强国战略的有效实施需要借助于良好的教育质量和环境。全面两孩政策实施后,人口的结构变化直接影响着教育结构,而现有的教育规模已经不能很好地适应变化的人口结构。在新的人口形势下,2017—2050 年我国的人口变化对教育的挑战是波动性的,不论是学前教育还是义务教育,学位需求量和师资需求量都是呈现先增大后减少再增大再减少的变化趋势,但学前、小学、初中的变化时间和规律不同。从学位需求来看,未来我国每年基本都需要 1 000 万以上的托育需求量,学前、小学和初中的学位需求量分别在 2017 年、2020 年和 2026 年达到高峰后,之后学位逐渐剩余;从师资需求来看,我国 0~3 岁婴幼儿的教师非常欠缺,而对于 3~6 岁学前专任教师一直处于不足状态,小学教职工在 2023 年以前缺口最大为 40 余万,但之后一直剩余,后期剩余数量接近 200 万,而我国初中教师需求量不足的时期多于剩余的时期。

全面两孩政策是我国计划生育政策的重大调整,由人口政策带来的出生人口增量与现有人口存量相叠加,给我国教育体系带来了巨大的挑战和压力。为了顺应人口变化的新形势,需要统筹规划,合理布局,将人口预测、城镇发展、公共服务相契合,满足广大人民群众对更高质量、更多元化教育的需求,争取实现更加公平、可持续的发展。

（三）卫生费用

人口规模和结构对卫生费用产生重大影响,尤其是人口老龄化的直接后果之一就是带来卫生支出费用上涨。本研究通过因素分解法分析和预测了中国当前的卫生支出影响因素,以及在全面两孩政策背景下卫生支出的发展趋势。人口普查及人口抽样调查数据的分解结果表明非人口因素是我国卫生支出增长的主要因素,人口因素对卫生支出增长的影响相对有限。在人口因素当中其主要扩张作用来自年龄结构的老化,人口规模因素的扩张作用较小,人口健康因素的改善对卫生支出起到了收敛作用。其中,伴随着我国老龄化的进程,由于人口结构因素和人口健康因素在不同时期交替发挥主要作用,因此人口学因素对卫生支出的影响呈现出明显的阶段化特征。

基于因素分解和人口预测的结果,本研究认为未来人口因素对卫生支出在相当长一段时期内将保持正向的扩张作用,但是这种影响将逐渐减弱,到21世纪中叶人口因素对卫生支出的影响将由推动作用转为收敛作用。

经过对人口因素的进一步分解发现,在全面两孩政策的背景下,生育水平的改变并不显著改变人口因素对于卫生支出的影响。其原因在于在假定了预期寿命平稳增长的前提下,全面两孩政策下生育水平的提高会使得人口规模因素对卫生支出的收敛作用减弱,而全面两孩政策对老龄化增速的减缓使得人口结构因素对卫生支出的扩张作用减弱,两者彼此抵消使得人口因素对卫生支出的影响不因生育政策的改变而发生变化。

人口因素进一步分解的结果还表明,未来我国卫生支出受人口因素影响的部分当中,人口结构因素是最为核心的人口因素,它主导着人口因素整体贡献率的走势。并且全面两孩政策会使得人口结构因素对卫生支出的扩张作用减弱,在较高生育水平下该因素贡献率的拐点出现在2080年前后。由于人口预测的3套生育率方案当中假定了同样的预期寿命变化,简化了人口预测当中对于死亡的设定,因此无法进一步探讨,在平均预期寿命不断延长、健康水平不断提高的情况下,人口健康因素对于卫生支出的影响。

五、政策启示

虽然全面两孩政策大幅度提升了二孩生育率,但这主要是原有政策下被长期压抑的年龄较大的妇女的二孩生育意愿的突然释放,而不主要是年轻女性的二孩生育率提升。因此,这种效应将是短暂的。而近年来女性初婚率的下降,导致一孩生育率下降。如果这一趋势得以持续,那么即便二孩生育意愿较高,也在实际上无法提升二孩生育率。况且从本课题参与合作的于2016年和2017年在部分省份的生育意愿调查结果看,已有一孩的女性打算生育二孩的比例在30%以下。这些趋势结合起来将促使中国未来的生育率持续低迷,面临陷入极低生育率的很大风险。因此,必须构建强有力的婚育友好型家庭政策体系,才有利于形成适度低生育率,促进人口长期均衡发展。本研究提出如下的政策建议。

(一)制定和加强婚姻促进政策

面对不断增强的初婚年龄推迟和初婚率下降趋势,尽快制定和实施婚姻促进政策。一方面,虽然世界各国实际初婚年龄都在不断推迟,但很多国家的女性法定婚龄都在 20 岁以下,我国女性的法定婚龄也可以适当降低,以适应更加自主的婚姻生育需求;另一方面要加强共青团、工会、妇联等机构以及其他各种政府和社会力量,通过各种有效形式在帮助年轻人联谊、恋爱、结婚方面发挥作用,同时国家也要在结婚费用补贴、结婚购房优惠或补贴、申请廉租房结婚、延长婚假等方面制定政策降低结婚成本,促进年轻人结婚。同时,在新时代新形势条件下,国家也可以开展旨在促进婚姻和生育的新的"婚育新风进万家"活动。另外,在西方国家婚姻与生育之间是弱关系,而中国这两者之间是强关系。西方国家同居(非婚)生育成为整体生育的重要、甚至主要组成部分,很大程度是源于对非婚同居和婚外生育给予承认和保护,并尝试像法律婚姻一样将其制度化。中国也可考虑对稳定的同居关系或事实婚姻给予法律保护,以利于她们生儿育女。

(二)尽快全面放开生育政策,促进出生人口数量增长

尽管全面两孩政策取得了一定成效,但受育龄妇女年龄结构、生育时间推迟等一些因素的影响,出生人口规模总体未达到预期效果,与 2016 年相比,2017 年出生人口出现了下降,而 2018 年更大幅度下降。家庭生育意愿不高也成为目前一个普遍现象。为了提升生育政策实施效果、保持人口稳定发展,应尽快全面放开生育政策,满足有条件、愿意多生孩子的家庭的生育意愿,弥补一孩生育数量下降、二孩生育意愿不足带来的出生人口减少,以利于

在总体上维持人口的稳定健康发展。

（三）建立以政府为主导、以社区为基础、以社会为补充的 0～3 岁婴幼儿公共托幼体系

（1）目前多数家庭幼儿照护走的还是依靠父母和女性的"自力更生型"传统模式，没有完善的市场托幼服务做保障，夫妻尤其是女性很难兼顾事业和家庭，生育的机会成本高，导致生育意愿低。我们的调查也显示，超过一半的女性表示提供合适托幼机构能激励自身生育两个孩子。在全面两孩政策背景下，婴幼儿照料服务体系的建立已是当务之急。

（2）立足社区，整合社区资源，建构并完善社区托幼或托管机制，开展家庭支持项目，就近建立托幼场所，降低运营成本，减轻家庭的生养负担与压力。

（3）在托幼服务提供模式上，可以引入多元共治理念，鼓励社会资本进入，利用私营部门的管理技术和资源，打造高质量的公私合营和私营托幼机构。

（4）鼓励工作单位尤其是有条件的企业承担社会责任，开办托幼机构，在政策（比如税收、贷款等）上给予相应的优惠；鼓励条件欠缺的企业跟邻近社区合作，为职工提供托幼服务，减轻职工接送负担；鼓励工作单位适当给予母亲哺乳和探视时间。

（四）将孕产假政策规范化、制度化，推行法定育儿假，帮助 实现工作—家庭平衡

（1）调查发现，一些单位对二孩产假仍存在歧视性政策，二孩产假天数短于一孩产假，群众怨言较大。政府部门应规范企事业单位的行为，敦促企事业单位认真落实政策，保障家庭生育权益。

（2）有关发达国家的研究表明，育儿假能够提高二孩生育意愿，可以借鉴经验，推行带薪和无薪的育儿假。为了保证企业的生产效率、降低企业损失、保证企业的竞争力，公共财政应补贴相应支出。

（五）建立一套系统的家庭发展支持政策体系,提高家庭福利水平,增强家庭发展能力

调查表明,超过 70％的女性表示国家提供生育补贴会激励她们生育两个孩子,而且近 1/3 的人不生育二孩是因为经济压力大。应学习其他国家经验,完善生育、抚育、儿童发展、教育等在内的社会保障政策。通过生育补贴、税收优惠、儿童津贴、家庭补贴、住房保障等形式,减轻家庭生养子女的经济压力。目前房价居高不下给作为生育主体的青年家庭带来沉重经济负担,城市在住房优惠政策方面应优先倾斜二孩家庭。

（六）家庭政策应纳入性别平等视角,公共部门应创造促进社会性别平等的政策环境

（1）综观欧洲国家生育率与家庭政策的关系,性别平等程度较低的国家,鼓励生育的家庭政策作用会大打折扣。因此,工作-家庭平衡并不只是针对女性提出的,而应是夫妻共同承担的责任。

（2）调查发现,超过 40％的女性表示保障就业不受生育影响的政策可以激励她们生育两个孩子。实际上,因为生育问题,女性在劳动力市场上遭遇各类显性、隐性歧视,职业发展受到负面影响,工作-家庭平衡难题主要由女性承担。

（3）除了专门立法保护女性不受歧视外,还应重视丈夫的家庭责任,建立完善父母育儿假、丈夫陪产假等制度,促进丈夫更多地参与到家务劳动分工和子女照料中,帮助妻子缓解母亲角色和职业女性角色之间的矛盾。可以实行弹性产假转移制度,鼓励女性将部分产假有弹性地（即在有需要的时点）转移给丈夫,鼓励丈夫休产假。

（七）设立常设机构，统筹家庭政策

家庭政策牵涉到多个职能部门，必须实现管理模式的创新，应设立统筹家庭政策专门机构，整合卫生、计生、教育、民政、税收等部门的职能和资源，将家庭福利政策落到实处。在专门机构设立前，过渡时期可由卫健委相关部门承担这一职能，统筹协调其他部门资源，研究、制定和统筹家庭政策。

参 考 文 献

[1] 崔红艳,徐岚,李睿.对 2010 年人口普查数据准确性的估计[J].人口研究,2013(1)：10-21.

[2] 崔红艳.对 2005 年全国 1‰人口抽样调查数据质量的评估[C].西安：中国人口学会 2008 年会.

[3] 陈宁.全面两孩政策实施对我国人口老龄化的影响研究[J].华中科技大学学报(社会科学版),2017(2)：96-103.

[4] 陈卫.国际视野下的中国人口老龄化[J].北京大学学报(哲学社会科学版),2016(6)：82-92.

[5] 陈卫.再论中国的生育水平[J].人口研究,2009(4)：38-42.

[6] 陈卫.中国近年来的生育水平估计[J].学海,2016(1)：67-75.

[7] 陈卫,段媛媛.中国近 10 年来的生育水平与趋势[J].人口研究,2019(1)：3-17.

[8] 陈卫,靳永爱.中国计划生育政策的执行及其影响因素——基于微观的视角[J].人口与经济,2014(4)：118-128.

[9] 蔡泳.教育统计真的是估计生育水平的黄金标准吗？——对使用教育统计数据估计生育水平的探讨[J].人口研究,2009(4)：22-33.

[10] 陈友华.从分化到趋同——世界生育率转变及对中国的启示[J].学海,2010(1)：26-34.

[11] 陈友华,苗国.低生育率陷阱：概念、OECD 和"金砖四国"经验与相关问题探讨[J].人口与发展,2015(6)：7-18.

[12] 范翠红.新中国成立初期国家与社会关系模式初探[J].南京师大学报(社会科学版),2001(2)：31-35.

[13] 冯立天,马瀛通,冷眸.50 年来中国生育政策演变之历史轨迹[J].人口与经济,1999(2)：3-12.

[14] 顾宝昌,侯佳伟,吴楠.中国的总和生育率为何如此之低？——推延和补偿的博弈[J].人口与经济,2020(1)：49-62.

[15] 高尔生,陈常中,顾杏元.上海、河北、陕西生育率中间变量分析[J].中国人口科学,1989(1)：21-28.

[16] 顾和军,李青.全面两孩政策对中国劳动年龄人口数量和结构的影响：2017—2050[J].人口与经济,2017(4)：1-9.

[17] 国家卫生健康委员会.关于加强儿童医疗卫生服务改革与发展的意见[EB/OL].[2016-05-18]. http://www.nhc.gov.cn/yzygj/s3594q/201605/d8c3d4f7bcda487fb

145fc95fac9c8b3. shtml.

[18] 郭志刚.从近年来的时期生育行为看终身生育水平——中国生育数据的去进度效应总和生育率的研究[J].人口研究，2000(1)：7-18.

[19] 郭志刚.对中国1990年代生育水平的研究与讨论[J].人口研究，2004(2)：10-19.

[20] 郭志刚.关于中国1990年代低生育水平的再讨论[J].人口研究，2004(4)：16-24.

[21] 郭志刚.六普结果表明以往人口估计和预测严重失误[J].中国人口科学，2011(6)：2-13.

[22] 郭志刚.中国90年代的生育水平分析——多测量指标的比较[J].中国人口科学，2000(4)：11-18.

[23] 郭志刚.中国的低生育率与被忽略的人口风险[J].国际经济评论，2010(10)：112-126.

[24] 郭志刚.中国的低生育水平及相关人口研究问题[J].学海，2010(1)：5-25.

[25] 郭志刚.中国低生育进程的主要特征——2015年1‰人口抽样调查结果的启示[J].中国人口科学，2017(4)：2-14.

[26] 郭志刚.中国人口生育水平低在何处——基于六普数据的分析[J].中国人口科学，2013(2)：2-10.

[27] 郭志刚.总和生育率的内在缺陷及其改进[J].人口研究，2002(5)：24-28.

[28] 郭志刚,田思钰.当代青年女性晚婚对低生育水平的影响[J].青年研究，2017(6)：16-25.

[29] 胡鞍钢,王洪川,魏星.中国各地区人类发展：大进步与大趋同(1980—2010)[J].清华大学学报(哲学社会科学版)，2013(5)：55-68.

[30] 贺丹,张许颖,庄亚儿,等.2006—2016年中国生育状况调查报告——基于2017年全国生育状况调查数据分析[J].人口研究，2018(6)：35-45.

[31] 郝娟,邱长溶.2000年以来中国城乡生育水平的比较分析[J].南方人口，2011(5)：27-33.

[32] 郝娟,邱长溶.对去进度效应总和生育率的检验与讨论[J].人口研究，2012(3)：81-88.

[33] 胡英,孟灿文,BURCH T K.对五省一市生育力变化的中间变量分析[J].人口研究，1991(5)：13-17.

[34] 黄玉琴,萧易忻."低生育率陷阱"风险下如何实现生育率翻转？——东亚和欧美的经历及对中国的启示[J].福建论坛·人文社会科学版，2017(5)：159-166.

[35] 金益基.重思中国的人口新政策：与日韩低生育率和人口老龄化比较[J].学海，2017(1)：134-143.

[36] 康晓平,王绍贤.影响农村妇女生育率直接因素的研究——北京市顺义县杨镇乡已婚育龄妇女生育率调查[J].中国人口科学，1989(1)：55-59.

[37] 罗淳,宋晓莹."后计生"时代的中国家庭生育抉择与政策转向[J].云南师范大学学报(哲学社会科学版)，2020(2)：84-90.

[38] 李汉东,李流.中国2000年以来生育水平估计[J].中国人口科学，2012(5)：75-83.

[39] 李建民.生育理性和生育决策与我国低生育率水平稳定机制的转变[J].人口研究,2004(6):2-18.

[40] 李亮亮.欧洲四国家庭友好政策及效应分析[J].中华女子学院学报,2013(1):89-93.

[41] 刘隆健.中国西南三省育龄妇女生育率直接影响因素初探[J].人口研究,1990(1):32-36.

[42] 陆旸,蔡昉.人口结构变化对潜在经济增长率的影响:中国和日本的比较[J].世界经济,2014(1):3-29.

[43] 路遇,翟振武.新中国人口60年[M].北京:中国人口出版社,2009.

[44] 罗雅楠,程云飞,郑晓瑛."全面两孩"政策后我国人口态势趋势变动[J].人口与发展,2016(5):2-14.

[45] 马春华.当代日本家庭变迁和家庭政策重构:公共资源的代际再分配[J].社会发展研究,2017(3):69-97.

[46] 马春华.瑞典和法国家庭政策的启示[J].妇女研究论丛,2016(2):20-23.

[47] 马蔡琛,李萌,那万卿.发达国家现代家庭补贴与税收减免的政策法律[J].社会政策研究,2017(6):66-80.

[48] 蒙克."就业-生育"关系转变和双薪型家庭政策的兴起——从发达国家经验看我国"二孩"时代家庭政策[J].社会学研究,2017(5):218-241.

[49] 孟令国,李博,陈莉."全面两孩"政策对人口增量及人口老龄化的影响[J].广州财经大学学报,2016(1):26-35.

[50] 马瀛通,王彦祖,杨书章.递进人口发展模型的提出与总和递进指标体系的确立[J].人口与经济,1986(2):40-43.

[51] 茅倬彦,申小菊,张闻雷.人口惯性和生育政策选择:国际比较及启示[J].南方人口,2018(2):15-28.

[52] 庞丽娟,王红蕾,吕武.对"全面二孩"政策下我国学前教育发展战略的建议[J].北京师范大学学报(社会科学版),2016(6):12-21.

[53] 彭秀健,FAUSTEN D.低生育率、人口老龄化与劳动力供给[J].中国劳动经济学,2006(4):43-63.

[54] 秦芳芳.中间生育变量对生育率的影响[J].人口与经济,1983(2):32-38.

[55] 齐明珠.我国2010—2050劳动力供给与需求预测[J].人口研究,2010(5):76-87.

[56] 祁静,茅倬彦.生命历程视角下的生育支持政策研究[J].福建师范大学学报(哲学社会科学版),2020(2):112-121.

[57] 任强,张洁羽,吕智浩.人口转变、经济发展与卫生支出增长——以人口普查数据为基础的预测[J].人口与发展,2014(1):22-32.

[58] 沈可,王丰,蔡泳.国际人口政策转向对中国的启示[J].国际经济评论,2012(1):112-131.

[59] 孙明哲.使用六普数据对中国未来人口规模趋势的预测——兼论未来50年中国人口规模衰减的程度[J].北京社会科学,2014(5):85-92.

[60] 宋健.人口统计学[M].北京：中国人民大学出版社,2019.

[61] 宋健.转折点：中国生育率将往何处去——基于欧洲的经验与启示[J].探索与争鸣,2017(4)：70-75.

[62] 石人炳."单独二孩政策"实施初期的出生堆积及其特点[J].人口与经济,2014(5)：13-22.

[63] 史文秀."全面二孩"政策背景下我国学前教育资源供需状况及其政策建议——基于 2017—2026 年在园学前儿童数量预测[J].教育科学,2017(4)：82-89.

[64] 陶涛,金光照,杨凡.中国经济社会发展与生育水平变动关系再探索.人口研究,2017(6)：33-44.

[65] 汤梦君.中国生育政策的选择：基于东亚、东南亚地区的经验[J].人口研究,2013(6)：77-90.

[66] 邬沧萍.中国生育率下降的理论解释[J].人口研究,1986(1)：10-16.

[67] 邬沧萍,贾珊.中国文化与生育率下降[J].中国人口科学,1991(5)：7-12.

[68] 吴帆.第二次人口转变背景下的中国家庭变迁及政策思考[J].广东社会科学,2012(2)：23-30.

[69] 吴帆.欧洲家庭政策与生育率变化——兼论中国低生育陷阱的风险[J].社会学研究,2016(1)：49-72.

[70] 王广州.影响全面二孩政策新增出生人口规模的几个关键因素分析[J].学海,2016(1)：82-89.

[71] 王金营,戈艳霞.2010 年人口普查数据质量评估以及对以往人口变动分析校正[J].人口研究,2013(1)：22-33.

[72] 王金营,戈艳霞.全面二孩政策实施下的中国人口发展态势[J].人口研究,2016(6)：3-21.

[73] 王金营.中国计划生育政策的人口效果评估[J].中国人口科学.2006(5)：23-32.

[74] 韦艳,董硕,姜全保.中国初婚模式变迁——基于婚姻表的分析[J].人口与经济,2013(2)：21-28.

[75] 王颖,孙梦珍.鼓励生育的政策及其效果：国际经验、回顾和展望[J].浙江大学学报(人文社会科学版),2017(5)：19-29.

[76] 王子彧.北欧家庭福利政策与服务体系：经验与发展[J].社会政策研究,2017(6)：93-106.

[77] 许凤才,梁洪琦.俄罗斯人口危机及应对政策研究[J].辽宁师范大学学报(社会科学版),2020(2)：1-8.

[78] 杨成刚,张笑秋.中国婚姻结构与生育控制对生育水平的影响分析——基于简化的邦戈茨中间变量生育率模型[J].人口学刊,2011(2)：14-20.

[79] 杨凡,赵梦晗.2000 年以来中国人口生育水平的估计[J].人口研究,2013(2)：54-65.

[80] 杨菊华.生育支持与生育支持政策：基本意涵与未来取向[J].山东社会科学,2019(10)：98-107.

[81] 杨菊华."性别-母职双重赋税"与劳动力市场参与的性别差异[J].人口研究,2019 (1):36-51.

[82] 杨舸."全面两孩"后的人口预期与政策展望[J].北京工业大学学报(社会科学版), 2016(4):25-33.

[83] 杨顺光,李玲,张兵娟,等."全面二孩"政策与学前教育资源配置——基于未来20 年适龄人口的预测[J].学前教育研究,2016(8):3-13.

[84] 于学军.对第五次全国人口普查数据中总量和结构的估计[J].人口研究,2002(3): 9-15.

[85] 余央央.中国人口老龄化对医疗卫生支出的影响[D].上海:复旦大学,2012.

[86] 周长洪.经济社会发展与生育率变动关系的量化分析[J].人口研究,2015(2): 40-47.

[87] 赵芳,陈艳.近二十年来的欧洲家庭政策:变化及其延续[J].华东理工大学学报(社 会科学版),2014(1):20-27.

[88] 中国人民大学人口研究所信息处理室.中国1981年全国及分省市简略生命表[J]. 人口研究,1987(1):59-64.

[89] 张广宇,原新.对1990年代出生漏报和生育水平估计问题的思考[J].人口研究, 2004(2):29-31.

[90] 赵梦晗.2000—2010年中国生育水平估计[J].人口研究,2015(5):49-58.

[91] 赵梦晗.全面二孩政策下重新审视公共政策中缺失的性别平等理念[J].人口研究, 2016(6):38-48.

[92] 朱勤.2000—2010年中国生育水平推算——基于"六普"数据的初步研究[J].中国 人口科学,2012(4):68-77.

[93] 朱荟.基于激励相容理论的韩国生育政策实践检视——兼论对中国的启示[J].人 口与经济,2019(3):48-61.

[94] 曾毅,张震,顾大男,等.人口分析方法与应用[M].2版.北京:北京大学出版 社,2011.

[95] 翟振武.20世纪50年代中国人口政策的回顾与再评价[J].中国人口科学,2000 (1):17-26.

[96] 翟振武,陈佳鞠.20世纪以来国际生育水平变迁历程及影响机制分析[J].中国人口 科学,2016(2):12-25.

[97] 翟振武,陈佳鞠,李龙.2015—2100年中国人口与老龄化变动趋势[J].人口研究, 2017(4):60-71.

[98] 翟振武,李龙,陈佳鞠.全面两孩政策下的目标人群及新增出生人口估计[J].人口 研究,2016(4):35-51.

[99] 翟振武,陈佳鞠,李龙.现阶段中国的总和生育率究竟是多少? 来自户籍登记数据 的新证据[J].人口研究,2015(6):22-34.

[100] 翟振武,陈卫.1990年代中国生育水平研究[J].人口研究,2007(1):19-32.

[101] 查瑞传.人口学百年[M].北京:北京出版社,1999.

[102] ANDERSON T,KOHLER H P. Low fertility, socioeconomic development, and gender equity[J]. Population and development review,2015(3): 381-407.

[103] APRILE R,PALOMBI M. How to take into account death-related costs in projecting heath care expenditure[J]. Genus,2006(1): 53-73.

[104] BECKER G S. An economic analysis of fertility [M]. New York: Columbia University Press,1960: 209-240.

[105] BECKER G S. A theory of the allocation of time[J]. The economic journal,1965: 75(299): 493-517.

[106] BJORKLUND A. Does family policy affect fertility? Lessons from Sweden[J]. Journal of population economics,2006(1): 3-24.

[107] BONGAARTS J. A framework for analyzing the proximate determinants of fertility[J]. Population and development review,1978(4): 105-132 .

[108] BONGAARTS J. Fertility and reproductive preferences in post-transitional societies[J]. Population and development review, 1998(27): 260-281.

[109] BONGAARTS J. Modeling the fertility impact of the proximate determinants: time for a tune-up[J]. Demographic research,2015(33): 535-560.

[110] BONGAARTS J. The fertility-inhibiting effects of the intermediate fertility variables[J]. Studies in family planning. 1982(6/7): 178-189.

[111] VAN IMHOFF E, KEILMAN N. On the quantum and tempo of fertility[J]. Population and development review,1998,26(3): 549-553.

[112] BONGAARTS J,SOBOTKA T. A demographic explanation for the recent rise in European fertility[J]. Population and development review,2012(1): 83-120.

[113] BONGAARTS J,WESTOFF C. The potential role of contraception in reducing abortion[J]. Studies in family planning,2000(3): 193-202.

[114] BORNAROVA S,BOGOEVSKA N,TRBOJEVIK S. Changes in European welfare state regimes as a response to fertility trends: family policy perspective[J]. European journal of social sciences education and research,2017(1): 50-57.

[115] BRASS W,COALE A J. Methods of analysis and estimation[M]//BRASS W, et al. The demography of tropical Africa. Princeton: Princeton University Press. 1968: 88-139.

[116] CAI Y. An assessment of China's fertility level using the variable-r method[J]. Demography,2008(2): 271-281.

[117] COALE A J. Marriage and childbearing in China since 1940[J]. Social forces, 1989 (4): 833-850.

[118] COALE A J. The demographic transition [C]. Liege: Proceedings of the International Population Conference,1973(1): 53-72.

[119] COALE A J,HOOVER E M. Population growth and economic development in low-income countries: a case study of India's prospects[M]. Princeton: Princeton

University Press,1958:6-25.

[120] CRISTINA A,ERCOLE M. Trends and determinants of fertility rates: the role of policies[J]. OECD social,Employment and migration working papers,2005(6): 1-91.

[121] DAVIS K,BLAKE J. Social structure and fertility: an analytic framework[J]. Economic development and cultural change,1956(4): 211-235.

[122] DETTLING L J,KEARNEY M S. House prices and birth rates: the impact of the real estate market on the decision to have a baby[J]. Journal of public economics, 2014(1): 82-100.

[123] FEENEY G. Population dynamics based on birth intervals and parity progression [J]. Population studies,1983(1): 75-89.

[124] FEENEY G,YU J. Period parity progression measures of fertility in China[J]. Population studies,1987(1): 77-102.

[125] FERRAGINA E,KAISER M S. Determinants of a silent revolution: understanding the expansion of family policy in rich OECD countries[J]. Social politics,2015(1): 1-37.

[126] FREEDMAN R. Asia's recent fertility decline and prospects for future demographic change. Asia-pacific population research reports,No. 1[R]. Program on Population, East-West Center,1995.

[127] FREEDMAN R. On underestimating the rate of social change: a cautionary note [J]. Population and development review,1986(3): 529-532.

[128] FREJKA T,JONES G W,SARDON J P. East Asian childbearing patterns and policy developments[J]. Population and development review,2010(3): 579-606.

[129] FURUOKA F. Is there a reversal in fertility decline? an economic analysis of the "fertility J-curve"[J]. Transformations in business&economics,2013(2): 44-58.

[130] GAUTHIER A H. Family policies in industrialized countries is there convergence [J]. Population,2002(3): 457-484.

[131] GAUTHIER A H,HATZIUS J. Family benefits and fertility: an econometric analysis[J]. Population Studies,1997(3): 295-306.

[132] GAUTHIER A H. The impact of family policies on fertility in industrialized countries: a review of the literature[J]. Population Research and Policy Review, 2007(3): 323-346.

[133] GOODKIND D M. Creating new traditions in modern Chinese societies: aiming for birth in the year of the dragon[J]. Population and development review,1992(17): 663-686.

[134] GOODKIND D M. Chinese lunar birth timing in Singapore: new concerns for child quality amidst multicultural modernity[J]. Journal of marriage and family,1996 (3): 784-795.

[135] GOODKIND D M. The astonishing population averted by China's birth restrictions: estimates, nightmares, and reprogrammed ambitions[J]. Demography, 2017(54): 1375-1400.

[136] HARRELL S, WANG Y, HUA H, et al. Fertility decline in rural China: a comparative analysis[J]. Journal of family history, 2011(1): 15-36.

[137] HARTTGEN K, VOLLMER S. A reversal in the relationship of human development with fertility[J]. Demography, 2014(1): 173-184.

[138] JONES G W. Delayed marriage and very low fertility in Pacific Asia[J]. Population and development review, 2007(3): 453-478.

[139] KAISER M S, TOIVONEN T. Between reforms and birth rates: Germany, Japan and family policy discourse[J]. Social politics, 2011(3): 331-360.

[140] MORGAN K J. Caring time policies in western Europe: trends and implications [J]. Comparative European politics, 2009(1): 37-55.

[141] KOPPI W. Faces of inequality: gender, class, and patterns of inequalities in different types of welfare states. Social politics, 2000(2): 127-191.

[142] KRISHNA M P, AKASH K. Regression estimation of bongaarts indices from the childbearing indices: a study of India/states/districts [J]. Momoma ethiopian journal of science, 2019(1): 108-123.

[143] LAVELY W, FREEDMAN R. The origins of chinese fertility decline [J]. Demography, 1990(3): 357-367.

[144] LEIBENSTEIN H. An interpretation of the economic theory of fertility: promising path or blind alley[J]. Journal of economic literature, 1974(2): 457-479.

[145] LEITNER S. Varieties of familialism: the caring function of the family in comparative perspective[J]. European societies, 2003(4): 353-375.

[146] FEENEY G. Fertility in China: Past, present, prospects. In Wolfgang Lutz, ed. The future population of the world: What can we assume today? London: Earthscan Publications Ltd, 1994: 115-41.

[147] LUCI A, THÉVENON O. Does economic development explain the fertility rebound in OECD countries? [J]. Population and societies, 2010, 481(1): 1-4.

[148] LUCI A, THÉVENON O. Does economic advancement 'Cause' a re-increase in fertility? An empirical analysis for OECD countries (1960—2007)[J]. European journal of population, 2014(2): 187-221.

[149] LUCI A, THÉVENON O. The impact of family policies on fertility trends in developed countries. European journal of population, 2013(4): 387-416.

[150] MAYHEW L. Health and elderly care expenditure in an aging world[R]. IIASA Working paper, 2000.

[151] MCDONALD P, KIPPEN R. The intrinsic total fertility rate: a new approach to the measurement of fertility [M]. New York: Population Association of

America,2007.

[152] MCDONALD P,KIPPEN R. Measuring the quantum of fertility during a long-term shift from early to late childbearing: Australia 1946—2007[C]. Marrakech: IUSSP International Population Conference,2009.

[153] MCDONALD P. Societal foundations for explaining low fertility gender equity[J]. Demographic research,2013(28): 981-994.

[154] MCDONALD P. Low fertility and the State: the efficacy of policy[J]. Population and development review,2006(3): 485-510.

[155] MYRSKYLÄ M,KOHLER H P,BILLARI F. Advances in development reverse fertility declines[J]. Nature,2009,460(7256): 1-24.

[156] MYRSKYLÄ M,KOHLER H P, BILLARI F. High development and fertility: Fertility at older reproductive ages and gender equality explain the positive link. MPIDR Working Paper,2011.

[157] NEYER G. Family policies and low fertility in western Europe. MPIDR working paper,2003.

[158] NI BHROLCHAIN M. Tempo and the TFR[J]. Demography,2011(48): 841-861.

[159] OECD: Education at a Glance 2019 [EB/OL]. https: //read. oecd-ilibrary. org/ education/education-at-a-glance-2019_a1ef3bfe-en#page1.

[160] PENG X J. Population ageing,human capital accumulation and economic growth in China[J]. Asian population studies,2005(2): 169-188.

[161] PENG X J MAI Y H. Population ageing, retirement age extension and economic growth in China—a dynamic general equilibrium analysis[Z]. Gentre of policy studies and the impact project,2013.

[162] PRESTONS H. An integrated system for demographic estimation from two age distributions[J]. Demography,1983(2): 213-226.

[163] PRESTONS H,COALE A J. Age structure,growth,attrition,and accession: a new synthesis[J]. Population index,1982(48): 217-259.

[164] RALLU J L,TOULEMON L. Period fertility measures: the construction of different indices and their application to France, 1946—1989[J]. Population an English selection: 1994(6): 59-93.

[165] RAY R,GORNICK J C,SCHMITT J. Who cares? assessing generosity and gender equality in parental leave policy designs in 21 countries[J]. Journal of European social policy,2010(3): 196-216.

[166] ROWLAND D T. Demographic methods and concepts [M]. Oxford: Oxford University Press,2003.

[167] SARDON J P. Women's first marriage rates in Europe: elements for a typology [J]. Population: an English selection,1993(5): 120-152.

[168] SEDGH G,BANKOLE A, SINGH S, et al. Legal abortion levels and trends by

woman's age at termination [J]. International perspectives on sexual and reproductive health,2012(3):143-53.

[169] SEIFADIN A S. Roles of proximate determinants of fertility in recent fertility decline in ethiopia: application of the revised Bongaarts model[J]. Open access journal of contraception,2020(11):33-41 .

[170] SHEILA K,ALFRED K. Family policy: government and families in fourteen countries[M]. New York: Columbia University Press:1-47.

[171] SUDHARSANAN N,BLOOM D E. The demography of aging in low—and middle-income countries: chronological versus functional perspectives [C]//Future directions for the demography of aging. Washington DC: The National Academies Press,2018.

[172] THÉVENON O. Family policies in OECD countries: a comparative analysis[J]. Population and development review,2011(1):57-87.

[173] United Nations. Estimation of fertility based on information about children ever born[M]//Indirect techniques for demographic estimation. New York: Department of Economic and Social Affairs,1983:27-64.

[174] WILLIS R J. A new approach to the economic theory of fertility behavior[J]. Journal of political economy,1973(2):14-64.

[175] United Nations. World Population Prospects: the 2019 revision[EB/OL]. https://population. un. org/wpp/Download/Standard/Population/.

[176] YOO S H,SOBOTKA T. Ultra-low fertility in south Korea: the role of the tempo effect[J]. Demographic research,2018(38):549-576.

[177] ZHAO Z W. Closing a sociodemographic chapter of Chinese history[J]. Population and development review,2015(4):681-686.

[178] ZHAO Z W. Deliberate birth control under a high-fertility regime: reproductive behavior in China before 1970[J]. Population and Development Review,1997(4):729-767.

[179] ZHAO Z W. Demographic systems in historical China: some new findings from recent research[J]. Journal of the Australian population association,1997(2):201-232.

[180] ZHAO Z W,CHEN W. Changes in household formation and composition in China since the mid-twentieth century[J]. Journal of population research,2008(3):1-20.